作業環境控制工程

Engineering Control of Workplace Hazards

洪銀忠◎著

序

　　相對於職業安全衛生意識之日益抬頭、安全衛生人員養成教育之日漸受到重視，國內在近幾年來一連有數所公私立大學院校設立職業安全衛生相關科系，而原先以專科部為主的國內工安衛教育也悉數在近兩年升格為以二技為主，然而令人訝異的是國內工業安全衛生方面的相關書籍真是少的可憐，當然適合作為大學教科用書的就可更少了，無適當中文課本可用相信是國內大專院校工業安全衛生類科教師共同的困擾。

　　本書之編寫從構想至完稿，前後歷經三年的時間。本書之內容，也都曾在相關的課程上講授過，這期間筆者也因準備工安技師／工礦衛生技師之故，對工安類科高考及專科考試試題略有蒐集並詳加研究，並融入此書之編寫中，經歷多次修改，才得以定稿。本書各章所附之習題，大半多是高考或特考之考題，因此本書不僅可作為相關課程之教科書，亦可作為有志於從事工安工作之有志青年作為進修、準備考試之參考書籍。

　　作業環境中危害因子之控制程序為認知、測定、評估，再思索其控制之法。因此本書內容之編寫，完全依照此一原則而行，但因主題在強調危害因子之控制，所以在內容上，有關各危害因子之認知、測定與評估的部分不在本書規劃的範圍內，但因顧及整個內容的完整性只作必要之介紹，讀者們如有需要可參閱工業衛生及作業環境測定方面的專門書籍。本書共分十三章，第一至三章為噪音原理、測定、評估及控制；第四至六章為溫濕環境之危害認知、測定、評估及控制；第七章為採光與照明之設計；第八章為通風之設計技術指引；第九章介紹振動及其控制；第十章介紹輻射安全；第十一章介紹缺氧作業指引；第十二章介紹化學性危害之管制；第十三章介紹個人防護具及其使用。

　　本書得以順利出版要感謝很多人，其中揚智文化葉總經理忠賢、林總編輯新倫是我首先要加以致謝的，揚智文化在近幾年來對於國內工業安全衛生書籍方面之出版，其貢獻是有目共睹的，身為曾經是揚智所出版眾多書籍讀者一份子的我也要好好利用此一機會感謝揚智多年來提供我們讀者高品質的圖書，讓閱讀專業書籍都是一種享受；其次要感謝的是揚智文化鄭美珠小姐，沒有她的細心編校，本書之特色就無法顯現出來了。除此之外，勞委會勞工安全衛生研究所工業衛生組葉文裕組長在本書寫作期間也曾給予後學不少指導，在此僅銘謝意。最後謹以此書獻給我的家人，他們是我一切努力的原動力。

　　本書雖歷經多次校閱，疏漏在所難免，期盼各界先進不吝指正。

洪銀忠　　謹識於苗栗

目 錄

第 1 章
噪音的基本概念

噪音的定義

噪音的來源

噪音的型式

噪音的特性

噪音的量化

室內聲學

噪音的影響

1.1　噪音的定義

噪音的定義如下：

1. 依我國噪音管制法（總則第二條）之定義：噪音係指超過管制標準之聲音。
2. 依美國勞工部職業安全衛生署 OSHA 之定義：大至足以傷害聽力的聲音謂之。
3. 一般定義：泛指凡是會引起生理上或心理上影響的聲音。

我國勞工安全衛生相關法令並未針對噪音作定義，只在「勞工安全衛生法施行細則」第二十一條中提及，噪音在85分貝以上之作業為特別危害健康之作業。

1.2　噪音的來源

噪音的來源有：

一、工業噪音

(一)機械性機構之振動產生之噪音

由於機器振動的能量會因接觸、傳遞而引起振動，進而經結構體或空氣傳播而造成噪音。機械性機構產生的振動，如電風扇的搖頭運動即為其一例；其馬達雖穩定旋轉，但因搖頭曲柄機構帶動柱頭往復運動，因而發生振動，如搖頭轉動次數增加，則振動的頻率隨之增加。另馬達及發電機因高速旋轉所產生的振動亦會產生噪音。

(二)碰撞衝擊產生板振動而引發之噪音

當一金屬板被一物體撞擊時，會因板振動而產生噪音。如衝床、錘子、鍛造機械因力或衝擊過程施力於物體，即會產生振動；另物體依其質量、撞擊速度、承受物體之剛性及內阻力均會影響此種振動。

(三)不平衡力或位移產生板振動而引發之噪音

力或位移會使物體強制振動而產生噪音。例如，不平衡的旋轉體及引擎等，因曲軸轉速的不平衡力與汽缸爆炸力，強制引擎轉動等而產生噪音。另值得注意的是物體或空氣會於一或多個特定頻率中引起共振，因而加強噪音，至於共振頻率則取決於物體的大小和結構或空氣量。

(四)由於機件摩擦產生噪音

機械摩擦也會產生噪音。例如，齒輪組因金屬與金屬接觸摩擦；輸送帶與滾筒摩擦；鋸子鋸切摩擦；焊接機及研磨作業摩擦等，均會產生噪音。

(五)由流體與金屬表面接觸或氣體亂流而產生

當空氣以某種速度經過導管或金屬表面時即會產生噪音。如空氣壓縮機、風扇、泵等為其例。一般空氣或氣體在導管中流動碰到阻礙會產生亂流而發生噪音；風扇在空氣中產生亂流會發生噪音；在管路系統中大而急速的壓力改變亦會產生噪音。另外，氣體在爐體燃燒過程，泵因流體之壓力波動，亦均會產生噪音。

二、交通噪音

(一)公路噪音

主要是汽車噪音，肇因於排氣管、引擎、驅動裝置、警示器、輪胎與路面接觸之聲音及車體鬆弛所產生的聲音。

(二)鐵路交通噪音

鐵路交通噪音不僅對鐵路沿線居民造成困擾，也會使車內旅客旅遊品質降低。鐵路交通噪音與一般公路交通噪音不同之處在於持續時間短（對沿線居民而言）且為移動性線音源的車輛噪音，其噪音來源包括拖曳車頭引起之尖峰音量及成串車廂通過之穩定而持續之噪音。

(三)航空交通噪音

大致可分成：

1.地上音：多伴隨著噴射引擎之調整作業及試俥而發生。

2.飛行音：多伴隨著飛行活動而產生。

三、營建工程噪音

建築工程中打地基（樁）所發出之噪音。

四、其他噪音

係指交通噪音、工廠噪音及營建工程噪音以外之噪音。如擴音機、電鈴、歌聲或人體動作所發出之聲音。

1.3　噪音的型式

一、依頻率區分

1.低頻音：頻率在1,000Hz 以下的聲音。

2.高頻音：頻率在1,000Hz 以上的聲音。

3.超低頻音：頻率低於20Hz 的聲音。

4.超高頻音：頻率高於20,000Hz 的聲音。

人耳可聽到的聲音，頻率介於20Hz～20,000Hz 之間，而較敏感的頻率則介於1,000Hz～4,000Hz 之間。

二、依噪音特性區分

1.間歇性噪音：隨時間間歇性發生之噪音，如鐵路噪音。其特性如圖1-1(a)。

2.衝擊性噪音：在極短時間內發生並結束之噪音，如打樁噪音。噪音從發生到達最大振幅所需之時間小於0.035秒，而由開始經最高峰到往下降低30分貝音量所需的時間小於0.5秒，此外兩次衝擊間隔不得小於1秒鐘，否則視為連續性噪音。如圖1-1(b)所示。

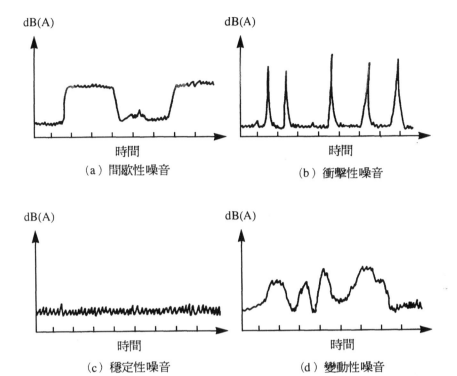

(a) 間歇性噪音

(b) 衝擊性噪音

(c) 穩定性噪音

(d) 變動性噪音

圖1-1　噪音的類型（依特性區分）

3. 穩定性噪音：音量平穩、變化極微之噪音，如馬達噪音。其特性如圖1-1(c)所示。

4. 變動性噪音：音量呈不規則變化之噪音，如道路交通噪音。其特性如圖1-1(d)所示。

1.4　噪音的特性

　　噪音是聲音的一種，具有聲音的一切特性。而聲音的產生則是因空氣受擾動，大氣壓力改變所致，所以聲音具有壓力（簡稱音壓），其單位為 Pa。

$$1\text{Pa} = 1\text{N/m}^2 = 10\text{dyne/cm}^2 = 10\mu\text{bar}$$

且　　$P = \rho Cu$ 　　　　　　　　　　　　　　　（1.1）

其中　　P = 音壓，N/m^2

　　　　ρ = 介質密度（常溫下 $\rho C = 400$）

　　　　u = 空氣粒子速度，m/s

聲音的傳播速度與空氣的溫度有非常密切的關係，其關係可用下式描述之：

$$C = 331.5 + 0.6t$$ 　　　　　　　　　　　　　（1.2）

其中　　C = 聲音之速度，m/s

　　　　t = 空氣溫度，℃

當空氣溫度為15℃時，聲音在空氣中傳播的速度為340m/s。在不同的介質中，聲音的傳播速度亦不相同，但一般而言，以固體介質中最快，液體次之，空氣中最慢。

1.4.1 噪音的物理現象

噪音具有直線前進、反射（reflection）、折射（refraction）、繞射（diffraction）、加成及音量衰減作用等的物理現象。

一、聲音的直線前進現象

聲音是由空氣振動所引起，它具有直線前進的現象，除非遇到障礙物（如剛性的牆壁），否則它的傳播方向是不會改變的，而且聲音的傳播方向是向四面八方擴散的。

二、聲音的反射現象

當聲音直線前進時，若遇到障礙物阻擋，則依障礙物之形狀、大小而產生反射、透射或漫射等現象。聲音反射的量隨著障礙物的材質、密度及表面積而異；若音波遇到堅厚的空心牆時，反射量會較中空牆大；遇到玻璃纖維板時幾乎被吸收而不反射。

當反射面呈凹凸不平時，則聲波之反射情形視波長與反射面凹凸尺寸之關係而定；若波長遠大於凹凸尺寸，則反射不受凹凸影響；若波長較小，則反射路徑較為複雜，如圖1-2所示。

三、聲音的折射現象

如果兩個介質之間允許音波的透過，但聲波在兩介質的波速不同，則當聲波入射於其交界面時會發生折射，如圖1-3所示。入射

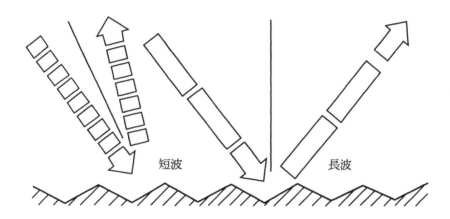

短波　　　　長波

圖1-2　凹凸面的反射

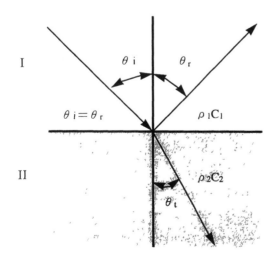

圖1-3　音波在交界面的反射與折射

角、折射角與介質的速度之間的關係如下式：

$$\frac{Sin\theta_i}{Sin\theta_t} = \frac{C_1}{C_2} = \frac{\lambda_1}{\lambda_2} \qquad （Snell\ 定律） \qquad （1.3）$$

其中　θ_i、θ_t ＝入射角及折射角

　　　　C_1、C_2 ＝聲波在介質 I 和介質 II 的波速

　　　　λ_1、λ_2 ＝聲波在介質 I 和介質 II 的波長

當 $C_2 > C_1$ 時，θ_o（$Sin\theta_o = C_1/C_2$）稱為全反射臨界角，若入射角 θ_i 不大於 θ_o 則入射波於交界面時產生折射，折射角如（1.4）式所示。若入射角 θ_i 大於 θ_o，則入射波在交界面發生全反射而無折射存在。

$$Sin\theta_t = （C_2/C_1）Sin\theta_i \qquad （1.4）$$

除了在不同的介質之交界面會發生折射之外，同一介質中也會因溫度不同或風速之變化，使介質之物理特性改變而影響波速，從而產生折射現象，如圖1-4所示。白天時，接近地面的空氣溫度較高，隨著距離地面高度之增加氣溫愈來愈低，音速也向上遞減，故聲波向上曲折，接近地面的音源所發出之聲音無法傳遞至遠處。夜間因受地面輻射散熱之影響，氣溫的分布恰與白天相反，故聲音可傳送至遠方。

另，聲波在順風時速度會增加，逆風時則會降低。通常風速隨著距離地面高度增加而增加。在上風區，聲音向上偏折，接近地面處會有音影區（shadow region）存在；在下風區則聲音向下偏折，聲音可傳送至遠方，如圖1-5所示。

四、聲音的繞射現象

聲音在前進的過程中，若遇到障礙物，障礙物背後受影響的區域稱為音影區。當障礙物寬度或牆上的小孔之孔徑小於聲波波長時，聲波將依海更斯（Huygens）原理，將障礙物頂端或孔後視為新的音源，繼續向四面八方傳播，因而在障礙物後之區域仍可以聲到聲音，此種現象稱為聲音的繞射。如圖1-6(a)及(b)所示。

(a) ↑ 溫度遞減　　　　　　　　　　(b) ↑ 溫度遞增

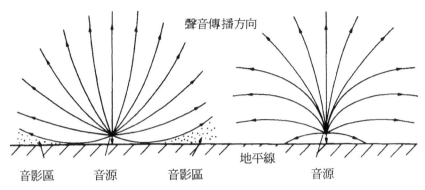

聲音傳播方向

地平線

音影區　　音源　　音影區　　　　　音源

圖1-4　溫度隨高度的變化對聲音速度造成的影響（摘自〔3〕）

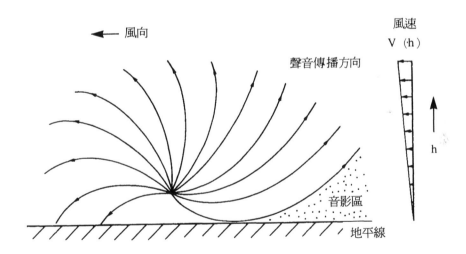

◀── 風向　　　　　　　　　　　　　　風速
V（h）

聲音傳播方向

音影區

h

地平線

圖1-5　風向對聲音傳播造成的影響（摘自〔3〕）

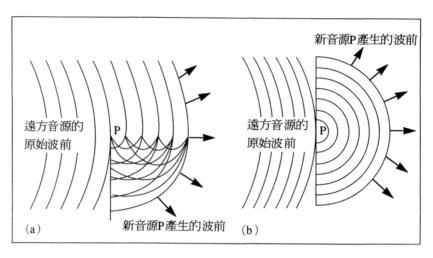

圖1-6　音波的繞射現象

　　當聲音波長愈大時，繞射現象愈明顯，因此，低頻音聲音較不易
阻絕；反之，高頻音因波長較小，不易繞射所以易遭阻絕。

五、加成作用

　　不同的噪音源有不同的聲音能量，這些能量具有加成的作用，而
使噪音音量提高；因此，二部相同的機器同時操作時，測量到的音量
值會較單獨一部機器的音量值高。

六、聲音之吸音衰減

　　聲音具有能量，在傳播過程中會被大氣之溫度、濕度所吸收，而
降低其音量，除此之外，音量也會隨著傳播距離的增加而衰減，以下
是影響音量衰減的因素：

　　1.頻率之影響：頻率未達1,000Hz 的聲音，其吸音減衰可忽略，
　　　但隨著頻率之增加，吸收會急速增加。

　　2.溫度之影響：溫度對於吸收的影響呈現比較複雜的性質，一般
　　　而言，吸收量與空氣的溫度成正比。

　　3.相對濕度之影響：較為複雜，但一般而言，吸收量與空氣的濕
　　　度成反比。

4. 建築物之影響：一般聲音頻率愈高，建物表面粗糙度愈大，則愈容易吸音。
5. 距離之影響：聲音能量與距離音源的關係是由平方反比定律所主導。亦即音源與受音者之距離加倍時，聲音能量降為原來的四分之一。

1.4.2 噪音三要素

噪音的三要素為音源、傳播路徑、受音者。

一、音源

音源可分為點音源、線音源、面音源。

1. 點音源：產生噪音的本體為單一的設備，如抽水馬達。
2. 線音源：產生噪音的本體為連續不斷的音源，如道路交通噪音、快速通過的火車。
3. 面音源：音源的本體分布呈立體性者，如冷卻水塔或置身大型機器附近。

二、傳播路徑

噪音傳播時所經過的路徑。聲音的傳播必須藉助介質，如空氣、水或固體（結構體）。一般噪音依傳播介質的不同而分為空氣傳播之噪音（air-borne noise）及結構體傳播之噪音（structure-borne noise）兩種。

1. 空氣傳播之噪音：音源以空氣為介質，將空氣分子振動而引起之大氣壓力之微小變動，傳遞至受音者。
2. 結構體傳播之噪音：源於一振動源，如無防振的幫浦或敲門聲，經由固體結構激發附近的空氣之振動，而將部分振動能量轉換成聽覺範圍內可聽到的聲音。

三、受音者

接受音源者，主要是人。

1.4.3 八音階頻帶（octave band）

人耳對於聲音高低的感覺與聲音頻率的對數成正比。所謂聲音的頻率（frequency）係指每秒鐘內壓力變化週期之次數，通常用赫茲（Hertz；Hz）或 CPS（cycles per second）為單位表示之。一般常將人耳可聽到的頻率範圍，依對數關係分為十個階段，每個階段稱為一個八度音，並以其中心頻率表示之。即31.5、63、125、250、500、1,000、2,000、4,000、8,000、16,000Hz 等。每一個八度音的上、下頻率及中心頻率間需滿足下列兩個條件：

$$f_0 = (f_1 f_2)^{1/2} \qquad\qquad\qquad (1.5)$$

$$f_2/f_1 = 2^m \qquad\qquad\qquad (1.6)$$

其中　f_0 ＝中心頻率，Hz

f_1、f_2 ＝中心頻率為 f_0 的頻帶之下、上限頻率，Hz

m ＝常數，可為1/1、1/2、1/3……

有時為了研究上的精確性之需求，將八音階頻譜細分為1/1八音階頻譜、1/2八音階頻譜、1/3八音階頻譜，此時（1.6）式中的 m 值分別等於1、1/2和1/3。但其中以1/1和1/3頻譜較常被使用，而1/3八音階頻譜因與人耳對各種不同頻率敏感寬度較接近，故為國際標準組織（ISO）所採用。**表1-1**所示即為1/1八音階頻帶及1/3八音階頻帶之各中心頻率值。

噪音通常是由許多不同頻率的聲音組合而成，即複合音（complex sounds），極少為純音（pure tone），故於量測噪音時，除了應測其音量外，尚需分析其頻率的組成，始能完全瞭解該噪音的物理特性。分析噪音頻率的方式有二，即固定百分率頻寬（constant per-

表1-1　1/1八音階頻帶及1/3八音階頻帶

(一)1/1八音階頻帶

頻帶別	1	2	3	4	5	6	7	8	9	10
中心頻率（Hz）	31.5	63	125	250	500	1,000	2,000	4,000	8,000	16,000

(二)1/3八音階頻帶

頻帶別	1	2	3	4	5	6	7	8	9	10
中心頻率（Hz）	16	20	25	31.5	40	50	63	80	100	125

頻帶別	11	12	13	14	15	16	17	18	19	20
中心頻率（Hz）	160	200	250	315	400	500	630	800	1,000	1,250

頻帶別	21	22	23	24	25	26	27	28	29	30
中心頻率（Hz）	1,600	2,000	2,500	3,150	4,000	5,000	6,300	8,000	10,000	12,500

centage bandwidth）及固定頻寬（constant bandwidth）。一般常用的八音階頻帶分析器（octave band analyzer）或1/3八音階頻帶分析器（1/3-octave band analyzer）都是固定百分率頻寬分析器。其次，在分析噪音之頻率特性時，頻寬越小（即窄頻）所得測定值越接近原噪音之頻率特性。

〔例題〕

　　某噪音之中心頻率為2,000Hz，試求其1/1及1/3八音頻之(1)本頻帶及下一頻帶之上下限頻率；(2)本頻帶及下一頻帶寬度；(3)下一頻帶之中心頻率。

解答：

　　(1)設本頻帶的下限頻率為 f_1，上限頻率為 f_2，且中心頻率

　　　　$f_0 = 2,000$（Hz）

①1/1八音階頻帶中

$$\begin{cases} \sqrt{f_1 f_2} = 2,000 \\ f_2 / f_1 = 2 \end{cases}$$

解聯立得 $f_1 = 1,414$（Hz），$f_2 = 2,828$（Hz）

∵下一頻帶之下限頻率＝本頻帶之上限頻率

∴$f_1' = f_2 = 2,828$（Hz）

$f_2' = 2,828 \times 2 = 5,656$（Hz）

②1/3八音階頻帶中

$$\begin{cases} \sqrt{f_1 f_2} = 2,000 \\ f_2 / f_1 = 2^{1/3} \end{cases}$$

解聯立得 $f_1 = 1,782$（Hz），$f_2 = 2,245$（Hz）

∵下一頻帶之下限頻率＝本頻帶之上限頻率

∴$f_1' = f_2 = 2,245$（Hz）

$f_2' = 2,245 \times 2^{1/3} = 2,828$（Hz）

⑵本頻帶寬度與下一頻帶寬度

①1/1八音階頻帶

本頻帶寬度＝$f_2 - f_1 = 2,828 - 1,414 = 1,414$（Hz）

下一頻帶寬度＝$f_2' - f_1' = 5,656 - 2,828 = 2,828$（Hz）

②1/3八音階頻帶

本頻帶寬度＝$f_2 - f_1 = 2,245 - 1,782 = 463$（Hz）

下一頻帶寬度＝$f_2' - f_1' = 2,828 - 2,245 = 583$（Hz）

⑶下一頻帶之中心頻率

①1/1八音階頻帶

$f_0 = \sqrt{2,828 \times 5,656} = 4,000$（Hz）

②1/3八音階頻帶

$f_0 = \sqrt{2,245 \times 2,828} = 2,520 \approx 2,500$（Hz）

1.5　噪音的量化

　　噪音的單位是 dB，dB 是 deci－Bel 的縮寫，deci 是 1/10 的意思；而 Bel 則是一個物理量與其參考值之比值。分貝值即以聲音相關之參數計算而得，這些參數即聲音功率（sound power，W）、聲音強度（sound intensity，I）和聲音壓力（sound pressure，P）。

一、聲音功率

　　即音源每單位時間所發出的能量，單位為瓦（Watt；W），人耳所能察覺的最小聲音功率為 10^{-12} W。

　　$1W = 1 N \cdot m / sec = 1 joule / sec$

二、聲音強度

　　在垂直於聲音傳播方向之平面，單位面積上所通過的聲音功率，具有方向性，單位為 W/m²。人耳所能察覺的最小聲音強度為 10^{-12} W/m²。

三、聲音壓力

　　空氣分子振動所引起的大氣壓力之些微變化，其單位與壓力同。人耳所能察覺的最小音壓為 2×10^{-5} N/m²。

四、聲音功率與聲音強度的關係

　　設有一點音源，其聲音功率為 W，則

　　1.在自由音場中（音源四周均無遮蔽物）
　　　距離音源 r 公尺處的聲音強度

$$I = \frac{W}{A} = \frac{W}{4\pi r^2} \quad (\text{A：球形表面積}) \quad\quad (1.7)$$

2.在半自由音場中（音源在平面上發出）
距離音源 r 公尺處的聲音強度

$$I = \frac{W}{A'} = \frac{W}{2\pi r^2} \quad (\text{A'：半球表面積}) \quad\quad (1.8)$$

$$3. I = \rho C u^2 = \frac{P^2}{\rho C} = uP \quad (\text{ρC 稱爲介質之比音阻}) \quad (1.9)$$

五、實效音壓

實效音壓（effective sound pressure，P_{rms}）即音壓的均方根值
（root mean square），可用以表示音波的強弱。

$$P_{rms} = \left[\frac{1}{T} \int_0^T P^2 (r,t) \, dt \right]^{1/2} \quad\quad (1.10)$$

對一正弦波而言，$P_{rms} = \dfrac{1}{\sqrt{2}} P_{max} = 0.707 P_{max}$。

六、聲音強度與實效音壓的關係

$$I = \frac{P_{rms}^2}{\rho C} \quad\quad (1.11)$$

或　$P_{rms} = (\rho C I)^{1/2}$　　　　　　　　　　　(1.12)

其中　P_{rms}^2 可經由噪音儀器測得

〔例題〕
有一點音源其音功率爲100W，試求距離音源10公尺之接受者處
之聲音強度及音壓爲若干？（設當時音速爲344m/s）
解答：

聲音強度 $I = \dfrac{W}{4\pi r^2} = \dfrac{100}{4\pi \cdot (10)^2} = 7.9 \times 10^{-2} W/m^2$

由 $I = \dfrac{P_{rms}^2}{\rho C}$ 得

實效音壓 $P_{rms} = (\rho CI)^{1/2}$

$$P_{rms} = \left[(1.2\dfrac{kg}{m^3}) \cdot (344\dfrac{m}{s}) \cdot (7.9 \times 10^{-2}\dfrac{W}{m^2}) \right]^{1/2}$$
$$= 5.71 Pa$$

1.5.1　聲音位準

　　根據上述有關聲音功率、聲音強度及聲音壓力的觀念及分貝的定義，吾人可得三種聲音位準（sound level），即聲音功率位準（sound power level；L_W 或 PWL）、聲音強度位準（sound intensity level；L_I 或 SIL）及聲音壓力位準（sound pressure level；L_P 或 SPL）。

一、聲音功率位準

$$L_W = PWL = 10\log \dfrac{W}{W_0} = 10\log \dfrac{W}{10^{-12}} （dB）\qquad （1.13）$$

　　其中　$W_0 =$ 基準音功 $= 10^{-12}W$

二、聲音強度位準

$$L_I = SIL = 10\log \dfrac{I}{I_0} = 10\log \dfrac{I}{10^{-12}} （dB）\qquad （1.14）$$

　　其中　$I_0 =$ 基準音強 $= 10^{-12}W/m^2$

三、聲音壓力位準

$$L_P = SPL = 10\log \dfrac{P^2}{P_0^2} = 20\log \dfrac{P}{P_0}$$
$$= 20\log \dfrac{P}{2 \times 10^{-5}} \qquad （1.15）$$

其中　$P_0 = $ 基準音壓 $= 2 \times 10^{-5} N/m^2$

聲音壓力位準即為一般俗稱的音量或噪音音壓值。

圖1-7是日常生活中一般音源的典型音壓位準值。

〔例題〕

　有一聲音其音壓之均方根值為 $P_{rms} = 200 N/m^2$，求其音壓位準為若干分貝（dB）？又聲音強度為何？

解答：

(1)$L_p = 20\log \dfrac{P_{rms}}{2 \times 10^{-5}} = 20\log \dfrac{200}{2 \times 10^{-5}} = 140$（dB）

(2)$I = \dfrac{P_{rms}^2}{\rho C} = \dfrac{(200)^2}{1.2 \times 344} = 96.1$（$W/m^2$）

〔例題〕

　試問 $I = 10^{-5.6} W/m^2$ 相當於多少 dB？

解答：

$L_I = 10\log \dfrac{I}{I_0} = 10\log \dfrac{10^{-5.6}}{10^{-12}} = 64$（dB）

〔例題〕

　聲音強度為 $0.01 W/m^2$，其音強位準為若干分貝？若聲音強度加倍，則音壓位準會增加多少分貝？若壓力加倍時，則又如何？

解答：

(1)$L_I = 10\log \dfrac{10^{-2}}{10^{-12}} = 10\log 10^{10} = 100$（dB）

(2)$\because L_P = 10\log \dfrac{P^2}{P_0^2}$ 且 $P^2 = \rho CI$

　$\therefore P_1^2 = \rho CI_1$，$P_2^2 = \rho CI_2$

　依題意　$I_2 = 2I_1$

　故 $\triangle L_P = 10\log \dfrac{P_2^2}{P_0^2} - 10\log \dfrac{P_1^2}{P_0^2}$

　$\qquad\quad = 10\log \dfrac{P_2^2}{P_1^2} = 10\log \dfrac{\rho CI_2}{\rho CI_1}$

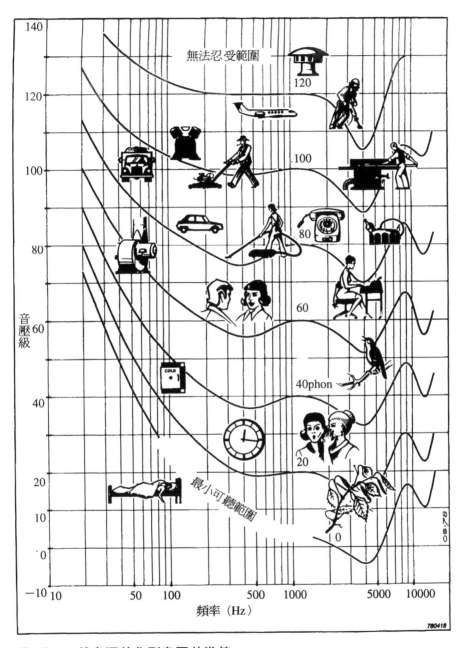

圖1-7　一般音源的典型音壓位準值

$$= 10\log \frac{I_2}{I_1} = 10\log \frac{2I_1}{I_1} = 10\log 2$$

$$= 10 \times 0.3010 = 3 \text{（dB）}$$

(3)當音壓加倍時，即 $P_2 = 2P_1$

$$\therefore \triangle L_P = 10\log \frac{P_2^2}{P_0^2} - 10\log \frac{P_1^2}{P_0^2}$$

$$= 20\log \frac{P_2}{P_1} = 20\log \frac{2P_1}{P_1}$$

$$= 20\log 2 = 20 \times 0.3010 = 6 \text{（dB）}$$

〔例題〕

某一汽車引擎未裝設消音器時，噪音量為120dB，裝設後為70 dB，求在裝設消音器前後之聲音壓力（P）及減少多少百分比？

解答：

(1)設裝設消音器前，聲音壓力為 P_1

$$120 = 20\log \frac{P_1}{2 \times 10^{-5}}$$

$$\therefore P_1 = 20 \text{（N/m}^2\text{）}$$

(2)設裝設消音器後，聲音壓力為 P_2

$$70 = 20\log \frac{P_2}{2 \times 10^{-5}}$$

$$\therefore P_2 = 0.063 \text{（N/m}^2\text{）}$$

(3)減少百分比 $= \frac{P_1 - P_2}{P_1} \times 100\% = \frac{20 - 0.063}{20} \times 100\%$

$$= 99.68\%$$

〔例題〕

某引擎未裝設消音器前其噪音之聲音壓力位準為100dB，當裝設消音器後其聲音壓力位準降為80dB，試問在消音器裝設前後其聲音壓力各為多少？裝設消音器後其聲音壓力較裝設前減少多少百分比？

解答：

(1)設裝設消音器前，聲音壓力為 P_1

$$100 = 10\log_{10} \frac{P_1^2}{(2 \times 10^{-5})^2}$$

$$P_1 = 2 \ (\text{N/m}^2)$$

(2)設裝設消音器後，聲音壓力為 P_2

$$80 = 10\log \frac{P_2^2}{(2 \times 10^{-5})^2}$$

$$P_2 = 0.2 \ (\text{N/m}^2)$$

(3)減少百分比 $= \dfrac{P_1 - P_2}{P_1} \times 100\% = \dfrac{2 - 0.2}{2} \times 100\%$

$$= 90\%$$

〔例題〕

音壓位準（SPL）之計算式為 $L_P = 10\log \dfrac{P^2}{P_0^2}$，則80dB 與70dB 之音壓差為多少？

解答：

(1)$L_{P1} = 80 = 10\log \dfrac{P_1^2}{(2 \times 10^{-5})^2}$

$$\qquad = 20\log \frac{P_1}{2 \times 10^{-5}}$$

$$P_1 = 0.2 \ (\text{N/m}^2)$$

(2)$L_{P2} = 70 = 10\log \dfrac{P_2^2}{(2 \times 10^{-5})^2}$

$$\qquad = 20\log \frac{P_2}{2 \times 10^{-5}}$$

$$P_2 = 0.063 \ (\text{N/m}^2)$$

(3)$P_1 - P_2 = 0.2 - 0.063 = 0.137 \ (\text{N/m}^2)$

〔例題〕

請問70dB 和60dB 之差為何？

解答：

其差可分聲音功率（W）、聲音強度（I）、聲音壓力（P）等三方面來討論。

(1)聲音功率之差

$$L_W = 10\log \frac{W}{W_0}$$

$$70 = 10\log \frac{W_1}{10^{-12}} \Rightarrow W_1 = 1 \times 10^{-5} \text{（Watt）}$$

$$60 = 10\log \frac{W_2}{10^{-12}} \Rightarrow W_2 = 1 \times 10^{-6} \text{（Watt）}$$

$$\therefore W_1 - W_2 = （1 \times 10^{-5}）- （1 \times 10^{-6}）= 9 \times 10^{-6} \text{（Watt）}$$

(2)聲音強度之差

$$L_I = 10\log \frac{I}{I_0}$$

$$70 = 10\log \frac{I_1}{10^{-12}} \Rightarrow I_1 = 1 \times 10^{-5} \text{（W/m}^2\text{）}$$

$$60 = 10\log \frac{I_2}{10^{-12}} \Rightarrow I_2 = 1 \times 10^{-6} \text{（W/m}^2\text{）}$$

$$\therefore I_1 - I_2 = （1 \times 10^{-5}）- （1 \times 10^{-6}）= 9 \times 10^{-6} \text{（W/m}^2\text{）}$$

(3)聲音壓力之差

$$L_P = 20\log \frac{P}{P_0}$$

$$70 = 20\log \frac{P_1}{2 \times 10^{-5}} \Rightarrow P_1 = 0.063 \text{N/m}^2$$

$$60 = 20\log \frac{P_2}{2 \times 10^{-5}} \Rightarrow P_2 = 0.02 \text{N/m}^2$$

$$\therefore P_1 - P_2 = 0.063 - 0.02 = 0.043 \text{N/m}^2$$

四、聲音功率位準與聲音強度位準之關係

對一個音源而言，聲音功率位準的值只有一個，但聲音強度位準則不同，其值會隨著與音源的距離之不同而不同。

(一)點音源

1.自由音場中，音波呈球形向外輻射

距音源 r 公尺處之聲音強度

$$I = \frac{W}{A} = \frac{W}{4\pi r^2} \qquad\qquad （1.16）$$

將兩邊同時除以10^{-12}，取 log 值，再乘以10，得

$$10\log \frac{I}{10^{-12}} = 10\log \frac{W}{10^{-12}} - 20\log r - 10\log（4\pi）$$

$$10\log \frac{I}{I_0} = 10\log \frac{W}{W_0} - 20\log r - 10\log 4\pi$$

$$\therefore L_I = L_W - 20\log r - 11 \qquad （1.17）$$

2.半自由音場中，音波呈半球形向外輻射
　距音源 r 公尺處之聲音強度

$$I = \frac{W}{A} = \frac{W}{2\pi r^2} \qquad （1.18）$$

同上述之推導方式，可得

$$L_I = L_W - 20\log r - 8 \qquad （1.19）$$

㈡線音源

1.自由音場中，音波呈圓柱狀向外傳遞
　距音源 r 公尺處之聲音強度

$$I = \frac{W}{2\pi r} \qquad （1.20）$$

同上述之推導方式，可得

$$L_I = L_W - 10\log r - 8 \qquad （1.21）$$

2.半自由音場中，音波呈半圓柱狀向外傳遞
　距音源 r 公尺處之聲音強度

$$I = \frac{W}{\pi r} \qquad （1.22）$$

同上述之推導方式，可得

$$L_I = L_W - 10\log r - 5 \qquad\qquad （1.23）$$

因此，若距音源之距離由 r_1 變爲 r_2 時

1. 對點音源而言，$\triangle L_I = 20\log \dfrac{r_2}{r_1}$（dB），當 $r_2 = 2r_1$ 時，即距離加倍時，$\triangle L_I = 6\text{dB}$。

2. 對線音源而言，$\triangle L_I = 10\log \dfrac{r_2}{r_1}$（dB），當 $r_2 = 2r_1$ 時，即距離加倍時，$\triangle L_I = 3\text{dB}$。

一般而言，若線音源長度爲 l，則與線音源之垂直距離 $r \leq \dfrac{1}{\pi}$ 時視同線音源，$r > \dfrac{1}{\pi}$ 時視同點音源。

五、聲音壓力位準與聲音強度位準之關係

$$\because I = \frac{P^2}{\rho C}，I_0 = \frac{P_0^2}{\rho_0 C_0}$$

$$\begin{aligned}
\therefore L_I &= 10\log \frac{I}{I_0}\\
&= 10\log \left(\frac{P^2}{P_0^2} \cdot \frac{\rho_0 C_0}{\rho C} \right)\\
&= 10\log \frac{P^2}{P_0^2} - 10\log \frac{\rho C}{\rho_0 C_0}\\
&= L_P - C_I \qquad\qquad （1.24）
\end{aligned}$$

0℃、1atm 時，$\rho_0 C_0 = 400\text{N} \cdot \text{s/m}^3$，在20℃、750mmHg 下空氣之 ρC 值爲412N·s/m³，則

$$\begin{aligned}
C_I &= 10\log \frac{\rho C}{\rho_0 C_0}\\
&= 10\log \frac{412}{400}\\
&= 0.13（\text{dB}）
\end{aligned}$$

在常溫、常壓下，C_I 值可忽略，故 L_I 可視爲與 L_P 相同，即 $L_I \doteqdot L_P$

〔例題〕

　　作業環境測定測得離噪音源100公尺處之音量為60dB，噪音源與受音者皆在平滑之地面，求噪音源之聲音功率為多少？

解答：

　　點音源、半自由音場

　　$L_P = L_I = L_W - 20\log r - 8$

　　$60 = L_W - 20\log 100 - 8$

　　　$\therefore L_W = 108\text{dB}$

　　即 $10\log \dfrac{W}{10^{-12}} = 108$

　　　$\therefore W = 10^{-1.2}$（Watt）

〔例題〕

　　某一機械廠廠內有二個噪音源，音源功率分別為4W 及10W，距離勞工分別為10m 及20m 之遠，若地面平坦且不吸音，問勞工接受之音壓位準（SPL）為多少？

解答：

　　(1)先算出此二音源的聲音功率位準 L_{W1}、L_{W2}

　　　$L_{W1} = 10\log \dfrac{W_1}{10^{-12}} = 10\log \dfrac{4}{10^{-12}} = 126$（dB）

　　　$L_{W2} = 10\log \dfrac{W_2}{10^{-12}} = 10\log \dfrac{10}{10^{-12}} = 130$（dB）

　　(2)再算出此二音源的半平面空間聲音功率位準 L_{P1}、L_{P2}

　　　$L_{P1} = L_{W1} - 20\log r - 8$

　　　　$= 126 - 20\log 10 - 8$

　　　　$= 126 - 20 - 8 = 98$（dB）

　　　$L_{P2} = L_{W2} - 20\log r - 8$

　　　　$= 130 - 2\log 20 - 8$

　　　　$= 130 - 26 - 8 = 96$（dB）

　　(3)勞工接受之噪音量

$$L_P = 10\log (10^{9.8} + 10^{9.6})$$
$$= 100 \; (dB)$$

〔例題〕

在某處測得一聲音壓力為300N/m²，試求：⑴音壓位準；⑵聲音強度；⑶若在自由空間下距離音源10m，其聲音功率為若干？（ρC = 400）

解答：

(1) $L_P = 10\log \dfrac{P^2}{P_0^2} = 20\log \dfrac{P}{P_0} = 20\log \dfrac{300}{2 \times 10^{-5}}$

$\quad = 143.5 \; (dB)$

(2) $I = \dfrac{P^2}{\rho C} = \dfrac{(300)^2}{400} = 225 \; (W/m^2)$

(3) $\because I = \dfrac{W}{4\pi r^2}$

由(2)知 $I = 225 W/m^2$，代入上式

得 $W = 4\pi r^2 \cdot I = 4\pi \cdot (10)^2 \cdot 225$

$\quad\quad = 2.83 \times 10^5 \; (W)$

〔例題〕

地面上距離點音源200m 處測得噪音量為70分貝，試求該音源之功率為何？

解答：

地面上的點音源之音功位準與音壓位準之關係如下：

$L_W = L_P + 20\log r + 8$

$r = 200m$ 時，$L_W = 70 + 20\log 200 + 8 = 124 \; (dB)$

$L_W = 124$

$\quad = 10\log \dfrac{W}{10^{-12}}$

$\therefore W = 2.52 \; (Watt)$

〔例題〕

設有一點音源在自由空間下，距其1m 處之音壓位準為100dB，
則離其10m 處之音壓位準為多少 dB？

解答：

$$\triangle L_P \doteq \triangle L_I = 20\log \frac{r_2}{r_1} = 20\log \frac{10}{1} = 20 \text{（dB）}$$

∴離其10m 處之音壓位準為100－20＝80（dB）

〔例題〕

有一音源長31m，離其中心點垂直方向1m 處之音壓位準為100
dB，則離中心2m、8m 及16m 處之音壓位準分別為若干？

解答：

$$\frac{31}{\pi} = 10\text{m}$$

(1)r＝2m＜10m 視同線音源

$$\triangle L_P \doteq \triangle L_I = 10\log \frac{r_2}{r_1} = 10\log \frac{2}{1} = 3 \text{（dB）}$$

∴L_P（2m）＝100－3＝97（dB）

(2)r＝8m＜10m 視同線音源

$$\triangle L_P = 10\log \frac{8}{1} = 9 \text{（dB）}$$

∴L_P（8m）＝100－9＝91（dB）

(3)r＝16m＞10m 視同點音源

$$\triangle L_P = 20\log \frac{16}{1} = 14$$

∴L_P（16m）＝100－14＝86（dB）

〔例題〕

在高2,000m 處測得噴射機之聲音功率位準為180dB，試求在飛
機下方地面上最大音壓位準為何？

解答：

∵$L_P = L_W - 20\log r - 11$

∴L_P（2,000m）＝180－20log2000－11＝103dB

〔例題〕

在距離音源15m 處測得噪音強度100dB，請問在距離音源30m 處可測得的強度為多少？

解答：

點音源，距離加倍 L_I 減少6dB

∴L_I（30m）$= 100 - 6 = 94$（dB）

〔例題〕

在距汽車（音源）10m 處量測聲音壓力位準為90dB，試求下列不同音源情況，距其100m 處之聲音壓力位準為多少分貝？

(1)單一車輛。

(2)連續不停相同型式之車輛。

解答：

(1)單一車輛可視為點音源

因距離改變所衰減之分貝量 $= 20\log \dfrac{100}{10} = 20$（dB）

因此距離100m 處之噪音 $= 90 - 20 = 70$（dB）

(2)連續不停相同型式之車輛可視為線音源，因距離改變所衰減之分貝量 $= 10\log \dfrac{100}{10} = 10$（dB）

因此距離音源100m 處之噪音 $= 90 - 10 = 80$（dB）

〔例題〕

有一人在距音源7.5m 處量得聲音壓力位準為80dB，試求下述不同音源情況下，距下列音源75m 處之聲音壓力位準為多少分貝？

(1)單獨之車輛。

(2)連續不停之相同車輛。

解答：

(1)單獨車輛可視為點音源

因距離改變所衰減之分貝量 $= 20\log \dfrac{75}{7.5} = 20$（dB）

因此距離75m 處之噪音 $= 80 - 20 = 60$（dB）

(2)連續不停相同之車輛可視為線音源

因距離改變所中衰減之分貝量$= 10\log \dfrac{75}{7.5} = 10$（dB）

因此距離音源75m 處之噪音$= 80 - 10 = 70$（dB）

1.5.2 分貝值的計算

一、音量之相加

(一)公式法

$$L_{P1} = 10\log \frac{P_1^2}{P_0^2} \text{ , } \frac{P_1^2}{P_0^2} = 10^{0.1L_{P1}}$$

$$L_{P2} = 10\log \frac{P_2^2}{P_0^2} \text{ , } \frac{P_2^2}{P_0^2} = 10^{0.1L_{P2}}$$

能量相加，$\dfrac{P_{total}^2}{P_0^2} = \dfrac{P_1^2}{P_0^2} + \dfrac{P_2^2}{P_0^2} = 10^{0.1L_{P1}} + 10^{0.1L_{P2}}$

$$\therefore L_{P,total} = 10\log \frac{P_{total}^2}{P_0^2} = 10\log \left(10^{0.1L_{P1}} + 10^{0.1L_{P2}} \right)$$

$$(1.25)$$

同理，當有 n 個音源時

$$L_{P,total} = 10\log \left(10^{0.1L_{P1}} + 10^{0.1L_{P2}} + \cdots\cdots + 10^{0.1L_{Pn}} \right)$$

$$(1.26)$$

由以上之推導，我們可獲得以下兩點結論：

1.兩個相同音源相加，音量增加3dB。

$L_P = 10\log \left(10^{0.1L_{P1}} + 10^{0.1L_{P2}} \right) = 10\log \left(2 \times 10^{0.1L_{P1}} \right)$

$= L_{P1}$（或 L_{P2}）$+ 10\log2 = L_{P1} + 3$（dB）

2.n 個相同音源相加，音量增加$10\log n$（dB）

$L_P = 10\log \left(n \times 10^{0.1L_{P1}} \right) = L_{P1} + 10\log n$（dB）

(二)近似法

$L_{P1} + L_{P2} = L_{P1}$與 L_{P2}中較大者$+$修正值

音量差值 （$L_{P1} - L_{P2}$, dB）	0,1	2,3,4	5,6,7,8,9	10以上
修正值	3	2	1	0

〔例題〕

78、76、70、75、68dB 之和。

解答：

$$\left.\begin{matrix} \left.\begin{matrix} \left.\begin{matrix} 78 \\ 76 \end{matrix}\right\}80 \\ 70 \end{matrix}\right\}80 \\ 75 \end{matrix}\right\}81$$
$$\left.\begin{matrix} 81 \\ 68 \end{matrix}\right\}81dB$$

（註：以公式法求出者為81.8dB。）

二、音量的平均值

能量平均後取對數值再乘以10，得

$$\overline{L_P} = 10\log \left(\frac{1}{n} \times \frac{P_1^2 + P_2^2 + \cdots + P_n^2}{P_0^2} \right)$$
$$= L_{P,\,total} - 10\log n \qquad\qquad (1.27)$$

〔例題〕

求79、74、73、69、65dB 之平均值。

解答：

$$\overline{L_P} = 10\log \left(10^{7.9} + 10^{7.4} + 10^{7.3} + 10^{6.9} + 10^{6.5} \right) - 10\log 5$$
$$= 81.3 - 7.0$$
$$= 74.3 \ (dB)$$

三、音量的差

(一)公式法

$$L_{P1} - L_{P2} = 10\log\left(\frac{P_1^2}{P_0^2} - \frac{P_2^2}{P_0^2}\right)$$

$$= 10\log\left(10^{0.1L_{P1}} - 10^{0.1L_{P2}}\right) \qquad (1.28)$$

㈡近似法

$L_{P1} - L_{P2} = L_{P1}$ 與 L_{P2} 中較大者－修正值

音量差值 ($L_{P1} - L_{P2}$,dB)	0～3	4～5	6～9	10以上
修正值	3	2	1	0

〔例題〕

求78dB 及75dB 之差。

解答：

(1)公式法

$$L_{P1} - L_{P2} = 10\log\left(10^{7.8} - 10^{7.5}\right)$$

$$= 75.0 \text{ (dB)}$$

(2)近似法

$$\left.\begin{array}{c} 78 \\ 75 \end{array}\right\} 78 - 3 = 75 \text{ (dB)}$$

（註：音量的差在量測作業場所的特定噪音時常用，此時常須扣
除作業場所的背景噪音。）

〔例題〕

有4個相同音量的機器一起運轉，會產生多少分貝的噪音？

解答：

$$L_{P,\text{total}} = 10\log\left(10^{0.1L_{P1}} + 10^{0.1L_{P1}} + 10^{0.1L_{P1}} + 10^{0.1L_{P1}}\right)$$

$$= 10\log\left(4 \times 10^{0.1L_{P1}}\right)$$

$$= 10\log\left(10^{0.1L_{P1}}\right) + 10\log 4$$

$$= L_{P1} + 6 \text{ (dB)}$$

〔例題〕

住家旁有一成衣廠，此成衣廠有相同的縫紉機20台，同時操作時會產生60dB的音量，試問該成衣廠在夜間最多能啟動幾台縫紉機？
（註：該地區為住家與工廠混合區，屬第三類噪音管制區，夜間之噪音管制標準為55dB。）

解答：

∵總音量（$L_{P,total}$＝每台機器發出的音量（L_{P1}）＋10log（機器數量）

$60 = L_{P1} + 10\log 20$

$L_{P1} = 47dB$

∴$55 = 47 + 10\log n$

$n = 6.3$

故最多只能啟動6台機器。

〔例題〕

設計污水處理廠曝氣池之曝氣量4,000/sec，現有不同容量大小之曝氣機可供選用，甲曝氣機之曝氣量為1,000l/sec，其噪音量為80dB，乙曝氣機之曝氣量為2,000l/sec，其噪音量為90dB，就噪音防制的立場應如何選用曝氣機？

解答：

欲達到曝氣量4,000l/sec的目標可有三種搭配方式，即可選4部甲曝氣機或2部乙曝氣機或2部甲曝氣機及一部乙曝氣機，分別探討其噪音量如下：

(1)4部甲曝氣機

$L_{P,total} = 10\log(4 \times 10^{8.0}) = 86$（dB）

(2)2部乙曝氣機

$L_{P,total} = 10\log(2 \times 10^{9.0}) = 93$（dB）

(3)2部甲曝氣機及1部乙曝氣機

$L_{P,total} = 10\log(2 \times 10^{8.0} + 10^{9.0}) = 90.8$（dB）

因此，就噪音防制觀點應選擇4部甲曝氣機，因此時噪音量最低。

〔例題〕

　　某工程師在決定抽水泵型式時，發現 A 抽水泵之抽水量爲4,000 l/min，產生之噪音量爲100dB（A），B 抽水泵之抽水量爲2,000l/min，產生之噪音量爲90dB（A），試就噪音防制的觀點而言，欲取得8,000l/min 的抽水量時，應如何選擇抽水泵的型式。

解答：

　　欲達8,000l/min 的抽水量，抽水泵可以有三種搭配公式可供選擇，即：

　(1)2台 A 抽水泵

　　其噪音量爲$10\log（2 \times 10^{10.0}）= 103（dB）$

　(2)1台 A 及2台 B 抽水泵

　　其噪音量爲$10\log（10^{10.0} + 2 \times 10^{9.0}）= 100.8（dB）$

　(3)4台 B 抽水泵

　　其噪音量爲$10\log（4 \times 10^{9.0}）= 96（dB）$

　　∴選擇4台 B 抽水泵時噪音量最少

〔例題〕

　　某工廠同時開動2部噪音值相同的機器，其產生之噪音較單獨開動1部機器之噪音值增加多少分貝？

解答：

　　設單獨啓動一部機器的噪音值爲 L_{P1}，則2部同時啓動時所發出的噪音：

$$L_{P,total} = 10\log（10^{0.1L_{P1}} + 10^{0.1L_{P1}}）$$
$$= 10\log（2 \times 10^{0.1L_{P1}}）$$
$$= L_{P1} + 10\log2$$
$$= L_{P1} + 3（dB）$$

　　∴噪音增加3dB。

〔例題〕

　　某鐵工廠廠內之噪音經測定爲80dB，當1部衝床不操作時噪音測定為75dB，求此衝床獨自運轉時的噪音量。

解答：

$L_P = 10\log (10^8 - 10^{7.5})$

$= 78.3 (dB)$

即1台衝床所發出的噪音量為78.3dB

〔例題〕

　　某塑膠廠有8台相同型式的射出機，一起運轉時產生54dB的噪音，若此區域之噪音管制標準為50dB，問該塑膠廠最多能啟動幾台射出機？

解答：

⑴設每台射出機的噪音量為 L_{P1}（dB）

則 $54 = 10\log (8 \times 10^{0.1L_{P1}})$

$= L_{P1} + 10\log 8$

$\therefore L_{P1} = 45 (dB)$

⑵設最多能啟動 N 台機器

$50 = 45 + 10\log N$

$\therefore N = 3 (台)$

1.6　室內聲學

1.6.1　室內音場

　　室內音場和自由音場最大的差別在於除了直接音場（direct field）外，由於地板、天花板及牆面的存在，尚有反射音場（或稱迴響音場，reverberant field）。直接音場只與距離音源的遠近有關，亦即在直接音場中，音量不受房間大小與牆壁等反射物的影響；而反射音場則恰好相反。室內的音量為以上兩種音場的合成結果，因此其

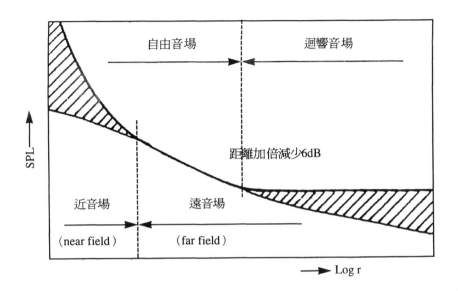

圖1-8　室內音量──距離衰減示意圖

音壓位準分布如圖1-8所示，音量因距離增加而逐漸衰減，但在一定距離以上時，音量呈穩定狀態而不再減少。

以下謹就直接音場與反射音場的特性作一詳細探討：

一、直接音場（或自由音場）

若一點音源所發出之功率位準爲 L_W，則在距離音源 r 處的受音者所接受到的直接音之音壓位準爲

$$L_P = L_W + 10\log \left(\frac{Q}{4\pi r^2} \right)（dB） \qquad （1.29）$$

其中　Q＝方向係數（directivity），在自由空間 Q＝1；半自由空間 Q＝2；1/4自由空間 Q＝4；1/8自由空間 Q＝8。

當有 n 個相同的音源時，來自直接音的音壓位準

$$L_P = L_W + 10\log \left(\frac{Q_1}{4\pi r_1^2} + \frac{Q_2}{4\pi r_2^2} + \cdots + \frac{Q_n}{4\pi r_n^2} \right)（dB）$$

$$（1.30）$$

二、反射音場（或擴散音場）

室內空間中，由點音源所造成的反射音場的音壓位準為

$$L_P = L_W + 10\log \frac{4}{R} \qquad\qquad (1.31)$$

其中　R ＝室常數＝$S\bar{\alpha}/(1-\bar{\alpha})$

　　　　S ＝室內之總表面積，m^2

　　　　$\bar{\alpha}$ ＝平均吸音係數（介於0與1之間，0表完全反射，1表完全吸收）

　　　　　　$= \sum\limits_{i=1}^{n} S_i\,\alpha_i\ /\ \sum\limits_{i=1}^{n} S_i$

當有 n 個相同的音源時，來自反射音的音壓位準

$$L_P = L_W + 10\log n + 10\log \frac{4}{R} \qquad\qquad (1.32)$$

由以上分析可知，在一室內空間中，由點音源所發出的總音壓位準為

$$L_P = L_W + 10\log\left(\frac{Q}{4\pi r^2} + \frac{4}{R}\right) \qquad\qquad (1.33)$$

1.當 $\dfrac{4}{R} \gg \dfrac{Q}{4\pi r^2}$（即反射音≫直接音）時，此時總音壓位準由反射音所主導，即

$$L_P = L_W + 10\log\left(\frac{4}{R}\right) \qquad\qquad (1.34)$$

具有此類特性的室內空間稱為強殘響室（live room）。因其吸音能力甚低，因此$\bar{\alpha} \doteqdot 0$，

$$R = \frac{\bar{\alpha}S}{(1-\bar{\alpha})} \doteqdot \bar{\alpha}S \qquad\qquad (1.35)$$

$$\therefore L_P = L_W + \log\left(\frac{4}{R}\right)$$

$$\fallingdotseq L_W + 10\log\left(\frac{4}{\bar{\alpha}S}\right)$$

$$\fallingdotseq L_W + 10\log\left(\frac{4}{A}\right) \qquad (1.36)$$

其中　$A\,(\,=\text{吸音力}\,) = \bar{\alpha}S = \sum_{i=1}^{n} \alpha_i\, S_i$

$$L_{P1} = L_W + 10\log\frac{4}{A_1}$$

$$L_{P2} = L_W + 10\log\frac{4}{A_2}$$

$$\therefore \triangle L_P = L_{P2} - L_{P1} = 10\log\frac{4}{A_2} - 10\log\frac{4}{A_1}$$

$$= 10\log\frac{A_1}{A_2} \qquad (1.37)$$

所以當吸音值加倍（即 $A_2 = 2A_1$）時，$\triangle L_P = 10\log\dfrac{A_1}{A_2}$ $= 10\log\,(\,1/2\,) = -3\,(\,\text{dB}\,)$。此即顯示，若加入吸音材料使吸音力加倍時，可減少反射音約3dB。一般而言，藉由舖設吸音材料所能降低反射音之最大值約10dB。

2. 當 $\dfrac{Q}{4\pi r^2} \gg \dfrac{4}{R}$（即直接音≫反射音）時，此時室內音壓變化由直接音所主導，即

$$L_P = L_W + 10\log\left(\frac{Q}{4\pi r^2}\right) \qquad (1.38)$$

具有此類特性的室內空間稱為弱殘響室（dead room）。因其吸音能力甚高，因此 $\bar{\alpha}\fallingdotseq1$。由（1.38）式知，弱殘響室中，當距離加倍時，直接音將減少6dB。

〔例題〕

有一會議室平均吸音係數為0.2，若於室內進行吸音處理，平均吸音係數增為0.5時，則其室內噪音降低多少分貝？

解答：

$$\triangle L_P = 10\log\left(\frac{A_1}{A_2}\right) = 10\log\left(\frac{\overline{\alpha_1}}{\overline{\alpha_2}}\right)$$

$$= 10\log\left(\frac{0.2}{0.5}\right)$$

$$= -4\;(\,dB\,)$$

即室內噪音降低4分貝

1.6.2 殘響

在一房間中置一噪音源，若這房間的牆壁、天花板與地板都是堅硬的材料，也沒有洩漏的情形，則音能在被吸收前會有無數次的反射這就是殘響（reverberation）現象，亦即一般俗稱的迴響。在理想的情況下（即所有表面均能完全反射）音壓位準將會增至相當大的值。即使在現實環境中，若房間很小，材料又硬，則音壓位準的增加幅度亦是極可觀的。所謂的殘響室便是一反射音場遠大於直接音場，且室內發生音均勻分布室內任何位置的擴散音場室，殘響室（如圖1-9）主要是用於吸音材料之吸音係數的量測方面。實際上，殘響室又可分為強殘響室與弱殘響室；所謂強殘響室是一吸音能力甚低的房間，在此室內，反射音場支配室內音壓位準。反之，弱殘響室則為一高吸音能力的房間，室內音壓的變化由直接音場所主宰，直到與音源的距離夠遠，音場受反射音場主導為止。

當殘響室中的聲音突然停止時，室內的聲音會經一段時間才消失，室內的音量衰減60dB所需的時間稱之為殘響時間（reverberation time），以T_{60}表之，單位為秒。（參見圖1-10）

設殘響室容積為V（m^3），全表面積為S（m^2），殘響室的平均吸音係數為$\overline{\alpha}$，則殘響時間（T_{60}）可計算如下：

一、強殘響室之殘響時間

根據沙賓（Sabine）公式

$$T_{60} = 0.161V/(\overline{\alpha}S) = 0.161\left(\frac{V}{A}\right)\;(\,sec\,) \qquad (1.39)$$

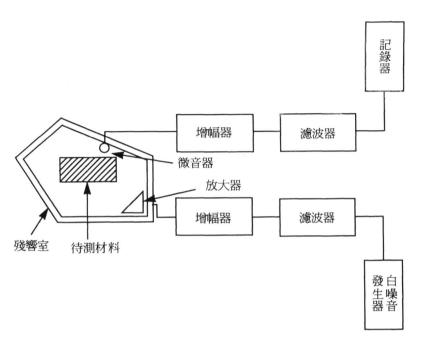

圖1-9　吸音材料吸音率的測定方法

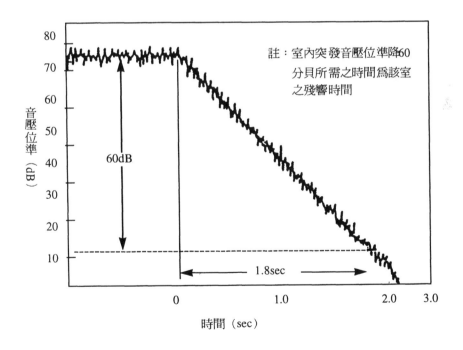

圖1-10　殘響時間示意圖

二、弱殘響室之殘響時間

根據爾林（Erying）公式

$$T_{60} = 0.161 \frac{V}{S \left[-\ln(1-\bar{\alpha}) \right]} \quad (\text{sec}) \qquad (1.40)$$

當然，如果殘響時間已知，則室常數亦可據此求得：

$$\because R = \frac{\bar{\alpha}S}{1-\bar{\alpha}} = \frac{AS}{S-A} \qquad (1.41)$$

且由沙賓公式 $A = \dfrac{0.161V}{T_{60}}$ 代入上式

$$得\ R = \frac{S}{\left(\dfrac{TS}{0.161V} \right) - 1} \quad (\text{m}^2) \qquad (1.42)$$

此一關係式在當一房間之吸音係數有寬廣的範圍及種類時最為有用。

前述利用殘響室測量某材料之吸音係數的方法，便是先分別測出有無吸音材料時的殘響時間，再依公式加以計算而得。假設 T_s 是有吸音材料時之殘響時間（sec），T_e 是無吸音材料時的殘響時間，則該吸音材料之吸音係數可利用下式加以計算之：

$$\alpha = \frac{0.161V}{S} \left(\frac{1}{T_s} - \frac{1}{T_e} \right) \qquad (1.43)$$

〔例題〕

假設有一房間大小為 7m × 5m × 4m 且平均吸音係數為 0.2，試問其殘響時間為若干？

解答：

根據沙賓公式

$$T = 0.161 \ (V/A) \quad (\text{sec})$$

$$V = 7m \times 5m \times 4m = 140 \ (\ m^3\ )$$

$$S = (\ 7m \times 5m \times 2\ ) + (\ 5m \times 4m \times 2\ ) + (\ 7m \times 4m \times 2\ )$$

$$= 166 \ (\ m^2\ )$$

$$A = S \bar{\alpha} = 166 \times 0.2 = 33.2 \ (\ m^2\ )$$

$$\therefore T = 0.161 \ (\ 140/33.2\ ) = 0.67 \ (\ sec\ )$$

〔例題〕

有一房間大小為15m×20m×3m，殘響時間是2sec，試求該房間的室常數。

解答：

$$\therefore R = \frac{S}{(\dfrac{TS}{0.161V}) - 1}$$

且　$S = 810m^2$，$V = 900m^3$，$T = 2sec$ 代入上式

得　$R = \dfrac{810}{\dfrac{(\ 2\ )(\ 810\ )}{(\ 0.161\ )(\ 900\ )} - 1} = 80 \ (\ m^2\ )$

1.7　噪音的影響

1.7.1　噪音對人體的影響

噪音對人體的影響可分成下述幾類：

一、聽力的損失

過大、過久的噪音會導致重聽及失聰，造成聽力閾值的提高（hearing threshold shift），此種噪音引起的聽力閾值的提高特稱之為噪音引起的聽力損失（hearing loss）；聽力損失可分為暫時性的聽力損失（temporary threshold shift，TTS）及永久性的聽力損失（permanent threshold shift，PTS）。若聽力損失在離開噪音環境一

段時間後可以恢復者即稱為暫時性聽力損失；反之，若長期處於噪音環境下，毛細胞因長期刺激而無法復原，此種情況便稱為永久性聽力損失。凡是由於過度噪音的刺激所直接造成的聽力損失都稱為感音性聽力損失（perceptive hearing loss），若是由於疾病或外傷所導致的中耳或外耳受傷者，則稱為傳音性聽力損失（conductive hearing loss）。

人耳對於不同頻率的聲音之敏感度各不相同，對高頻音較敏感而對低頻音較不敏感；影響人耳聽力損失的因素有：

　　1.噪音量的大小：噪音音壓位準越大，損害愈大。

　　2.暴露時間的長短：暴露時間較長時，影響較嚴重。

　　3.噪音的頻率特性：頻率高，危害性大。一般而言，由噪音所引起之聽力損失最先發生於4,000Hz。

　　4.個人的差異性：個人敏感度、年齡、性別都會造成差異。

雖然如此，一般人耳的感音性聽力損失，都是先對高頻音聽不清楚再慢慢轉移至低頻部分。

二、其他生理的影響

噪音除造成個人聽力損失外，尚會影響其他的生理作用，例如，招致消化系統失調、分泌腺功能失調、甲狀腺功能失調與性功能失調，引發心臟血管系統疾病並能導致腎功能的障礙。

三、干擾彼此的交談

噪音的存在，人與人彼此的交談必然會大受影響，相對的也會妨礙學童的學習效果，更嚴重的是工廠作業的勞工很可能因為警報裝置之警告被掩蓋而導致意外事故的發生。

四、干擾睡眠

人類睡不安穩時常會導致精神不佳，影響工作效率；而且自主神經也會因得不到充分的休息而影響其功能的發揮，甚而造成意外的發生。

五、造成心理的厭煩

在噪音環境中,內分泌系統可能因受噪音影響而失常,進而影響情緒狀態,另外也可能因與他人溝通困難而產生厭煩情形,阻礙人際關係的發展。

1.7.2　聽力損失指標

依 AAOO(美國眼科與耳鼻喉學會聽力委員會)的規定,以一般口語重要頻率500、1,000、2,000Hz 的平均聽閾值25dB 為基準,列出失聰的等級,如**表1-2**所示。

另由於人耳對4,000Hz 的聲音最為敏感,由許多實驗亦指出,當暴露於噪音之下,聽力的損失由此頻率開始,且其聽力損失最大,再者年齡的增大也會引起高頻音域的聽力損失,於是有早期聽力損失指標(ELI)的觀念。所謂 ELI 就是檢測4,000Hz 處的聽力閾值來判斷勞工是否有暴露於過度噪音的潛在危險性,如**表1-3**所示。

表1-2　AAOO 之聽力損失指標

等級	聽力障礙程度	較佳耳朵500,1,000,2,000赫平均聽閾值*		語言交談的瞭解能力
		大於(dB)	小於或等於(dB)	
A	不顯著		25	輕聲交談沒有困難
B	輕微障礙	25	40	輕聲交談時會有困難
C	中等障礙	40	55	正常語言交談常有困難
D	顯著障礙	55	70	大聲交談常有困難
E	嚴重障礙	70	90	喊叫或放大聲音時才能瞭解
F	極嚴重障礙	90		耳聾無法聽聞

＊註:自1979年起,將3,000Hz 的聽力閾值亦加入計算。

表1-3 早期聽力損失指標

老化引起的聽力損失值（dB）			ELI		
年齡	女	男	等級	大於左列聽力損失值(dB)	說明
25	0	0	A	＜8dB	聽力極佳
30	2	3	B	8－14	聽力良好
35	3	7	C	15－22	聽力尚可
40	5	11	D	23－29	有噪音引起聽力損失之可能
45	8	15	E	≧30	極可能有噪音引起之聽力損失
50	12	20			
55	15	20			
60	17	32			
65	18	38			

　　爲了評估在說話頻率處的聽力損失，除了 AAOO 所採行的方法外，另外還有所謂的交談平均聽力損失法，此法乃是將各耳的500、1,000、2,000Hz 的聽力閾值 L_{500}、$L_{1,000}$、$L_{2,000}$ 求取算術平均值之後，再參照前述 AAOO 所定之表求取說話聽力等級。

　　亦即：

三分法 ＝（L_{500} ＋ $L_{1,000}$ ＋ $L_{2,000}$）/3（dB）

　　除此之外，尚有四分法、六分法、Dundee Index、Lafon Index 等聽力損失指標，可使用於不同場合的聽力損失之評估。下列即爲各種指標的計算方式：

1.四分法 ＝（L_{500} ＋ $2 \times L_{1,000}$ ＋ $L_{2,000}$）/4（dB）

2.六分法 ＝（L_{500} ＋ $2 \times L_{1,000}$ ＋ $2 \times L_{2,000}$ ＋ $L_{4,000}$）/6（dB）

3.Dundee Index ＝ $L_{2,000}$ ＋（$L_{6,000}$ － $L_{4,000}$）/2（dB）

4.Lafon Index ＝（$L_{2,000}$ ＋ $L_{4,000}$）/2（dB）

〔例題〕

　　已知某人之聽力損失為30dB，今在500Hz、2,000Hz、4,000Hz 之聽力損失分別為33dB、25dB 及40dB，試以六分法計算1,000Hz 時之聽力損失。

解答：

　　六分法：

　　聽力損失＝（L_{500}＋2×$L_{1,000}$＋2×$L_{2,000}$＋$L_{4,000}$）/6

　　∴〔33＋（2×L_{1000}）＋（2×25）＋40〕/6＝30

　　故 $L_{1,000}$＝28.5（dB）

〔例題〕

　　已知勞工聽力損失為35dB，根據檢測，其在500Hz、1,000Hz 及 4,000Hz 之聽力損失分別為35dB、32dB 及41dB，求2,000Hz 之聽力損失？

解答：

　　以六分法計算：

$$\frac{（1×35）＋（2×32）＋（2×L_{2,000}）＋（1×41）}{6}＝35$$

　　∴$L_{2,000}$＝35（dB）

1.7.3　人耳對聲音的響度反應

　　聲音的響度（loudness）為人對聽力感覺聲音的大小；為聲音強度、頻率、頻帶寬度及聲音持續時間長短的函數，以嗓（sone）為單位。

　　響度位準（loudness level）是基於聲音間的比較值，其定義為與1,000Hz 的純音比較，感覺大小相同時，此時響度位準值即為1,000 Hz 純音的音壓位準值，以唪（phon）為單位。

　　響度與響度位準之關係就猶如聲音能量與聲音位準的關係。

　　在自由音場中，純音的等響度曲線與頻率之關係如圖1-11所示。

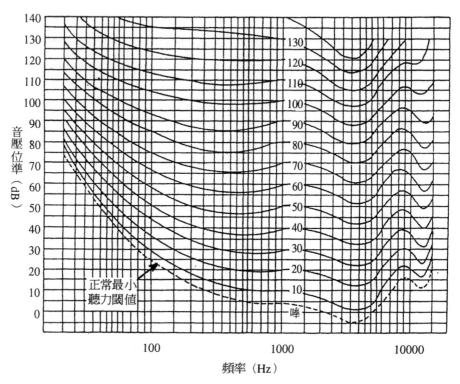

圖1-11　等響度曲線

此圖的形成乃是將不同頻率與音壓位準組合的聲音呈現給受試者，要求受試者來決定那些組合響度相同，將其結果畫出，即成等響度曲線。例如，50Hz、62dB 的響度感覺大約與1,000Hz、40dB 時響度相同。

　　由圖中可以獲得以下幾點結論：

1.人耳對低頻音較不敏感。

2.對高頻音之反應較為複雜。

3.對4,000Hz 頻率的聲音最為敏感，且有增強之情形。

4.低頻音高音壓位準時與高頻音低音壓位準之聲音可造成相同響度的感覺。

響度與響度位準之關係可用下式來表示：

$$L = 2^{(LL-40)/10} \qquad\qquad (1.44)$$

或

$$LL = 40 + 33.3\log L \qquad\qquad (1.45)$$

其中　L＝響度，單位為嗓（sone）

　　　LL＝響度位準，單位為啡（phon）

由上式知，當響度位準在40phons 以上時，每增加10phons，響度加倍；例如，響度位準自40phons 增加至50phons，感覺響度係增加2倍。且兩純音的響度位準和不等於兩純音的響度之和；例如，二純音的響度位準均為60phons，則二純音同時發音時響度位準為70phons 而非120phons。由以上所述可知響度增加的速度較響度位準為快，且光從響度位準無法將人對聲音的感覺予以量化，必須轉變為響度才能比較。

〔例題〕

一球迷所持某一廠牌之氣笛可產生1,000Hz 的純音，且其音壓位準（SPL）為40dB，若欲在同一地點得到原響度的兩倍時，則需要幾個氣笛一齊發音？

解答：

由響度位準的定義知，1,000Hz 的聲音其響度位準的值與音壓位準相同，即40phons。

另由公式 $L = 2^{(LL-40)/10} = 2^{(40-40)/10} = 1$（sone）

知此一氣笛的響度大小為1sone，若欲將其響度加倍（即 L = 2 sones），則此時之響度位準（即所需之音壓位準）為

$$2 = 2^{(LL-40)/10}$$

$$\therefore LL = 50 （phons）$$

設所需的氣笛數為 N，則

$$50 = 40 + 10\log N$$

∴ N = 10，即需要10個氣笛一齊發音

〔例題〕

試問20phons 的純音與30phons 的純音，何者之響度較大？其中響度較大者爲響度較小者的幾倍？

解答：

(1)20phons：$L = 2^{(20-40)/10} = 2^{-2} = 0.25$（sone）

30phons：$L = 2^{(30-40)/10} = 2^{-1} = 0.5$（sone）

∴30phons 的響度較大

(2)較大者爲較小者的兩倍

對於多種頻率複合噪音總響度的計算，有 Stevens 法和 Zwicker 法，Stevens 法適用於擴散音場，Zwicker 法則是擴散音場及自由音場均能適用，且兩者均將複合噪音的遮蔽作用列入考慮，但因 Zwicker 法需考慮遮蔽作用的對稱性，故較爲複雜，因此大部分均採用 Stevens 法。

Stevens 法對噪音總響度的計算可用下式表示：

$$S_t = S_m(1-F) + F\sum_{j=1}^{N}S_j \qquad (1.46)$$

其中　S_t = 複合噪音之總響度，sones

S_m = 響度指標之最大數值

F = 頻帶校正係數，八音階頻譜 F = 0.3，1/2八音階頻譜
　　F = 0.2，1/3八音階頻帶 F = 0.15

S_j = 個別響度指標

〔例題〕

噪音經1/3八音階頻帶分析器分析結果如下表所示，試計算其響度？

1/3八音階頻帶中心頻率 f_0 （Hz）	頻帶音壓位準 （dB）	響度指標 （sones）
50	87.5	10
63	86	9.5
80	83	10
100	83	11
125	81	10
160	80	9.8
200	84.7	14
250	83.5	14.5
310	79.5	11.5
400	79.5	12.2
500	81	15
630	82.2	17
800	80.5	16
1,000	76.7	13.2
1,250	77	14
1,600	75.5	13.5
2,000	72	11.5
2,500	70.5	11.5
3,150	69.7	11.5
4,000	68.3	11.5
5,000	68.8	12.5
6,300	67.5	12.5
8,000	67.8	13.5
10,000	68.1	12

解答：

∵1/3八音階頻帶　　∴F＝0.15

且 $\sum_{j=1}^{24} S_j = 297.7$

查表得知　$S_m = 17$（sones）

$$\text{故} \quad S_t = 17(1-0.15) + 0.15 \times 297.7$$
$$= 59.1 \text{ (sones)}$$
$$LL = 40 + 33.3\log L$$
$$= 40 + 33.3\log 59.1$$
$$= 99 \text{ (phon)}$$

1.7.4 噪音的騷擾—吵鬧度

研究結果顯示，人類對於噪音的感受有下列幾項特徵：

1. 高頻率噪音較相同音量之低頻噪音更覺得吵鬧。
2. 噪音音量隨時間劇烈變化者較固定不變者感覺上較吵鬧。
3. 音源位置不固定者較固定者覺得吵鬧。
4. 相同音量之兩噪音，以能量集中在狹窄頻帶者較為吵鬧。

因此，可用等吵鬧曲線將人類對噪音的感覺吵鬧程度予以量化，如圖1-12所示。

一、感覺吵鬧度（PN）

以諾（noy）為單位，noy 與 sone 類似，都是正比於對噪音的感受。

1noy 表示中心頻率為1,000Hz、音壓位準為40dB 時所感受到的噪音之吵鬧度。例如，3noys 之吵鬧度為1noy 的3倍。

總感覺吵鬧度的計算方式與總響度的計算方式相當類似：

$$PN = N_{max}(1-F) + F\sum_{j=1}^{m} N_j \qquad (1.47)$$

其中　　N_{max} ＝最大吵鬧度

　　　　N_j ＝頻帶噪音之吵鬧度

　　　　F＝校正係數，八音階頻帶為0.3，1/3八音階頻帶為
　　　　　0.15

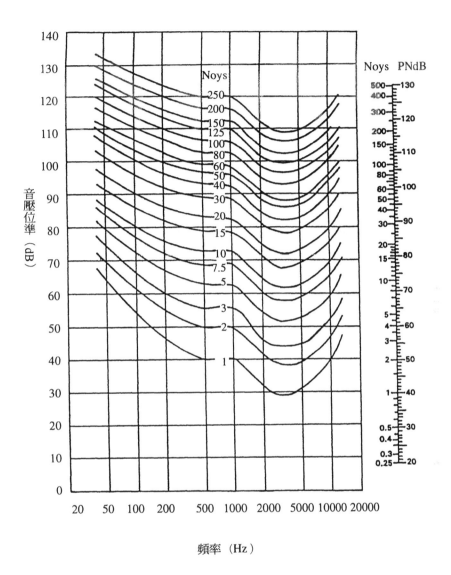

圖1-12　等吵鬧曲線

二、感覺噪音位準（PNL）

以 PNdB 為單位，較 noy 更被廣泛採用，如感覺吵鬧度加倍，則感覺吵鬧位準增加10PNdB。

PN 與 PNL 間的轉換關係如下：

$$PN = 2^{(PNL-40)/10} \text{ (noys)} \tag{1.48}$$

或

$$PNL = 33.3\log(PN) + 40 \tag{1.49}$$

〔例題〕

試計算前例中之感覺噪音位準。

解答：

計算結果如下表中所示，由表中知 $N_{max} = 18.7$noys

$$\therefore PN = 18.7(1-0.15) + 0.15(336.3)$$

$$= 66.34 \text{ (noys)}$$

$$PNL = 33.3\log66.34 + 40$$

$$= 100.7 \text{ (PNdB)}$$

1/3八音階頻帶中心頻率 f_0（Hz）	頻帶音壓位準（dB）	感覺吵鬧度（noys）
50	87.5	10.6
63	86	11.3
80	83	9.8
100	83	12.1
125	81	11.3
160	80	11.3
200	84.7	18.0
250	83.5	17.8
315	79.5	14.1

1/3八音階頻帶中心頻率 f_0 （Hz）	頻帶音壓位準 （dB）	感覺吵鬧度 （noys）
400	79.5	15.4
500	81	17.1
630	82.2	18.7
800	80.2	16.2
1000	76.7	12.7
1250	77	14.9
1600	75.5	17.6
2000	72	15.8
2500	70.5	14.4
3150	69.7	16.6
4000	68.3	15.0
5000	68.6	14.3
6300	67.5	12.4
8000	67.8	10.3
10000	68.1	8.6

$$\sum_{j=1}^{24} N_j = 336.3$$

1.7.5 噪音交談的干擾

噪音除了會造成聽力的損傷之外，尚會對人與人之間彼此的交談造成干擾，此即所謂的遮蔽效應（masking effect）。

所謂遮蔽（masking）係指由於聲音環境中某一聲音的存在而影響到耳朵對於另一聲音的接收之敏感度的削弱；換句話說，就是由於遮蔽音（masking sound）的存在，而使受遮音（masked sound）的聽力閾值提高。而遮蔽效應係指某一聲音（受遮音）在有、無遮蔽音兩種情況下的絕對閾值之差。一般而言，遮蔽效應隨著遮蔽音和受遮音本身的種類而異，如純音、複合音、白色噪音（white noise）、粉紅噪音（pink noise）、語音等。底下我們將舉二例，以說明純音所致純音的遮蔽效應及帶域噪音所致純音的遮蔽效應。所謂白色噪音係指一連續頻譜的噪音，在八音階頻帶之各頻率有相同的功率；各中心頻率所對應之音壓位準均相同。所謂粉紅噪音係指一連續頻譜的噪音，在八音階頻帶之各頻率有相同的功率；其中心頻率每增加一倍，其對應之音壓位準降低3dB。

一、純音所致純音的遮蔽

圖1-13所示為妨害音（遮蔽音）是純音時的遮蔽程度，此例中的遮蔽音為一中心頻率1,200Hz、音壓位準分別為20dB、40dB、60dB、80dB、100dB 的純音。而受遮音的頻率則介於400～4,000Hz。由圖可知，低頻音比高頻音不易被遮蔽，較高頻的聲音易被遮蔽。頻率接近遮蔽音時因為會發生共鳴，所以遮蔽量下降（如1,200Hz 附近的掉落）；另2,400Hz、3,600Hz 附近的遮蔽下降是由於耳中形成的遮蔽音的倍音與被遮音共鳴所致。

二、帶域噪音所致純音的遮蔽

若妨害音為帶域噪音（band noise）時，其遮蔽情形將稍異於純音的情形，如圖1-14所示。圖1-14所示的遮蔽音為一頻率介於1,050～1,250Hz 的帶域噪音（中心頻率1,150Hz），其音壓位準分別是63dB、83dB 與103dB。

如圖所示，在妨害音的中心頻率及其附近的純音易被遮蔽，比中心頻率低的頻率及高頻音不易被遮蔽，而且低頻音比高頻音不易被遮蔽。

由上二例可以歸納出如下的結論：

1. 最大的遮蔽量應該發生在遮蔽音頻率（1,200Hz）及其倍音（如2,400Hz、3,600Hz）的附近。
2. 遮蔽音的強度愈大，則其遮蔽效應也愈大。
3. 遮蔽效果以噪音的中心頻率視之，並非對稱而是高頻部分被遮蔽的較多。

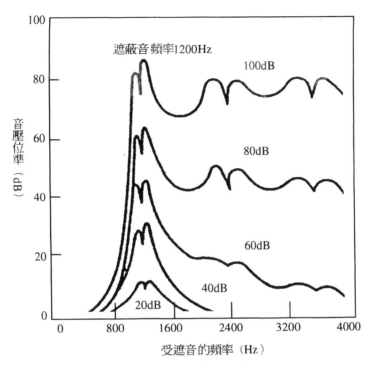

圖1-13　純音所致純音的遮蔽例

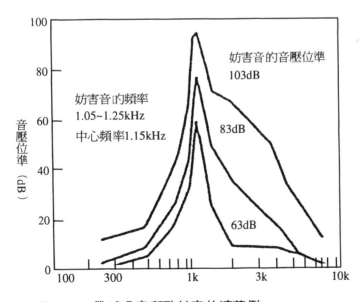

圖1-14　帶域噪音所致純音的遮蔽例

有關遮蔽效應的例子在日常生活中不勝枚舉，例如，頭髮吹風機的聲音掩蓋掉電話的鈴聲，引擎的聲音遮蔽了說話的聲音。

為表示談話時，能否被清晰聽到的指標，一般常用的語言干擾位準為600～4,800Hz 間的三個八音階頻帶音壓位準之算術平均值，此已被廣泛地用於評估飛機機艙內噪音。

近年來則以優先語言干擾位準（preferred speech interference level, PSIL）來代替語言干擾位準，所謂 PSIL 就是將噪音的500 Hz、1,000Hz、2,000Hz 等三頻率之分貝值取算術平均值。即

$$PSIL = （L_{500} + L_{1,000} + L_{2,000}）/3 \qquad （1.50）$$

語言干擾位準與優先語言干擾位準，同為量測背景噪音干擾會話交談程度的噪音指標。

1.7.6　聲音的加權特性

人耳所能感受到的聲音，是頻率介於20～20,000Hz 的合成音，對低於20Hz 及高於20,000Hz 的聲音都具有過濾的作用。除此之外，人耳對介於20～20,000Hz 之不同頻率的聲音亦有不同的感受，而且通常都不是線性的關係，對低頻音較不敏感，對高頻音較敏感且較具線性關係，因此當欲量度人耳對噪音的感受時，必須設計能模仿人耳對聲音反應的濾波器，此類濾波器我們稱之為權衡電網。一般較為人熟知的有 A、B、C、D 等四種權衡電網，其加權特性如圖 1-15所示，且各有其用途，茲描述於後：

一、A 權衡電網

以往，當所測量的對象之音壓位準在55dB 以下時使用之。而現在，因 A 權衡電網較接近人耳對噪音的反應，故在環境污染及工業衛生領域都使用之，其測量值以 dBA 或 dB（A）表示。為目前最常用的權衡電網，相當於40phons 等響度曲線。

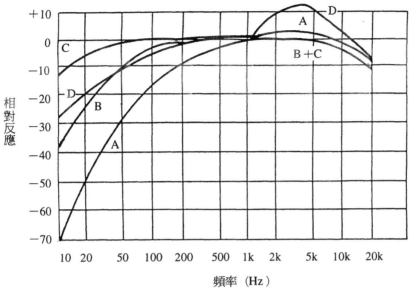

A：A特性曲線　　　　B：B特性曲線
C：C特性曲線　　　　D：D特性曲線

圖1-15　各種標準之加權曲線

二、B權衡電網

　　音壓位準在55～85dB時使用之，惟目前已不使用。相當於70phons等響度曲線。

三、C權衡電網

　　音壓位準85dB以上時使用之，用以測機器噪音慢特性，其特點是對於31.5～8,000Hz的聲音都給予相同的權衡，因此其測值較接近實際物理量，在噪音控制測量使用之。相當於100phons等響度曲線。

四、D權衡電網

　　測量航空或機場附近感知噪音量，適用於高頻率聲音的測量（為測量航空器的噪音而加強高頻率）。

A、B、C、D 等四種權衡電網的修正值如**表1-4**所示。

表1-4 A、B、C、D 權衡電網修值

頻帶編號	中心頻率（Hz）	A 權衡	B 權衡	C 權衡	D 權衡
13	20	− 50.5	− 24.2	− 6.2	− 20.65
14	25	− 44.7	− 20.2	− 4.4	− 18.696
15	31.5	− 39.4	− 17.1	− 3.0	− 16.68
16	40	34.6	− 14.2	− 2.0	− 14.72
17	50	− 30.2	− 11.6	− 1.3	− 12.77
18	63	− 26.2	− 9.3	− 0.8	− 10.86
19	80	− 22.5	− 7.4	− 0.5	− 9.00
20	100	− 19.1	− 5.6	− 0.3	− 7.20
21	125	− 16.1	− 4.2	− 0.2	− 5.52
22	160	− 13.4	− 3.0	− 0.1	− 3.98
23	200	− 10.9	− 2.0	0	− 2.65
24	250	− 8.6	− 1.3	0	− 1.57
25	315	− 6.6	− 0.8	0	− 0.80
26	400	− 4.8	− 0.5	0	− 0.37
27	500	− 3.2	− 0.3	0	− 0.28
28	630	− 1.9	− 0.1	0	− 0.46
29	800	− 0.8	0	0	− 0.61
30	1,000	0	0	0	0.00
31	1,250	+ 0.6	0	0	2.00
32	1,600	+ 1.0	0	− 0.1	4.92
33	2,000	+ 1.2	− 0.1	− 0.2	7.92
34	2,500	+ 1.3	− 0.2	− 0.3	10.36
35	3,150	+ 1.2	− 0.4	− 0.5	11.55
36	4,000	+ 1.0	− 0.7	− 0.8	11.13
37	5,000	+ 0.5	− 1.2	− 1.3	9.59
38	6,300	− 0.1	− 1.9	− 2.0	7.62
39	8,000	− 0.1	− 2.9	− 3.0	5.53

（續）表1-4　A、B、C、D 權衡電網修值

頻帶編號	中心頻率（Hz）	A 權衡	B 權衡	C 權衡	D 權衡
40	10,000	−2.5	−4.3	−4.4	3.44
41	12,500	−4.3	−6.1	−6.2	1.37
42	16,000	−6.6	−8.4	−8.5	−0.68
43	20,000	−9.3	−11.1	−11.2	−2.71

有關加權特性曲線的應用，說明如下：

1.1,000Hz 是人耳最靈敏的頻率，不需要修正。

2.修正值以低頻音較大。

3.修正值可用內插求得。

4.修正值為國際通用。

〔例題〕

　　某一噪音利用頻譜分析儀測出八音頻之音壓位準如下，試求 C 特性和 A 特性之總音壓位準及聲音強度。

中心頻率 f_0（Hz）	125	250	500	1,000	2,000	4,000
頻帶 L_P（dB）	70	80	75	65	72	62

解答：

(1)C 特性

①總音壓位準

$$L_{P,total} = 10\log (10^{7.0} + 10^{8.0} + 10^{7.5} + 10^{6.5} + 10^{7.2} + 10^{6.2})$$

$$= 82.1 (dB)$$

②聲音強度

$$L_P = L_I = 10\log \frac{I}{I_0}$$

$$\therefore 10\log \frac{I}{10^{-12}} = 82.1$$

故 $I = 1.62 \times 10^{-4}$（W/m^2）

(2)A 特性

中心頻率 f_0 (Hz)	125	250	500	1,000	2,000	4,000
頻帶 L_P(dB)	70	80	75	65	72	62
轉換 A 特性修正值(dB)	−16.1	−8.6	−3.2	−0.0	+1.2	+1.0
頻帶 L_P(dBA)	53.9	71.4	71.8	65	73.2	63

①總音壓位準

$$L_{P,\,total} = 10\log\left(10^{5.39} + 10^{7.14} + 10^{7.18} + 10^{6.5} + 10^{7.32} \right.$$
$$\left. + 10^{6.3} \right)$$
$$= 77.4 \text{（dB）}$$

②聲音強度

$$10\log \frac{I}{10^{-12}} = 77.4$$
$$\therefore I = 5.52 \times 10^{-5} \text{（W/m}^2\text{）}$$

習題一

1. 試說明為何聲音強度計在迴響室內很難用來量測音源的聲功率，尤其在距音源某些距離作量測時。

2. 請以耳朵的聽覺原理說明高頻與低頻工礦噪音及穩定與衝擊工礦噪音對聽力傷害的差異性，及如何評估其聽力損失。

3. 何謂聲音的頻率？並說明八音階頻譜分析器上下中心頻率的特性。又一般作頻譜分析的應用為何？

參考文獻

1. 蘇德盛，《噪音原理與控制》，臺隆書店。
2. Magrab, E.B., " Environmental Noise Control ", John Wiley & Sons, Inc., New York, 1975.
3. Beranek, L.L., ed., " Noise and Vibration Control ", McGraw-Hill Book Company, New York, 1971.
4. Irwin, J.D. and Graf, E.R., " Industrial Noise and Vibration Control ", Prentice-Hall Inc., N.J., 1979.

第 2 章
噪音的評估與測定

2.1 噪音指標

所謂噪音指標就是一種加權後的音量值，加權的方式是依據噪音的時間、空間、頻率特性，並參酌人類對該噪音反應的有效性，經統計性的運算與組合所得到的指標。

常用的噪音指標有：

一、L_{eq}（均能音量）

為一連續穩定的聲音位準，與相同時段內真實噪音具有相同的總能量。

$$L_{eq} = 10\log \left[\frac{1}{T} \sum_{i=1}^{n} 10^{0.1 L_{Ai}} \triangle t_i \right] \qquad (2.1)$$

其中　T＝總測定時間

　　　　L_{Ai}＝第 i 個時段區間內之噪音（dBA）

二、L_{dn}（日夜均能音量）

依據均能音量在日夜不同的時段，給予夜間較大的權重（10 dB）。

$$L_{dn}（24hr）= 10\log \left\{ \frac{1}{24} \left[m \times 10^{0.1 L_d} + n \times 10^{0.1 L_n} \right] \right\}$$

$$(2.2)$$

其中　L_d＝日間均能音量

　　　　　$= 10\log \left[\frac{1}{m} \sum_{i=1}^{m} 10^{0.1 L_{eq}(i)} \right]$

　　　　L_n＝夜間均能音量

　　　　　$= 10\log \left[\frac{1}{n} \sum_{i=1}^{n} 10^{0.1 (L_{eq}(i) + 10)} \right]$

　　　　m＝日間時數（都市為上午7時至晚上11時，共16小時，

鄉村為上午7時至晚上10時，共15小時）

　　　　　n＝夜間時數（都市為晚上11時至翌日上午7時，共8小

　　　　　　時，鄉村為晚上10時至翌日上午7時，共9小時）

三、L_n（時間率音壓位準或統計性噪音量）

　　用以顯示某一地區有多少時間，其噪音超過某一位準值，常用於交通噪音的評估，以 L_{10}、L_{50}、L_{90} 最常用。

　　其中　　L_0＝表示某一時段內的最大噪音位準

　　　　　L_{10}＝表示某一時段內有10％的時間，其噪音係超過指示

　　　　　　位準

　　　　　L_{50}＝表示有50％的時間，噪音超過指示位準

　　　　　L_{90}＝表示有90％的時間，噪音超過指示位準

四、TNI（交通噪音指標）

　　從24小時的量測時段內決定 L_{10} 與 L_{90} 兩個統計性噪音量。L_{90} 表示這時段內的平均背景音量，而 L_{10} 則是平均峰值，亦是對環境最具影響力之噪音基準，單位為 dB。

$$TNI = 4（L_{10} - L_{90}）+ L_{90} - 30 \qquad （2.3）$$

五、L_E 或 L_{AX}（單一事件暴露量）

　　適用在單一事件，如火車經過或飛機飛過等短期單一事件的噪音上。

$$L_E = L_{max} + 10\log \frac{（t_2 - t_1）}{2} \qquad （2.4）$$

　　其中　　（$t_2 - t_1$）表噪音由低音量升至 L_{max} 再下降10dB 所經過的

　　　　　時間（sec）

〔例題〕

假設音壓位準60dB 持續10分鐘，70dB 持續10分鐘，試計算此20分鐘時段之均能音量（L_{eq}）？

解答：

$$L_{eq} = 10\log\left(\frac{10}{20} \times 10^{60/10} + \frac{10}{20} \times 10^{70/10}\right)$$
$$= 67.4\ (\text{dB})$$

〔例題〕

位於高雄火車站前的某一監測站測得八十四年十二月一日每1小時的均能音量如下表，試求其 L_d、L_n、L_{dn}及 L_{eq}之值為何？

解答：

$$(1)L_d = 10\log\left\{\frac{1}{16}\left(10^{7.5} + 10^{8.2} + \cdots\cdots + 10^{7.0}\right)\right\}$$
$$= 84.4\ (\text{dB})$$

$$(2)L_n = 10\log\left\{\frac{1}{8}\left(10^{7.5} + 10^{6.5} + \cdots\cdots + 10^{7.2}\right)\right\}$$
$$= 59.0\ (\text{dB})$$

$$(3)L_{dn} = 10\log\left\{\frac{1}{24}\left(16 \times 10^{8.44} + 8 \times 10^{5.9}\right)\right\}$$
$$= 71.5\ (\text{dB})$$

$$(4)L_{eq} = 10\log\left\{\frac{1}{24}\sum_{i=1}^{24}10^{0.1L_{eqi}}\right\}$$
$$= 82.6\ (\text{dB})$$

時間	均能音量（L_{eq}），dBA	夜間加權（L_{eq}），dBA
0：00－1：00	55	65
1：00－2：00	57	67
2：00－3：00	52	62
3：00－4：00	50	60
4：00－5：00	52	62
5：00－6：00	55	65
6：00－7：00	62	72

時間	均能音量（L_{eq}），dBA	夜間加權（L_{eq}），dBA
7：00 − 8：00	75	75
8：00 − 9：00	82	82
9：00 − 10：00	88	88
10：00 − 11：00	85	85
11：00 − 12：00	84	84
12：00 − 13：00	80	80
13：00 − 14：00	82	82
14：00 − 15：00	78	78
15：00 − 16：00	79	79
16：00 − 17：00	82	82
17：00 − 18：00	90	90
18：00 − 19：00	90	90
19：00 − 20：00	85	85
20：00 − 21：00	80	80
21：00 − 22：00	74	74
22：00 − 23：00	70	70
23：00 − 24：00	65	75

2.2　法令中的相關規定

一、依勞工安全衛生設施規則第300條規定

雇主對於發生噪音之工作場所，應依下列規定辦理：

1. 勞工工作場所因機械設備所發生之聲音超過90分貝時，雇主應採取工程控制、減少勞工噪音暴露時間，使勞工噪音暴露工作日8小時日時量平均不超過規定值或相當之劑量值，且任何時間不得暴露於峰值超過140分貝之衝擊性噪音或115分貝之連續性噪音；對於勞工8小時日時量平均音壓級超過85分貝或暴露劑量超過50％時，雇主應使勞工戴用有效之耳塞、耳罩等防音防護具。

(1)勞工暴露之噪音音壓級及其工作日容許暴露時間如下表：

工作日容許暴露 時間（小時）	A 權噪音音 壓級（dBA）
8	90
6	92
4	95
3	97
2	100
1	105
$\frac{1}{2}$	110
$\frac{1}{4}$	115

(2)勞工工作日暴露於二種以上之連續性或間歇性音壓級之噪音時，其暴露劑量之計算方法為：

$$\frac{第一種噪音音壓級之暴露時間}{該噪音音壓級對應容許暴露時間} +$$

$$\frac{第二種噪音音壓級之暴露時間}{該噪音音壓級對應容許暴露時間} + \cdots\cdots \lessgtr 1 \quad （2.5）$$

其和大於1時，即屬超出容許暴露劑量。

(3)測定勞工8小時日時量平均音壓級時，應將80分貝以上之噪音以增加5分貝降低容許暴露時間一半之方式納入計算。

2.工作場所之傳動馬達、球磨機、空氣鑽等產生強烈噪音之機械，應予以適當隔離，並與一般工作場所分開為原則。

3.發生強烈振動及噪音之機械應採消音、密閉、振動隔離或使用緩衝阻尼、慣性塊、吸音材料等，以降低噪音之發生。

4. 噪音超過90分貝之工作場所，應標示並公告噪音危害之預防事項，使勞工週知。

　　美國噪音管制標準亦以90dBA、8小時為管制原則，最高不得超過115dBA。噪音每增加5dBA，其容許暴露時間減半，此即為5分貝規則。若所暴露的噪音音量在勞工安全衛生設施規則的規定中並未列出（如93dB），則其容許暴露時間可以下面的公式計算之：

$$T = 8 \div 2^{(\frac{L_p - 90}{5})} \ (\text{hr})\tag{2.6}$$

　　當暴露劑量值求出後，便可用公式的方式求出所謂的時量平均音量（TWA），此為美國職業安全衛生署所規定的均能音量值，因此又稱之為 L_{eq}（OSHA）。

$$\text{TWA} = 16.61\log\ (D/100) + 90\tag{2.7}$$

　　其中　D＝噪音暴露劑量（％）
　　表2-1是暴露劑量百分比與日時量平均音量間的互換表。

表2-1　劑量百分比（D）與日時量平均音量（TWA）之互換表

D	TWA	D	TWA	D	TWA
10	73.4	117	91.1	520	101.9
15	76.3	118	91.2	530	102.0
30	81.3	119	91.3	540	102.2
35	82.4	120	91.3	550	102.3
25	82.4	125	91.6	560	102.4
40	83.4	130	91.9	570	102.7
45	84.2	135	92.2	580	102.8
50	85.0	140	92.4	590	102.9
55	85.7	145	92.7	600	103.0
60	86.3	150	92.9	610	103.2
65	86.9	155	93.2	620	103.3
70	87.4	160	93.4	630	103.4
75	87.9	165	93.6	640	103.5

（續）表2-1　劑量百分比（D）與日時量平均音量（TWA）之互換表

D	TWA	D	TWA	D	TWA
80	88.4	170	93.8	650	103.6
81	88.5	175	94.0	660	103.7
82	88.6	180	94.2	670	103.8
83	88.7	185	94.4	680	103.9
84	88.7	190	94.6	690	104.0
85	88.8	195	94.8	700	104.1
86	88.9	200	95.0	710	104.2
87	89.0	210	95.4	720	104.3
88	89.1	220	95.7	730	104.4
89	89.2	230	96.0	740	104.5
90	89.2	240	96.3	750	104.6
91	89.3	250	96.6	760	104.7
92	89.4	260	96.9	770	104.8
93	89.5	270	97.2	780	104.9
94	89.6	280	97.4	790	105.0
95	89.6	290	97.7	800	105.1
96	89.7	300	97.9	810	105.2
97	89.7	310	98.2	820	105.3
98	89.8	320	98.4	830	105.4
99	89.9	330	98.6	840	105.5
100	89.9	340	98.8	850	105.6
101	90.0	350	99.0	860	105.7
102	90.0	360	99.2	870	105.8
103	90.1	370	99.4	880	105.9
104	90.2	380	99.6	890	106.0
105	90.3	390	99.8	900	106.1
106	90.4	400	100.0	910	106.2
107	90.5	410	100.2	920	106.2
108	90.6	420	100.4	930	106.3
110	90.7	430	100.5	940	106.3
111	90.8	440	100.7	950	106.3
112	90.8	450	100.8	960	106.3
113	90.9	460	101.0	970	106.4
114	90.9	470	101.2	980	106.5
115	91.1	480	101.3	990	106.6
116	91.1	490	101.5		

〔例題〕

　　某噪音作業勞工其作業環境噪音早上8時至12時為95dB，中午12時至4時為70dB，試計算作業勞工噪音暴露劑量、時量平均音量及均能音量？

解答：

(1)D（％）＝$100\left(\dfrac{4}{4}\right)=100\%$

(2)TWA＝L_{eq}（OSHA）

$\qquad=16.61\log\left(\dfrac{100}{100}\right)+90$

$\qquad=90$（dB）

(3)$L_{eq}=10\log\left[\dfrac{1}{2}\left(10^{95/10}+10^{70/10}\right)\right]$

$\qquad=92$（dB）

〔例題〕

　　有一勞工暴露於噪音環境的情形如下：

(1)85dB（A）：3hr　　　　(2)92dB（A）：2hr

(3)95dB（A）：0.5hr　　　(4)100dB（A）：2.5hr

試問該勞工之暴露量是否違法？

解答：

$\qquad D=\dfrac{C_1}{T_1}+\dfrac{C_2}{T_2}+\dfrac{C_3}{T_3}+\dfrac{C_4}{T_4}$

$\qquad\quad=\dfrac{3}{16}+\dfrac{2}{6}+\dfrac{0.5}{4}+\dfrac{2.5}{2}$

$\qquad\quad=1.89>1$

$\qquad\therefore$不合法

〔例題〕

　　某勞工於穩定性噪音86dB之作業場所工作，一天工作7小時，依「勞工安全衛生設施規則」規定求該勞工日時量平均音壓級為多少？

解答：

　　(1)容許暴露時間

$$T = \frac{8}{2^{(L-90)/5}}$$

$$= \frac{8}{2^{(86-90)/5}}$$

$$= 14\ (\text{hr})$$

(2)暴露劑量

$$D = 100 \times \frac{7}{14} = 50\ (\%)$$

(3)時量平均音量（TWA）

$$TWA = 16.61\log\frac{D}{100} + 90$$

$$= 16.61\log\frac{50}{100} + 90$$

$$= (-5) + 90$$

$$= 85\ (\text{dB})$$

二、行政院環保署所訂之噪音管制標準

㈠工廠（場）

其噪音管制標準如表2-2所示。

表2-2　工廠（場）的噪音管制標準

音量 管制區 〔時段〕	早、晚	日間	夜間
第一類	45	50	40
第二類	55	60	50
第三類	65	70	55
第四類	75	80	70

時段區分：

早：指上午5時至上午7時。

晚：指晚上8時至晚上10時（鄉村）或11時（都市）。

日間：指上午7時至晚上8時。

夜間：指晚上10時（鄉村）或11時（都市）至翌日上午5時。

(二)娛樂場所、營業場所

其噪音管制標準如表2-3所示。

表2-3 娛樂及營業場所的噪音管制標準

音量　時段　管制區	早、晚	日間	夜間
第一類	50	55	40
第二類	60	65	50
第三類	65	75	55
第四類	70	80	65

時段區分：

早：指上午5時至上午7時。

晚：指晚上8時至晚上10時（鄉村）或11時（都市），但第三類、第四類管制區得延長至12時。

日間：指上午7時至晚上8時。

夜間：指晚上10時（鄉村）或11時（都市）至翌日上午5時。

(三)營建工程

其噪音管制標準如表2-4所示。

表2-4 營建工程的噪音管制標準

管制區　音量　機械名		打樁機	空氣壓縮機	鑿岩機破碎機	推土機、壓路機、挖土機、其他
均能音量（L_{eq}）	第一、二類	75（50）	70（50）	70（50）	70
	第三、四類	80（65）	75（65）	75（65）	70
最大音量（L_{max}）	第一、二類 第三、四類	100	85	85	80

時段區分：

括弧內音量適用時段，在第一、二類管制區為晚上7時至翌日上午7時，在第三、四類管制區為晚上10時至翌日上午6時，未加括弧者為其他時間適用。

㈣擴音設施

其噪音管制標準如**表2-5**所示：

表2-5　擴音設施的噪音管制標準

音　量　　時　段 管　制　區	早、晚	日間	夜間
第一類	50	60	40
第二類	65	75	50
第三類	70	80	55
第四類	80	85	65

時段區分同工廠（場）。

2.3　噪音測定儀器

2.3.1　噪音計

為最被廣泛運用的噪音測定儀器，其構造及功能如**圖2-1**所示。

一、分類

根據國際電器組織（IEC）之標準或美國國家標準（ANSI）噪音計之分類可由其基本特性、極限值、頻率、時間加權平均特性及對環境之敏感度等，區分為 TYPE 0、1、2、3型，其最大之差別在於容許誤差：

㈠TYPE 0型

研究用之標準，因容許誤差極小，因此主要用於計畫及執行噪音之量測與評估，其主要頻率容許誤差為±0.7dB。

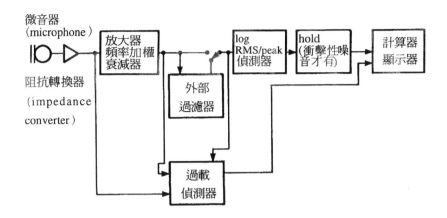

圖2-1　典型噪音量測系統方塊圖

㈡TYPE 1型

　　精密量測用，可用於實驗室及野外，其主要頻率容許誤差為±1 dB。

㈢TYPE 2型

　　野外量測用，主要頻率容許誤差為±1.5dB。

㈣TYPE 3型

　　主要頻率容許偏差為±2dB，幾乎已不使用。

　　根據我國國家標準（CNS）之規定，噪音計分為精密噪音計（CNS 7129）、普通噪音計（CNS 7127）以及簡易噪音計（CNS 7128）三種。其中精密噪音計相當於 IEC 之 TYPE 1型，普通噪音計相當於 TYPE 2型，簡易噪音計相當於 TYPE 3型。

二、功能

㈠微音器

　　俗稱麥克風。一般而言，微音器之尺寸愈大，其靈敏度愈高，但可測之頻率範圍愈窄，反之，微音器尺寸愈小，其靈敏度愈低，可測頻率範圍愈大。

(二)增幅放大器

或稱擴大器。其目的係將微音器傳出之電能改變至可量測之程度。

(三)衰減器

用以改變放大器的放大倍數，以便控制音壓位準的讀數範圍。

(四)權衡電網

人耳對音頻之感覺並非均具線性關係，對低頻音較不敏感，對高頻音則較具線性敏感關係。權衡電網的使用目的在於使儀器之結果能與耳朵對該聲音的反應相一致。較常用的有 A、B、C、D 等國際標準化之權衡電網。

(五)整流器

當聲音信號經增幅放大器放大後，將變化強度之信號電流成 rms 值推動指針之偏轉，一些精密儀器亦可將衝擊信號或尖峰信號電流予以保持而顯示於指示計上。

(六)動特性

指示器反應速率分為快、慢、衝擊式及尖峰等四種動特性。快特性反應時間常數為1/8秒，聲音音量變化在4dB 以上用之。慢特性反應時間常數1秒，音量變化在4dB 以下使用之。至於衝擊式及尖峰特性則是當音量變化較快特性高4dB 至5dB 時使用之，其反應時間常數為0.035秒。

2.3.2 噪音劑量計

噪音劑量計（noise dosimeter）又稱噪音暴露監測器，主要功能是將噪音的 A 權衡音壓位準值經一特殊設計的積體電路予以累積（可積分時段達8小時或更長），並轉換為劑量。我國勞工作業環境噪音暴露採用5分貝規則，所選用的噪音劑量計必須符合5分貝規則的設計，如 A 權衡音壓位準90分貝8小時所指示的劑量與95分貝4小時所指示的劑量應相同。

噪音劑量計又可分為供暴露勞工將微音器夾於衣領或耳朵附近的個人噪音劑量計以及微音器置於固定地點以監測該噪音場所的噪音劑量計；一般而言，個人噪音劑量計因置於反射表面（即人體）附近，因此在相同的音場中測定值約比噪音劑量計高出2dB。

2.3.3 頻譜分析儀

在從事噪音的研究過程中，尤其是在噪音的控制工程方面，噪音的頻譜分析是很重要的一項工作，因為舉凡遮音效應、吸音效應及反射效應都與聲音的頻率高低有很大的關係。

一般常用的頻譜分析儀可分為以下三類：

  1.八音階頻帶分析器。

  2.1/3八音階頻帶分析器。

  3.連續分析器。

其中因為1/3八音階頻帶的頻帶寬和耳朵對各種不同頻率聲音之敏感寬度相接近，故為國際標準組織（ISO）所採用。

在噪音信號的頻譜分析中，基本上有兩種型式的濾波器。一種是固定頻寬濾波器，亦即每一個濾波器的頻帶寬是相等的；另一種濾波器是固定百分率頻寬濾波器，亦即每一個濾波器它的頻帶寬與它的中心頻率之比值是相等的。用數學的方式說明之：

假設頻帶中心頻率為 f_c，上截斷頻率為 f_u，下截斷頻率為 f_l，則當中心頻率 $f_c = \sqrt{f_u \cdot f_l}$ 時，稱為固定百分率頻寬；而當 $f_c = \dfrac{f_u + f_l}{2}$ 時，稱為固定頻寬。

在作頻譜的分析時，究竟該選擇那一種濾波器，基本上得視需要而定，原則上固定百分率頻寬多用在法規上或標準上的要求，且與人耳對聲音感受有相類似的地方；而因為固定頻寬分析器在高頻範圍有較佳的解析度，因此常用在信號的診斷與偵錯需求上。

2.3.4 輔助儀器

(一)聲音校正器

測定前用以校正噪音器之設備。

(二)防風罩

風吹過微音器產生噪音而嚴重影響測定結果的準確性,微音器上戴以多孔塑膠泡棉球體的防風罩可以有效地減低風吹噪音。

(三)延長線

測定人員與儀器會影響音場,因此,準確的噪音測定應只有微音器在音場中,儀器以延長線與噪音計連接。

(四)除濕器

避免微音器等設備受濕度的影響而造成誤差。

(五)磁帶錄音機

以磁帶錄下現場噪音送至實驗室分析。

(六)記錄器

噪音音量或頻譜分析之結果可用記錄器作永久且連續的記錄,亦可將儀器的輸出端接至繪圖式記錄器繪出結果的變動曲線。

(七)統計噪音位準分析器

可以表示 L_{eq} 和 L_x 等需經統計分析之值。

(八)即時分析器

即時分析器(real time analyzer)可記錄及分析所有測定資料,顯示出尖峰波幅、遲滯時間及波形等。

2.3.5 噪音測定的步驟

1.步驟一:確定測定噪音的目的。
2.步驟二:確定所採測定步驟及儀器均合乎法規的要求。

3. 步驟三：確定所要測定噪音的性質。

4. 步驟四：選用適當的儀器。

5. 步驟五：校正儀器。

6. 步驟六：記錄儀器種類與型式。

7. 步驟七：記錄所測音源的條件及位置，注意有無反射面或特殊情況。

8. 步驟八：記錄測定時的氣象條件。

9. 步驟九：記錄背景噪音的影響。

10. 步驟十：記錄設定條件（如選擇的特性）。

11. 步驟十一：噪音測定。

12. 步驟十二：記錄突發狀況。

2.4　噪音的測定方法

一、一般環境噪音的測定方法

一般環境噪音的測定時，其測試條件的規定如下：

(一)音量單位

以分貝（dB（A））為單位，以噪音計上 A 權位置測定之。

(二)測量儀器

應符合我國國家標準 CNS NO. 7127-7129規定之噪音計、記錄器、分析器、處理器等。

(三)測定高度

聲音感應器應置於離地面或樓板高度1.2～1.5m 之間，以接近人耳之高度為宜。

(四)動特性的選擇

原則上使用快（fast）特性，但音源發出之聲音變動不大時，例如，變動在4dB 以下，可使用慢（slow）特性。

(五)背景音量的修正

　　測定場所之背景音量，最好與欲測定之音源音量相差在10dB
（A）以上，如不得已相差在10dB（A）以下時則需考慮背景噪音，
並修正所測音源之音量。

(六)測定時間

　　選擇發生噪音最具代表性之時刻，或陳情人指定之時刻測量。

(七)測量地點之選擇

1.工廠（場）：除在陳情人所指定其居住生活之地點測定外，可以
　在工廠（場）周界外任何地點測定之。
2.娛樂及營業場所：可選擇在陳情人所指定居住生活之地點測量，
　或以距營業場所、娛樂場所周界外任何地點或騎樓下建築外牆
　面，向外1公尺處測量之。
3.營建工程：係以工程周界外15公尺位置測量。在此所謂周界，以
　有明顯圍牆等實體分隔時為界；如無實體分隔時，以其財產範圍
　或公眾不常接近之範圍為界。
4.擴音設施：以擴音設施音源水平距離3公尺之位置測定；移動性
　擴音設施前進時，測量地點以與移動音源最近距離不少於3公尺
　之位置測定之。

(八)評定方法

1.工廠（場）：
　(1)依下述音源發聲特性，計算均能音量（L_{eq}）或最大音量
　　（L_{max}），其結果不得超過表2-2中之數值。
　(2)噪音計指針呈週期性或間歇性的規則變動，而最大值大致一定
　　時，則以連續五次變動之最大值（L_{max}）平均之。如圖2-2(a)
　　所示，為規則性變動的聲音，其變動週期一定。又如圖2-2(b)
　　所示，為間歇性的規則變動聲音，其最大值大致一定，以讀取
　　每次最大值，共五次平均之。
　(3)其他情形則以均能音量（L_{eq}）表示。其取樣時間必須連續8分

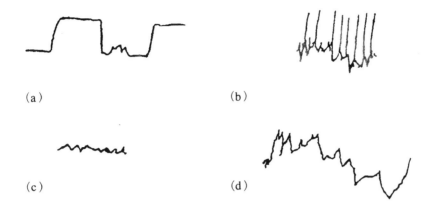

(a)

(b)

(c)

(d)

圖2-2　噪音隨時間變化的類型

　　鐘以上，取樣時距不得多於2秒，如圖2-2(c)所示，在噪音計指示一定時，或指針變化僅僅1～2dB 之變動情形，以 L_{eq} 表示。又如圖2-2(d)所示，聲音的大小及發生的間隔不一定之情形，亦以 L_{eq} 表示之。

2.娛樂及營業場所同工廠（場）。

3.營建工程：

　(1)依下述音源發聲特性，計算均能音量（L_{eq}）或最大音量（L_{max}），其結果不得超過表2-4中數值，但各音源須同時符合表中之均能音量（L_{eq}）及最大音量（L_{max}）。

　(2)及(3)同工廠（場）。

4.擴音設施：

　(1)同工廠（場）。

　(2)移動性擴音設施，以其通過時測得之最大值（L_{max}）決定之。

　(3)固定或停止移動之擴音設施，則以均能音量（L_{eq}）表示，其取樣時間必須連續8分鐘以上，取樣時距不得多於2秒。

二、作業環境噪音的測定

(一)勞工暴露劑量的測定

　　基本上，勞工一天8小時暴露於噪音場所工作，若假設噪音是穩定連續的，則其容許的音壓最大值為90dBA（有些國家規定為85dBA）。在此一情況之下，我們認為該作業勞工所接收的噪音劑量為100％。另外，每增加5dBA的噪音音壓量，其容許的噪音暴露時間則減半為4小時，這就是俗稱的5分貝規則。（在 ISO 1899標準中，建議每增加3 dBA 的噪音量，容許暴露時間減半）。

由於工作環境中的噪音量變動或勞工因工作需要於工作場所中移動，因此噪音暴露劑量之測定以佩戴配有計數器的噪音劑量計來計算噪音音壓位準持續的時間長短（t_i），並用下式計算與顯示其噪音暴露劑量是否超過100％：

總暴露劑量　$D = \sum_{i=1}^{n} (t_i/T_i) \times 100\%$

其中　t_i＝在不同音壓位準下之實際暴露時間（小時）
　　　T_i＝不同音壓位準之容許暴露時間（小時）
　　　n＝工作8小時中不同音壓位準之測定數目

⇔連續性噪音的測定

1.噪音音量起伏不大時，稱為穩定性噪音。如泵浦、馬達等機械正常運轉時之噪音。此類噪音在測定時除了要以噪音劑量計測定勞工暴露劑量外，尚需以噪音計測定其音壓位準值。測定時，先選擇測定位置，並設定噪音計之功能鍵在 A 權衡電網及慢特性，對於測定值之記錄，以某間隔（如5～10秒）讀取其平均值即可；若為有規則性之噪音，則測定一個週期即可。

2.噪音變化呈不規則且起伏很大時，稱之為變動性噪音。如在道路附近所測得的交通噪音即屬此類。此類噪音在測定時，除了要注意測定點的選定之外，對於測定的噪音數據，應求取其均能音量值（L_{eq}）及時間率音壓位準值（L_n）。其求法如下：

(1)均能音量（L_{eq}）：在一定時間範圍（T）內，每一間隔△t之時間內測定噪音位準，將其結果用下式表示：

$$L_{eq} = 10\log_{10} \{ \frac{1}{n} (10^{L_{A1}/10} + 10^{L_{A2}/10} + \cdots\cdots$$

$$+ 10^{L_{An}/10})]$$

其中　L_{A1}、L_{A2}……L_{An}＝噪音位準測定值

　　　　n＝總測定數

此外，抽樣時間間隔 $\triangle t$，依噪音變動程度加以選定，選擇噪音計動特性為快特性時 $\triangle t$ 小於0.25秒；慢特性時，$\triangle t$ 以在2秒以下為宜。但一般而言，計算均能音量仍以選擇慢特性為佳。若噪音變動緩慢，實測時間（T）達數分鐘以上時，$\triangle t$ 以在5秒左右為宜。

(2)時間率音壓位準（L_n）：選擇動特性為快特性，每一定時間間隔 $\triangle t$（0.25秒）測定其噪音位準，從累積分布曲線求取 L_{95}、L_{50} 及 L_{10} 之時間比率位準。若最大與最小值差在3 dB 以內，可視為穩定性噪音（亦可取 L_5 與 L_{95} 之差）。在一般環境噪音測定時，採 L_{90} 作為其背景噪音之指標，然在作業環境測定時，該指標則不被接受。

(三)衝擊性噪音的測定

衝擊性噪音在各類型噪音中是較特殊的一種，屬於間歇性的巨大聲響，常對作業勞工及周遭環境造成極大的困擾。典型的衝擊性噪音常出現在營建工地的打樁作業、金屬機械工廠的衝剪機械作業或沖床作業，其特色是瞬間產生巨大聲響後，音量就迅速下降消失，間隔一段時間（可能是數秒）後，又再重複發生。依其波型可分為分離式衝擊噪音如打樁機施打時之噪音，每次產生的衝擊音保持固定或相當範圍之變動者，如圖2-3(a)所示；另一類型之衝擊性噪音如壓縮沖床、鑿岩機或衝剪機械作業引發的噪音，即在極短的時間間隔內，重複出現衝擊性噪音，稱為準穩定衝擊性噪音（quasi-steady impulsive noise），如圖2-3(b)所示。

理想的衝擊性噪音測定評估，應先以示波器檢核該噪音是否符合衝擊性噪音之定義，再進行其峰值音壓級與暴露劑量之測定。但在實務上，先依不同作業型態來認定其發生衝擊性噪音以後，以具有偵檢峰值音壓級（L_{peak}）的噪音劑量計進行測定；若該劑量計無此功能

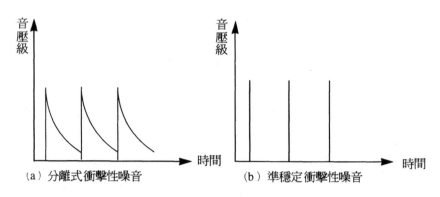

(a) 分離式衝擊性噪音　　　　(b) 準穩定衝擊性噪音

圖2-3　衝擊性噪音類型

者,則應和具有峰值偵測功能的噪音計配合測定其 L_{peak} 與暴露劑量(D)值。

　　美國工業衛生技師評議會(ACGIH)對衝擊性噪音,訂定有每日容許暴露衝擊之次數,即衝擊性噪音在一定分貝以上時,其每日容許暴露的次數有一定的限制,其規定如**表2-6**所示。測定時,若須檢核衝擊噪音波峰數目則須附加使用示波器。

表2-6　ACGIH 建議衝擊性噪音容許暴露之衝擊次數

音壓級(dB)	140	130	120	110
每日容許暴露之衝擊次數	10^2	10^3	10^4	10^5

2.5　噪音測定點的選定

一、交通噪音的測定

　　在街道測定交通噪音時，必須面對道路，離道路旁建築物1公尺距離測定之。若此1公尺處剛好落在車道內時，則應選擇在車道與人行道之分界線上測定，測定儀器之微音器離地高度為1.2～1.5公尺。

　　在寬廣之道路（如高速公路八線道以上之大道，兩旁無任何建物）上測定噪音時，8米以上在道路邊30公尺處，6米以下在道路邊15公尺處，分別測定之，測定儀器之微音器離地高度為1.2～1.5公尺。

二、室內噪音的測定

　　在室內測定噪音位準時，測定點應距牆壁等反射物1公尺以上，距樓地板高1.2～1.5公尺處之距離測定之。

三、室外噪音的測定

　　根據我國噪音管制法，關於一般地區環境品質的評估，在測定一般地區環境噪音時，測定點儘量離建築物等反射物3.5公尺以上，離地1.2～1.5公尺的高度測定之。

　　調查室外噪音對居民的影響時，測定點應離建築物外牆1～2公尺處，在發生音源之水平線1.2～1.5公尺處的高度測定之。

　　此外，在窗戶前測定室外噪音時，應在窗戶中心線上，離窗1公尺處測定之。

　　調查室內（如工廠）產生噪音對附近住宅居民之影響時，可選擇在靠近工廠圍牆外，其高度應距離樓板或地面1.2～1.5公尺處測定之。

四、作業環境的測定

在工廠、辦公場所等作業環境測定噪音時，若噪音源為移動音源者，測定點應選在作業員耳邊處，噪音源如為固定音源時，則應選擇幾處較具代表性的位置，區分為等間隔點測定之（如圖2-4）。

如測定點上有機械或設備，要放置微音器或測定人員要站立有困難時，則以其他測定點替代，但最少應測定三點以上。

五、機械噪音的測定

在測定由機械所產生之噪音時，通常是在離機器1公尺之附近數點加以測定，在進行噪音控制時，一般取最大的數值作為代表值。日本 JIS 對機械的測定位置，依其對象之大小有下列原則上之規定：

1. 小型機器（最大邊長不超過20公分），離機器表面15公分處測定之。
2. 中型機器（最大邊長不超過50公分），離機器表面30公分處測定之。
3. 大型機器（最大邊長超過50公分），離機器表面100公分處測定之，並離地板1.2公尺（如圖2-5）。在 1.及 2.中其測定點為一點，但若機器之某部位發出特別大之聲音時，則測定點選在接近該部位處。另在大型機器中，亦可於其周圍之多點加以測定，量其平均值。

其他如研磨機等手工具之測定宜在勞工耳部附近（20公分處）位置，起重機、堆高機之測定則在駕駛台位置為之。

六、廠區噪音的測定

噪音管制法中關於工廠噪音之規定，其噪音測定點是選在工廠廠址之圍牆線或周界上。

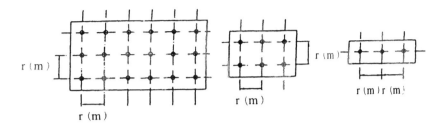

(a) 大區域作業場所　　(b) 中區域作業場所　(c) 小區域作業場所

註：r小於5m

圖2-4　作業場所測定點之選擇方法

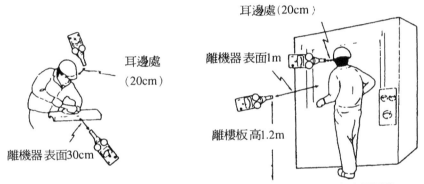

(a) 中型機器(最大邊邊長不超過50cm)　(b) 大型機器(最大邊邊長超過50cm)

圖2-5　測機械噪音時噪音計測定點位置圖

七、航空噪音的測定

　　航空噪音的測定點依著地與起飛兩種情況分，如圖2-6所示。

(一)著地之量測點

　　1.航空器與地面水平夾角3度下降時，於跑道中心延長線上航空
　　　器高度為120公尺處測定，約為跑道中心延長線上距著地點
　　　2,300公尺處。

　　2.測定點地面應平坦。

　　3.測定點高度離地面1.2公尺。

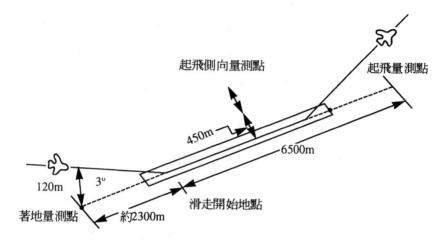

起飛側向量測點

起飛量測點

450m

6500m

120m

3°

著地量測點

約2300m

滑走開始地點

圖2-6　航空器起降時量測地點

(二)起飛之量測點

    1.自滑走起點沿跑道中心線距離6,500公尺處。

    2.或於跑道中心側方距離450公尺處。

    3.測定點地面應平坦，測定高度離地面1.2公尺。

習題二

1.請說明噪音量測中均能音量（L_{eq}）及最大音量（L_{max}）的採樣方法。
2.說明工作場所噪音及局部振動管制標準。

參考文獻

1.蘇德盛，《噪音原理與控制》，台隆書店。

2.Lang, W.W., "The Status of Noise Control Regulations in the USA", Proceedings of the Inter-Noise Conference, Sendai, Japan, Aug. 1975.

3.Broch, J.T., "Acoustic Noise Measurements", B&K Instruments, Jan.1973.

4.Peterson, A.P.G. and E.E. Gross, Jr., "Handbook of Noise Measurement", 7th ed. General Radio, Concord, Mass., 1972.

5.Kamperman, G.W., "Instrumeutation for Noise Measurement", in Proceedings of the Inter-Noise 72 Conference: Tutorial Papers on Noise Control, Oct. 1972, Washington, D.C., pp.84-97.

6.Tree, D.R., "Instrumentation and Noise Measurements", in Reduction of Machinery Noise, edited by M.J. Crocker, Purdue University, 1974, pp.51-61.

7.Beranek, L.L. ed., "Noise and Vibration control", McGraw-Hill Book Company, New York, 1971.

8.Irwin, J.D. and Graf, E.R., "Industrial Noise and Vibration Control", Prentice-Hall Inc., N. J., 1979.

第 3 章
噪音控制技術

3.1 噪音控制基本原理

噪音控制的基本原理就是對於噪音認知、分析、評估與控制的相關知識,茲分下列數項加以說明:

一、確定音源及音源間的相對重要性

1. 不同的音源同時產生噪音時,音源的能量具有加成的作用,因而當工廠的各種機械設備同時操作時,所產生的噪音便是由多種純音組成的複合音,因此在採取改善對策之前必須先確認其主要音源為何、次要音源為何。其確認方式如下:

   (1)利用頻譜分析儀分析噪音頻率。

   (2)如果可能,可一次關掉一個音源以檢視其頻譜變化。

   (3)加裝消音器以區分出各種不同音源。

   (4)使用小型微音器連接於頻譜分析儀,實施近距離測定,以確定主要音源的位置。

   (5)於振動表面測其振動頻譜,並對照噪音頻譜,判斷是否為主要音源。

   (6)將各音源與噪音頻譜中的尖峰相比較,以確定其是否為主音源。

   (7)計算各表面的臨界頻率及理論傳送損失,求得他們對空氣中噪音的減少值,如此可估計接受者的噪音量。

   (8)比較可能噪音源之物理量的大小。

2. 音源確定後即可判斷其枸對重要性,以便決定控制噪音的優先順序,以最適當的方法將各音源所產生的總噪音減低,再評估每一步驟所達成的減少值,直到噪音量可被接受為止。

二、列出並評估針對音源、傳送路徑及接受者的可能噪音控制策略

在進行噪音的防治時，必須針對音源、傳送路徑及接受者三方面評估可行的處理方法。圖3-1即為一機械噪音的可行控制策略。

三、比較音場中直接音場及反射音場之相對重要性

除了自由音場外，作業場所中任一位置所接收到的聲音都是直接音場與反射音場的結合。因此，在進行噪音的防治工作時，必須先確認噪音是由直接音場所主宰抑或是由反射音場所主宰。當反射音大於直接音時，可在反射的空間加入吸音材料以減少反射音。但當直接音大於反射音時，則可將音源適度的封閉以減少直接音的傳播。有關直接音場與反射音場的定量評估讀者可參考1.6節。

四、區別吸音與遮音

防音控制的主要方法為利用材料的吸音或結構的隔音（遮音），來達到噪音控制的目的。所謂吸音就是利用多孔性的材料，使音波進入其內部孔隙，經多次的折射和反射後，抵消部分能量，減少離開之能量，以達到降音的效果。吸音材料多為輕質材料且缺乏結構性質。

所謂遮音就是利用材質較重或密度較高的材料，使聲音在通過時耗損較大的能量，減少聲音的穿透量，以達到降音的效果。遮音材料多為無孔、密度大、重且有結構性的物質。

有關吸、遮音的特性，我們將在下兩節中詳細加以討論。

五、確定並評估側傳噪音的影響

一般而言，聲音的傳遞乃是直接由一邊經由遮音材料傳至另一邊，若聲音經由其他迂迴途徑（如孔、裂縫或開放部分）傳至另一邊，則稱之為側傳。在噪音控制設計時必須深入探討任何開口或門窗等噪音側傳途徑對一音屏（遮音牆）運作的影響，否則容易造成音屏之遮音效果的降低。

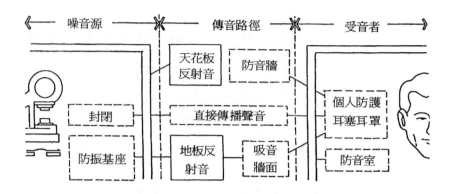

噪音源音量之降低	傳音路徑之阻絕	受音者噪音之減低

噪音源音量之降低

1. 機械本身防音處理
   a. 放慢動作,減緩速度。避免或減緩力、速度、壓力的急劇改變。
   b. 噪音源對外部之連接,使用防振連結設計。
   c. 把噪音源封閉起來。
2. 以噪音量較低機械換新。
3. 改變作業方法。

傳音路徑之阻絕

1. 增大受音者與音源間的距離。
2. 對天花板、牆、地板予吸音處理(舖吸音材)。
3. 設遮音屏、遮音牆。

受音者噪音之減低

1. 個人耳朵之保護。
2. 把工作人員隔離在防音室中。
3. 人員輪換,減少暴露時間。
4. 改善工作程序。
5. 與受害者的妥協、補償。

圖3-1　機械噪音控制策略三要件說明圖

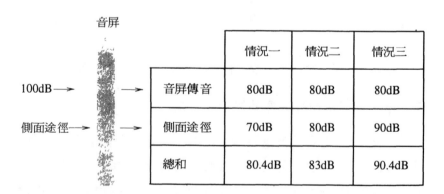

	情況一	情況二	情況三
音屏傳音	80dB	80dB	80dB
側面途徑	70dB	80dB	90dB
總和	80.4dB	83dB	90.4dB

圖3-2　側面傳音途徑對音屏之影響

例如，有一單一頻帶的入射音，音壓位準為100dB，遮音牆聲音穿透損失（TL）為20dB，若三種噪音側傳產生的音壓位準分別為70、80、90dB（如圖3-2），則兩種音壓位準的和分別為80.4、83與90.4dB。第一種狀況是整個運作為音屏所控制，乃屬噪音控制的理想狀況；第二種狀況是噪音的側傳與音屏同等重要；第三種狀況是整個運作為側傳噪音所控制，也就是說若僅對音屏材料加以改良，對噪音控制沒有多大的助益。

六、評估結構體共振噪音之影響

聲音能量除了藉由空氣傳播之外，也可以傳送至結構體，再藉由結構體的共振將能量傳至空氣中而形成噪音，此類型的噪音在控制上應與空氣傳送音分開處理，此乃因為結構體振動產生的噪音，從振動源始，可以傳送相當長的距離後，再成為氣媒噪音，所以較難克服。其防制一般而言可採用振動絕緣的方式，亦即利用彈簧等材料吸收振動力，減少傳送至結構體之能量。

3.2　吸音控制

3.2.1　吸音

所謂吸音（sound absorption）就是藉由吸音材料吸收聲音的能量，將其轉化為熱能，而達到降低音量的目的。

材料或構造的吸音能力常以吸音率 α（absorption coefficient）表示，其定義為對於入射音的能量而言，聲音能量被吸收之強度所佔的比例，即

$$\alpha = \frac{I_i - I_r}{I_i} \tag{3.1}$$

其中　α＝吸音率，介於0～1之間

　　　I_i＝入射音強度，W/m²

　　　I_r＝反射音強度，W/m²

如圖3-3(a)，I_i－I_r表示所有不反射聲音的能量，亦即被材料吸收的能量（I_a）與穿透的能量（I_t）的和，所以I_i－I_r＝I_a＋I_t，故式（3.1）可寫成

$$\alpha = \frac{I_a + I_t}{I_i}$$　　　　　　　　　　（3.2）

圖3-3(b)中為開啟的窗子，因I_a＝0，I_i＝I_t則α＝1，即聲音100％被吸收。又如圖3-3(c)，材料背後有重壁，此時I_t≒0，

$$\alpha = I_a / I_i$$　　　　　　　　　　（3.3）

即吸音率以材料內部消失的能量來決定。

吸音率除了與材料本身性質相關之外，也隨入射音頻率及入射角度而改變。聲音垂直入射於材料時的吸音率稱為垂直入射吸音率。聲音從所有方向以相等的機率入射於材料時的吸音率稱為隨意入射吸音率。吸音率通常指隨意入射吸音率，這常用為實用的設計資料。吸音率的測定可參考1.6節。

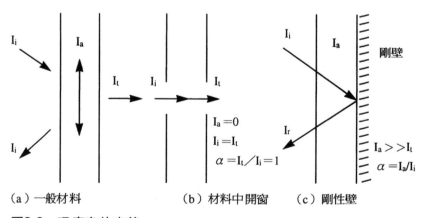

（a）一般材料　　　　　　　（b）材料中開窗　　（c）剛性壁

圖3-3　吸音率的定義

3.2.2　吸音材料的種類

　　吸音材料依吸音原理可分爲多孔性材料、開孔板材料及板狀材料，表3-1爲一些常用吸音材料的分類。

表3-1　吸音材料的種類

吸音材料種類	代表材料
多孔性材料	玻璃棉、岩棉、渣棉、發泡樹脂材料、木片水泥板、吸音用軟質纖維板
開孔板材料	開孔石膏板、開孔石棉水泥板、開孔合板、開孔鋁板、開孔鐵板
板狀材料	合板、石綿水泥板、石膏板、塑膠板、金屬板

一、多孔性材料

　　把玻璃纖維等作成棉狀或成形爲板狀的玻璃棉或岩棉，或利用聚氨基甲酸脂（PU）等高分子物質發泡形成具連續氣泡的材料，是最被廣泛使用，也最具代表性的吸音材料。

(一)吸音原理

　　空氣粒子於細孔內與纖維材料摩擦，產生阻力而使音能轉換爲熱能。

(二)吸音特性（如圖3-4）

　　1.吸音率隨聲音頻率增加而增加，到達某一頻率後呈現一定值。

　　2.隨著材質厚度的增加，中、低頻域的吸音率有上升的傾向。

　　3.材料厚度增加時，吸音率大的頻率會向低頻部分移動。

　　4.由於多孔性材料的吸音係數在高頻域較佳，所以如果要吸收低頻域的噪音，可在其背後加一空氣層。且若增加材料背後的空氣層，則低頻音域範圍的吸音率也隨之變大（如圖3-5）。

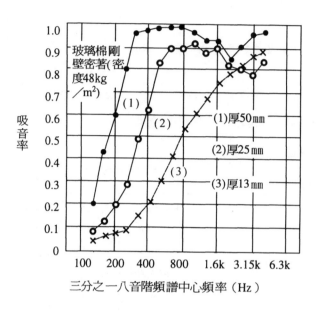

圖3-4 多孔質材料的吸音特性
（厚度改變的場合）

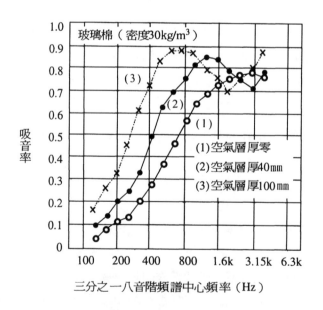

圖3-5 多孔質材料的吸音特性
（空氣層改變的場合）

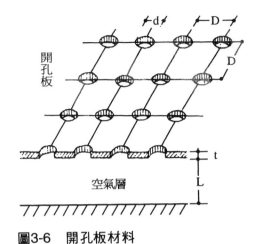

c：音速
t：板厚
d：孔之直徑
L：空氣層厚度
P：開孔率（$\pi d^2 / 4D^2$）

圖3-6　開孔板材料

不過在高頻處吸音率會略為下降。

二、開孔板吸音材料

　　在金屬板、合板、石膏板、石綿水泥板等各種板類穿孔，並與剛壁間設置空氣層，即為開孔板吸音構造，如圖3-6。

(一)吸音原理

　　當入射波的頻率與開孔板結構體之自然頻率相同時，會發生共鳴現象，此時空氣因共鳴而產生巨大振動，因而增加摩擦力，使機械能轉換為熱能而產生吸音效果。

(二)吸音特性

　　開孔內空氣的振動可視為附著於有某種強度的彈簧（背後的空氣層）的質量之振動，因而有某種共振頻率（f_0）存在，當空氣層厚度在50cm 以下時，

$$f_0 = \frac{C}{2\pi} \sqrt{\frac{P}{(t + 0.8d)L}} \qquad （Hz） \qquad\qquad (3.4)$$

　　原則上，開孔率（P）不少於20％。而且如果把空氣層塞滿吸音材料亦可提高吸音率，如圖3-7所示。

(a)

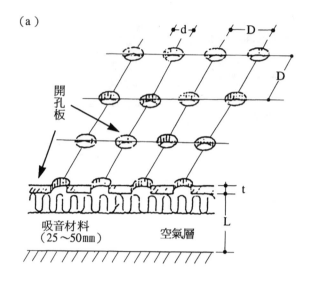

開孔板

吸音材料
（25～50mm）

空氣層

t

L

d

D

D

(b)

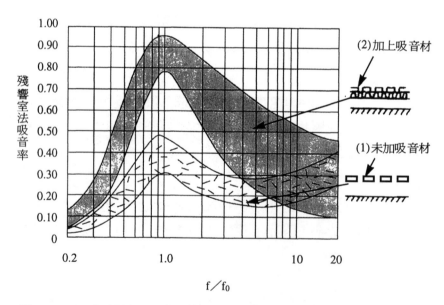

殘響室法吸音率

1.00
0.90
0.80
0.70
0.60
0.50
0.40
0.30
0.20
0.10
0

(2)加上吸音材

(1)未加吸音材

0.2   1.0   10   20

f／f₀

圖3-7　開孔板材料加吸音材料（玻璃棉）之效果

三、板狀吸音材料

如圖3-8所示，與剛壁之間隔著空氣層，安裝無通氣性的合板、石膏板或石綿水泥板等的構造稱為板狀吸音構造。

(一)吸音原理

板狀吸音構造受音時，板會振動，板本身的內部摩擦或安裝角材附近的摩擦均會造成音能的損失。而且當入射音頻率與此板狀吸音構造的自然頻率相同時，其能量損失最大。

(二)吸音特性

1. 板狀吸音構造的吸音特性，為一在自然頻率時具有最大吸音率的 N 型曲線，圖3-9(a)曲線所示為石膏板的吸音特性曲線。
2. 一般常用的板狀吸音構造其共振頻率介於100～200Hz 間，最大吸音率0.3～0.5，用於低頻的吸音。
3. 板狀吸音構造中的空氣層一部分或全部充填多孔質材料的話，最大吸音率會增加，如圖3-9(b)曲線所示。
4. 利用軟質纖維板或蔗渣板之類較緻密的多孔吸音材料製成薄板狀板材的板狀吸音構造，低頻域藉共振吸音，中、高頻域則具有多孔質材料的吸音特性，如圖3-9(c)曲線。

然而，在一般實務的應用上，都是將上述的吸音材料多種搭配組合而成吸音結構，以適合不同頻域噪音的吸收，一般常見的吸音結構如表3-2。

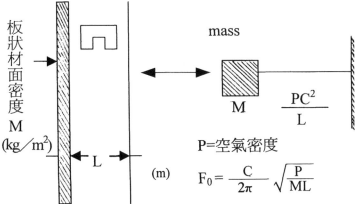

板狀材面密度 M (kg/m²)

mass

M $\dfrac{PC^2}{L}$

P=空氣密度

(m) $F_0 = \dfrac{C}{2\pi}\sqrt{\dfrac{P}{ML}}$

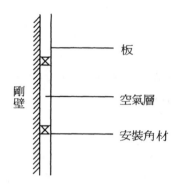

圖3-8　板狀吸音構造

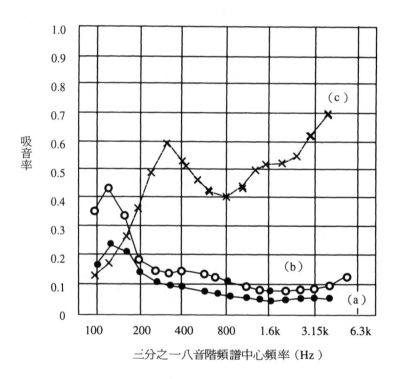

● (a) 石膏板（厚6mm，面密度5.63kg/㎡，空氣層45mm）
○ (b) 石膏板並貼附多孔吸音材料（空氣層把50mm玻璃纖維壓縮成45mm而充填）
× (c) 細木、水泥板（厚12mm，空氣層45mm）

圖3-9　不同板狀吸音構造之吸音特性

表3-2　常見的吸音結構

吸音結構種類	適用頻域	吸音特性
多孔質材料＋硬壁	高音	藉孔內空氣之摩擦而吸音
多孔質材料＋空氣層＋硬壁	中高音	音波連續入射至硬壁，入射波和反射波產生干涉現象而成駐波，調整多孔質材料和硬壁距離使空氣粒子之速度最大，其動能轉變爲熱能的量較多，愈能有效消音
共鳴結構體	中低音	當入射波頻率和結構體自然頻率相同時，會產生共鳴，空氣因而產生大振動，增加摩擦力使音能轉變爲熱能而消音
開孔板＋多孔質材料	中高	開孔板和後面的空氣層形成共鳴吸音結構，再接上多孔質材料能增強吸音效率

3.2.3　吸音評估

材料的噪音減少係數（noise reduction coefficient，NRC）在噪音控制時選擇吸音材料上非常有用，它是以材料在250、500、1,000、2,000Hz 時的吸音率的算術平均值，並以最接近的0.05倍數表示。然而，對低頻域或高頻域的噪音，則比較各頻率對應的吸音率會比NRC 更具意義。

〔例題〕

材料種類	頻　率（Hz）					
	125	250	500	1,000	2,000	4,000
(1)纖維板吸音材料	0.60	0.75	0.82	0.80	0.62	0.38
(2)厚而多孔的吸音材料	0.32	0.39	0.78	0.99	0.82	0.88

解答：

材料(1)的 NRC 是：

$$NRC = \frac{0.75 + 0.82 + 0.80 + 0.62}{4} = 0.75$$

材料(2)的 NRC 是：

$$NRC = \frac{0.39 + 0.78 + 0.99 + 0.82}{4} = 0.75$$

值得注意的是，雖然兩種材料的 NRC 相同，但是它們在低頻時（250Hz）具有完全不同的吸音能力，同時，在高頻時（4,000 Hz）也是不同。

3.3 遮音控制

3.3.1 遮音

所謂遮音就是利用材質較重或密度較高的材料，使聲音在通過時耗損較大的能量、減少聲音的穿透量，而達到阻隔噪音傳送的效果。遮音性能好的材料或透過損失大（transmission loss, TL）的材料都稱為遮音材料。

如圖3-10透過損失（或稱傳送損失）

$$TL = 10\log \frac{1}{\tau} = 10\log (I_i/I_t) \ (dB)\tag{3.4}$$

其中　$\tau = I_t/I_i = $ 穿透係數

　　　　$I_t = $ 透過音強度，W/m^2

　　　　$I_i = $ 入射音強度，W/m^2

透過損失愈大表示遮音性能愈強。式（3.4）中，$I_t = I_i - (I_a + I_r)$，當 I_a 或 I_r 增大時，透過損失都會增大，對於鋼板、實心木板等高密度材料而言，幾乎不吸音 $I_r \gg I_a$；但對於厚吸音材料而言，幾乎

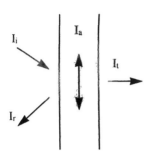

圖3-10 入射音強度（I_i）、反射音強度（I_r）與透過音強度（I_t）之
關係圖

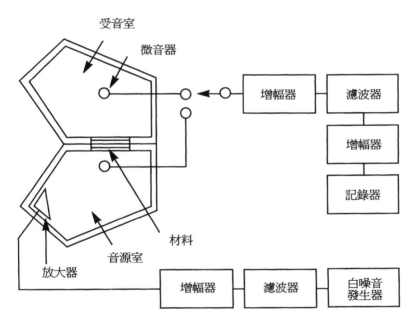

圖3-11 透過損失的測定

完全吸音 $I_a \gg I_r$，因此，通常所稱透過損失是指前者。

式（3.4）可改寫如下：

$$TL = 10\log（I_i/I_t）= 10\log（\frac{I_i/I_0}{I_t/I_0}）$$
$$= 10\log\frac{I_i}{I_0} - 10\log\frac{I_t}{I_0}$$
$$= L_1 - L_2（dB）\qquad\qquad（3.5）$$

其中　$I_0 = 10^{-12}（W/m^2）$

　　　$L_1 =$ 入射音的音壓位準，dB

　　　$L_2 =$ 透過音的音壓位準，dB

亦即，透過損失是入射音與透過音的強度以 dB 為單位表示時的差。例如，入射音壓位準為100dB，透過音的音壓位準為80dB 時，$TL = 100 - 80 = 20dB$。透過損失隨著材料本身的性質、入射音頻率及入射角度等而異。透過損失又分垂直入射透過損失及隨意入射透過損失，一般所稱的透過損失是指後者而言，其測定方法是利用兩相鄰的殘響室，如圖3-11，其一為音源室，另一間為受音室，在二室之交界處安裝待測材料。

在音源室發出聲音，便隨機入射於待測材料，測定其音壓位準 L_1（dB），另外在音源室藉由材料的振動，而將聲音擴散至受音室，測定其音壓位準 L_2（dB）。由此結果，利用式（3.6）算出其透過損失。

$$TL = L_1 - L_2 + 10\log\frac{A_X}{A}（\frac{A_X}{A}）\qquad\qquad（3.6）$$

其中　$A_X =$ 待測材料面積，m^2

　　　$A = \bar{\alpha}S =$ 受音室的吸音力，m^2

　　　$\bar{\alpha} =$ 受音室的平均吸音率

　　　$S =$ 受音室的表面積，m^2

當一隔音牆非由同一材質（如鋼筋混凝土）構築而成，譬如包括門、窗、進出口或其他間隙時，便成一組合牆，此時其透過損失是由各個部分共同決定。若組合牆包含 n 種不同的組件，則其綜合透過損失（$\overline{TL}$）可用下式來表示：

$$\overline{TL} = 10\log \frac{1}{\overline{\tau}}$$

$$= 10\log \left(\frac{\sum_{i=1}^{n} S_i}{\sum_{i=1}^{n} \tau_i \ S_i} \right) \ (\text{dB}) \qquad\qquad (3.7)$$

其中　$\overline{\tau}$ = 平均穿透係數

　　　　τ_i = 第 i 種材料的穿透係數

　　　　S_i = 第 i 種材料的面積，m^2

〔例題〕

某工廠對1,000Hz 之噪音問題進行板壁隔音工作，請依下圖及假設資料回答：

　(1)其綜合透過損失為多少？

　(2)如想再提升其遮音效果，則首要考量的項目是什麼？

　　假設：圖中之牆壁、窗戶、換氣口及人員進出口之面積分別為44、10、1及5m^2，且其對應之透過係數（transmission coeffieient）分別為10^{-3}、10^{-2}、10^{0}及10^{-2}。

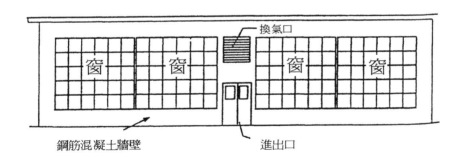

換氣口

窗　　窗　　　　窗　　窗

鋼筋混凝土牆壁　　　　　　進出口

解答：

$$(1)\overline{TL} = 10\log \left(\frac{\sum_{i=1}^{4} S_i}{\sum_{i=1}^{4} \tau_i S_i} \right)$$

$$= 10\log\left(\frac{44+10+1+5}{0.044+0.1+1+0.05}\right)$$

$$= 10\log\left(\frac{60}{1.194}\right)$$

$$= 17\ (\text{dB})$$

(2)欲提升其遮音效果，首要考量的項目是換氣口，因其遮音能力最差（透過損失為0dB）。

3.3.2 遮音材料的種類

遮音材料依其遮音的機制可分為均質板、中空板及三明治板等三類，如表3-3所示。

一、均質板

㈠遮音原理

當音能入射至均質板時，對板施以壓縮和拉張的反覆外力，而使板振動，板的振動又使板背面附近的空氣振動，而產生對應於振動速度的聲音，此即透過音。因此只要選擇透過損失大的材料，便可大大減少此透過音，而達到遮音的目的。

表3-3　遮音材料的種類

種類		代表性材料
均質板		積層板、合板
中空板		二均質板中間設有空氣層
三明治板	多孔材三明治	中空板內空氣層充填多孔材
	彈性材三明治	中空板內空氣層充填發泡材
	剛性材三明治	中空板內空氣層加入剛性角材以表面材接著
	蜂巢材三明治	中空板內空氣層加入蜂巢狀材以表面材接著

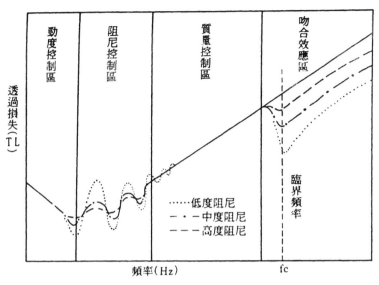

圖3-12　均質板典型遮音頻率特性曲線

(二)遮音特性

典型的均質板遮音頻率特性曲線如圖3-12所示，可分為勁度控制區（stiffness controlled region）、阻尼控制區（damping controlled region）、質量控制區（mass controlled region）、吻合控制區（coincidence controlled region）等四個區及臨界頻率（f_c）：

1. 勁度控制區：頻率很低（低於板的共振頻率）時，主要是以板之勁（硬）度來控制，即板愈堅硬，透過損失愈大。此時聲音頻率加倍透過損失降低6dB。

2. 阻尼控制區：頻率稍增後，進入一共振區，此時透過損失主要是由板的共振頻率來控制，即由隔音板的阻尼大小主宰。

3. 質量控制區：當頻率高於共振頻率時，材料的慣性（即質量）扮演了很重要的角色，即增加遮音材料的質量便能提昇透過損失，此即有名的質量律（mass law），如式（3.8）。

$$TL = 18\log(f \cdot m) - 44 \ (dB)$$

$$TL_0 = 20\log(f \cdot m) - 42.5 \ (dB) \qquad (3.8)$$

其中　TL＝隨意入射透過損失，dB

　　　TL_0＝垂直入射音透過損失，dB

　　　f＝入射音頻率，Hz

　　　m＝均質板的面密度（＝ρt），kg/m^2

　　　ρ＝均質板的密度，kg/m^3

　　　t＝均質板的厚度，m

由式（3.8）知，當均質板的面密度（m）、入射音頻率（f）或厚度（t）加倍時，TL 約增加5dB，TL_0約增加6dB。從隔音的角度觀之，此一區域越寬越好。

4. 吻合控制區：由於入射音在某個角度入射時會引起均質板的振動，其波長通常較入射音的波長大，當這兩波長相同時，入射音之透過損失最少，此點稱之為臨界頻率（f_c）。

$$f_c = \frac{C^2}{2\pi} \left(\frac{m}{B} \right)^{1/2}$$

$$= \frac{C^2}{2\pi t} \left(\frac{12\rho}{E} \right)^{1/2} \qquad （3.9）$$

其中　C＝空氣粒子之振動速度，m/sec

　　　B＝單位面積的彎曲率，如為平板 $B \doteqdot Et^3/12$

　　　E＝均質板的楊氏係數

表3-4為一般常見遮音材料的臨界頻率值。

表3-4　遮音材料的臨界頻率（f_c）值

種類	板厚（mm）	臨界頻率 f_c（Hz）
合板	12	2,500
鋼板	3.2	4,500
玻璃板	5	3,000
混凝土	100	180

要減少吻合效應所造成的透過損失降低現象，可對造成彎曲的振動之阻力予以加大或使阻尼效果增強，譬如以鉛板或阻尼材料等彈性差異大的材料來塗佈或接著。

〔例題〕

有一隔音牆其面密度為10kg/m^2，求其對100Hz 聲音的透過損失為多少分貝？又若牆厚增為原來的四倍，其透過損失增為若干分貝？

解答：

(1)$TL_1 = 18\log（f \cdot m_1）-44$

$\quad\quad\quad = 18\log（10 \cdot 100）-44$

$\quad\quad\quad = 10（dB）$

(2)$m_1 = \rho t_1$

$\quad \because t_2 = 4t_1 \quad \therefore m_2 = \rho t_2 = 4\rho t_1 = 4m_1$

$\quad TL_2 = 18\log（f \cdot m_2）-44$

$\quad\quad\quad = 18\log（4fm_1）-44$

$\quad\quad\quad = TL_1 + 18\log4$

$\quad\quad\quad = TL_1 + 10$

$\quad\quad\quad = 20（dB）$

二、中空板

(一)遮音原理

兩塊均質板，其間預留空氣層（其作用類似彈簧）形成中空板。中空板的隔音效果比單層的均質板高，比如根據質量律，厚3.2mm的鋼板面密度25kg/m^2，在1,000Hz 時，$TL = 18\log（1000 \cdot 25）-44 = 35（dB）$，但如果是兩片1.6mm 組成的中空鋼板，則 $TL = 2〔18\log（1000 \cdot 12.5）-44〕= 59（dB）$，足足相差24dB，但必須注意的是兩層板間不可剛性連接。

(二)遮音特性

當入射音頻率與中空板的自然頻率（f_r）相同時，會引起板的共振,產生強大的透過音,使得透過損失遠低於質量律的值,此稱為低音域共鳴透過。但當入射音頻率大於中空板的自然頻率時($f > \sqrt{2}\ f_r$),空氣彈簧有防振效果,使得透過損失大於質量律的值。

如圖3-13不同材質(面密度分別為 m_1、m_2)的兩均質板以一空氣彈簧連接,此時

$$f_r = 590\sqrt{\frac{m_1 + m_2}{m_1 m_2} \cdot \frac{1}{d}} \qquad (3.10)$$

其中　d = 空氣層厚度(cm)

若兩均質板材質相同,則

$$f_r \doteqdot \frac{850}{\sqrt{md}} \qquad (3.11)$$

在實務應用上,應慎選材料並注意空氣層的厚度,使欲控制的噪音頻率落在 $\sqrt{2}f_r$ 以上,以得到較大的透過損失。

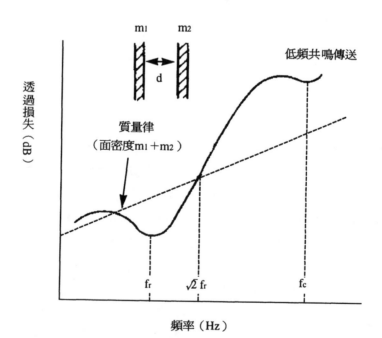

圖3-13　中空板的透過損失特性曲線

三、三明治板

㈠遮音原理

在中空板的空氣層中塡入如多孔性材料、發泡材料、剛性材料及蜂巢型材料，使發揮兼具均質板及中空板之遮音效果。

㈡遮音特性

1.圖3-14(a)爲多孔材三明治構造之遮音特性曲線，其透過損失要

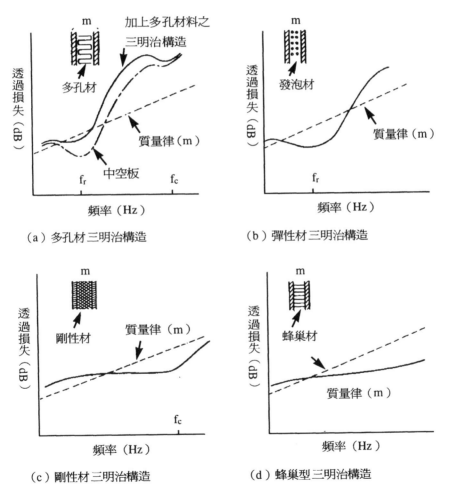

（a）多孔材三明治構造

（b）彈性材三明治構造

（c）剛性材三明治構造

（d）蜂巢型三明治構造

圖3-14　三明治型構造之透過損失特性

比一般中空板來得大；在 f_r 與 f_c 之間，其透過損失約較中空板平行上升了3～10dB 左右。

2. 圖3-14(b)為彈性材三明治構造之遮音特性曲線，其透過損失在低頻域由 f_r 所造成的下降，其範圍較中空板的範圍為大。

3. 圖3-14(c)為剛性材三明治構造之遮音特性曲線，其因吻合效應所致之透過損失降低會因接著所致之阻尼，使谷深減少，寬度增大。

4. 圖3-14(d)為蜂巢型三明治構造之遮音特性曲線，其透過損失幾近不隨頻率的變化而改變，且其值也偏低。

3.3.3　遮音評估

評定隔音屏的噪音透過損失，通常是用聲音穿透等級（sound transmission class，STC）來表示；其決定方式是將隔音屏在125～4,000Hz 頻率範圍所測得的傳送損失與一組 STC 曲線比較，如圖3-15找出一條最高的 STC 曲線，該曲線必須：①不高於所有頻帶傳送損失平均值2dB；②所有頻帶的傳送損失不高出該 STC 曲線8dB。如一隔音屏對500Hz 的聲音透過損失為45dB 則該隔音屏為 STC45，STC 後之數目愈大表示該結構體的空氣傳送絕緣性愈好。

3.3.4　遮音體的設計

一、遮音體的型式

所謂遮音體就是一經過設計或自然形成的實體結構，置於音源與受音者之間，利用聲波的直進及反射原理形成音影區，以保護受音者受到噪音干擾。一般而言，遮音體有四種形式，即：

(一)遮音地形

如坡谷、丘陵等高低起伏的地形，可利用以作為聲音的天然屏障。

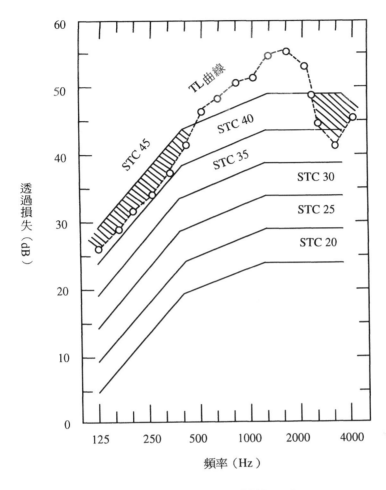

圖3-15　隔音屏的音透過損失資料以STC評估

(二)土堤

　　利用泥土堆砌而成的遮音體，高度4～5m、寬度20m 的土堤可衰
減噪音5～6dB 左右。

(三)景園隔音

　　利用種植樹木以達衰減聲音的目的，但單行種植不具遮音效果，
且需考慮落葉季節的隔音效果。深達100m 的濃密樹林所可達到的減
音效果約為7～11dB。

(四)隔音牆

　　最普遍被使用在交通噪音控制的遮音裝置，較常使用的材料有鋼筋混凝土、石材、金屬板及磚塊。

　　本節僅就隔音牆的設計詳加討論。

二、遮音體的基本要件

(一)長度

　　必須大於遮音體與音源距離的四倍，才能避免噪音繞射的影響。

(二)高度

　　受音者在地面時，遮音體高度應大於4m，並隨著受音者位置之升高而升高，使受音者位於音影區為原則。

(三)密度

　　遮音體密度必須大於$20kg/m^3$，密度愈大且表面愈粗糙，其遮音效果就愈佳。

三、隔音牆之設計

　　如圖3-16，假設 δ 為音源經隔音牆頂至接受者長度（A＋B）與音源至接受者直線長度（d）之差，即

$$\delta = A + B - d \qquad (3.12)$$

且　$N = \dfrac{\delta}{\lambda/2}$

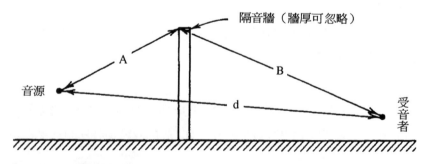

圖3-16　隔音牆示意圖

$$= \frac{A+B-d}{\lambda/2} \quad\quad (3.13)$$

上式中，N 爲 Fresnel number，N 與噪音衰減量之關係如圖3-17所示。

由圖3-17知，對點音源與線音源而言，無限高的隔音牆最大的噪音衰減值爲24dB，而阻斷直線途徑傳音的隔音牆最小噪音衰減值爲5~7dB。式（3.13）中，δ 值一定，即隔音牆之高度一定時，波長愈小或頻率愈高則 N 值變大，減音量也大。又若波長一定，即頻率一定的話，δ 值愈大表示牆愈高，減音量也愈大。

〔例題〕

有一遊樂場所的馬路對面有一垃圾堆，每日環保局的垃圾車來收集垃圾並當場壓縮，此操作所發出的噪音達80分貝，其頻率爲1,000Hz。今欲建一隔音牆使遊樂場所受之噪音干擾減少15分貝，細節如下圖。請問此隔音牆需要建多高？（註：減少15分貝相當於 N＝4，音速爲340m/sec）

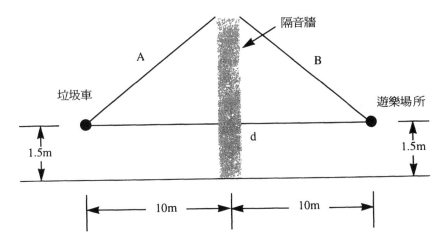

解答：

(1) $\because \lambda = \dfrac{c}{f} = \dfrac{340}{1,000} = 0.34\text{m}$

且　$N = \dfrac{\delta}{\lambda/2} = 4$

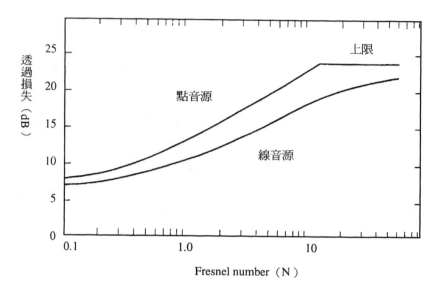

圖3-17　不同Fresnel number的噪音衰減量

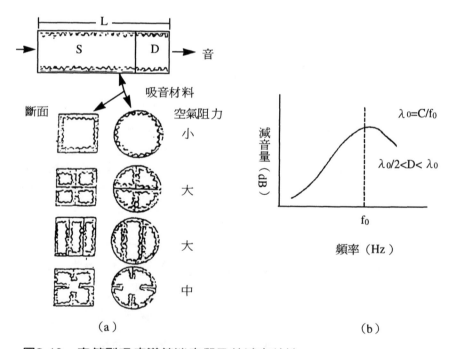

（a）

（b）

圖3-18　直管型吸音導管消音器及其減音特性

$$\therefore \delta = 2\lambda = 0.68m$$

(2)又 $A = B$，$d = 10 + 10 = 20$

$\quad \therefore \delta = A + B - d$，$2A - 20 = 0.68$

$\quad 2A = 20.68$，$A = 10.34m$

故　$h = 1.5 + \sqrt{(10.34)^2 - 10^2}$

$\qquad = 4.1 (m)$

3.4　消音器

所謂消音器就是於流體流動的管路中，利用聲音的吸收、反射、干涉等原理，將聲音予以衰減的裝置，常用於空調風管（HVAC）的風扇噪音、汽車排氣系統（automative exhaust system）、氣渦輪機（gas turbine）、壓縮機（compressors）、迴轉式與往復式泵（rotary and reciprocating pumps）及空氣排放管（airdischarge devices）的噪音等之防治。其型式有散失型（dissipative silencers）、反應型（reactive silencers）及主動式（active silencers）等三種，茲介紹如下：

3.4.1　散失型消音器

是於流體流動的管路中，以吸音材料為內襯，將聲音加以吸收的裝置，又分為直管型吸音導管（straight-tube absorbing duct）和彎管型吸音導管（bent acoustic duct）：

一、直管型吸音導管

將導管內壁貼以玻璃纖維或岩棉等吸音材料，如圖3-18(a)所示，其減音特性如圖3-18(b)所示，由圖可知此型消音器對中、高頻域的噪音之衰減較有效，且其最大的衰減頻率是由 D（圓管的直徑或矩形管的短邊）來決定，亦即當 $\lambda_0/2 < D < \lambda_0$（$\lambda_0$ 為波長）或頻率 $f_0 = C/D$

時減音最有效，如果一導管的 D 值較前述範圍爲大，則應將其斷面分割成數個小區域（如圖3-18(a)），如 D 值較此範圍小則應予以放大。

此型消音器的減音量（R）隨內襯吸音材料的吸音率及導管長度的增加而增加，最普遍被使用者爲 Sabine 所發展的公式，當 $f < f_0$（ $= C/D$ ）時：

$$R = K \cdot \frac{P}{S} \cdot L \ (\text{dB}) \qquad\qquad (3.14)$$

其中　P＝周長，m

　　　S＝截面積，m^2

　　　L＝導管長，m

　　　K＝$1.05 \times \alpha^{1.4}$（譬如當 $\alpha = 0.5$時，$K \doteqdot 0.4$ ）

式（3.14）在使用上應注意下列三點限制：

1. 流動導管長度至少爲較小橫向尺寸（圓管爲直徑、矩形管爲短邊）的兩倍。

2. 流體速度應小於20m/sec，以避免導管因亂流而產生噪音。

3. 導管的較小橫向尺寸應謹慎選定，以避免高頻音的放射現象（ beaming ）或視線傳播（ line of sight propagation ），因爲式（3.14）並未考慮此效應的影響。放射現象發生於聲波波長小於7倍較小橫向尺寸時，在此情況下，任何導管長度的最大衰減量約爲10dB，爲克服此現象，可將導管作成波浪狀。

二、彎管型吸音導管

此型消音器的主要特徵是導管彎曲且在彎曲的部分之內壁貼以吸音材料，其噪音的衰減量常較直管型吸音導管爲大，且與曲率半徑成正比，對中、高頻域的噪音之衰減較爲有效。例如，內壁貼有玻璃纖維的直角90°矩形彎管，當 D＝1.2m 時對500Hz 的噪音其減音量爲15dB（參見圖3-19）。具內襯吸音材料的180°彎管之噪音衰減值見圖3-20，此類消音器常用於需要將吵雜機器（如內燃機）予以密閉時的

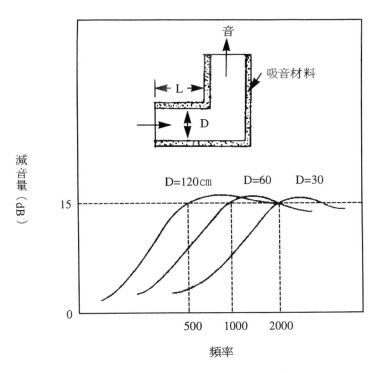

圖3-19　90°彎管型吸音導管消音器及其減音特性

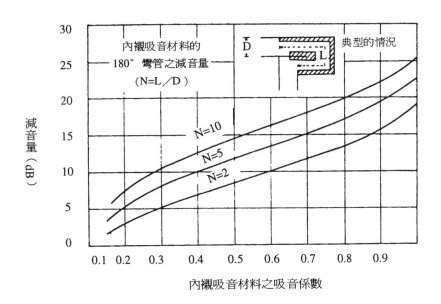

圖3-20　180°彎管型吸音導管消音器及其減音特性

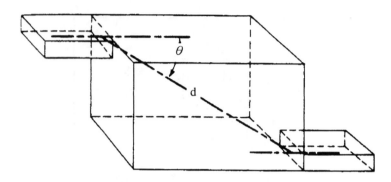

圖3-21　調壓室之幾何形狀

場合，有助於減少通風導管出口處的噪音值，但由於較佔空間且壓損大，故較少被廣泛使用。

　　一般工業上常使用的調壓室（plenum）為彎管的一種變化，事實上它亦是散失型消音器與反應型消音器的組合。調壓室通常以金屬板製造並於其內壁貼以吸音材料，常用於消除空調風扇或導管傳遞的噪音，外觀如圖3-21所示。調壓室的噪音衰減量可用下式計算之：

$$R = 10\log_{10}\left[\frac{1}{S_e\left(\dfrac{\cos\theta}{2\pi d^2} + \dfrac{1-\bar{\alpha}}{\bar{\alpha}S_w}\right)}\right] dB \qquad (3.15)$$

其中　$\bar{\alpha}$＝調壓室內襯之平均隨意入射吸音係數

　　　　S_e＝調壓室出口面積，m^2

　　　　S_w＝調壓室內壁面積，m^2

　　　　d 與 θ＝定義如圖3-21所示

〔例題〕

　　有一空調系統使用調壓室以消除風扇產生之噪音，此調壓室之形狀如圖3-21，其尺寸如下：

　　$S_w = 54m^2$

　　$S_e = 1.5m^2$

　　$\theta = 45°$

d＝4m

$\bar{\alpha}＝0.8$（f＝1,000Hz 時）

試求此調壓室在1,000Hz 時的減音量。

解答：

將題目中所給定之條件，代入式（3.15），得：

$$減音量 R ＝ -10\log_{10}\left[1.5\left(\frac{\cos 45°}{2\pi(4)^2} \right) + \frac{1-0.8}{(0.8)(54)} \right]$$
$$＝18（dB）$$

3.4.2　反應型消音器

所謂反應型消音器就是利用聲音的反射、干涉及共鳴等特性而達成衰減聲音爲目的的裝置，其較重要者有膨脹型消音器、干涉型消音器、共鳴型消音器及噴嘴型消音器等，茲分述如下。

一、膨脹型消音器

膨脹型消音器（expansion or dilative muffler）其形狀如圖3-22(a)所示，主要是利用膨脹室入口處及出口處截面積的劇烈變化，反射一部分的聲音能量，減少噪音的傳播，其減音的特性如圖3-22(b)所示，最大噪音衰減量爲（4D₂/D₁）dB，此型消音器常用於中、低頻域噪音的控制，但若搭配吸音材料作爲內襯亦可用作高頻噪音的控制，如圖3-22(c)所示。

對膨脹型消音器而言，那些頻率的噪音將被衰減是由膨脹室的長

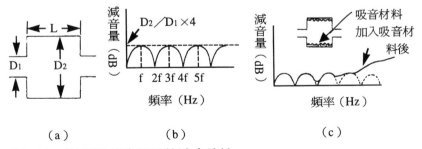

（a）　　　　　　　（b）　　　　　　　（c）

圖3-22　膨脹型消音器及其減音特性

度（L）決定，而衰減量的多寡則由膨脹室的截面積（A_2）與膨脹室入口或出口截面積（A_1）之比（m，在此定義 $m = A_2/A_1$）來決定，亦即其減音特性可用兩參數 m 及 kL 來規範：

$$R = 10\log\left[1 + \frac{1}{4}(m - 1/m)^2\sin^2 kL\right] \quad dB \qquad (3.16)$$

其中　k＝波數（wave number，$2\pi/\lambda$），m^{-1}
　　　L＝消音器長度，m

上式在膨脹室最大橫向尺寸（即 D_2）小於0.8λ的情況下皆可適用，由式（3.16）可知，隨著 m 值的增加，噪音衰減量亦跟著增加（如圖3-23），且最大衰減量發生於：

$$kL = \frac{n\pi}{2}, \quad n = 1，3，5，7\cdots\cdots \qquad (3.17)$$

衰減量爲零，發生於：

$$kL = n\pi，n = 1，2，3，4\cdots\cdots \qquad (3.18)$$

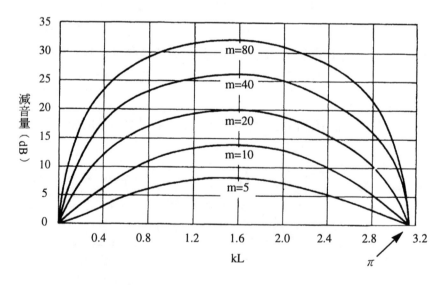

圖3-23　膨脹室消音器的減音特性曲線（在此，L=膨脹室長，m=A_2/A_1）

亦即，消音器膨脹室長應爲：

$$L = \frac{n\pi}{2k} = \frac{n\pi}{2 \ (\ 2\pi/\lambda \ )} = \frac{n\lambda}{4} \ , \ n = 1 \ , \ 3 \ , \ 5 \cdots\cdots \qquad （3.19）$$

也就是說欲得最大噪音衰減量，膨脹室長應選定爲聲音的四分之一波長乘上一奇數。

〔例題〕

假設有一系統，其噪音由引擎所發出，且主要頻率爲125Hz，今欲使用一膨脹型消音器並得到25dB 的噪音衰減量，試決定其膨脹室的設計參數。（假設 C＝378m/s）

解答：

由圖3-23知，欲得到25dB 的衰減量，m 可取40，則膨脹室的長度可由以下的方式決定：

$$kL = \frac{\pi}{2}$$

$$\therefore L = \frac{\pi}{2k} = \frac{\pi}{2 \ (\ 2\pi/\lambda \ )} = \frac{\lambda}{4} = \frac{C}{4f}$$

$$= \frac{378}{(\ 4 \ )(\ 125 \ )} = 0.756 （m）$$

又由圖3-23知，當 m＝40時，符合25dB 衰減量的區域有$1.09 \leq kL \leq 2.0$，所以如果 L＝0.756m，則$1.09 \leq \frac{2\pi f}{C}（0.756）\leq 2.0$（或87Hz≤f≤159Hz），即不僅125Hz 可有25dB 的衰減量，在87Hz 至159Hz 的頻帶內也都有25dB 的衰減量。

除了前述單一的膨脹室外，我們亦可將兩個或多個膨脹室加以串聯，以增加其減音的效果，在兩室的連接上又可分有外在連接管及無外在連接管等兩種情形，如圖3-24所示。圖中顯示：①增加連接的膨脹室數目有助於增加減音效果；②增加兩室間的連接管長度也會增加減音效果；③當兩室間的連接管長度等於λ/2或 λ 時將會增加零減音頻帶的寬度。

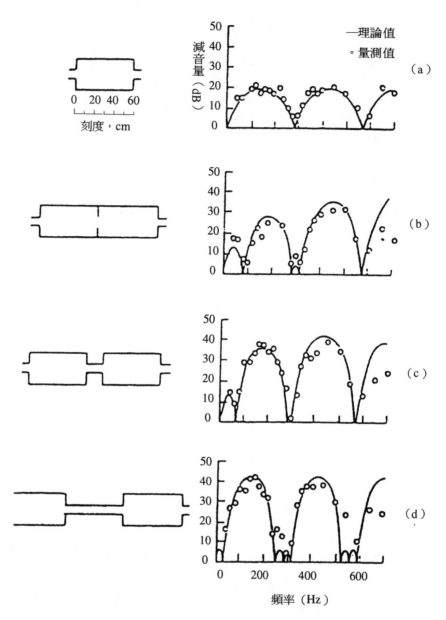

圖3-24　兩膨脹室串聯後之減音特性（m=16）

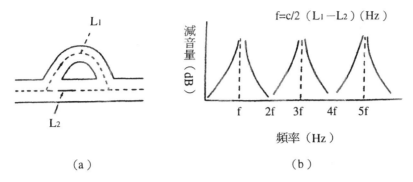

f=c/2（L₁－L₂）（Hz）

（a）　　　　　　　　　　（b）

圖3-25　干涉型消音器及其減音特性

二、干涉型消音器

　　所謂干涉型消音器（interference mufflers）就是利用聲音的干涉特性，來阻絕噪音的傳播，而達到減音效果的裝置，其基本構造如圖3-25(**a**)所示，聲音的通道被分開為二（L_1與L_2），聲音在通過此二通道後，彼此因互相干涉而減音。干涉型消音器適用於何種噪音頻率的衰減主要是決定於（$L_1 - L_2$）之值，當$L_1 - L_2$等於$\lambda/2$時，頻率等於 f、3f、5f……（Hz）的噪音減音量最大（理論上可達無限大，但實際上大約20dB），而頻率等於2f、4f、6f……（Hz）的噪音其減音量為零，如圖3-25(**b**)。此型消音器適用於以中、低頻率為主要成分的噪音，大部分應用於壓縮機、排氣機及柴油引擎等噪音之衰減。

三、共鳴型消音器

　　共鳴型消音器（resonator muffler）如圖3-26(**a**)所示，此型消音器主要是由附著在導管周圍的頸部（neck）及一空穴（cavity）所構成，空穴內的空氣透過頸部週期性地被壓入、逼出空穴而形成一共鳴腔。當入射音頻率與共鳴腔的共鳴頻率一致時，聲音能量便可因共鳴吸音而衰減，其衰減特性以共鳴頻率（f_0）為中心而形成山形分佈（如圖3-26(**b**)），在此

$$f_0 = \frac{C}{2\pi}\sqrt{\frac{A}{\ell V}}\ （\text{Hz}）\qquad\qquad（3.20）$$

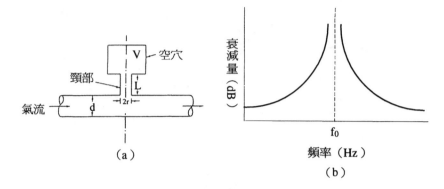

圖3-26　共鳴型消音器及其噪音衰減特性

其中　f_0＝共鳴頻率，Hz

　　　C＝音速，m/sec

　　　A＝共鳴腔頸部的截面積，m^2

　　　L＝共鳴腔頸部長度，m

　　　V＝空穴體積，m^3

　　　$\ell = L + 0.8\sqrt{A}$，m

　　共鳴腔與前面所提膨脹室最大的不同就是氣流並不通過空穴。此型消音器也是適用在以中、低頻域為主要成分的噪音之控制，常用於減低往復式壓縮機所發出的噪音。其減音量可用下式表示：

$$R = 10\log \left[1 + \left(\frac{\sqrt{C_0 V}/2A}{f/f_0 - f_0/f} \right)^2 \right] \qquad (3.21)$$

其中　$C_0 = A/\ell$，傳導率

四、噴嘴型消音器

　　上述其他型式消音器的減音方法是阻止聲音的傳播，而噴嘴型消音器（nozzle type mufflers）所應用的原理則是改變噪音產生的狀態，而使噪音降低。

　　我們以圖3-27來分析噴嘴噪音產生的機制，如圖所示，由噴嘴射

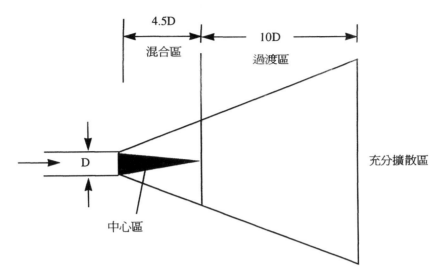

圖3-27　射流影響區域的劃分

出的高速氣流稱為射流（jet）。氣流噴出後因捲入周遭的空氣，沿
著射流方向逐漸擴散，流速隨之降低。對於超音速射流，大致可劃分
成三個區域，即混合區、過渡區與充分擴散區。混合區的長度約為噴
嘴直徑的4.5倍，在混合區內有一射流的中心，其流速不變，即相同
於噴出口，在中心區外圍，射流與周遭空氣劇烈混合，是產生高頻率
噪音的主要區域。過渡區從中心區尾端算起直至約10倍噴嘴直徑處。
過渡區以外則為充分混合區。與混合區相比，過渡區的射流寬度較大
且流速較低，所產生的噪音主要以低頻率噪音為主，到了充分擴散
區，其頻率更低而強度也愈弱，因此射流產生的噪音是寬頻帶的噪
音，且主要頻率值為

$$f = 0.2V/D（Hz）\hspace{4cm}（3.22）$$

其中　V＝噴出口速度，m/sec
　　　 D＝噴嘴直徑，m

由式（3.22）可知，噴出口速度愈大或噴嘴直徑愈小則噪音的主
要頻率就愈高。

射流噪音的另一特徵是具有明顯的方向性，即離噴嘴相同距離而方位不同時，音壓位準亦不同，音壓位準最大的方向不在氣流（軸心）方向，而是與氣流方向成15°夾角。

射流噪音的功率（W）與氣流速度（V）之八次方成正比，對於一定流速的射流而言，功率又正比於噴嘴面積（S）：

$$L_W = 10\log S + 80\log V - 45 \ (\text{dB})\qquad\qquad（3.23）$$

因此，欲控制高速氣流之噪音，可採用之方法有三：

1. 降低氣流速度：是最直接也是最有效的方法，由（3.23）式知，適當降低流速，噪音功率將成倍地下降。在工業上，對於高溫水蒸氣的排放可用水冷的方式，將氣體體積收縮而使噪音量降低。

2. 分散壓力：在排氣管中增加幾個排放口，使氣體從高壓容器向外排放時，分散到多個出口，其排氣面積不變，但可使壓力分散，如圖3-28。如此可降低低頻率噪音的強度，而增加高頻率噪音的音量，但高頻音較易被衰減。

3. 改變噪音頻譜特性：在噪音功率不變的情況下，將噪音主要頻率提高至人耳較不敏感的頻域或察覺不到的超音波範圍。如圖3-29就是工業上常用的移頻方式，將一氣體排放口，在總排氣面積不變的情況下以小細孔或加一金屬網，使噪音主要頻率提高，其下游管壁再覆以吸音材料，便可有效降音。

3.4.3 主動式消音器

利用聲波之相位差，所產生之干涉作用來消減另一聲波能量的觀念，事實上由來已久，然而此一觀念之被廣泛的應用在噪音的控制上卻是電腦普及化之後的事。又因為主動式消音器是運用最新的數位訊號處理技術所以有時又稱為數位式消音器。

如圖3-30所示，其減音原理是：使用一輸入微音器（即麥克風）

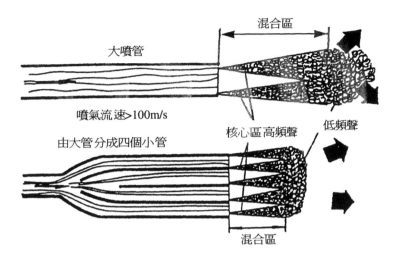

混合區

大噴管

噴氣流速>100m/s

由大管分成四個小管

核心區高頻聲　低頻聲

混合區

圖3-28　將大噴管射流分散至四個小噴管

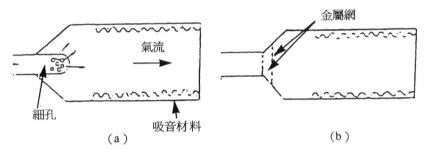

金屬網

氣流

細孔

吸音材料

（a）

（b）

圖3-29　將氣體排放口挖以細孔或加入金屬網

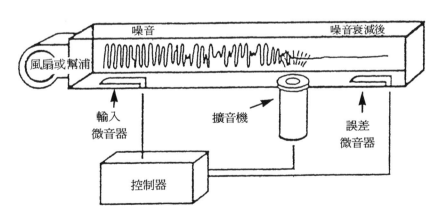

噪音　　　　　　　　噪音衰減後

風扇或幫浦

輸入
微音器

擴音機

誤差
微音器

控制器

圖3-30　主動式消音器

置於噪音源以接收噪音的音壓變化，並將之轉變爲電流信號，經控制器（包括反相位電路、擴大器）及擴音機立即產生控制音源。噪音源與控制音源分置於導管的兩端，控制音源經反相位電路調整其與噪音源之相位差成180度，並藉由誤差微音器在導管下游接收噪音在減音後的音壓變化以爲監控。圖3-31爲主動式消音器與被動式消音器在減音特性上的比較，由圖可知，主動式消音器在低頻域噪音的衰減方面有相當不錯的效果，這也是傳統的被動式消音器所無法比擬的。

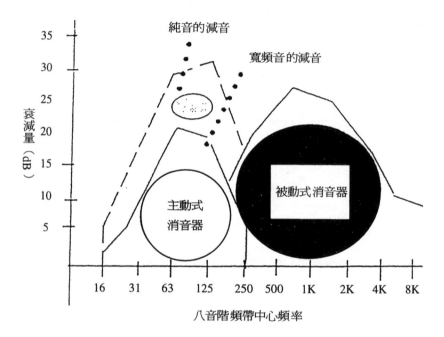

圖3-31　主動式消音器與被動式消音器的減音特性比較

3.5 聽力保護計畫

　　為保障噪音工作場所勞工聽力健康並合乎法令規定，工廠必須實施聽力保護計畫（hearing protection program）或稱合法計畫（compliance plan），其內容如下：

1. 對噪音工作場所之音源之音量及頻率詳加測定調查，以決定過量噪音源，劃定噪音管制區。
2. 進行音源工程控制研究，決定減少噪音量之方法。
3. 計畫實施管理控制之可行性，諸如修改生產計畫，讓噪音工作分配給更多人去做，而每人之暴露量合於法令規定。
4. 噪音過量暴露勞工的最初聽力圖（audiogram）。
5. 建立個人聽力防護具使用計畫。
6. 在適當期間後追蹤聽力圖檢查，以評估管理控制與個人聽力防護具之有效性。
7. 建立工程控制或製造程序改變之有效性。
8. 重複噪音檢查，評估工程控制或製程改變之有效性。

噪音作業場所之聽力保護計畫亦可繪成如**圖3-32**之流程圖。

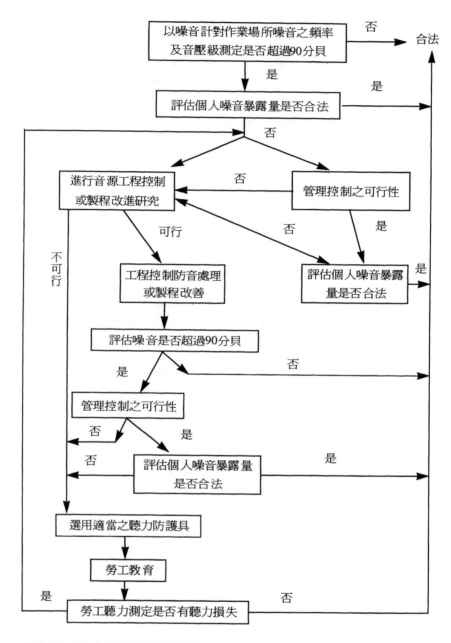

圖3-32　聽力保護計畫流程圖

習題三

1. 噪音之預防方法有那些？

2. 如某工廠負責人請您去控制其廠內的噪音問題，您應如何因應？請將您所擬之步驟依序分項說明之。

3. 某一衝剪機械產生100dB 之噪音，請問工業衛生技師如何規劃其管制對策。

4. 請說明聽力保護計畫的內容。

5. 某工廠員工抱怨有噪音問題，請問您如何擬定防制對策？請依序說明之。

6. 請說明工礦噪音源的主要控制方法。

8. 試述吸音材料的種類及原理。

9. 設某工廠室內平均吸音係數為0.1，如欲使其室內噪音降低6dB，則其室內平均吸音係數應增（或減）為多少？請將計算式一併列出。又某遮音板之密度為9kg/m²，則1,000Hz 聲音之透過損失應為多少 dB？又若其板厚增為4倍時，則其透過損失應為多少？

10. 試述影響隔音效果的因素？

11. 有一面牆面積為10m²，其材料的透過損失為35dB，而此牆上有一3m²的鑲板，其材料的透過損失為20dB，試計算此牆在125Hz 之全部透過損失為多少？

12. 一般遮音體有那四種型式？請就長度、高度、密度三方面，說明遮音體之設計要求。

13. 有一距地面0.5m 之點音源，其音響輸出功率位準為110dB，此音響之主控頻率為2,000Hz。有一觀察者距此音源30m，距地面2m。假如在音源與觀察者水平距離中間設置一無限長，3m 高之隔音牆，假設為自由音場，音速為340m/sec，試求在觀察者位置隔音牆設置前與設置後之音壓位準。

〔註〕穿透損失（TL）可由下列式中求得：

$\text{TL} = 0$ for $\text{N} < -0.1916$

$\text{TL} = 5 + 50\log\left(\dfrac{\sqrt{-2\pi\text{N}}}{\tan\sqrt{-2\pi\text{N}}}\right)$ for $-0.1916 \leq \text{N} \leq 0$

$\text{TL} = 5 + 20\log\left(\dfrac{\sqrt{2\pi\text{N}}}{\tanh\sqrt{2\pi\text{N}}}\right)$ for $0 < \text{N} < 5.03$

$\text{TL} = 20$ for $\text{N} \geq 5.03$

$\text{N} = $ fresnel number

參考文獻

1.Beranek，L.L. ed.，"Noise and Vibration Control"，McGraw-Hill Book Company，New York，1971.

2.Magrab，E.B. "Environmental Noise Control"，John Wiley & Sons, Inc.，New York,1975.

3.Pettinger，M.，"Acoustic Design and Noise Control"，Chemical Publishing Co.，New York，1973.

4.Kurze，U.J.，"Noise Reduction by Barriers"，J. Acoust. Soc. Amer.，Vol. 55, No.3（1974），pp. 504-518.

5.Bell，L.H.，"Fundamentals of Industrial Noise Control"，Harmony Publications, Trumbull, Conn.，1973.

6.Irwin，J.D. and Graf，E.R.，"Industrial Noise and Vibration Control"，Prentice-Hall Inc.，N.J.，1979.

7.Crocker，M.J.，"Mufflers"，in Proceedings of the Inter-Noise 72 Conference：Tutorial Papers on Noise Control，Oct. 1972，Washington，D.C.，pp. 40-44.

第 4 章
溫濕環境

高溫作業環境對人體的影響
人體與環境的熱交換
著衣量對冷熱感覺的影響

高溫作業是人類各種產業活動中最古老且最具危害性的行業之一，故世界各先進國家均有其危害評估及防治措施的規範，我政府亦早在民國六十三年即已頒佈「高溫作業勞工作息時間標準」，期借助行政管理的方式防範高溫作業勞工的熱危害。時至今日，雖有甚多工廠改採自動化生產，在正常的生產運轉過程中仍不能完全免除高溫暴露對勞工造成之危害，更何況在運轉程序中可能因機械失控，而致非仰賴勞工不可，使勞工須經常在高溫環境之暴露下工作。

　　對人體而言，工作負荷（ work load ）如屬輕工作，則作業環境溫度應控制在20℃～22℃；中度工作，在15℃～20℃；重工作則在18℃以下。所謂輕工作係指僅以坐姿或立姿進行手臂工作以操縱機器者；中度工作係指於走動中提舉或推動一般重量物體者；重工作係指鏟、掘、推等全身運動之工作。工作負荷以新陳代謝速率（ metabolic rate, M）表示時，平均 M 為200kcal/hr 或800Btu/hr 以下時為輕工作；200kcal/hr 或800Btu/hr 以上，未達350kcal/hr 或1,400Btu/hr 者屬中度工作；350kcal/hr 或1,400Btu/hr 以上至500kcal/hr 或2,000Btu/hr 為重工作。

4.1　高溫作業環境對人體的影響

　　熱會改變人體的健康狀態（ health status ）、影響工作的效率，但人體對熱也有適應性，適應的快慢與暴露熱的程度及時間的延續多久有關。一般而言，連續暴露會適應，偶爾暴露則較不易適應但可忍受，完全取決於人體熱調節機制的有效性及循環系統、排汗系統、內分泌系統和神經系統的交互作用。圖4-1所示為人體對熱的反應及熱環境所可能對人體誘發的疾病。

4.1.1　人體對熱的反應

　　由動物實驗可知，人體體溫的調節中樞在視丘下部（ hypothala-

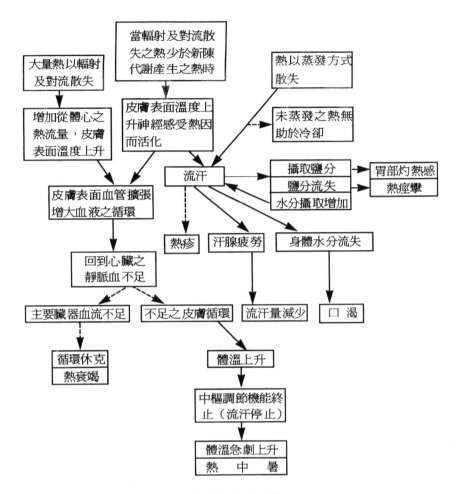

圖4-1　人體對熱環境的反應（摘自〔6〕）

mus），該部包含一散熱中樞（heat loss center）負責對體溫的增加及表皮溫暖接受體（warm receptor）所發出的神經脈衝作出適當的反應，即：

一、增加體熱的散失

㈠皮膚血管之擴張

　　皮膚血管之擴張即增加血液循環速度。因皮膚為一有效的熱交換系統，當體內熱量藉由血液傳送至皮膚，體表的熱量將透過輻射、傳導、對流及蒸發等作用而散發到周遭環境，因此增加皮膚血液流量（skin blood flow, BF）將使皮膚平均溫度（$\bar{t}_{sk}$）增高，$\bar{t}_{sk}$增高又有助於體內熱量的散發。

㈡出汗

　　如由皮膚之血管的擴張無法將體內多餘的熱量散發掉時，可藉汗腺之活化增加汗液之分泌，每公克出汗的蒸發熱相當於0.6kcal的熱量。對一已熱適應者而言，當二百五十萬個汗腺全被活化時，其最高出汗率可能超過3kg/hr且能維持一小時，若以1～1.5kg/hr出汗率（sweat rate, SR）則能維持數小時。

　　當汗能自由地由皮膚產生蒸發冷卻（evaporative cooling）作用時（即出汗率等於蒸發熱交換率），此冷卻作用在穩定工作狀態下是依熱負荷大小來調整。在冷至中度熱環境範圍下，體心溫度（t_c）僅受工作負荷影響。如果汗之蒸發受濕度限制，熱控制系統將激發更多汗腺，以增加濕潤體表面積（wetted body surface, S）；當S/A（A為總人體表面積）接近1時，將使體心溫度與皮膚平均溫度之差值（$t_c - \bar{t}_{sk}$）增加。至於出汗率（SR）、皮膚血液流量（BF）與有效溫度（ET）之關係，可參考**圖4-2**。

㈢增加呼吸頻率

　　增加呼吸頻率會呼出更多的氣體，以增加水分的蒸發，帶走更多的熱量。

二、減少熱量的產生

　　即避免肌肉之活動，以減少代謝熱的產生量。

4.1.2　熱所誘發的疾病

　　當人體暴露於熱環境，無法藉由增加皮膚血液流量、出汗及增加呼吸頻率等生理反應來充分散熱時，則可能發生生理崩潰而誘發疾病。熱誘發的疾病有：

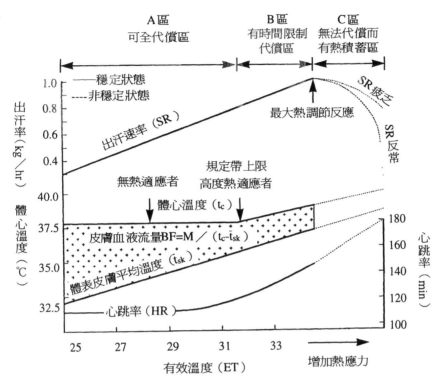

圖4-2　熱調節反應說明圖（代謝熱為300kcal/hr且經熱適應者）

一、中暑

　　中暑（heat stroke）是在熱環境工作中所可能引起最嚴重的健康問題。當人體的體溫調節中樞因過度負荷而失常，無法控制體溫，汗腺失去排汗功能，就會發生中暑。中暑者的症狀是皮膚乾而紅，大都呈紅色或出現斑點，體溫高達41℃或更高，脈搏由快而強漸轉為快而弱，可能有神智喪失或木僵之現象。神智不清、易怒、可能感覺寒慄是中暑的初期症狀。

　　處理方法是先將患者移至通風陰涼處，解開衣服、束縛如腰帶等，墊高頭肩部仰臥休息；以毛巾或海綿浸30％～35％之酒精或38℃～40℃之溫水拍拭身體，儘快使患者體溫降至38℃、脈搏每分鐘100次以下，如患者清醒可供給食鹽水，惟不得供給酒精等刺激性飲料。

良好的體能狀況及熱適應能力雖然對熱的容忍力較大，但也不能完全避免中暑。患有慢性病、身體過度肥胖、酗酒以及曾經患過因熱所引起的疾病的人都比較容易發生中暑。

二、熱衰竭

熱衰竭（heat exhaustion）主要是大腦皮質血液供應量不足所導致的虛脫狀態，此為血管擴張之結果，造成心臟出來的血血壓無法達到要求。主要係因環境悶熱、濕度太高、不通風，出汗太多造成體內水分及鹽分不足所致。非體溫調節機制失敗而是不能滿足體溫調節之結果。熱衰竭的症狀包括感覺虛弱、極度疲倦、眩暈、噁心和頭痛；皮膚冷而濕、臉色蒼白、口腔溫正常或稍低，但肛門溫通常均稍高。由坐姿改採立姿時，病人往往頭暈而昏倒。

處理方法是將患者移至通風處平躺、腳部抬高、供應生理食鹽水、保暖。

預防方法為在高溫高濕環境從事粗重工作時，應特別注意作業場所之通風，流汗過多時喝食鹽水以補充損失的水分及鹽分。

三、熱痙攣

熱痙攣（heat cramp）係在高溫環境中大量流汗，雖然喝大量的水分補充，但卻無法補足身體流失的鹽分而引起隨意肌（尤其是工作肌肉）產生疼痛的痙攣。當身體持續流汗而流失水分和鹽分時，喝大量的水會把體內細胞外的體液濃度稀釋，接著肌肉的鹽分降低會引起疼痛、痙攣。主要作用在手、腳、腿及腹部肌肉。

處理方法是加敷溫濕毛巾、施加穩定壓力於痙攣處，並供給患者生理食鹽水。

預防方法為在乾熱之環境下從事粗重工作時，多攝取鹽分。

四、失水

早期的失水（dehydration）會引起血液量的減少，而引起熱衰竭，失水過多時會導致細胞功能之違常，進而因果循環，違常增強而使生物體更形處於惡劣狀況下。劇烈時，細胞功能被擾亂，甚至造成器官功能失常，如肌肉無效率；降低內分泌、無胃口、吞嚥困難、組織積酸，先是神經過敏，緊接著神經衰弱，造成尿毒症，發燒甚至死亡。

預防方法為多喝水、供給葡萄糖，可能的話給予些鹼性物質（alkalis）。

五、熱疹

又叫粟粒疹，容易發生在又熱又濕的環境。因為此時皮膚上的汗不易蒸發，使汗管阻塞、汗腺發炎，而出現熱疹。如範圍擴大，或因感染而惡化時，熱疹所引起的不舒適會降低工人的效率。

可藉著一定時間間隔到涼快地方休息以及工作結束後沖浴而避免。

4.1.3 影響熱耐力之因素

勞工對熱之忍耐力（tolerance）受性別、體表面積與體重之比、年齡、生活習慣（如飲水、喝酒、鹽分之攝取）、體力及熱適應（heat acclimatization）等之影響：

一、熱適應

一般健康的人首次暴露於熱環境下工作時，身體會受熱的影響，諸如心跳加速或不能忍受之症候，但一至二週後，可增加皮膚之熱發散而適應，鹽分則由汗腺及腎之反應機制而維持。為達熱適應之效果，可讓勞工在高溫下工作時，每日漸次增加固定比率之暴露時間，且有一週以上之適應期。每天超過二小時之暴露對熱適應之增進並無幫助，亦無妨礙。熱適應衰退需要二至三個月，但在最初幾天就有明顯衰退之跡象，因此請假離開高溫作業環境者，復工時應再進行熱適應。

熱適應後的特徵包括：

1.工作時心跳速率不會明顯增加。

2.皮膚溫度及身體深部溫度較低。

3.汗之產生速率增加。

4.增加蒸發效率。

5.汗水中所含鹽分降低。

二、身體表面積與體重之比（A／W）

另一影響熱耐力的因素是肥胖程度，亦即身體表面積與體重之比，通常肥胖者具有較低的 A/W 比。因為體熱之散發與體表面積成正比，而熱之產生量則與體重成正比，因此 A/W 之值小時，對熱之耐力亦小。

三、年齡及疾病

四十至六十五歲的老年人在高溫下持續工作所受之害處很大，此乃因年齡大時最大攝氧量會減低且心肺循環能力較低，對熱之調節機能亦較差。心臟血管疾病會限制血液循環，亦即限制熱從心傳送至體表。曾暴露於熱環境之勞工，一般罹患心血管疾病者較少。

四、水分之平衡

為了持續而有效率的執行高溫作業，因流汗而造成之水分及鹽分流失必須作適度的補充，一名70kg已經熱適應的勞工一天8小時工作下來所流失的汗水可能高達6～8kg，因此如不能藉由飲水來補充水分，則組織與細胞中蘊涵的水份將會被動用，而產生脫水現象，造成皮膚乾扁、口乾舌燥與雙眼凹陷的情形。

人體失去1公升的水不會有不良影響，但失水達1.5公升以上時，能循環之血液量減少，失水2～4公升且繼續工作即有熱衰竭之可能，故在高溫流汗工作時，應每30分鐘補充水分一次。

五、鹽分的平衡

如以1kg的排汗中含有1～2g的鹽分計，則一名已熱適應的勞工在一天6～8kg 的排汗中大約流失了10～15g 的鹽分，這部分鹽分的補充單靠一日三餐的攝取即已足夠。但是一名尚未適應的勞工在大量排汗的情況下，則可能喪失高達18～30g 的鹽分，且飲用大量的水亦會稀釋鹽分的濃度，造成熱痙攣，此時除了飲用大量的水之外，可服用鹽片補充鹽分的攝取。

六、飲酒的習慣

眾多的案例顯示，中暑的人常常是數小時甚至數天前飲酒過量的人，因為酒精會減低人體對熱的適應能力。

七、身體狀況

非熱暴露下的訓練可增加血液輸氧及廢物的能力，即增加最大氧攝取量。一個經過訓練的人與未經訓練前相較，當暴露於熱環境時有較低的心跳速率及體心溫度，皮膚溫度雖高，排汗率卻不會隨之上升。

八、選工、配工及健檢

具高血壓、心臟病、肝疾病、肺疾病、消化性潰瘍、內分泌失調、無汗症及腎疾病者，不適從事高溫作業。

九、性別

女性汗腺多，但男性汗腺活性強，對於熱暴露的刺激之排汗年輕女性比年輕男性慢，且男性荷爾蒙為發汗劑、女性荷爾蒙為抑汗劑，因此月經會影響排汗，對熱耐力亦有影響。

4.2　人體與環境的熱交換

人體生理機構對體內熱量產生之程度，依其自身體表所散失之熱量多寡予以調整，而經常保持約一定的體溫。人體與環境間熱交換的方式如圖4-3所示，其間關係可用下列方程式表示之：

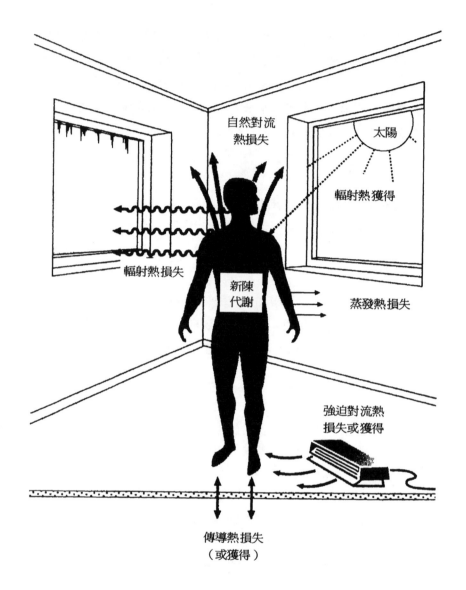

自然對流
熱損失

太陽

輻射熱獲得

輻射熱損失

新陳
代謝

蒸發熱損失

強迫對流熱
損失或獲得

傳導熱損失
（或獲得）

圖4-3　人體和環境間熱交換之方式

$$S = M \pm R \pm C - E \qquad\qquad (4.1)$$

其中　S＝體內蓄熱

　　　M＝人體工作負荷代謝熱

　　　R＝由周圍輻射所接受或散失之熱

　　　C＝依對流所接受或散失之熱

　　　E＝由蒸發所散失之熱

當 S 值接近零時，感覺舒適，而 S 值爲負時感覺漸涼，S 值爲正時感覺漸暖。人體藉由體內不斷地更換供給皮膚表面之血液，調整自身體表面所散失的熱量，以適應外部環境中寬廣之寒暑範圍。通常血管遇寒冷之外氣時則收縮，遇暑熱之外氣時則膨脹。即對應寒冷空氣，自體內供給之血液減少，皮膚表面溫度降低；遇暑熱之空氣則自體內之供給血液增加，皮膚溫度升高。皮膚表面溫度之變化受環境中因輻射與對流所損失之熱氣之程度所支配。皮膚及肺部所蒸發之水分亦可帶走一部分潛熱而使熱散失。

一、對流熱交換

對流熱交換包括：①呼吸時，吸入之空氣與呼吸道間之熱交換；②人體皮膚與環境空氣間之熱交換。對流熱交換率（C）主要是皮膚與周遭空氣間溫度梯度（$t_a - t_{sk}$）及氣流速率（V）的函數。假設人體表面積是 A，則對流熱交換率

$$C = A(a + bV^d)(t_a - t_{sk}) \qquad\qquad (4.2)$$

其中 a、b、d 是經驗常數。常數 a 稱爲自然對流係數（coefficient of natural convection），即空氣的流動主要來自熱氣的上升所引發，當 bV^d 項很大時 a 幾可忽略。（4.2）式中的 b 稱爲強迫對流係數（coefficient of forced convection）。更精確的說：

$$C = A(0.0325 + 0.1066\ V^{0.67})(t_a - t_{sk}) \quad \text{kcal/min}$$
$$\qquad\qquad (4.3)$$

對標準體型勞工（體重70kg）而言，體表面積為1.8m²。另可依人體身高及體重資料，以下式計算體表面積的經驗關係式：

$$A = 0.7184 \times 10^{-2} \, W^{0.425} \, H^{0.725} \qquad\qquad (4.4)$$

值得注意的是，式（4.4）可能因為穿著衣物而減少有效對流傳熱之體表面積。尤其是高溫作業環境中，除正常穿著外，口罩、襪子、安全鞋、安全眼鏡及熱防護衣（如鋁製圍裙）幾乎是必備的，而且通常汗濕全身，在這樣的情況下，勞工欲藉由對流的方式冷卻幾乎是不可能的。

二、輻射熱交換

輻射熱交換率（R）是周壁平均輻射溫度（mean radiant temperature of the solid surroundings，$\bar{t}_w$）與皮膚溫度（t_{sk}）間差值的函數。皮膚溫度即使在高溫作業的情況下也不會有太大範圍的變化，但一般慣常假設的35℃卻會招致些許的誤差；而平均壁溫卻會有極大範圍的變動，端視作業條件而異；事實上，不僅是一天內的平均壁溫會有不同，數分鐘內就可能有很大的差異。Vernon〔3〕在早期利用黑球溫度計（globe thermometer）便能成功地以一平均值將周壁溫度的整體效應作一合理的估計：

$$\bar{t}_w = \left[(t_g + t_k)^4 + (0.248 \times 10^9 V^{0.5})(t_g - t_a) \right]^{0.25} - t_k$$
$$(4.5)$$

其中　　t_g＝黑球溫度，℃

t_a＝空氣溫度，℃

t_k＝273.16K

V＝黑球附近的氣流速度，m/s

$\bar{t}_w$ 的求得對於人體與環境間輻射熱交換量的決定有相當重要的關係，因為輻射熱交換率（R）與平均壁溫及皮膚溫度的四次方之差值成正比（Stefan's law）：

$$R = \varepsilon kFA \left(T_w^4 - T_{sk}^4 \right) \tag{4.6}$$

其中　ε＝放射率

　　　k＝輻射常數

　　　F＝可作輻射熱交換的體表面積分率

　　　A＝身體表面積

　　　T_w＝周壁的絕對溫度，K

　　　T_{sk}＝皮膚的絕對溫度，K

　　一般而言，皮膚表面與封閉牆面的輻射熱放射率皆為1，且在正常的情況下，F 亦接近1。因此就勞工作業環境而言，T_w 與 T_{sk} 之絕對溫度的四次方之差值，可以用一常數乘以其差值，即

$$R = k_rA \left(t_w - t_{sk} \right) \ kcal/min \tag{4.7}$$

其中　k_r＝合併後的輻射熱交換係數（＝0.0728）

　　　t_w＝周壁溫度，℃

　　　t_{sk}＝皮膚溫度，℃

　　　A＝體表面積，m^2

三、蒸發冷卻（evaporation）

　　即使是在舒適的周遭環境中，於休息的狀態下，人體也會因皮膚和呼吸道水汽的蒸發而失去水分，連帶失去一部分熱量，估計在這種情形下失去的水分每小時約30g。這種熱量的損失屬不可感知熱損（insensible heat loss），因為不會造成體溫的變化。與傳導對流或輻射的可感知熱傳遞有所不同，因為這類熱損所造成的體溫變化感覺得出來。在舒適的周遭環境、休息狀態下，可感知熱損約佔70％，不可感知熱損約佔30％。

　　室溫20℃時，水分蒸發所帶走的潛熱約2,453kJ/kg，若從皮膚表面散失則可帶走10W/m^2的熱量，當排汗速率增加時，熱量的散失

速率亦隨之增加。例如，當排汗率高達1l/hr 時，全身的熱散失將達680W。

　　一般而言，藉由呼吸所帶出的蒸發熱量很少，約佔人體表面汗水蒸發熱量的10％～12％，所以除非是在非常乾燥的環境中從事重工作，否則幾可忽略不計。人體經由蒸發所散失的熱量可用下式表示：

$$E = h_e (P_{sk} - P_a)\qquad\qquad（4.8）$$

　　其中　　E＝體表單位面積上的蒸發散失熱，W/m^2
　　　　　　h_e＝平均蒸發係數（$\approx 3 \times 10^{-3} Wm^{-2}Pa^{-1}$）
　　　　　　P_{sk}＝皮膚表面的水蒸汽分壓，Pa
　　　　　　P_a＝周遭大氣水蒸汽壓，Pa

　　譬如，皮膚表面條件為32℃、100％R.H.，大氣條件為23℃、50％R.H.，則P_{sk}、P_a分別為4,800、1,400Pa，因而體表蒸發散熱量為10W/m^2。人的體表最大蒸發散熱量，即皮膚完全被汗水潤濕的情況下：

$$E_{max} = 0.198AV^{0.63} (P_{sk} - P_a)\qquad\qquad（4.9）$$

　　其中　　P_{sk}、P_a皆以 mmHg 為單位
　　實際蒸發散熱量（E）與最大蒸發散熱量（E_{max}）之比就是一般俗稱的皮膚濕潤度（skin wettedness）。

四、熱的蓄積（heat storage）

　　人體的比熱大約3,500J/kg·℃（水為4,200J/kg·℃），如果一個65公斤的人在1小時內平均體溫（mean body temperature，t_{mb}）的變化是1℃，則熱量在體內的蓄積率約為2.3×10^5J/hr（或63W）。不過，在熱量蓄積值的決定上最困難的倒是在人體平均溫度實際改變量的估算，人體體溫變化的簡單量測是不夠的，因為體心與體表溫度所佔權重不同。

　　假設體心溫度為 t_{core}，體表溫度為 t_{skin}，則平均體溫可以下列計

算式表示之：

(1)在熱環境的情況下

$$t_{mb} = 0.90t_{core} + 0.10t_{skin} \qquad (4.10)$$

(2)在冷環境的情況下

$$t_{mb} = 0.67t_{core} + 0.33t_{skin} \qquad (4.11)$$

4.3 著衣量對冷熱感覺的影響

著衣量對人體的冷熱感覺有著相當大的影響，在冬天人們穿上厚重的衣物以隔絕冷空氣保持身體的溫暖，而在夏天大家則穿著短袖或通風涼快之少量衣物，以加速人體之散熱。衣物熱絕緣值的單位是clo [5]，1clo 是指在21.2℃ ,50% R.H. , 0.1 m/s 之空氣條件下，人體感覺舒適時的著衣量，其定義為當皮膚平均溫度（$\bar{t}_{sk}$）與環境溫度〔定義為乾球與濕球溫度之平均，（$t_a + t_{wb}$）/2〕相差1℃ 時，每平方公尺接觸面積衣物之熱絕緣程度使輻射與對流交換熱達5.55 kcal/hr（1clo = 0.18m² · ℃/W）。ASHRAE（美國加熱、冷凍及空調工程師協會）對不同衣著條件之熱絕緣值（thermal insulation of clothing，I_{clo}）的建議是半裸為0.3clo、短袖／長褲為0.5clo、長袖／長褲（正常衣著）為0.6～0.8clo、厚重夾克工作服為1.5clo。

習題四

1.溫熱要素是由何組合變化而成？

2.何謂高溫作業？

3.何謂熱交換（heat exchange）？人體與環境進行熱交換的方式有那些？如何才能達到熱平衡（heat balance）？

4.試定義下列名詞：

　(1)乾球溫度

　(2)相對濕度

　(3)濕球溫度

　(4)熱適應

　(5)風冷溫度

5.試述人體在溫濕度高的作業環境下，會有什麼樣的生理反應？

參考文獻

1.《溫濕環境》，勞工衛生管理師訓練教材，中華民國工業安全衛生協會印行，民國八十四年二月。

2.Barbara, A.P.et al., " Fundamental of Industrial Hygiene ", National Safety Council, 1988.

3.Vernon,H.M.（1930） " The Measurement of Radiant Heat in Relation to Human Comfort, " Proc. physiol. Soc.（J. Physiol., 70）15-17, July 5.

4.葉文裕，《高溫作業環境量測理論與實務》，行政院勞工委員會，1990。

5.NIOSH：Occupational Exposure to Hot Environments Revised Criteria 1986, DHHS（NIOSH）Publication No.86-113,1986.

6.Criteria for a Recommended Standard：Occupational Exposure to Hot Environments, Revised Criteria, 1986.Washington, D.C.：DHHS, U.S. PHS, CDC, NIOSH, Division of Standards Development and Technology Transfer, April 1986.

第 5 章
熱環境評估及測定

熱環境指標
高溫作業環境測定
高溫作業環境測定儀器

熱環境可用主觀的感覺項目，亦可用客觀的量測方式加以評估。前者是請一群受試者針對他們所處的環境提出意見，其採行的方法通常是提供受試者一份標準化的主觀量表（如圖5-1的問卷方法），這種方法通常用在人數眾多的辦公型工作環境的熱舒適評估，而較少用在惡劣的環境，如高溫或低溫作業環境。後者則是將構成熱環境的客觀參數，如氣溫、輻射溫度、濕度、風速等予以量化再結合人員之活動量與著衣量組合而成，然而要用這六個參數來描述熱環境其工程不僅相當浩大，而且很難適用於所有狀況。

熱環境指標共分三類，即分析（或公式化）性指標（rational thermal indices）、實感指標（empirical indices）以及直接指標（direct indices）。分析性指標是奠基於人處於熱環境中熱交換的方式及維持熱平衡的方法，最典型的例子是 ISO 7730（Moderate Thermal Environments）以及 ISO 7933（Hot Environments Analytical Determination of Thermal Stress Using Calculation of Required Sweat Rate）。實感指標係將一群暴露於某一範圍環境條件下之受試者的主觀感受資料彙整而成，例如有效溫度指數（Effective Temperature, ET）和修正有效溫度指數（Corrected Effective Temperature, CET）。直接指標則來自一些簡單儀器的環境條件測定，如綜合溫度熱指數（WBGT）。

為便於工業上的應用，熱環境指標必須符合下列要求〔1〕：

1.在使用上是可行且具精確性。

2.所有重要因素如環境、體內代謝熱、衣著條件等須被考慮。

3.必要的量測方法與計算必須簡單且不影響勞工工作。

4.量測結果能真實反應勞工熱暴露。

5.暴露指標的界限必須被認定能適當反應個體生理與心理效應而能增進安全衛生。

6.所設定的界限必須能廣泛地運用在各種熱環境和代謝率之情況。

在我國勞工安全衛生法中，指定「綜合溫度熱指數」為評估高溫

（格式）

請回答下列有關熱舒適性的問題

在下面的尺度上指出您目前的感覺

熱
溫暖
微暖
適切
微涼
涼爽
冷

請指出您目前希望怎樣

☐ 暖一點　　☐ 不需改變　　☐ 　　涼一點

請指出您在工作時通常覺得

熱
溫暖
微暖
適切
微涼
涼爽
冷

請指出您在工作時通常希望

☐ 暖一點　　☐ 不需改變　　☐ 　　涼一點

在工作時您是否滿意您的熱環境

☐ 滿意　　☐ 不滿意

如您對您工作的熱環境之評估有任何看法（例如，空氣流動情形、乾度、衣著、改進建議等），歡迎提供您寶貴的意見，謝謝！

圖5-1　熱舒適問卷調查範例（摘自〔5〕）

作業環境對人體危害的唯一指標。

5.1 熱環境指標

一、濕球溫度

濕球溫度（wet bulb temperature）可單獨被使用在某些環境的評估，例如隧道或坑內作業，濕球溫度不可超過27℃，因為在那些場所中輻射熱的問題並不重要，然而濕度往往相當高。

二、Oxford 指數

Oxford 指數（Oxford index）又稱為 WD（濕乾）指數，它是乾球溫度和濕球溫度的簡單加權，其計算方式如下：

$$WD = 0.85t_{wb} + 0.15t_a \ (℃) \qquad\qquad (5.1)$$

其中　　t_{wb}＝濕球溫度，℃

　　　　t_a＝乾球溫度，℃

此指數可預測工作於惡劣大氣條件下的勞工可容忍的時間長短，通常用在評量礦坑救災人員在身著呼吸防護具、於不同代謝率（可大至180W/m²）下的容忍時間（tolerance time）。

三、有效溫度

有效溫度（effective temperature, ET）或稱實感溫度，是一九二○年 Houghton 和 Yaglou〔2〕兩人所發展出來的一種測量人體舒適感的指標，它結合了空氣溫度、濕度與空氣流動效應三者對人體的影響。Houghton 和 Yaglou 建立有效溫度的方法如圖5-2(a)，是要求男性受試者來回不同的兩相鄰房間，其一為參考（控制）空間（相對濕度100％，風速幾近於0），另一為測試空間（有不同溫、濕度的組

參 考 空 間	測 試 空 間		
$t_a=70°F$	測試	t_a（°F）	t_{wb}（°F）
$t_{wb}=70°F$	1	70	70
RH=100%	2	72	67.5
ET=70°F	3	74	64.0
	4	76	60.5

（a）

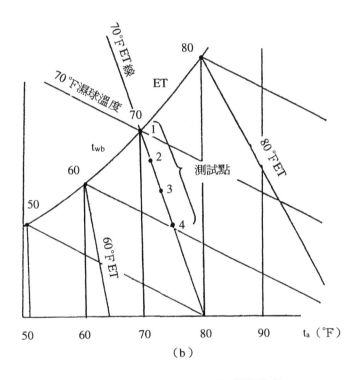

（b）

圖5-2　（a）Houghton和Yaglou的實驗條件
　　　　（b）將具有相同有效溫度的點標示於濕空氣線圖上

合），比較其間相對的冷暖感受，找出一系列冷暖感覺相同之條件組合，將其標示在如圖5-3的濕空氣線圖（psychrometric chart）上，即得所謂的有效溫度線（ET line），意謂在這條線上的各點，都有相同的冷熱感受。例如，ET＝70°F 就表示乾球溫度為70°F（21℃）、相對濕度100％的組合下所產生的冷暖感覺，當其他的溫、濕度組合之冷暖感受與之相同時，其有效溫度便也是70°F，如圖5-2(b)。但要注意的是，Houghton 和 Yaglou 的實驗中，受試者的衣著條件只有休息狀態下脫衣至腰部及同樣於休息狀態下著輕便服裝（1clo）兩種。

其後經過不斷的改良〔3〕，已能運用圖表的方式，查出在風速效應影響下的有效溫度值，如圖5-4。不過，儘管 Yaglou 已注意到當新陳代謝率逐漸增加，有效溫度線會趨近於濕球溫度線，但未能將新陳代謝率對有效溫度的影響，作一合理的修正，此為美中不足的地方。另外，受試者僅限於適應美國氣候的年青白種人、生活或工作空間僅有對流熱來源而非輻射熱（即不考慮輻射熱）……等等都使有效溫度的應用處處受限制。

〔例題〕

某一勞工在高溫作業場所，著輕便服裝以坐姿從事輕工作，已知乾球溫度為104°F，濕球溫為77°F，風速為200fpm，請計算其有效溫度（ET）為多少℃？

解答：

乾球溫度＝104°F＝40℃

濕球溫度＝77°F＝25℃

風速＝200fpm＝1.02m/s

根據以上數據，查圖5-4，可得 ET＝29.5℃

四、修正有效溫度

後來的研究者〔4〕將輻射熱的影響納入考慮，而予以修正，即圖5-4中以黑球溫度（t_g）來替代乾球溫度（t_a），濕球溫度（t_{wb}）則以虛擬濕球溫度（t_{pwb}）替代，而得修正有效溫度（corrected effec-

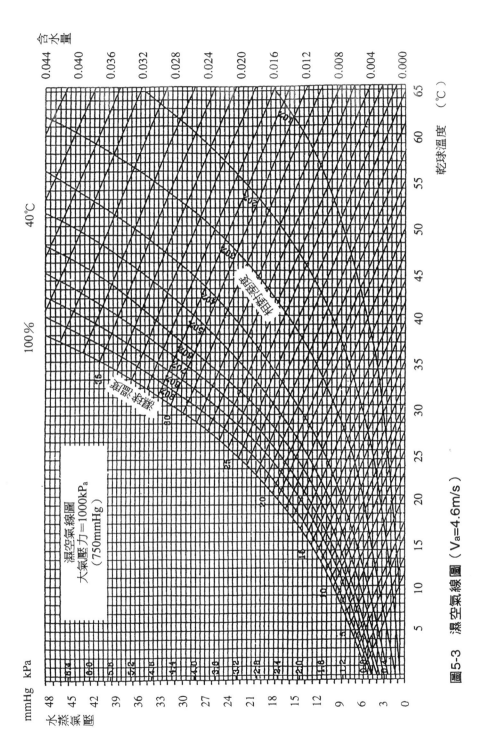

圖5-3　濕空氣線圖（Va=4.6m/s）

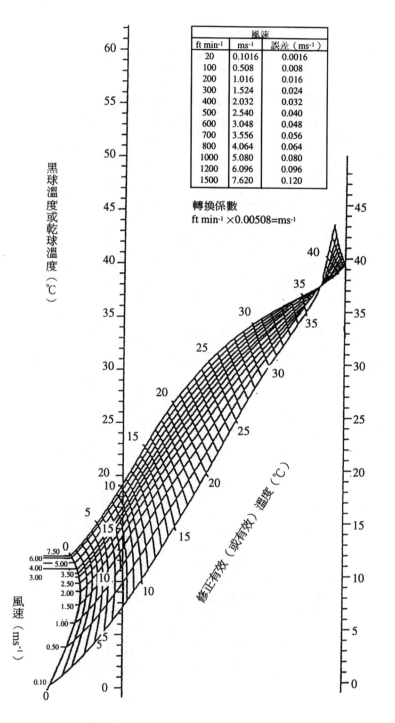

風速

ft min⁻¹	ms⁻¹	誤差（ms⁻¹）
20	0.1016	0.0016
100	0.508	0.008
200	1.016	0.016
300	1.524	0.024
400	2.032	0.032
500	2.540	0.040
600	3.048	0.048
700	3.556	0.056
800	4.064	0.064
1000	5.080	0.080
1200	6.096	0.096
1500	7.620	0.120

轉換係數

ft min⁻¹ ×0.00508=ms⁻¹

圖5-4　有效或修正有效溫度（即ET或CET），人員採正常穿著

tive temperature,CET）。虛擬濕球溫度（pseudo wet bulb temperature）可由濕空氣線圖求得，其求法過程如圖5-5。例如，乾球溫度為30℃，濕球溫度為28℃，則其蒸氣壓為27mmHg，若此時黑球溫度為40℃，則虛擬濕球溫度為30℃。

　　依世界衛生組織（WHO）之建議，未熱適應之勞工，在正常衣著下暴露於熱環境時，修正有效溫度（CET）在坐姿、輕工作（sedentary）時勿超過30℃，中度工作（moderate work）時勿超過28℃，重工作（hard work）時勿超過26.5℃；對已具熱適應之勞工，其忍受值可提高約2℃。

　　不論是有效溫度或是修正有效溫度都有高估低乾球溫度中濕度之影響及低估高乾球溫度中濕度之影響的缺點。這要追溯到 Houghton 與 Yaglou 原來的實驗，因為受試者對不同空間冷暖差異的區分能力，在幾分鐘內便會消失，因此要辨別測試空間是較冷、較溫暖抑是等同於參考空間一定要儘快完成。當受試者進入參考空間（相對濕度100％）時，受試者的衣物與皮膚都會吸收水汽，這種吸附熱會使受試者有種溫暖的感覺，當受試者離開參考空間而進入測試空間時，所吸附的水汽會迅速蒸發，產生短暫的冷卻效應，而這是受試者能夠感受到的。

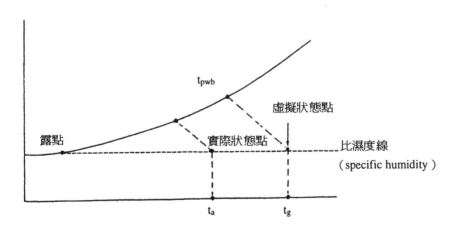

圖5-5　濕空氣線圖中，虛擬濕球溫度的求法過程示意圖

〔例題〕

某一勞工在鋁熔融澆注台邊，以坐姿從事鑄模作業，其穿著為薄長袖長褲，在其四周測定暴露條件如下：黑球溫度為40℃、濕球溫度為28℃、乾球溫度為36℃，風速為0.5m/s，請以修正有效溫度（CET）評估之。

解答：

(1)將 $t_a = 36$℃、$t_{wb} = 28$℃ 代入圖5-3，得大氣蒸氣壓為24 mmHg，再由 $P_a = 24$mmHg、$t_g = 40$℃（橫座標）反求出 $t_{pwb} = 29$℃。

(2)將 $t_g = 40$℃、$t_{pwb} = 29$℃、$V_a = 0.5$m/s 代入圖5-4，得 CET $= 31.6$℃

(3)依 WHO 之建議，若該勞工未熱適應，其忍受度為 CET $= 30$℃，但若已熱適應則可達32℃，因此應先使該勞工熱適應，否則應降低其暴露時間。

五、綜合溫度熱指數

在一九五〇年代早期，有數名美國海軍新兵在訓練期間因暴露於嚴重的熱環境之下而死於中暑，美國海軍內科與外科署（Bureau of Medicine and Surgery）遂要求那時在哈佛公共衛生學院任教的 Yaglou 教授設計一份可簡單監控野外氣候的程序與安全活動之指引。此種綜合乾球溫度、自然濕球溫度及黑球溫度之測定（測定方法見下節）而得之單一數值指標是為綜合溫度熱指數（WBGT）。綜合溫度熱指數結合了四項氣候因素，即氣溫、氣濕、氣動及輻射之效應。其計算方法如下：

1.戶外有日曬情形：

$$WBGT = 0.7t_{nwb} + 0.2t_g + 0.1t_a \qquad (5.2)$$

2.戶內及戶外無日曬情形者：

$$WBGT = 0.7t_{nwb} + 0.3t_g \qquad (5.3)$$

其中　t_{nwb}＝自然濕球溫度（℃）

t_g＝黑球溫度，℃

t_a＝乾球溫度，℃

自然濕球溫度（t_{nwb}）受氣動、濕度、氣溫之影響；而黑球溫度（t_g）受氣動、輻射及氣溫之影響。若勞工暴露於兩種或兩種以上之高溫作業環境，除在各測定點測定其 WBGT 值外，應以時量平均值來評估勞工熱暴露如下：

1.連續性作業時：

$$WBGT_{TWA} = \frac{\sum\limits_{i=1}^{n}WBGT_i \cdot t_i}{\sum\limits_{i=1}^{n}t_i} \ , \ \sum\limits_{i=1}^{n}t_i = 60分 \qquad （5.4）$$

2.間續性作業時：

$$WBGT_{TWA} = \frac{\sum\limits_{i=1}^{n}WBGT_i \cdot t_i}{\sum\limits_{i=1}^{n}t_i} \ , \ \sum\limits_{i=1}^{n}t_i = 120分 \qquad （5.5）$$

綜合溫度熱指數由於測定設備簡單、便宜且易操作，計算又方便，在一九五〇年至一九六〇年便已被美國工業界廣泛採用，ACGIH－TLV 委員會則在一九七三年加以採用，NIOSH 則在一九八六年向工業界大加推薦（如圖5-6）。時至今日，WBGT 已成了國際標準組織中好幾個標準的基礎（如 ISO 7243）。

〔例題〕

假設在一天工作裡最熱的二小時中，一位勞工花一百分鐘在 WBGT＝32℃ 的現場，另外二十分鐘則在 WBGT＝27℃ 之休息室，試計算其平均綜合溫度熱指數。

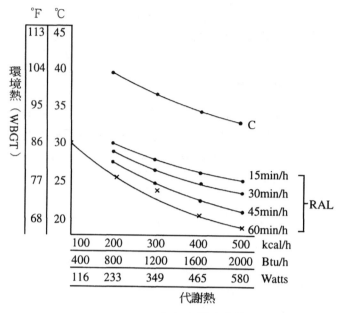

（a）未熱適應勞工

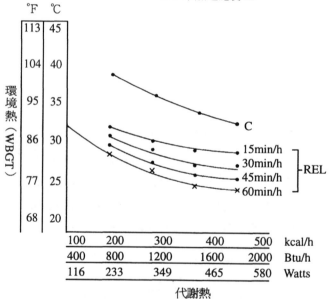

（b）熱適應勞工

圖5-6　NIOSH熱危害警戒限值（摘自NIOSH publication 86-113），
　　　　圖中C表最高限值，RAL表建議之警戒限值，REL表建議之
　　　　暴露限值

解答：

$$WBGT = \frac{\sum\limits_{i=1}^{n} WBGT_i \cdot t_i}{\sum\limits_{i=1}^{n} t_i}$$

$$= \frac{100}{120} \times 32°C + \frac{20}{120} \times 27°C$$

$$= 31.2°C$$

〔例題〕

某一工廠為室外有日曬作業，實測其作業環境溫度為乾球溫度32℃，濕球溫度28℃，黑球溫度33℃，試計算其綜合溫度熱指數。

解答：

室外有日曬之 WBGT 計算方式如下：

WBGT ＝0.7×自然濕球溫度＋0.2×黑球溫度＋0.1×乾球溫度

　　　＝0.7×28＋0.2×33＋0.1×32

　　　＝29.4℃

六、濕黑球溫度

濕黑球溫度（wet globe temperature，WGT）是 Botsford 在一九七一年所設計的裝置，因此又叫 Botsball，其構造是一2.5英吋中空銅球，外部以黑色棉紗覆蓋並以水濕潤，感溫元件裝在球心並接到頸部的指示表，如圖5-7所示。其測定原理乃是其熱交換機制與一全身濕潤裸體勞工相同，即除輻射、對流、傳導之外，尚有蒸發。

一般而言，WBGT 與 WGT 有很高的相關性（相關係數 r＝0.91～0.98），大部分研究者發現兩指標間呈下列之線性關係：

室內：WBGT＝WGT＋3℃　　　　　　　　　　　（5.6）

室外：WBGT＝WGT＋1℃　　　　　　　　　　　（5.7）

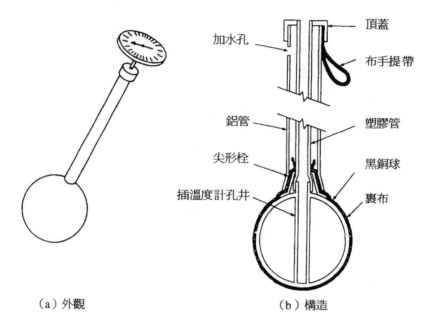

加水孔　頂蓋
布手提帶
鋁管　塑膠管
尖形栓　黑銅球
插溫度計孔井　裏布

（a）外觀　　　　　　　　　　（b）構造

圖5-7　濕黑球溫度計

七、預估四小時排汗率

　　在第二次世界大戰期間，英國的研究人員認為以排汗率為基礎的指標才是最佳的熱應變（strain）指標，這就是所謂的預估四小時排汗率（Predicted Four-Hour Sweat Rate, P4SR）。預估四小時排汗率不僅準確也具彈性，因為它允許針對衣著量的變化、氣動、工作負荷及輻射等因素作校正。P4SR 的計算過程如下（如圖5-8）：

　　1.修正濕球溫度，方法為：

　　　(1)如果 $t_g \neq t_a$，則將濕球溫度加一校正值，校正值＝0.4（$t_g - t_a$）。

　　　(2)如果工作負荷超過63W/m^2，可依據圖5-8左上方的插圖將濕球溫度加上校正值。

　　　(3)如果勞工採正常穿著，則濕球溫度加上1℃，但如穿短襯衫，則不用加。

　　2.從圖形左側找出黑球溫度（或乾球溫度），再由圖形右側之修

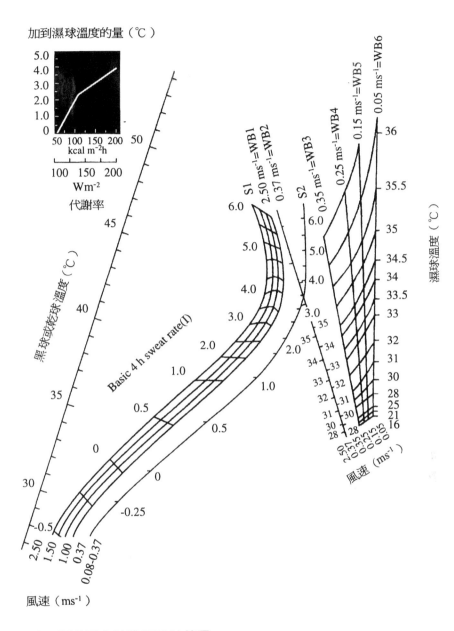

圖5-8　預估四小時排汗量計算圖

正濕球溫度及空氣流動速度定出右端點，將其連線，此線與圖形中央部分空氣流動速度線之交點即為基本四小時流汗率（Basic Four-Hour Sweat Rate, B4SR）。

3.P4SR 即可由下列各式求得：

(1)對一穿短袖服裝者：

$$P4SR = B4SR + 0.012 \, (M - 63) \qquad\qquad (5.8)$$

(2)對一穿短袖服裝外罩工作衫之休息勞工：

$$P4SR = B4SR + 0.25 \qquad\qquad (5.9)$$

(3)對一穿短袖服裝外罩工作衫之工作中勞工：

$$P4SR = B4SR + 0.25 + 0.017 \, (M - 63) \qquad\qquad (5.10)$$

〔例題〕

一鑄造工廠經作業環境測定結果如下：

$t_a = 36.7℃$

$t_{wb} = 20.6℃$

$t_g = 41.0℃$

$V_a = 0.5m/s$

某一作業中勞工，穿著短袖服裝外罩工作衫，試問其 P4SR 為多少？（假設其 $M = 200W/m^2$）

解答：

(1)計算其濕球溫度的修正量

①$0.4 \, (41 - 36.7) = 1.8℃$

②$M = 200W/hr$，查圖5-8左上角之插圖，得修正量3.5℃

③勞工採短袖服裝，加1℃

即修正值 $= 1.8 + 3.5 + 0 = 5.3℃$

∴修正濕球溫度 $= 20.6 + 5.3 = 25.9℃$

(2)根據圖5-8，求 B4SR

$t_g = 41.0°C$、修正濕球溫度 $= 25.9°C$，使用圖5-8右側 $V_a = 0.37m/s$ 的 WB2（因爲最接近0.5m/s）可得 B4SR = 1.20l

(3)計算 P4SR

因爲勞工穿短袖服裝外罩工作衫，使用（5.10）式

即　P4SR $= B4SR + 0.25 + 0.017（M - 63）$

$= 1.20 + 0.25 + 0.017（200 - 63）$

$= 3.78（l）$

八、熱危害指數

最早被發展出來的分析性指數是熱危害指數（heat stress index, HSI）。熱危害指數係一九五〇年代 Belding 與 Hatch 所提出，其定義如下：

$$HSI = \frac{E_{req}}{E_{max}} \times 100 \qquad （5.11）$$

其中　$E_{req} = $ 人體欲維持熱平衡所需的蒸發交換熱，W/m^2

$E_{max} = $ 人體最大的蒸發散熱量，W/m^2

而人體欲維持熱平衡所需的蒸發交換熱（required evaporated loss）可簡單計算如下：

$$E_{req} = M - R - C　（W/m^2）或（kcal/hr） \qquad （5.12）$$

正常穿著者：$R = 4.4（\overline{t_r} - 35）　（W/m^2） \qquad （5.13）$

$或 6.6（\overline{t_r} - 35）　（kcal/hr）$

$C = 4.6V_a^{0.6}（t_a - 35）　（W/m^2） \qquad （5.14）$

$或 7.0V_a^{0.6}（t_a - 35）　（kcal/hr）$

半裸者：$R = 7.3（\overline{t_r} - 35）　（W/m^2） \qquad （5.15）$

$或 11（\overline{t_r} - 35）　（kcal/hr）$

$$C = 7.6V_a^{0.6}（t_a - 35）（W/m^2） \qquad （5.16）$$

$$或 11.7V_a^{0.6}（t_a - 35）（kcal／hr）$$

其中　$\bar{t_r} = t_g + 1.86V_a^{0.5}（t_g - t_a）$

上述各式中，$\bar{t_r}$ 表平均輻射溫度（℃），V_a 表空氣流速（m/s），t_a 表乾球溫度（℃）。而 E_{max} 之計算方式如下：

正常穿著者：$E_{max} = 7.0V_a^{0.6}（42 - P_a）（W/m^2） \qquad （5.17）$

$$或 14V_a^{0.6}（42 - P_a）（kcal/hr）$$

半裸者：$E_{max} = 11.7V_a^{0.6}（42 - P_a）（W/m^2） \qquad （5.18）$

$$或 23.3V_a^{0.6}（42 - P_a）（kcal/hr）$$

上列二式中，P_a 表水蒸汽壓（mmHg），E_{max} 的最高上限為390 W/m²。

由式（5.11）可知熱危害指數是所需的蒸發交換熱與最大蒸發散熱量的比值，其值介於0～100之間，為一被廣泛用在勞工八小時熱暴露評估生理與心理影響之指標，不同的 HSI 值之暴露危害程度如**表5-1**所示。表5-1的訂定是假設一正常穿著之勞工每小時最大排汗量1公升為最大忍受量且忽略除流汗外的生理反應。若採較粗略評估，則以 HSI ＝ 10～30表溫和或輕度熱危害、40～60表中度熱危害、70～90表高度熱危害，當 HSI 大於100時熱暴露就應受限制。

當 HSI 超過100時，人體內將有熱量的累積，由於正常人體心溫度每增加1℃將有60kcal 之熱儲存，所以對一標準工作者（70kg、體表面積1.8m²之男性勞工）之容許暴露時間（allowable exposure time，AET）及最短恢復時間（minimum recovery time，MRT）計算式如下：

$$AET = \frac{2440}{E_{req} - E_{max}}（min） \qquad （5.19）$$

表5-1　熱危害指數（HSI）之危害程度表（摘自〔7〕）

HSI 值	8小時暴露之危害程度
0	無熱危害
10	輕度到中等熱危害
20～30	對重體力工作有些微的影響，但對高度智慧、警覺性工作已有影響
40	嚴重之熱危害
50～60	對勞工健康具有威脅，除非他能勝任；對未經熱適應勞工必須給予工作間的休息，重體力之工作能力部分降低；必須對勞工篩選，排除不適宜之勞工如心臟、血管、呼吸器官不正常或慢性皮膚症者
70～90	很嚴重之熱危害，只有極少數人可勝任此工作，勞工必須經由健康檢查及試用期間之篩選，需要特別方法去確知有充分的飲水與食用鹽，極需以任何可行方法改善工作條件
100	極少數熱適應之年輕人可以忍受之極限

$$MRT = \frac{2440}{E_{max} - E_{min}} \ (\ min\ ) \qquad\qquad (\ 5.20\ )$$

其中　E_{min}＝休息狀態下之蒸發散熱量，$W／m^2$

熱危害指數之優缺點如下〔6〕：

　1.優點：

　　(1)它在一定範圍內能顯示熱暴露者生理與心理之危害程度。

　　(2)作業環境改變時，各項交換熱適時修正反應。

　　(3)能計算容許暴露時間及最短恢復時間。

　2.缺點：

　　(1)假設8小時工作平均出汗量每小時1公升，勞工不致有危害效應，此缺乏流行病學之證明，且8小時工作可出汗8公升不合理。事實上8小時出汗5公升，勞工失水將佔體重之1.5%，此時熱疾病與熱引發之意外事故機率將大大提高。

(2)HSI 無法應用於非常高之熱危害或乾熱、濕熱條件，例如，E_{req} 與 E_{max} 皆為300、500或1,000kcal／hr 時，它們的 HSI 皆為100，但 E_{req} 與 E_{max} 愈大顯然熱危害也愈大，但 HSI 卻無法區別。

(3)必須量測氣動（V_a）、氣溫（t_a）、濕球溫度（t_{wb}）、平均輻射溫度（$\bar{t}_r$）等環境因素，並需估計人體代謝熱（M），量測方法繁雜而費時，計算過程也相當繁複。

〔例題〕

若某作業環境測定結果如下：

$t_a = 30℃$

$t_{wb} = 25℃$

$V_a = 4.0m/s$

$t_g = 40℃$

假設作業勞工工作負荷代謝率（M）為330kcal/hr，求熱危害指數（HSI）為多少？並檢討正常衣著與半裸工作何者較佳？

解答：

(1)正常衣著時

$\bar{t}_r = 40 + 1.86（4）^{0.5}（40 - 30）= 77.2℃$

$R = 6.6（77.2 - 35）= 279（kcal/hr）$

$C = 7.0（4）^{0.6}（30 - 35）= -80（kcal/hr）$

$E_{req} = 330 + 279 - 80 = 529（kcal/hr）$

由圖5-3之濕空氣線圖知，當 $t_a = 30℃$、$t_{wb} = 25℃$ 時

$P_a = 21mmHg$

$E_{max} = 14（4.0）^{0.6}（42 - 21）= 675（kcal/hr）$

$\therefore HSI = \dfrac{529}{675} \times 100 = 78$

(2)半裸時

$$R = 11（77.2 - 35）= 464（kcal/hr）$$

$$C = 11.7（4.0）^{0.6}（30 - 35）= -134（kcal/hr）$$

$$E_{req} = 330 + 464 - 134 = 660（kcal/hr）$$

$$E_{max} = 23.3（4.0）^{0.6}（42 - 21）= 1,350（kcal/hr）$$

$$\therefore HSI = \frac{660}{1,350} \times 100 = 49$$

(3)檢討

①因為所用公式太過簡化，僅可視為半定量方法。

②在該工作場所工作，以半裸之 HSI 值較低故較佳。

九、運作溫度

由於工作環境中對流熱及輻射熱共同效應需一併考量皮膚溫度及環境溫度，因此有人發展出以運作溫度（operative temperature）來評估工作環境的舒適程度。所謂運作溫度乃是整合空氣溫度及平均輻射溫度並乘上其對應的熱傳係數（heat transfer coefficient）所得之單一指標。

$$OPT = \frac{h_c \times t_a + h_r \times \bar{t}_r}{h_c + h_r}（℃）\qquad（5.21）$$

其中　OPT = 運作溫度，℃

h_c = 對流熱傳係數，$W/m^2 \cdot ℃$

= $(\bar{t}_{sk} - t_a)/C$（對流熱）

h_r = 輻射熱傳係數，$W/m^2 \cdot ℃$

= $(\bar{t}_{sk} - \bar{t}_r)/R$（輻射熱）

一般在風速小於或等於0.4m/s 以及輻射溫度小於50℃時，此指標約等於空氣溫度與平均輻射溫度之平均值。

式（5.21）在形式上雖然很簡潔，但在使用上並不方便，因此亦可用下面的計算式求之：

$$OPT = 0.55t_w + 1.6t_a \sqrt{V} - 1.6\bar{t}_{sk}（\sqrt{V} - 0.28）（℃）$$

$$（5.22）$$

其中　　t_w＝周壁溫度，℃

　　　　t_a＝氣溫，℃

十、新有效溫度

作有效溫度評估時由於須考慮代謝率和著衣量的影響，應用上較複雜。於是 Gagge 等人〔13〕在1971年提出較簡單易用的新有效溫度（standard effective temperature，ET^*或 SET），此指標後來因被美國冷凍空調工程協會（ASHRAE）採用爲室內熱環境評估之指標，而廣爲大衆所使用。

圖5-9爲新有效溫度圖，ET^*是普通坐姿、著衣量0.6clo、風速0.25m/s 以下之平穩狀態時，人體的冷熱感，以濕空氣線圖相對濕度50％線上對應的乾球溫度來表示。圖中的斜線部分即爲美國冷凍空調工程協會所訂之室內熱環境舒適範圍（ET^*＝22℃～25.5℃，比濕＝0.0042～0.012kg/kg′之範圍）。

十一、不快指數

有效溫度爲綜合氣溫、濕度、氣流之室內溫濕環境指標，不快指數（discomfortable index，DI）則是將其中氣流的影響除去，而僅以氣溫和濕度表示冷熱的感覺。不快指數的計算式如下：

$$DI = 0.72 (t_a + t_{wb}) + 40.6 \qquad\qquad (5.23)$$

除利用公式之外，亦可由圖5-10之計算圖求出不快指數。另外，利用有效溫度圖，氣流0m/sec 時所求得之以華氏溫度表示的有效溫度，則近似不快指數之值。例如，t_a＝25℃、t_{wb}＝20℃、R.H.＝65％時 DI＝73，而由圖5-4求出之有效溫度爲23℃（73.4℉），兩者非常接近。不快指數適用於風速較小的室內，其值在70以下爲舒適範圍，若 DI＝70則有10％的人感到不舒適，DI＝75時則提高爲50％；DI 若大於80則爲炎熱的狀態，所有的人均感到不適。

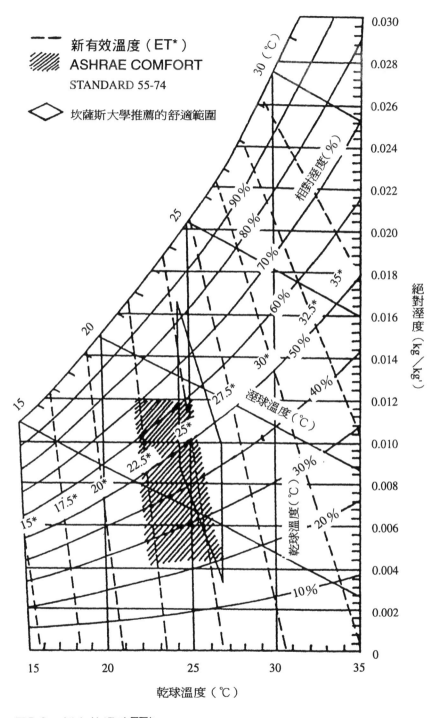

圖5-9　新有效溫度ET*

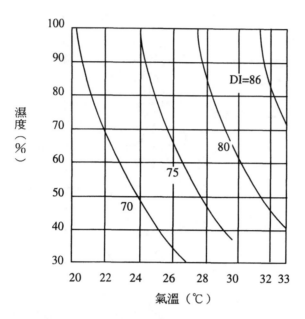

圖5-10　不快指數計算圖

十二、PMV-PPD 評價

　　人體與周圍環境間的熱平衡，是決定人體溫熱舒適感的主要機制，為了將此溫熱的感覺加以量化，以作為評估的依據，丹麥學者Fanger〔14〕於是提出了 PMV-PPD 之溫熱舒適度評估法。所謂PMV（predicted mean vote）就是表決的平均預測值；PPD（predicted percentage dissatisfied）意為預測不滿意百分比。Fanger 認為影響人體溫熱舒適度的因子十分複雜，不但有生理因子，更包括心理因子，於是他讓1,396位受測者在「人工控制的熱環境實驗室」中進行實驗，將心理量依氣溫、濕度、氣流、著衣量及工作負荷等物理量進行統計分析，以找尋舒適與不快的範圍，以便進一步確立 PMV 與PPD 之評估指標。

　　PMV 是運用統計方法得出人的感覺與環境的六個物理量之定量函數關係：

$$PMV = f\left(t_a , \varphi , \bar{t}_r , V_a , M , I_{cl}\right) \qquad (5.24)$$
$$= \left(0.303e^{-0.036M} + 0.276\right)\left(M - L\right)$$

其中　　t_a＝氣溫，℃

　　　　φ＝相對濕度，%

　　　　$\bar{t}_r$＝平均輻射溫度，℃

　　　　V_a＝氣流速度，m/s

　　　　M＝新陳代謝率，W/m^2

　　　　I_{cl}＝衣服的熱阻，clo

　　　　L＝人體熱散失率，W/m^2

　　然後，把 PMV 值按人的熱感覺分成很熱、熱、稍熱、舒適、稍冷、冷、很冷七個等級，並經過大量試驗，獲得感到不滿意等級的熱感覺人數佔全部人數的百分比（PPD），畫出 PMV-PPD 曲線，如圖5-11。最後獲得 PPD 與 PMV 之關係如下：

$$PPD = 100 - 95\exp\left[-\left(0.03353PMV^4 + 0.2179PMV^2\right)\right]$$
$$(5.25)$$

　　使用 PMV-PPD 曲線，可以獲得不同穿著、在不同工作負荷下

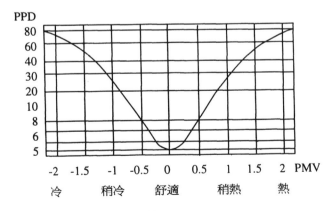

圖5-11　PMV-PPD曲線圖

於不同熱環境中的熱感覺。例如，在夏季，當人靜坐在某居室內，該居室氣溫30℃、平均輻射溫度為29℃、風速為0.1m/s、相對濕度為60％、衣著熱阻為0.4clo，著衣表面與裸露表面積的比值為1.05。根據式（5.24）可求得 PMV＝1.38。

查圖5-11，可知人對該居室熱環境的反應是比稍熱還感到熱一點，不滿意該環境的人數佔總人數的43％。國際標準組織（ISO）已規定，PMV＝－0.5～0.5範圍內為室內熱舒適指標。

表5-2所示為在不同的衣服熱阻（I_{cl}）、新陳代謝率（M）、氣流速度（V_a）、相對濕度（RH）及空氣溫度（t_a）組合之下 PMV 的值。以此表再配合圖5-11即可找出某一參數組合情形下的 PPD 值。

表5-2　不同參數（I_{cl}、M、V_a、RH、t_a）組合下的 PMV 值

PMV	M＝1.0met，V_a≦0.1m/s，RH＝50％						
t_a,℃	I_{cl}, clo						
	0.1	0.3	0.5	0.8	1.0	1.5	2.0
10						－2.2	－1.4
12						－1.8	－1.0
14					－2.5	－1.4	－0.7
16				－2.5	－1.9	－1.0	－0.3
18				－1.9	－1.4	－0.5	0.0
20			－2.3	－1.3	－0.9	－0.1	0.4
22		－2.3	－1.5	－0.7	－0.3	0.4	0.8
24	－2.3	－1.4	－0.8	－0.1	0.2	0.8	1.1
26	－1.2	－0.5	0.0	0.6	0.8	1.2	1.5
28	－0.1	0.4	0.8	1.2	1.4	1.7	1.9
30	1.0	1.3	1.6	1.8	1.9	2.1	2.3
32	2.0	2.2	2.3	2.4	2.5	2.6	2.6

(續)表5-2 不同參數（I_{cl}、M、V_a、RH、t_a）組合下的 PMV 值

PMV	M = 1.2met, $V_a \leqslant$ 0.1m/s, RH = 50%						
t_a,℃	I_{cl},clo						
	0.1	0.3	0.5	0.8	1.0	1.5	2.0
10					−2.7	−1.6	−0.9
12				−2.8	−2.2	−1.2	−0.6
14				−2.3	−1.8	−0.9	−0.3
16			−2.8	−1.8	−1.3	−0.5	−0.0
18		−2.9	−2.1	−1.2	−0.8	−0.1	0.3
20		−2.2	−1.5	−0.7	−0.4	0.2	0.6
22	−2.3	−1.4	−0.8	−0.2	0.1	0.6	0.9
24	−1.4	−0.7	−0.2	0.3	0.6	1.0	1.3
26	−0.5	0.1	0.4	0.8	1.0	1.4	1.6
28	0.4	0.8	1.1	1.3	1.5	1.7	1.9
30	1.3	1.5	1.7	1.8	1.9	2.1	2.2
32	2.0	2.1	2.2	2.3	2.3	2.4	2.4

PMV	M = 1.6met, V_a = 0.2m/s, RH = 50%						
t_a,℃	I_{cl},clo						
	0.1	0.3	0.5	0.8	1.0	1.5	2.0
10				−2.0	−1.5	−0.7	−0.2
12			−2.6	−1.6	−1.2	−0.4	0.0
14		−2.9	−2.1	−1.3	−0.9	−0.2	0.3
16		−2.4	−1.7	−0.9	−0.5	0.1	0.5
18	−2.8	−1.8	−1.2	−0.5	−0.2	0.4	0.7
20	−2.1	−1.3	−0.7	−0.1	0.2	0.6	0.9
22	−1.4	−0.7	−0.2	0.3	0.5	0.9	1.2
24	−0.7	−0.2	0.2	0.7	0.8	1.2	1.4
26	−0.0	0.4	0.7	1.1	1.2	1.5	1.6
28	0.7	1.0	1.2	1.5	1.6	1.8	1.9
30	1.4	1.6	1.7	1.9	1.9	2.0	2.1
32	2.1	2.2	2.2	2.3	2.3	2.3	2.4

5.2　高溫作業環境測定

　　屬勞工作業環境測定實施辦法規定之高溫作業場所，應作綜合溫度熱指數（WBGT）之測定，若勞工工作日時量平均綜合溫度熱指數超過中央主管機關規定值者，即需定期實施綜合溫度熱指數之測定。如工作方法改變或環境有改變時亦應再次測定，以資判定是否為該定期測定之高溫作業場所。

　　欲瞭解高溫環境對作業勞工所產生之危害（或產生之生理反應），最直接之方法就是測量其體溫、心跳及出汗率等，然因在工作現場不易直接測量生理值，故通常以測定環境各種溫度，來間接推測勞工的熱危害程度。環境溫度除與工作熱源有關，亦受天候影響，更受測量地點位置不同所左右，所以為得知勞工所可能面臨的最大熱暴露，應於天氣較熱的夏季，溫度較高的近午時段，於勞工工作時最接近熱源的通常位置測量。依規定〔8〕，高溫作業場所應該每三個月測定綜合溫度熱指數一次以上。為求各種溫度之測量能充分代表勞工工作時之暴露狀況，下列各測量要項應予注意：

一、測定位置

　　測量綜合溫度熱指數時，溫度計應架設於勞工作業位置上，但以不互相干擾且能充分代表勞工之熱暴露狀況為原則。若休息區與作業區溫度情況不相同，則休息區亦需要測定，因此，若勞工需要變換工作位置，則測定人員應先取得該勞工之工作時間記錄表，如此才能於各作業位置實施測定。

二、架設高度

　　溫度計球部之高度以勞工之腹部高為原則，因此並非固定不變，而是隨著作業勞工之身高及作業姿勢之不同而異。在熱源分佈不均勻之場所，評估時須架設三組測定儀器，分別測定頭部、腹部與足踝之溫度，求出各部位之 WBGT 值，再依1：2：1之比例加權計算出平均之 WBGT。

三、測定時間

測定所需時間之長短依作業環境溫度之變化情況、勞工作業型態及作息時間而定。以包含勞工各種活動暴露時段，並能代表整天的暴露情形為原則。如係連續性暴露之作業則其測定時間至少需1小時；若為間歇性熱暴露或作業週程較長之工作，則測定時間至少需2小時。

四、測定條件

測定時應使作業條件及環境條件（如通風冷卻設備）保持平常運轉操作狀態，如此才能測得最具代表性且與實況相符之溫度值。

〔例題〕

勞工於某熱分布不均勻的環境下工作，測其各部位之 WBGT，其結果如下：

部位	乾球溫度 （℃）	自然濕球溫度 （℃）	黑球溫度 （℃）
頭	32	30	35
腹	28	27	29
足踝	33	31	37

則該勞工暴露之平均 WBGT 為多少？

解答：

(1)分別算出頭、腹、足踝之 WBGT 值

頭：$0.7 \times 30 + 0.3 \times 35 = 31.5℃$

腹：$0.7 \times 27 + 0.3 \times 29 = 27.6℃$

足踝：$0.7 \times 31 + 0.3 \times 37 = 32.8℃$

$$（2）平均之 WBGT 值 = \frac{31.5 \times 1 + 27.6 \times 2 + 32.8 \times 1}{4} = 29.9$$

（℃）

5.3 高溫作業環境測定儀器

雖然我國現行勞工安全衛生相關法令僅採用綜合溫度熱指數作爲評估熱環境的指標，但在涉及高溫作業環境改善的測定方面，亦常使用修正有效溫度（CET）和熱危害指數（HSI）來評估，因此有必要充分瞭解乾球溫度、自然濕球溫度、濕度、空氣流速以及輻射熱等構成大氣環境條件的諸因素之測定。

一、乾球溫度

乾球溫度爲大氣環境中最容易測量的一種，其測定方法是以溫度計量取周圍空氣的溫度。可用以測量乾球溫度的溫度計種類繁多，較常用者有：

㈠玻璃管內裝液體溫度計

玻璃管內裝液體溫度計（liquid-in-glass thermometer）是由標有刻度的毛細管及一裝有水銀或酒精之球體在毛細管底端而組成的。內裝水銀者適宜用在測高溫而內裝酒精者較適宜於測低溫。玻璃溫度計有部分浸入及全浸入式兩種。全浸入式溫度計當完全地浸入待測溫度之液體中，可正確地讀到已校正過的溫度值；部分浸入式則必須浸入到浸入標示之深度而由標示值看出溫度。玻璃溫度計能夠達到的準確度隨特定溫度計的品質及範圍而定。一品質良好的浸入式溫度計之量測範圍爲0℃～100℃，則其可測到的溫度準確度爲±0.1℃。玻璃溫度計是價廉而精確的溫度測量工具，但由於其讀值需要用目視的，所以無法使用自動量測系統記錄，另外容易受輻射熱影響且需要較長的時間才能達到穩定狀態都是其缺點。

㈡熱電偶

熱電偶（thermocouple）是由兩條不同材質的金屬絲於兩端相接

而成。因兩端接頭（junction）溫度不同而於熱電偶間產生不同電動勢（電位差），如一端接頭置於已知之溫度（如0℃的冰水中），則另一端接頭之溫度即可由熱電偶的電動勢求得。熱電偶的優點是可與遙控記錄器（或連續記錄器）配合使用、達到穩定的時間很短、可測得極狹小空間的溫度、不受輻射效應影響、精度極高（可達0.1℃）且可測量的溫度範圍相當大；其缺點是費用較貴、需要參考接頭（reference junction）且有時接頭會氧化受損。

㈢雙金屬溫度計

雙金屬溫度計（bimetallic thermometer）的感應元件是由兩種材料黏合組成，如圖5-12所示。材料 A 通常為具有很大熱膨脹係數的銅合金，而材料 B 通常為不變鋼（invar）（鎳鋼合金）其熱膨脹係數很小。當黏合後之條狀雙金屬被置於一溫度變化環境之下時，則差動膨脹將使其彎曲形成圓弧狀並於自由端產生位移，此位移經由適當連桿組傳至指針，依指針於刻度上之移動指示出溫度數。

㈣電阻式溫度計

電阻式溫度計（resistance thermometer）包含一隨溫度變化而產生電阻改變之感應元件，可將電阻變化轉換成輸出電壓變化之信號制約電路，及可記錄與顯示輸出電壓之裝置所組成的。一般都使用下述兩種感應器：電阻式溫度檢測器（RTD）與熱阻器（thermistor）。

電阻式溫度檢測器使用像鉑、鎳或鎳銅合金等材料組成簡單的電阻元件，這些材料具有正的電阻係數而且特性穩定，在長時間的溫度響應有良好的再現性；熱阻器是由像錳、鎳或鈷的氧化物所構成的，這些半導體材料形成珠狀，具有很高的負電阻係數，在某些特殊應用中因需要極高的準確度而使用摻雜的（doped）矽或鍺作為熱阻器的材料。

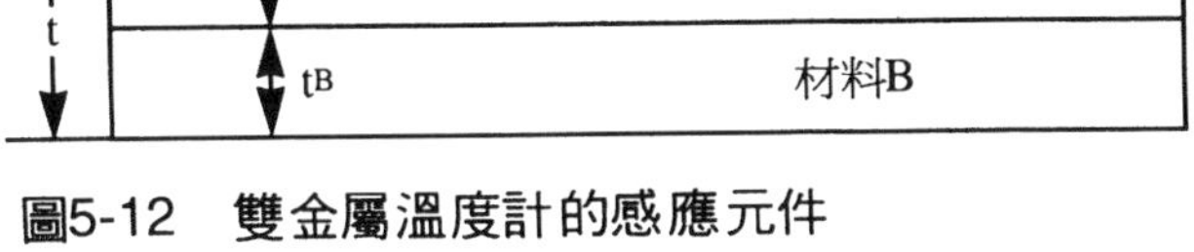

圖5-12　雙金屬溫度計的感應元件

電阻式溫度計與熱電偶一樣可用於測量或記錄遙遠或不易到達地點之溫度，然而其價格卻比熱電偶貴，又因有金屬護套致使感應時間延遲較長。電阻式溫度計大多不作為現場攜帶型測溫儀，但經常作為固定式測溫或控制系統之用。

二、濕度

單位乾空氣質量所含有之水蒸汽質量稱為絕對濕度（absolute humidity）。我們在所處環境中感覺舒適的程度與大氣所含之濕度（humidity）有密切關係，然而舒適程度是決定於相對濕度而非絕對濕度。相對濕度（relative humidity）為在某一溫度下，空氣中所含水分與同溫下最大可含水分質量之比。水蒸氣壓的國際單位是mmHg，當要計算流汗蒸發所散失的熱量時要先知道該空間之水蒸氣壓，水蒸氣壓愈大則人體蒸發散熱愈少，水蒸氣壓愈小則人體蒸發散失的熱量愈大，水蒸氣壓通常可由濕空氣線圖查得，該圖乃是由乾球溫度、濕球溫度、露點溫度、相對濕度及水蒸氣壓等五項大氣條件構成，只要知道其中兩種，便可由該圖查知其餘三項。濕度的量測有：

(一)乾濕球溫度計

簡單的濕度測定常用乾濕球溫度計（psychrometer），見圖5-13。這是由二根水銀溫度計所構成的，其中一根的球部用紗布（wick）包裹，浸放於水罐中，經常保持濕潤，以此測得的溫度稱為濕球溫度。另一根所測得的溫度稱為乾球溫度。隨著濕球部周圍的空氣乾濕程度，紗布水分因蒸發而失去汽化熱，故濕球溫度比乾球溫度為低，而乾濕球溫差愈大就表示濕度愈低。

(二)阿斯曼通風乾濕計

水分的蒸發受到氣流的影響，因此在有風的地方乾濕球溫度計所測得的濕度比實際濕度要低，這時一般都採用阿斯曼通風乾濕計作測定，如圖5-14所示，其頭部裝有發條式風車（propeller），這樣設計可以確保風車旋轉時溫度計的球部經常面對一定風速（5m/s），才不會因為風的有無而影響濕度的變化。同時乾球部在接觸風面時能迅

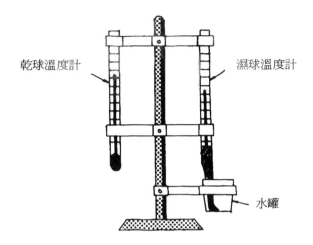

乾球溫度計

濕球溫度計

水罐

圖5-13　乾濕球溫度計

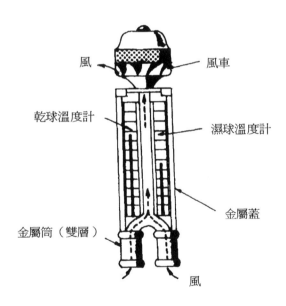

風

風車

乾球溫度計

濕球溫度計

金屬蓋

金屬筒（雙層）

風

圖5-14　阿斯曼通風乾濕計

表5-3 阿斯曼通風乾濕計用濕度表（%）

t−t' t'	0	0.6	1.2	1.8	2.4	3.0	3.5	4.0	4.5	5.0	5.5	6.0	6.5
33	100	96	92	88	85	81	79	76	73	71	68	66	64
30	100	96	92	88	84	80	77	75	72	69	67	65	62
27	100	95	91	87	83	79	76	73	71	68	65	63	60
24	100	95	91	86	82	78	75	72	69	66	63	61	58
21	100	95	90	85	81	77	73	70	67	64	61	58	56
18	100	94	89	84	79	75	71	68	65	62	59	56	53
15	100	94	88	83	78	73	69	65	62	59	55	52	50
12	100	93	87	81	76	70	66	62	59	55	52	48	45
9	100	93	86	79	73	68	63	59	55	51	47	44	40
6	100	92	84	77	72	64	59	54	50	46	42	38	34
3	100	91	82	74	67	60	54	49	44	39	35	31	27
0	100	89	80	70	62	54	48	42	37	31	27	22	18

（t：乾球溫度，t'濕度溫度）

速使溫度計的刻度趨於安定，縮短氣溫測定的時間。覆在球部的雙層金屬筒，不只是作為球部的通風導管而已，也有消除輻射之作用。利用阿斯曼通風乾濕計作濕度的測定，其方法見表5-3。

㈢搖轉濕度計

　　搖轉濕度計（sling psychrometer）是由兩個玻璃管內裝有水銀之溫度計裝於金屬框而成，如圖5-15所示。溫度計之球部須露出框外，其中一個包以濕棉心，全屬框之另一端裝有旋轉手把，測量時人員拿住旋轉手把搖轉大約一分鐘，以便濕球能得到應有的空氣流速。

三、風速

㈠卡達溫度計

　　卡達溫度計（Kata thermometer）是藉著測量空氣的冷卻效力以

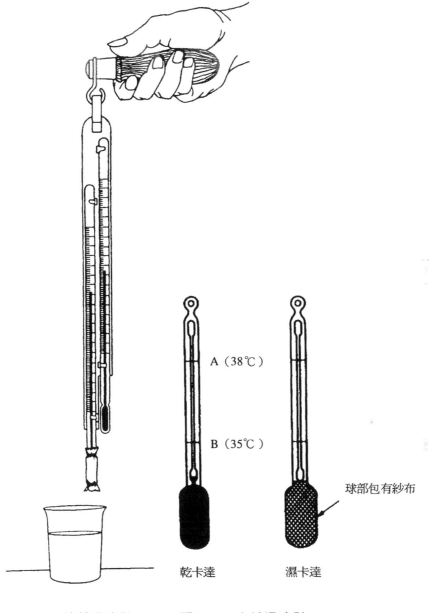

A（38℃）

B（35℃）

球部包有紗布

乾卡達　　　　濕卡達

圖5-15　搖轉濕度計　　圖5-16　卡達溫度計

瞭解工作場所風速（air velocity）的裝置，其構造如圖5-16所示。其外表類似普通的酒精溫度計，但頭部比較粗大，外部鍍銀以減少輻射熱的影響，管內裝酒精。溫度計上有兩刻度，兩者相差3℃，市面上所售者有三種規格，即38℃～35℃、54.5℃～51.5℃以及65.5℃～62.5℃。

　　使用時先將溫度計球部置於熱水中直到酒精上升至溫度計頂端之小球部為止，取出溫度計擦乾後，置放於要測定之空間，酒精即開始下降，以馬錶計測自上方刻度滑落至下方刻度（即溫度降3℃）所需之時間（單位為秒）。在此期間為了避免受人體輻射熱的影響，應盡可能離開一定距離測定，但必須特別留意看刻度時可能造成的誤差。

　　其球部在熱水中溫熱後，因會對空氣傳熱與對周圍壁面輻射而冷卻，如果周圍的空氣很冷，下降時間就非常短暫；相反地，周圍空氣很溫暖的話，則下降時間較長。這種冷卻情形，可以下列式子所求得的卡達冷卻力（H）來表示：

$$H = \frac{F}{T} \ (\ mcal/cm^2 \cdot sec\ ) \tag{5.26}$$

其中　T＝下降時間

　　　　F＝卡達率

卡達率一般記載在卡達溫度計的棒狀部位上，表示酒精柱由 A 刻度降到 B 刻度時，球部1cm²所散發的熱量（mcal/cm²）。因此，冷卻力可看作是人體被周圍空氣冷卻的情形。冷卻力會因氣溫、氣流、輻射熱的影響而產生敏感的變化，因此卡達溫度計可以說是藉氣溫、氣流及輻射熱表示體感之熱能人體模型。在多汗的情形下，因蒸發放熱影響體感，應使用濕球卡達溫度計，其方法是在卡達溫度計的球部包上紗布，以便測定含有蒸發影響的卡達冷卻力（如圖5-16）。

　　此外，由於卡達溫度計的刻度對於氣流的反應很敏感，其冷卻力與風速有一定的關係，因此常作為微風速計使用。以刻度38～35℃者為例，冷卻力與風速 V（m/s）的關係如下：

$$V \geq 1m/s \text{ 時，} V = (\ \frac{H/\theta - 0.13}{0.47}\ )^2 \tag{5.27}$$

$V \leq 1m/s$ 時，$V = (\dfrac{H/\theta - 0.20}{0.4})^2$　　　（5.28）

此時 $\theta = 36.5 - t$，t 為乾球溫度計所測得的氣溫。因為這種式子的計算相當複雜，可改用**圖5-17**的計算圖較簡便。

㈡輪葉風速計

　　輪葉風速計（vane anemometer）有轉動式（rotating）與偏轉式（reflecting 或 swing）兩種類型。轉動式輪葉風速計有一以風驅動的輪葉裝於圓形環內，當風吹動輪葉轉動時輪葉轉動之圈數或線距離可由記錄針盤指示，配合時間的記錄可計算出風速。偏轉式輪葉風速計是將輪葉裝於一容器中，該容器有一空氣進出口，輪葉位於空氣之通路，當空氣通過時會使輪葉產生偏轉，經由齒輪組可直接讀出風速。轉動式比偏轉式準確度高。

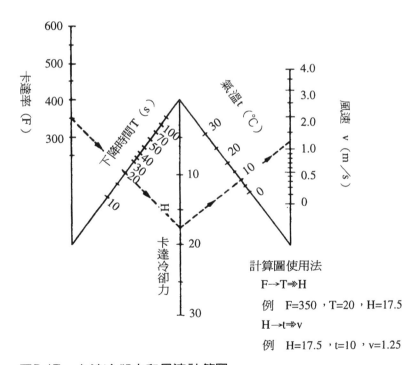

圖5-17　卡達冷卻力和風速計算圖

㈢熱線風速計

　熱線風速計（hot-wire anemometer 或 thermoanemometer）是以
空氣流動時對加熱元件（或感應元件）之冷卻效果來量測風速。典型
的感應元件（即熱線）與其支架示於圖5-18(a)中。熱線感應器是由
鉑、鍍鉑鎢或鉑銥合金所構成。

　熱線風速計是以間接方式測出風速，其原理是依供應到感應器之
功率與垂直於感應器方向的空氣速度相關聯。熱線置於流動的空氣中
的熱傳遞乃由倫敦皇家學院的 L.A.King 研究出來，他提出熱傳遞率
可用下式計算之：

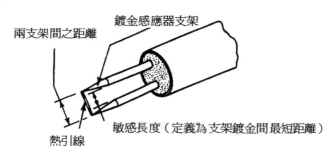

兩支架間之距離　　鍍金感應器支架

敏感長度（定義為支架鍍金間最短距離）

熱引線

（a）探針

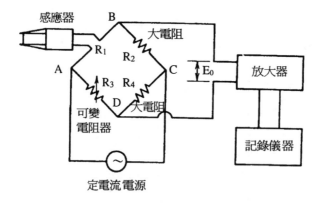

感應器　　B　　大電阻

R_1　R_2

A　　　　　　C　E_0　放大器

R_3　R_4

D　大電阻

可變
電阻器

記錄儀器

定電流電源

(b)定電流電路

圖5-18　熱線風速計

$$\frac{d\theta}{dt} = (A + B \sqrt{\rho V})(T_f - T_a)$$

$$= P = I_a^2 R_a^2 \qquad\qquad (5.29)$$

其中　A、B 爲校正常數

ρ＝空氣密度

V＝空氣流速

T_a＝空氣的絕對溫度

T_f＝熱線的絕對溫度

I_a＝通過熱線感應器之電流

R_a＝通過熱線感應器之電阻

（$T_f - T_a$）值大約維持在250℃左右。方程式（5.29）說明可由測量電流 I_a 或電阻 R_a 而間接的測量出流體速度 V。實際上的速度測量是將熱線風速計作爲惠斯登電橋中的一個主動元件，有如圖5-18(b)所示，在一個電橋的結構中，感應器電流 I_a 保持在定值（定電流電路），而感應器電阻 R_a 隨空氣流速而變化，從惠斯登電橋產生一輸出電壓 E_a 而據以求出空氣流速。在另一種惠斯登電橋結構中（定溫度電路），感應器電阻 R_a（感應器之溫度爲 T_a）保持定值，而當空氣流速改變時會使通過感應器之電流改變，在此電路中，電流 I_a 用以提供速度之測量。

四、輻射熱

評估熱輻射環境最常用的儀器是黑球溫度計。黑球溫度計乃是一直徑約15cm 的薄銅板中空球體，表面漆上黑色，於球體中心內部裝置棒狀水銀溫度計，如圖5-19。量測時，把黑球溫度計放置於空氣中約20分鐘，當它與周圍環境的輻射及對流熱量平衡時，則溫度計的刻度便不再變化，此時顯示的度數便是黑球溫度（t_g）。

周遭環境與人體表面間的輻射熱傳遞對人體冷熱的感覺影響很大。尤其當空氣溫度與周圍壁面溫度相差甚大時，熱輻射的影響更舉

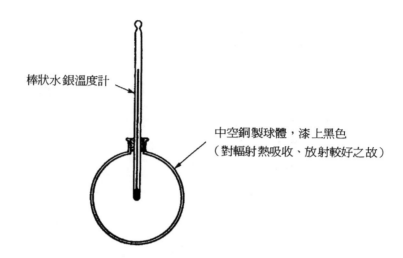

棒狀水銀溫度計

中空銅製球體，漆上黑色
（對輻射熱吸收、放射較好之故）

圖5-19　黑球溫度計剖面圖

足輕重，形成所謂平均輻射溫度（Mean Radiant Temperature, $\bar{t}_r$）問題，亦即在被周圍壁面或其他放射面所包圍的室內某點，測得與這些輻射面射出相等熱量的黑體表面溫度。黑球溫度可用來計算平均輻射溫度，其公式為：

$$\bar{t}_r = t_g + 1.8V_a^{0.5}\,(\,t_g - t_a\,)\,(\,℃\,) \qquad\qquad (5.30)$$

圖5-20為其計算圖。

測定綜合溫度熱指數時，需測量自然濕球溫度、乾球溫度及黑球溫度，各種溫度計之掛置方式如圖5-21所示。

測定時，需注意下列事項〔9〕：

1. 架設溫度計時，自然濕球溫度計及乾球溫度計要設法遮蔽（shield）防止輻射熱的影響，黑球溫度計則不得被陰影（shaded）影響，三個溫度計之架設應不致干擾空氣之流動。

2. 黑球溫度計架設後需要一段時間才達熱平衡，因此需要等約25分鐘後才能讀取溫度。

3. 自然濕球溫度計之紗布應使用吸水性良好之材質、保持清潔，

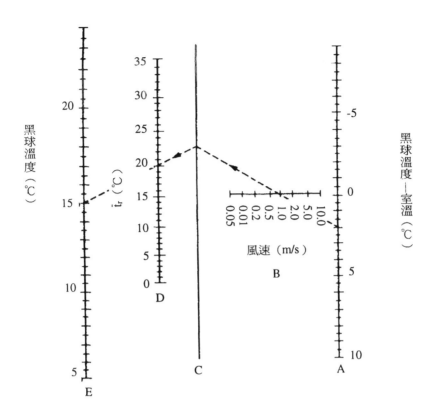

計算圖的使用法：（1）A軸→B軸→C軸；（2）C軸→E軸→D軸（MRT）

例　球溫度=15（℃）

　　　黑球溫度－室溫=2（℃）

　　　當風速=1.0（m/s）時

　　　MRT≒20（℃）

圖5-20　t̄r 計算圖

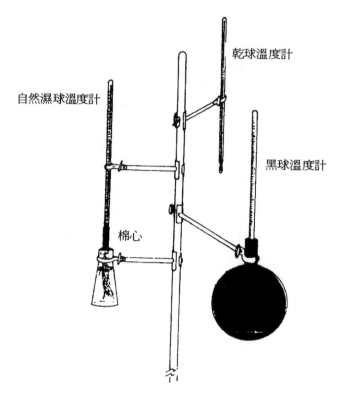

自然濕球溫度計

乾球溫度計

黑球溫度計

棉心

圖5-21　WBGT測量所需之各種溫度計的掛置

　　並於測定前半小時以注水器充分潤濕，不可僅靠毛細管現象潤
　　濕；水杯中的蒸餾水應適時更換。
4.感溫元件（溫度計球部）應置於黑球中心，架設時三個溫度計
　　的高度要一致。
5.濕球溫度須為自然濕球溫度，不得使用強制通風式之溫度計代
　　替（如阿斯曼式）。

習題五

1.說明下列綜合性熱指標的意義：

  (1)有效溫度？

  (2)運作溫度？

  (3)綜合溫度熱指數？

2.高溫作業場所之綜合溫度熱指數應如何測定？請由測試儀器之特性、組裝、架設高度、架設後何時判讀、有日照及無日照時之計算式等項目依序說明（可繪圖）之。

3.試述搖轉濕度計和熱線風速計的基本原理及其使用上應注意的事項。

4.試解釋熱危害指數和有效溫度，並列舉有效溫度對評估熱危害之限制性。

5.為評估高溫作業場所中某工作的綜合溫度熱指數（WBGT），請問：

  (1)該指數計算時所需要的各項變數，分別是利用何種量測設備測量而得？

  (2)假設在一天工作中最熱的2小時，一位工作者花100分鐘在WBGT＝32℃的現場，另外20分鐘則在WBGT＝26℃的休息室，計算其WBGT＝？

  (3)假設上題工作時之消耗為250kcal/hr，休息時之消耗為100kcal/hr，求其平均工作負荷為多少？

6.某工廠為室內作業，實測其作業環境溫度為濕球溫度27℃，乾球溫度33℃，黑球溫度28℃，試計算其綜合溫度熱指數。

參考文獻

1. 葉文裕:《高溫作業環境量測理論與實務》,行政院勞工委員會,1990。

2. Houghton, F.C. and Yaglou, C.P.(1923), "Determination of the Comfort Zone", J. Am. Soc. Heat Vent. Eng., 29:515.

3. Yaglou, C.P.(1947), "A Method for Improving the Effective Temperature Indices", ASHVE Trans., 53:307.

4. Bedford, T.(1946), "Environmental Warmth and Its Measurement", Medical Research Council, War Memo No.17, H. M. Stationery Office, London.

5. British Occupational Hygiene Society(1990), "The Thermal Environment", BOHS Technical Guide No.8, Science Reviews, Leeds.

6. 葉文裕:《熱危害認識》,甲級物理性因子勞工作業環境測定訓練教材,行政院勞工委員會,民國八十四年六月。

7. Olesen, B.W.(1985), "Heat Stress", B&K Tech. Rev. No. 2.

8. 行政院勞委會,勞工作業環境測定實施辦法,台81勞安三字第02699號令發布,1992。

9. 蘇義芳:《熱環境測定》,甲級物理性因子勞工作業環境測定訓練教材,行政院勞工委員會,民國八十四年六月。

10. International Organization for Standardization(1984), "Moderate Thermal Environment-Determination of the PMV and PPD Indices and Specifications of the Conditions for Thermal Comfort", ISO DIS 7730, ISO, Geneva.

11. Botsford, J.H.(1971), "A Wet Globe Thermometer for Environmental Heat Measurements", Am. Ind. Hyg. Assoc. J. 32:

1-10.

12.American Society of Heating, Refrigerating and Air Conditioning Engineers (1985) , "ASHRAE Handbook Foundamentals", ASHRAE, Atlanta, GA.

13.Gagge, A. P., Stolwijk, J. A. J., and Nishi, Y. (1971) , "An Effective Temperature Scale Based on a Simple Model of Human Physiological Regulatory Response", ASHRAE Transactions 77 (1) : 247.

14.Fanger, P.O. (1982), "Thermal Comfort", R.E.Krieger, Melbourne, FL.

第 6 章
熱環境控制與改善

高溫作業勞工作息時間標準
工業通風介紹
高溫作業環境控制
高溫作業行政管理

6.1 高溫作業勞工作息時間標準

6.1.1 作息時間標準要點

一、法令依據

依勞工安全衛生法第11條之規定辦理〔2〕（第1條）。

二、高溫作業勞工的定義

在工業上有時為了生產的需要不得不用高溫熱源來達到目的，因而有所謂高溫作業場所的產生，在其間工作的勞工便泛稱高溫作業勞工。依高溫作業勞工作息時間標準的規定〔1〕，所謂高溫作業勞工係指合於下列兩項規定之勞工：

㈠作業類型規定（第2條）

1. 直接管理鍋爐勞工及在鍋爐間擔任司爐發動機司機之勞工。
2. 擔任灼熱鋼鐵或其他金屬條塊壓軋及鍛造工作之勞工。
3. 擔任鑄造間處理融熔鋼鐵或其他金屬之勞工。
4. 擔任鋼鐵或其他金屬類物料之加熱或熔煉工作之勞工。
5. 擔任搪瓷、玻璃、電石（碳化鈣）熔爐之管理及處理高溫熔料工作之勞工。
6. 擔任火車、輪船機房之司機、司爐、管理及維護工作之勞工。
7. 擔任蒸汽操作、燒窯等工作之勞工。
8. 其他具有熱發散作業之勞工。

㈡最大綜合溫度熱指數（WBGT）的規定（第5條）

在「高溫作業勞工作息時間標準」中，勞工實際作業及休息時間之配合與所測定之該環境的綜合溫度熱指數及勞工之工作負荷有莫大

表6-1　高溫作業勞工作息時間標準

每小時作息時間比例		連續作業	75%作業 25%休息	50%作業 50%休息	25%作業 75%休息
最大綜合 溫度熱指 數值℃	輕 工 作	30.6	31.4	32.2	33.0
	中度工作	28.0	29.4	31.1	32.6
	重 工 作	25.9	27.9	30.0	32.1

的關係。若勞工暴露於作業環境的8小時綜合溫度熱指數大於如表6-1所示的指數標準者，稱爲高溫作業勞工。

三、工作性質規定

勞工之工作性質主要有三種，即輕工作、中度工作及重工作（第4條）：

 1.輕工作：僅以坐姿或立姿進行手臂動作以操縱機器者。
 2.中度工作：於走動中提舉或推動一般重量物體者。
 3.重工作：鏟、掘、推等全身運動之工作者。

四、綜合溫度熱指數之測量與計算（第3條）

 1.綜合溫度熱指數的計算以有無日曬情形而依（5.2）及（5.3）
  式計算。
 2.各項溫度值及綜合溫度熱指數值均以攝氏爲單位（℃）。
 3.各項溫度測定地點依勞工工作時最接近熱源之通常位置爲原
  則。

五、高溫作業勞工工作時間規定

 1.高溫作業勞工每日工作時間不得超過6小時（第5條）。
 2.高溫作業勞工每日工作時間降低後，其原有工資不得減少（第
  8條）。

六、高溫作業勞工之管理規定

1. 因工作性質特殊必須勞工連續操作之高溫作業場所，應依表6-1所示標準改善該場所之熱環境（第6條）。

2. 高溫作業場所應充分供應攝氏15℃左右之飲水及食鹽（第10條）。

3. 勞工於操作中須接近黑球溫度50℃以上的高溫灼熱物體者，雇主應提供勞工身體熱防護設備並教導其使用（第7條）。

6.1.2　作息時間標準之應用評估說明

對於「高溫作業勞工作息時間標準」之評估，本節以不同的例題加以說明，供作讀者參考，尤其是高溫作業的判別，若僅斷章取義而不明確的話，可能會造成雇主與勞工間的爭議。

〔例題〕

在某室內玻璃加工作業環境內，測得自然濕球溫度為30℃，黑球溫度為36℃，乾球溫度為34℃，空氣流動速度為1m/s，勞工站立以手臂操作機器，根據既有的量測數值，勞工平均工作1小時中休息5分鐘，依「高溫作業勞工作息時間標準」評估該作業環境之溫濕條件是否合乎標準？

解答：

(1) 該作業類型為玻璃融熔加工屬高溫作業規定的作業，又作業在室內時的綜合溫度熱指數只需自然濕球溫度及黑球溫度的量測即可，即

$$WBGT = 0.7 \times 濕球溫度 + 0.3 \times 黑球溫度$$
$$= 0.7 \times 30 + 0.3 \times 36$$
$$= 31.8℃$$

(2) 室內玻璃加工作業是屬立姿進行手臂動作以操縱機器生產，故屬輕工作。由前述的分析，WBGT＝31.8℃已超過法規規定

的輕工作中，75％作業、25％休息閾值31.4℃，即應使其50％作業、50％休息，因此不符合高溫作業勞工作息時間標準之規定。

⑶根據「高溫作業勞工作息時間標準」之規定，該場所應屬高溫作業場所，但可適當地調整作業勞工作息使50％作業、50％休息的比例便可符合規定，在作業場所充分供應15℃左右之飲水及食鹽。但黑球溫度為36℃未超過50℃，故依法雇主不必提供身體熱防護設備。

〔例題〕

試分別說明自然濕球溫度、黑球溫度與乾球溫度所代表的意義。

解答：

⑴自然濕球溫度：係溫度計感溫球包紮濕紗布所測得之溫度，是溫度、濕度及空氣速度的綜合效應。

⑵黑球溫度：指直徑15cm、厚0.5mm 的中空黑色銅球，中央插入溫度計所測得的溫度，是輻射熱效應的代表。

⑶乾球溫度：指一般水銀或酒精溫度計所測得之大氣溫度，代表單純大氣溫度。

〔例題〕

某一營建工地勞工作業位置測得乾球溫度34℃、黑球溫度37℃及自然濕球溫度28℃，勞工的工作是屬推舉一般建材，平均1小時工作可休息15分鐘，試評估該作業是否屬高溫作業。

解答：

依戶外有日曬情形之綜合溫度熱指數計算為

WBGT $= 0.7 \times 28 + 0.2 \times 37 + 0.1 \times 34$

$= 30.4℃$

對應表6-1所示中度工作且75％作業、25％休息的最大綜合溫度熱指數29.4℃，顯然超過。但因營建作業不屬高溫作業勞工作息時間標準中高溫作業的作業類型，因此不為高溫作業。

〔例題〕

　某鋁業工廠勞工僅以立姿手臂動作澆注融熔鋁錠，在勞工作業位置附近測得自然濕球溫度為32℃及黑球溫度為38℃，試評估該作業是否為高溫作業？若為高溫作業場所，雇主應如何處理才能符合規定？

解答：

(1)該作業為高溫作業規定的作業類型。

(2)室內無日曬的綜合溫度熱指數（WBGT）：

$$WBGT = 0.7 \times 32 + 0.3 \times 38 = 33.8℃$$

顯示該環境為高溫作業場所

(3)與表6-1所示輕工作且25％作業、75％休息的最大容許綜合溫度熱指數33.0℃相較，顯示該環境 WBGT 值偏高，應採取工程控制的措施，降低 WBGT 值。

(4)雇主的責任：

①作業場所充分供應15℃左右的飲水及食鹽。

②進行工程改善使勞工作業位置的綜合溫度熱指數降至33.0℃以下。類似這種作業之工程改善，建議可採用局部冷卻（以導管引入冷氣，但不得影響保溫爐之溫度）及設置不影響手臂作業高度之熱屏障。

〔例題〕

　某鋼鐵工廠電解爐作業，鋼鐵融熔作業平均週期為1小時，作業勞工在開爐加料或傾倒時須直接暴露於爐邊（約15分鐘，測定自然濕球溫度34℃及黑球溫度為53℃），其餘時間均在控制室以電腦螢幕監控爐內反應（控制室自然濕球溫度為23℃，黑球溫度為28℃），試評估該等勞工是否從事高溫作業，且雇主應如何負責？

解答：

(1)該作業為高溫作業規定的作業類型。

(2)由於作業勞工暴露在兩種不同環境的作業場所，因此綜合溫度熱指數應採用時量平均式：

電解爐邊 $WBGT_1 = 0.7 \times 34 + 0.3 \times 53 = 39.7℃$ （15分鐘）

控制室內 $WBGT_2 = 0.7 \times 23 + 0.3 \times 28 = 24.5℃$ （45分鐘）

時量平均 $WBGT = \dfrac{39.7 \times 15 + 24.5 \times 45}{(15 + 45)} = 28.3℃$

(3)由於爐邊加料或傾倒的工作爲經常需要鏟、掘或推的全身運動，屬於重工作。比較表6-1中重工作且25%作業、75%休息的最大容許綜合溫度熱指數（32.1℃），顯然時量平均之WBGT（28.3℃）小得多，因此該勞工不屬高溫作業勞工。

(4)雖然不爲高溫作業勞工，但爐邊作業是爲高溫灼熱物體之附近且黑球溫度超過50℃，因此雇主除應充分供應15℃左右的飲水及食鹽外，應供給勞工身體熱防護設備，使其暴露於爐邊作業時使用。

6.1.3 作息時間標準適時性之探討

「高溫作業勞工作息時間標準」是頒佈實施於民國六十三年，歷經二十餘年，不論產業環境、設備技術及社會制度等均已變遷。作息時間標準中各條文能否切合現況，值得大家深入研究，否則對事業單位雇主或勞工均會產生負面的影響。本節針對高溫作業類型、暴露閾限值、工作性質及工作6小時等四方面說明之。

一、高溫作業界定在八大類之合理性〔3〕

各種作業類型所需熱源外放常隨著生產技術、動力來源或自動化裝置而有相當大的差異，像二十年前的高溫高危險行業如鍋爐、磚窯業等目前幾乎已轉變成全自動化操作而無熱危害的機率；但近年來餐飲業的廚房或營造業的太陽曝曬等場所，均可能使其勞工的綜合溫度熱指數高於表6-1所示之規定。

二、最大綜合溫度熱指數值（表6-1）之合理性

雖然 ACGIH〔4〕、NIOSH〔5〕、ISO〔6〕等機構均推薦

WBGT 作爲環境熱暴露指標，然因地域條件不同，屬亞熱帶的台灣地區高溫作業環境評估，實有並列兩種以上評估方法之需要，或許會有比較客觀之結果。另外現行法規中之閾限值僅將 ACGIH 規定值提升一級成比例作出，比較如圖6-1所示，爲何如此並未明確說明，雖然依 ISO 及 ACGIH 推薦而將 WBGT 計算採用時間加權平均（（WBGT）twa）來作合理化之計算，然一位勞工每個工作天的暴露熱源型態不一定持續不變，因此在評估時應採何種方式，法規中沒有明確列入。依 ACGIH〔3〕之建議連續性作業採取60分鐘，而間斷性作業則取120分鐘作爲時間加權平均的$\sum t_i$ 值計算，但至少包括兩個作業流程。代入暴露閾值表時，應作重複性監測結果平均，或是以最大的測值綜合溫度熱指數，法規並未說明，目前都以最大值作爲偏保守的評估法則。

三、工作性質分類之合理性

作息時間標準中並未以勞工工作代謝熱大小分爲輕工作、中度工

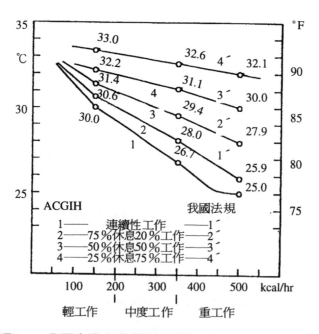

圖6-1　我國高溫作業暴露閾值與ACGIH規定值比較

作或重工作，而直接以四肢動作來界定。雖然依勞委會七十七年解釋令（台77勞安三字第25940號文）所稱代謝熱在200kcal/hr 以下者為輕工作、200～350kcal/hr 者為中度工作，大於350kcal/hr 者為重工作，以上代謝大小是依 ACGIH 建議之代謝熱（W/m^2）單位轉換後而得。代入表6-1評估時，工作性質以最大工作負荷或是依時間加權平均所得代謝熱來判定輕工作、中度工作或重工作，在法規中未有明確規定，由生理反應文獻〔7〕建議採用呼吸耗氧率來定義不同的工作性質代謝熱大小會有較客觀的評估值。

四、高溫作業勞工每日工作時間不得超過6小時之合理性

有關高溫作業勞工每日工作時間不超過6小時之立法背景，眾說紛云，若依廠區作業連貫及制度一致性而言，以直接暴露在熱環境工作6小時較為合理。

6.2 工業通風介紹

6.2.1 定義〔8,9〕

由於工廠在作業過程中會產生氣體、蒸氣、粒狀物或熱量而污染作業環境，或勞工呼吸的需求，必須對作業環境予以控制，來保護作業勞工的安全與健康。在作業環境裡消除這些危害因子的方法中，工業通風是一成本低且效率高的方法，因此廣被採用。所謂工業通風是在一般作業場所，利用排氣機、風管、清淨裝置等設備將現場的臭味、熱氣或有毒物稀釋、處理後排除至場外。依通風方式不同分為整體換氣裝置與局部排氣裝置兩種。

6.2.2 整體換氣裝置〔9,10,11〕

整體換氣裝置係利用動力導入新鮮空氣，以稀釋作業場所空氣中污染物濃度或調節溫濕度的控制設備，又稱稀釋換氣，其裝置可分為自然換氣與機械換氣。前者是利用自然風力、室內外溫差對流、空氣中蒸氣濃度差的擴散等為原動力，經由開口部分（如門窗）達到換氣的目的，這種裝置雖成本費用最低，但成效不穩定。機械換氣是設置機械設備，以電力強制通風換氣，勞工法規中規定的設置整體換氣裝置均指機械換氣設備，勞工安全衛生設施規則第312條規定工作場所每一位勞工所佔空間立方公尺數便是計算機械換氣量的基準。

整體換氣設置有三項基本原則：

1.導入的新鮮空氣應先經作業勞工的呼吸帶，再經發生源，然後排出於室外。

2.實際導入的新鮮空氣必須比理論控制計算所得的換氣量大，通常安全係數為4～12倍。若發生源產生的污染物很均勻，安全係數取4倍即已足夠，但若污染物之產生不均勻且有尖峰值，則其安全係數應大至12倍。

3.換氣裝置的設置應避免排出的空氣迴流，以確保其有效性。

有些作業環境在製造過程中有大量熱量及水蒸氣釋放，在這種高溫作業環境下，尤其是燠熱的夏季，在經濟生產效益的考量下，還要維持作業環境的舒適，通常是不可能達到。所謂舒適是指人身體與環境間的熱平衡，所以利用通風來疏解熱源所產生的高熱以達到體內熱與環境熱的平衡是高溫作業環境不可缺少之技術。高溫乾燥或溫暖潮濕等不同性質作業場所的通風設計必須加以區分。高溫乾燥型環境具有高空氣溫度及輻射熱釋放，但空氣中水蒸氣低且變化小，因此作業環境內勞工承受熱負荷逐漸增加時，人體排汗蒸發率也一併增大，因此暴露勞工體內的熱平衡較易達成，在此平衡過程中，作業勞工可能因排汗加速流失體內水分，所以應注意隨時補充水分，高溫乾燥作業環境常見於鑄造、煉鋼及軋鋼廠。溫暖潮濕環境則以釋放潛熱為主，熱對暴露勞工之影響並不十分明顯，但因為空氣含大量的溫濕水蒸氣，造成人體排汗蒸發不易，所造成的潛在危害比高溫乾燥環境還嚴重，這種情形的解決方案便是設置通風設備。溫暖潮濕環境以造紙工廠、紡織及染整廠為多。

整體換氣裝置的型式有：

1. 完全排氣方式：利用動力將污染物吸引排除，進氣則藉由室內負壓經門窗等開口或縫隙導入。
2. 完全供氣方式：利用送風機將新鮮空氣導入稀釋有害物濃度後，藉由室內正壓將污染空氣經開口或間隙排出。
3. 供氣與排氣並用方式：供氣及排氣均使用動力，較前兩者有較佳的除污效果。

為控制作業場所溫度的換氣量，如圖6-2所示，假設該場所單位時間熱總產生量（包括作業人員代謝熱、電熱等）為 q（kcal/hr）則依熱平衡觀念可得：

t_i，t_0：分別為室內與空氣之溫度（℃）

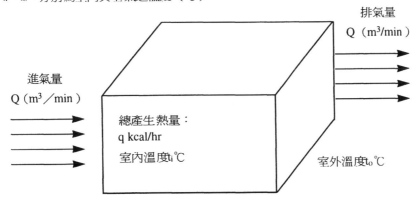

圖6-2　熱環境整體換氣裝置之熱量平衡示意圖

$$QC_st_i - QC_st_0 = q \qquad\qquad (6.1)$$

$$Q\ (\ m^3/min\ ) = \frac{60q}{C_s\ (\ t_i - t_0\ )} \qquad\qquad (6.2)$$

其中　C_s ＝空氣比熱，$0.3kcal/℃\cdot m^3$

　　　　t_i，t_0 ＝分別爲室內與空氣之溫度，℃

　　　　q＝熱源每小時產生之熱量，kcal/hr

〔例題〕

　　某一保溫爐爐邊作業每分鐘有 $50 \times 10^3 kcal$ 的熱量釋放，溫度爲 36℃，欲以供氣與排氣方式，設置整體換氣裝置使勞工站立位置及室外溫度不超過29℃，求換氣裝置的排氣量爲多少（m^3/min）？

解答：

　　由（6.2）式

$$Q = \frac{q}{C_s\ (\ t_i - t_0\ )} = \frac{50 \times 1,000}{0.3 \times (\ 36 - 29\ )} = 35.7\ (\ m^3/min\ )$$

6.2.3　局部排氣裝置〔10,11〕

　　局部排氣裝置是以動力將污染物於其發生源附近吸引捕集進入氣罩內，經由導管送至清淨裝置，加以處理後排出廠外。由於局部排氣裝置在污染物未擴散前，即被捕集吸引進入氣罩內，所以其排氣量較整體換氣小，且控制效果也較整體換氣好，是故在危害性高的作業場所如石綿、第一種有機溶劑、甲或乙類特定化學物質、鉛……等作業只能考慮設置局部排氣裝置，不能選用整體換氣裝置。對於毒性或危害性較低者，如軟焊作業、高溫作業等，通常依發生源面積、有害物濃度等因素來決定裝設局部排氣抑或整體換氣裝置。局部排氣裝置包括氣罩、導管、空氣清淨裝置及排氣機。

一、氣罩

　　爲限制污染物從污染源擴散，並導引空氣以最有效的方法捕捉污染物,再經由導管排出之結構。氣罩依外型有包圍式、外裝式、接受式及吹吸式等四種。

二、導管

　　為空氣從氣罩到排氣口的路徑,構造需為不受外壓影響之結構,導管內之流速亦須能使污染物不致沉降或空氣滯流。依管內壓力不同而分為吸氣導管與排氣導管。

三、空氣清淨裝置

　　為使排出的空氣不致污染大氣而確保空氣之品質,通常局部排氣系統內常設有清淨裝置。污染物為氣態者,選用廢氣處理裝置;為粒狀者,採用除塵裝置。

四、排氣機

　　排氣機主要提供整個系統空氣流動的原動力。它激起足夠的空氣流動速度,才能使局部排氣裝置具有吸引捕集污染物的能力,並克服系統內的壓力損失而將污染空氣輸送至清淨裝置處理,再送至排氣口並排至大氣中。

6.3　高溫作業環境控制

6.3.1　熱危害控制因子〔12,13〕

　　欲以工程改善的方式來減少熱對人體的危害可從熱平衡方程式((4.1)式)來加以考慮,亦即可藉由代謝熱的產生量、對流熱交換、輻射熱交換以及蒸發熱交換之控制來達成。

　　代謝熱負荷之控制主要是透過高溫作業環境的管理以及個人防護具的使用來達成。至於高溫作業環境的工程改善則可藉由如通風工

表6-2　熱危害因子之工程改善對策表

控　制　因　子	可　採　取　的　對　策
勞工工作代謝熱 （M）	1.儘量減少製程中對於勞力的需求，粗重工作有機具可支援 2.部分工作或全部工作的機械化或自動化
輻射熱傳遞 （R）	1.設置熱屏障，減少在熱源直接輻射範圍內 2.熱源或高溫爐壁的絕熱、保溫 3.熱屏障設置，熱源覆以金屬反射簾幕如鋁箔 4.穿著反射圍裙，尤其面對熱源時更需要 5.遮蔽或覆蓋身體裸露在外的部分
對流熱傳遞 （C）	1.降低作業環境空氣溫度 2.降低流經皮膚空氣的流速
藉由汗水蒸發 的最大排熱量 （E_{max}）	1.增加空氣流動速度 2.減少作業環境內的濕度 3.減少衣著量

程、空調工程、熱屏障或熱絕緣工程甚至操作程序的修改等來達成；亦即針對熱平衡方程式中的 C（對流熱傳）、R（輻射熱傳）及 E（蒸發熱傳）等三個參數來實施工程改善。

　　在不同的熱環境下，如何採取適當的工程改善措施以控制熱環境可參考表6-2。

6.3.2　對流傳熱之控制〔13,14〕

　　熱可藉由空氣的自然或強制流動而由人體表面（或四周環境）轉移至四周環境（或人體表面），此即為對流熱交換。

　　影響人體與周遭環境間對流熱交換的兩個重要因素是乾球溫度（t_a）及空氣的流動程度。當空氣溫度大於皮膚平均溫度（$\bar{t}_{sk}$，約35°C）時，人體將從環境獲得熱，至於熱獲得率則與人體與環境間溫度差（$t_a - \bar{t}_{sk}$）及空氣流動速率（V_a）有很大的關係；同理，當人體體表溫度大於周圍環境溫度時，熱將由人體散逸到環境中，而熱散失率也同樣是人體與環境間溫差及空氣流動速率的函數。

經由以上簡單的分析我們知道，控制對流熱交換的方法主要就是改變空氣溫度和空氣流動速率兩者，說明如下：

一、降低空氣溫度（t_a）

在高溫作業場所中，因 t_a 大於 $\bar{t}_{sk}$，亦即大多數的情況都是人體由環境中獲得熱量，因此空氣溫度必須降低方可。空氣溫度的降低可藉由外氣的引進或空氣的蒸發冷卻來獲致。另一方面也因為該環境之空氣溫度大於人體溫度，所以空氣流速應儘可能小到只容許人體汗水自由蒸發的程度，否則由環境對流至人體的熱量也將相對增加，所以其間的取捨是相當重要的。一般而言，對流熱傳的大小與空氣流速的 0.6 次方成正比。即：

$$正常穿著者：C = 7.0V_a^{0.6}（t_a - \bar{t}_{sk}） \quad\quad （6.3）$$

$$半裸者：C =（7.0/0.6）V_a^{0.6}（t_a - \bar{t}_{sk}） \quad\quad （6.4）$$

其中　C ＝對流熱傳率，kcal/hr
　　　V_a ＝空氣流動速率，m/s
　　　t_a ＝空氣溫度，℃
　　　$\bar{t}_{sk}$ ＝人體皮膚平均溫度，℃

二、局部冷卻

另一可行的方法就是直接對熱暴露勞工局部冷卻（spot cooling），即以局部送風的方法或引進室外較低溫的空氣，經導管直接送到勞工工作位置如圖6-3所示。在室外溫度很高時，可將導入之空氣先經空調系統處理後再送入作業場所；但當作業場所溫度甚高或溫濕度都很高時，僅僅增加空氣的流動並不能有效的將勞工的體熱散發掉，這時局部送風的方法就有意想不到的效果。另一局部送風的理想適用時機就是大空間的作業場所，因為在空間較大的作業場所，要對整個作業場所冷卻是不切實際的，也無此必要。

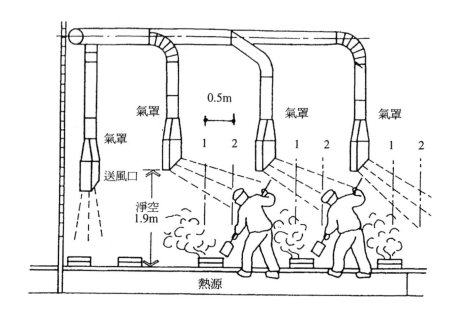

圖6-3　局部送風法示意圖〔13〕

　　然而需要注意的是，當使用局部送風法時一定要確定此一裝置的設立不會對作業環境中廢氣的排放造成干擾，因為由基本通風原理知道，吹氣開口面外三十倍直徑距離處的氣流速度仍具有吹出口氣流速度的十分之一，所以很可能因為局部送風裝置的設立造成作業環境有害氣體的擴散，不利排放。因此當高溫作業環境尚有有害污染物時，最有效的工程改善方法就是局部排氣裝置的設置，將熱當作主要污染源，採用只留操作口的包圍式氣罩（enclosing hood）或頂蓬接收式氣罩（canopy hood）加以排除，如圖6-4所示。但不論是只留操作口的包圍式氣罩或接收式氣罩，連接導管應設在氣罩上部，使吸入氣流與熱流方向一致。在包圍式氣罩中所需排氣量（Q）只與操作口開口面風速（face velocity）及操作口截面積有關：

$$Q = 60AV \qquad\qquad (6.5)$$

　　其中　Q＝所需排氣量，m^3/min

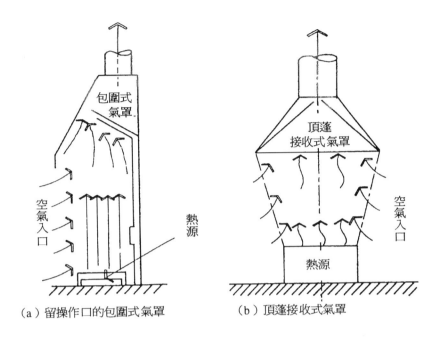

（a）留操作口的包圍式氣罩　　　　（b）頂蓬接收式氣罩

圖6-4　熱環境排氣氣罩設置及氣流引導方向

A＝操作口截面積，m^2

V＝操作口處風速，一般保持 0.25～0.5m/s

　　包圍式氣罩的特點是所需排氣量很少，只需保持氣罩內各點都爲負壓，這時氣流便會從周遭環境流向熱源，所以排熱效果良好。

　　在接收式氣罩中，由於熱氣流在上升的過程中，會不斷的混入周圍空氣，其流量及斷面積會不斷增加。若以 V_c 表作業檯面上的控制風速（一般爲0.5m/s），H 表示熱源作業檯面至氣罩開口間的高度，W 及 L 分別爲氣罩的深度與寬度，則其排氣量 Q 可計算如下：

$$Q = 60 \times 14.5 H^{1.8} W^{0.2} V_c \qquad （6.6）$$

　　接收式氣罩的設計原則是罩口截面積形狀及範圍要能含蓋熱源的水平投影，並儘可能大些。爲了使罩口吸氣均勻，氣罩開口角度宜小於60°，開口角度愈大，速度的均勻性就愈差，會產生中間風速大，邊緣風速小的現象。當熱源所含蓋面積過大，或多個熱源並列在一起時，為了不影響排熱效果，可將較長方向的矩形氣罩之邊長分成數段，成為並聯型頂蓬式氣罩，如圖6-5所示。

〔例題〕

　　某一玻璃製瓶工廠，經熱環境測定結果計算勞工熱暴露值分別為 $R = 53kcal/hr$，$C = 41kcal/hr$，$M = 200kcal/hr$，$E_{max} = 270kcal/hr$，$t_a = 40℃$，$V_a = 1.3m/s$，今以整體換氣方式導入新鮮空氣使空氣溫度降低4℃，但氣流速度亦因空氣導入增高為1.6m/s，請探討該高溫作業環境之效果（假設 R 與 E_{max}不變）。

解答：

　　⑴未改善前，利用（5.11）式計算熱危害指數（HSI）：

　　$E_{req} = M + R + C = 200 + 53 + 41 = 294kcal/hr$

　　$HSI = E_{req}/E_{max} = (\frac{294}{270}) \times 100 = 110 > 100$

　　表示對暴露勞工具有高度的熱危害

　　⑵以整體換氣導入氣流使 t_a 降為36℃，但是氣流速度增為1.6 m/s，則：

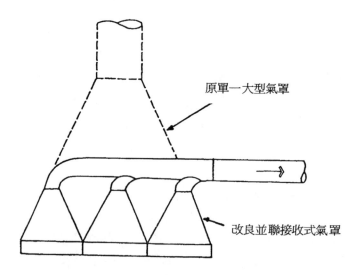

原單一大型氣罩

改良並聯接收式氣罩

圖6-5　數個並聯接收式氣罩取代單一大型氣罩

$$C = 7.0 \times 1.6^{0.6} \times (36 - 35) = 9.3 \ (\text{kcal/hr})$$

$$E_{req} = M + R + C = 200 + 53 + 9.3 = 262.3 \ (\text{kcal/hr})$$

$$HSI = E_{req}/E_{max} = (\frac{262.3}{270}) \times 100 = 97 < 100$$

顯示作業環境已略有改善使 HSI 降低至容許範圍內。

6.3.3 熱輻射之控制〔13,14〕

由輻射傳熱的公式〔19〕：

$$R = \epsilon\sigma \ (\overline{t_r}^4 - \overline{t_{sk}}^4) \qquad\qquad (6.7)$$

其中　R＝輻射熱傳量

　　　　ϵ＝放射係數

　　　　σ＝史蒂芬－波茲曼常數，$5.669 \times 10^{-8} W/m^2 \cdot K^4$

　　　　$\overline{t_r}$＝周圍平均輻射溫度，℃（以 $t_g + 1.8 V_a^{0.5} \ (t_g - t_a)$ 表
　　　　　　示）

　　　　$\overline{t_{sk}}$＝人體皮膚平均溫度，℃

惟在可接受的範圍內，（6.7）式可簡化如下〔16〕：

正常穿著者：$R = 6.6 \ (\overline{t_r} - \overline{t_{sk}})$ 　　　　　　（6.8）

半裸者：$R = (6.6/0.6) \ (\overline{t_r} - \overline{t_{sk}})$ 　　　　　（6.9）

我們知道人體皮膚與高溫熱源間的輻射熱交換量與熱源溫度之四
次方成正比，因此熱輻射的控制主要就是周圍平均輻射溫度（即熱源
溫度）的降低或輻射傳熱路徑的阻絕。其方法為：

　1.降低製程溫度。

　2.熱源的重新擺置（relocating）、加以隔絕（insulating）或是
　　加以冷卻（cooling）。

　3.在作業者與高溫熱源間裝設熱屏障或隔熱牆。

　4.在高溫熱源表面塗以顏料，降低其放射係數（ϵ）。

上述四種控制方法可以個別實施，也可同時實施，如能同時進行則效果可能相輔相成。不過第一種方法並非每種行業都適合，如煉鋼廠，溫度降低的結果可能無法滿足煉鋼製程中對於高溫的需求。此時，如果能使用遙控的方法，利用一有空調的小房間以使作業者能在該冷卻區內工作，抵抗難以忍受之燠熱空氣。在上述四種方法中第三種方法可能是最簡單也是最便宜的方法，因為熱屏障的設置，尤其是靠近熱源的一側板壁表面再塗以絕熱披覆或易反射塗料，往往能擋掉80％～85％的輻射熱量。圖6-6所示為第二種及第三種方法的混合運用。熱屏障的設置有一前提是以不能妨礙作業者作業活動為限，其他例如利用氣壓或油壓驅動的活動門，當要接近操作時才開啟，不操作時就關閉也是可以運用的措施。

〔例題〕

　　一工業用焚化爐的爐壁是由厚度0.15m的耐火磚構成，其熱傳導係數為1.7W/m・K。在穩定連續操作下，量得爐壁之內外表面溫

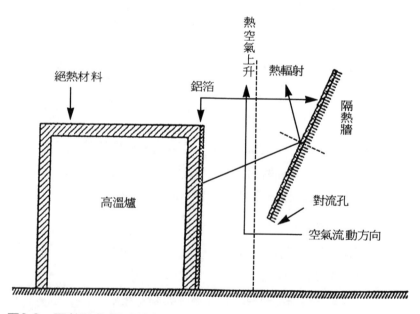

圖6-6　隔熱設施圖〔13〕

度分別爲1,400K 及1,150K，試求經由面積爲0.5m×3m 之爐壁所傳導出的熱率爲若干？

解答：

$$q_{cond} = K \frac{\triangle T}{L} = 1.7 \times \frac{(1,400 - 1,150)}{0.15}$$
$$= 2,833 \ (W/m^2)$$
$$\therefore 熱傳導率（\dot{q}）= 2,833 \times (0.5 \times 3) = 4,250 \ (W)$$
$$= 4,250 \times 0.864 = 3,672 \ (kcal/hr)$$

〔例題〕

一熔融金屬之鑄造場所中，以一電弧爐作爲高溫熱源熔融鐵水。今欲設一熱屏障隔開電弧爐與外界空氣，熱屏障是耐火磚構成，如圖6-7所示。設外界空氣25℃，耐火磚之熱傳導係數爲1.2W/m·K，且表面之放射係數爲0.8。今測得耐火磚表面溫度靠電弧爐的一側爲352℃，欲使外表面溫度降至100℃，試問耐火磚的厚度需多厚才夠？

〔註：高溫表面（T）對作業環境（T_∞）之自然熱對流 $q_{conv} = h(T - T_\infty)$，且耐火磚表面至空氣的自然熱對流係數 $h = 20W/m^2·K$。〕

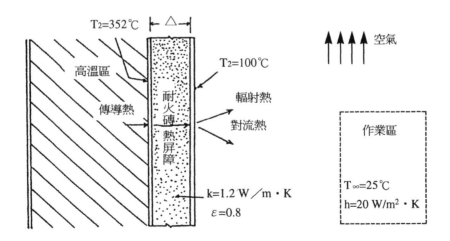

圖6-7　高溫熱源熱屏障設計圖

解答：

　　對耐火磚的外表面而言，能量平衡

　　傳導熱（q_{cond}）＝對流熱（q_{conv}）＋輻射熱（q_{rad}）

　　$T_1 = 352 + 273 = 625$（K），$T_2 = 100 + 273 = 373$（K）

　　$T_\infty = 25 + 273 = 298$（K）

　　$\therefore K \dfrac{T_1 - T_2}{\triangle} = h(T_1 - T_\infty) + \varepsilon\sigma(T_2^4 - T_\infty^4)$

　　$1.2\dfrac{(625 - 373)}{\triangle} = 20(373 - 298) + 0.8(5.67 \times 10^{-8}) \times (3$

$$73^4 - 298^4)$$

$$= 1,500 + 520$$

$$= 2,020（W/m^2）$$

　　$\therefore \triangle = 1.2 \times \dfrac{252}{2,020} = 0.15$（m）

　　即耐火磚熱屏障厚度至少為15公分

6.3.4　蒸發熱之增強〔13,14〕

　　人體藉著皮膚汗水的蒸發來降低體熱，蒸發所散逸的熱量與流經皮膚的空氣流速、完全濕潤的皮膚表面蒸氣壓和周遭空氣的蒸氣壓（P_a）間的差值（簡稱空氣與皮膚表面蒸汽壓差）有關，亦即

　　正常穿著者：$E_{max} = 14 V_a^{0.6}(P_{sk} - P_a)$　　　　　　（6.10）

　　半裸者：$E_{max} = (\dfrac{14}{0.6}) V_a^{0.6}(P_{sk} - P_a)$　　　　（6.11）

　　其中　$E_{max} =$ 最大蒸發熱交換率，kcal/hr

　　　　　$P_{sk} =$ 皮膚表面的水蒸氣壓，（42mmHg@35℃）

　　　　　$P_a =$ 大氣水蒸氣壓，mmHg

　　當空氣與皮膚表面蒸汽壓差值固定時，蒸發散逸之熱量與空氣流速的0.6次方成正比，所以蒸發熱散失量可藉著通風設備的設置，即增加空氣流動速度來提高。在高溫作業場所中，由於熱亦可藉著對流

由環境傳至人體，所以增加空氣流速並非全然地只增加了最大蒸發熱交換率（E_{max}），相對地也增加了傳至人體的熱量，因此空氣流速的決定是相當重要的，並且由於衣著的關係，當風速高達2.5m/sec以上時，空氣流動速度的提高對蒸發熱散失量之提高便已不顯著。

蒸發冷卻主要可藉由下列兩種方式：

1. 提高空氣流速。
2. 減少周遭空氣的蒸氣壓。

其中又以前者最易達成（利用風扇或送風機即可）且便宜；後者則因牽涉到空調設備的裝設（除濕），所以費用也較高。此時也可考慮局部冷卻或直接對作業者冷卻的方式以節省費用。

當引進的新鮮空氣（外氣）與循環空氣（回風）未經空調設備除濕時，則勞工作業場所內空氣的蒸氣壓值會比外界的蒸氣壓值還高，這是因為作業場所內因製造程序所產生的蒸汽，或者有些蒸氣閥門、管線蒸氣的洩漏使工作場所內蒸氣產生量超出外界甚多的緣故。因此作業場所內蒸汽來源的控制（濕度的控制）對人體皮膚汗水蒸發所帶走的熱量之多寡有著舉足輕重的影響。

6.4　高溫作業行政管理

高溫作業場所可能產生的熱危害除了可以工程改善的方式，也可藉著作業環境的行政管理、作業管理和健康管理並輔以防護具的提供、充分的食鹽水之供應來加以避免。

一般而言，作業環境的管理是環境改善案（工程控制）無法達成時或實行有困難時的替代性或暫時性權宜措施而已，其作法包括下列幾點〔12,13〕：

1. 限制勞工熱暴露的時間或溫度。
2. 降低代謝熱的產生量。
3. 增加勞工對熱的容忍度。

4.對勞工施以安全衛生教育訓練。

5.篩除不適合高溫作業人員。

6.個人防護具之使用。

在以下各節中,我們將逐一探討。

6.4.1　選工、配工制度之建立

藉由體格檢查,建立選工、配工制度,凡是對熱容忍度較差或是健康情況不佳的人員不得僱用使其從事高溫作業。

對每一勞工對熱環境之忍受程度的判斷不是一件容易的工作;但無疑的,曾遭受熱危害的人、健康情況不佳的人對熱的忍受程度較差則是早經證實的;另可利用跑步計(stepping exerciser)或腳踏車跑步計(bicycle ergometer)的測試都是可行的。依據「勞工健康保護規則」規定,有高血壓、心臟病、肝疾病、消化性潰瘍、內分泌失調、無汗症、腎疾病等症者,不得使其從事高溫作業。

6.4.2　熱適應

熱環境的適應有助於增加對熱的忍受程度是無庸置疑的,但每一個人對熱的適應程度卻有著極大的差異。

1.熱環境適應程序的適當設計與應用,對勞工在高溫作業環境的忍受度及對健康所造成危害的機率之降低有舉足輕重的影響。經過一段時間約兩週左右的高溫環境下作業後,大部分人對熱的容忍程度都大有進步。一個離開高溫作業場所已一段時間的勞工,當其再度回到工作崗位時,仍須按照逐日增加其高溫作業分量的方式安排;例如,第一天高溫作業時間佔全部工作時間的50%,第二天佔60%,第三天佔80%,第四天就可以增加到100%。對一新僱勞工,原則上給予一週之熱適應期,其方法為第一天使其工作負荷或工作時間佔全部工作之20%,其後每日增加20％。

2.健康情況的良好與否對熱適應期的長短有著絕對的關係，一個健康情況不佳的人往往比正常人多需50％的熱適應期。此外，肥胖、年齡及老年疾病對熱容忍程度都是相當不利的因素，這是因為體熱的產生與體重成正比；年齡較大攝氧量減少且心肺循環能力較低，對熱之調節機能亦較差；心臟血管疾病會限制血液循環，亦即限制熱從體內傳送至體表。

3.為了確保工作時因流汗及排尿所造成的水分流失獲得補充，應有充足的飲水供勞工飲用，以增加其對熱環境的容忍度與避免熱對健康的危害。原則上，最好每小時都能補充水分。

4.為了補充因流汗所流失的電解質，一個尚未適應熱環境的勞工應在其三餐飲食中充分的攝取鹽片，尤其是初到高溫作業場所工作的前二天。對一已適應高溫作業環境的老手而言，除了在補充水分時加入食鹽的攝取外，毋需在三餐中額外增加食鹽的攝取。

5.藉由訓練可增加對熱的容忍度，此乃因為訓練可增加血液輸送氧及廢物之能力，亦即最大氧攝取量的增加。

6.4.3 作息時間之調配

降低勞工熱暴露時間的方法，可用下列作息時間調整的方式來達成：

1.如果可能，將高溫作業安排在早晨、下午或夜班輪值。

2.高溫作業區的年度維修工作應安排在一年中較涼的季節中。

3.依據「高溫作業勞工作息時間標準」調配作息輪班，使高溫作業勞工有較充裕的休息時間。

4.提供低溫的休息區，如此可因 WBGT 的降低而增加工作時間，但休息區溫度不得低於24℃。

5.增加勞工數目，以便採輪班方式減少每個人的熱暴露時間。

6.允許高溫作業人員感覺不舒適時得暫時離開工作崗位。

7.增加高溫作業勞工的水分攝取量。

6.4.4 降低代謝熱負荷

在大多數的作業場所中，代謝熱並非人體主要的熱負荷，但在循環系統中的確是個額外的負擔，尤其是異常的溫濕環境之下更是如此，藉由以下幾點措施的運用，代謝熱的產生量最多可降低達200 kcal/hr 之譜：

1.製造程序的機械化或自動化：尤其是玻璃製瓶工廠、鋼鐵工業、小鑄件的鑄造廠和啤酒釀造廠都已有相當成功的例子。機械化或自動化對於人工的需求量之減少與作業人員的代謝熱之降低方面均有立竿見影的效果。
2.工作時數的減少（降低工作天數、增加休息時間、嚴格限制加班）。
3.增加人手：由多人共同分擔工作，尤其是在熱尖峰時期。

6.4.5 個人防護具之使用

如果以上幾項措施都無法滿足需要，則可借助個人防護具或防護衣的使用來減少熱的暴露量。依「高溫作業勞工作息時間標準」規定，若作業位置的黑球溫度高於50℃時，雇主應提供熱防護設備，供勞工使用。熱防護具大概有以下幾種：

一、允許短時間暴露的防護衣

勞工要直接暴露於非常高的溫度下，需要穿著隔熱的鋁衣、鋁鞋和防護面罩。但是防護衣只能減少身體從環境中獲得的熱量，卻無法移去身體中多餘的熱量。所以只允許短時間的高溫暴露。

二、呼吸熱交換器

短暫地暴露於高溫作業環境時，可利用裝設在防護面罩內的呼吸熱交換器來達到溫度降低至人體呼吸道可容忍的溫度。不過這類吸呼熱交換器有不能過濾雜質及無法提供多餘的氧氣等兩項缺點。

三、具冷卻效果的防護衣

如果需要在高溫作業環境之下持續一段較長時間的工作,可在個人防護衣內加一渦流管冷卻系統,其特色是除了使勞工在高熱的環境下工作有冷氣供應外,渦流管的排氣更可充作作業者新鮮空氣的來源,此類具渦流管的防護衣目前已商業化。

四、局部式熱防護衣

局部式熱防護衣包括頭巾、圍裙、袖套及鞋套等等,可視需要單獨一項使用或合併使用。其中圍裙主要防護前胸到腳踝的部分,背後開空,也有與袖套連成一體者。常使用於熔解爐前作業或鑄造作業的隔熱與安全防護。

6.4.6 實施勞工安全衛生教育

高溫作業場所熱危害事故的預防可藉由熱誘發疾病的癥兆之早期發現,施以急救和正確的操作程序來達成。其作法如:

1. 無論是監督者或操作者均需接受熱危害通識教育,以便對熱誘發之生理障礙,如失水、熱痙攣、熱衰竭和中暑等之早期症狀有所認知,並能施以正確的急救法。
2. 所有高溫環境作業人員均需接受個人防護具的正確維護及使用方法訓練。
3. 所有的高溫作業人員均需被告知非職業因素(如藥物、酒精及肥胖)對熱容忍度的影響。尤其是不應有喝酒的習慣,因為中暑的人常常是前一天有喝過酒,因為酒精會減少對熱之適應能力。
4. 實施作業人員編組,透過互助小組的運作,實施現場監督作業,儘早發現有熱危害跡象的勞工並儘快施予急救或送診治療。在 WBGT 值高之熱環境工作者，需有同伴或監督人員監督作業。

　　5.意外事故處理程序、休息區或搶救組織、搶救路線也應一併規劃設置。

　　表6-3是針對高溫作業環境的管理及改善列一清單以俾熱危害控制方法的選用。

表6-3　熱危害控制一覽表〔13〕

項　　目	因　應　措　施
環境控制	
1.作業產生的代謝熱	• 儘量減少對勞力的需求；粗重的工作有機具可支援或採自動化控制
2.輻射熱傳遞	• 設置熱屏障、高溫爐的絕緣、熱屏障表面（靠熱源端）覆以金屬反射面板、穿著能反射熱的衣物、身體暴露在外的部位加以遮蔽
3.對流熱傳遞	• 降低作業環境空氣溫度、降低流經皮膚局部空氣的流速
4. E_{max}，藉由汗水蒸發的最大排熱量	• 減少工作場所內濕度、增加空氣流動速度、減少衣著量
作業行政管理	
1.限制熱暴露量	• 減少每人的熱暴露量、多增人手以減少每人的熱暴露量、高溫作業儘可能安排在一天中較涼爽的時段、監督人員或勞工安全衛生訓練以利熱危害症狀的早期發現並提高警覺性
2.休息	• 提供有空調的低溫休息區（不得低於24℃）、輪班制度調配使勞工休息時間增加
3.個人防護具	• 提供具有冷卻效果的熱防護衣、局部防護具、及呼吸熱交換器
4.其他	• 藉體格檢查來建立選工及配工制度、尚未適應熱環境的新僱勞工需多加照應、飲水的補充以防脫水、是否有降低熱容忍度的非職業性習慣，如喝酒或肥胖

[例題]

設某正常衣著勞工受僱於某工廠，負責以手工將熔融浮渣由熔爐取出的工作，其作業位置相關的溫濕條件，如下表所示：

溫濕條件	測量數值
黑球溫度（T_g, ℃）	71.7
乾球溫度（T_a, ℃）	47.7
通風濕球溫度（T_{wb}, ℃）	30.6
空氣水蒸氣壓（P_a, mmHg）	24.5
風速（V, m/s）	4.1
自然濕球溫度（T_{nw}, ℃）	36.3
綜合溫度熱指數（WBGT, ℃）	46.9
平均輻射溫度（T_r, ℃）	159.4
輻射交換熱（R, kcal/hr）	840.4
對流交換熱（C, kcal/hr）	207.5
代謝熱（M, kcal/hr）	200.0
須由蒸發散失之熱（E_{req}, kcal/hr）	1,247.5
由蒸發散失熱之最大值（E_{max}, kcal/hr）	622.5
流汗率（SR, l/hr）	2.1

試由上列溫濕條件之測值，說明該勞工之熱暴露時間問題該如何控制較合宜。

解答：

(1)由所測值知該高溫作業場所的基本特性：

　①黑球溫度大於50℃。

　②乾球溫度大於人體體溫的37℃。

　③綜合溫度熱指數（46.9℃）遠大於法令規定輕工作的最大值

33℃。

④自然濕球溫度36.3℃過高。

⑤空氣水蒸氣壓24.5mmHg偏高。

⑥HSI＝（E_{req}/E_{max}）×100＞100過高。

(2)以工程改善降低勞工熱暴露量：

①由黑球溫度大於50℃可知該環境的輻射熱過高，且乾球溫度也顯示室內空氣溫度過高，可借助整體換氣或局部排氣的方式來降低。

②濕度過高是顯示該場所水蒸氣量太高，不利勞工排汗，亦需加強通風設施，利用局部送風冷卻尤佳。

③須由蒸發散失之熱量 E_{req}＝1,247.5kcal/hr，但流汗率（SR）已達每小時2.1公升，趨近極限，所以除了增加通風設備之外，最好能在製造程序上予以機械化或自動化作業。

④在不妨礙作業的情形下設置隔熱設施，將熱源與作業區之間以隔熱牆或熱屏障隔開。

(3)以作業管理降低勞工熱暴露量：

①勞工每日工作時間不得超過6小時。

②雇主必須提供作業勞工身體熱防護設備。

③必須充分的供應15℃左右的飲水和食鹽。

④必須注意選工問題，增加其熱適應。

⑤提供低溫休息室供作業勞工休息。

習題六

1.試由理工學的角度，說明輻射熱（radiant heat）及對流熱所致之職業危害應如何控制？

2.某著衣工人在某熔爐（furance）旁工作，其代謝熱為200kcal/hr，黑球溫度為68℃，乾球溫度為42℃，濕球溫度為31℃，水蒸氣壓24.5mmHg，風速275m/min，自然濕球溫度34℃，試問該高溫作業環境應如何改善？

3.為使從事高溫作業的新進員工能產生熱適應，試擬定令新進員工能產生熱適應的日程（schedule）？

參考文獻

1. 台灣省工礦檢查委員會（1986）：高溫作業勞工作息時間標準，內政部六十三年八月二十八日（台內勞字第584942號令）發佈，頁589-592。

2. 行政院勞工委員會（1991）：勞工作業環境測定實施辦法。

3. 行政院勞委會勞工安全衛生研究所（1994）：高溫作業勞工熱暴露劑量之調查研究，工業衛生研究報告。

4. ACGIH（1977）：Threshold Limit for Chemical Substances and Physical Agents in the Work-Room Environment with Intended Changes，ACGIH Inc.，Washington，D.C.，pp.25-88.

5. NIOSH（1986）：Occupational Exposure to Hot Environments Revised Criteria 1986，DHHS（NIOSH）Publication NO.86-113.

6. ISO-7243（1989）：Hot Environments-Estimation of the Heat Stress on Working Man，Based on the WBGT-Index，ISO 7243：1989（E）1-10.

7. ISO-7733（1989）：Hot Environments-Analytical Determination and Interpretation of Thermal Stress Using Calculation of Required Sweat Rate，ISO-7733：1989（E）1-12.

8. ACGIH，Committee on Industrial Ventilation，Lansing，M.I.（1986）：Industrial Ventilation-A Manual of Recommended Practice，19th Ed. Cincinnati：ACGIH.

9. 工業安全衛生協會編印（1985）：工業通風設計講習教材。

10. 張錦輝：《作業環境控制之利器——工業通風》，環保資訊，ISSN，NO.12，頁14-16，1995。

11. 行政院勞委會編印：《工業通風原理——工業通風原理及整體換氣》，頁1-46，1983。

12. 葉文裕（1990）：《高溫作業環境量測理論與實務》，行政院勞工委員會。

13.Allan, Ralph. E. ect.（1975）：Heating and Cooling for Man in
　　Industry, 2nd ed., AIHA.

14.Mary, O. J.（1973）：The Industrial Environment-Its Evaluation
　　& Control, NIOSH.

第 7 章
採光與照明

光與色

照明的物理基礎

人工光源種類與照明方式

法令之相關規定

照明測定

照明設計

光線引起之傷害

良好的採光與照明，對勞工作業的影響有：

1. 提高作業能力，改善產品品質，減少不良品，增加生產。
2. 使視覺環境舒適，減少視覺疲勞，促進安全，提高工作情緒與
   士氣。
3. 有助於廠房的利用與管理，減低成本。

因此，如能針對勞工作業環境採光、照明的缺失及其對勞工作業的影響加以認知，評估工作環境所需的質與量，才能予以適當的設計，也唯有如此，才能在勞工的生產效率及工作方面有所提升。尤其近年來，作業員高齡化、作業之精密化的現象日漸普及，若是照明不充分，不僅判別物件費時，作業人員視力疲勞，便易發生事故，品質也將隨之降低，所以良好的作業環境之採光及照明實有其必要性。

7.1 光與色

光是一種電磁波，能夠刺激眼睛的視網膜而產生視覺的功能。一般所謂的可見光是指波長介於400nm（紫色光）到700nm（紅色光）的光波。事實上，平日吾人所見之光線幾乎都是由多種波長混合而成，這些混合光波依其波長的組成及能量的強度組合成特殊的色彩。若一混合光波包含各種不同波長，就會產生白色的視覺。

光源依其發光原理可分為以下兩類：

一、發熱體（incandescent body）

如白熾燈泡便是鎢絲溫度上升所致之發光現象。

二、非發熱體（luminescent body）

若發光體的發光現象並非來自輻射熱，則稱之為非發熱體。非發熱光主要有螢光與磷光兩種。

人眼的網膜是由兩種可以感受光波刺激的細胞所構成：一種狀似

圓錐，稱之為錐狀體（cons）；另一種狀似長桿，稱之為桿狀體
（rods）。當照明水準高時，桿狀體和錐狀體均能作用，稱為明視力
（photopic vision），產生有色視覺（如紅、黃、藍）和無色視覺
（如白、黑、灰），此時眼睛對波長550nm（綠光）左右的光最敏
感。當照明水準較差時，如黎明、黃昏、夜晚，則以桿狀體為主，且
只能產生無色視覺，稱為暗視力（scotopic vision），此時眼睛對波
長500nm左右（藍、綠）的光最敏感。這種明視力和暗視力間感受
性的轉換稱為 pur kinje 效應。

　　理想的白熱物體（即完全放射體）理論上可以求出物體的溫度與
此物體所放出之光的光色間的關係。因此，可反過來以物體的溫度表
示光色，此即所謂「色溫」（color temperature）的觀念。色溫的單
位是K，隨著色溫的增高，光色的變化為橙—黃—白—藍，根據色溫
的值，可判斷出大概的光色。例如，中午的太陽，其色溫約為5,500
K。愈低的色溫帶愈多紅色，愈高的色溫帶愈多藍色。

　　白色燈光（色溫5,000K以上）如晝光色日光燈、透明型水銀燈
有清涼感，適合辦公室用。微黃燈光（色溫3,300K以下），如白熾
燈、鹵素燈有溫馨感，適合家庭用。

　　光源對於物體顏色的呈現程度稱為演色性（color rendering），
也就是顏色逼真的程度，演色性高的光源對顏色的表現較好，我們所
看到的顏色也就較接近自然原色，演色性低的光源對顏色的表現較
差，我們所看到的顏色偏差也較大。產生演色性高低之情形的關鍵在
於該光源之「分光特性」，如果光源所放射的光束所含色光比例和自
然光較相近，則我們眼睛所看到的顏色也就較為逼真。該評價可採用
演色評價數（color rendering index），此指數是表示某光源的光色
接近完全輻射體的程度。其作法是先選擇近似某光源色溫的基準光，
然後計算出用光源和基準光照明規定的試驗色時兩者間的色差，並以
最高為100的變換演色評價數表示之，其單位是 R_a，一般人工光源都
採用平均演色評價數來評定，亦即取八種規定色的演色評價數之平均
值，R_a 在100～80的範圍內演色性優良，R_a 在79～50時演色性普
通，R_a 少於50演色性較差。例如，白熾燈R_a為100，日光燈（晝光

表7-1 演色性比較表

燈 管		色溫 （ K ）	演色溫度 （ R_a ）
日 光 燈 FL	D—畫光 W—白色 WW—溫白色	6250 4250 3450	74 62 57
	SDL—高演色 SDL50—高演色 EDL42—高演色	6520 5150 4200	91 95 97
水 銀 燈	透明（ H ） 螢光（ HF ）	5710 7450	15 45
複金屬燈	M MF	5500 6900	65 68
鈉 氣 燈	NH－高壓 NX－低壓	2100 1740	49 44
白 熱 燈 鹵 素 燈	L DXW	2800 3190	100 100

色）為74，日光燈（白色）為62，螢光水銀燈為45，鈉氣燈（NH）
為29，如表7-1所示。

　　在設計照明時，首先必須仔細考慮所要求的照明條件，選定適當
的光源。若想有優良品質的照明，當然最基本的是要採用良質的光，
也就是光源的光色和演色性要佳。

7.2　照明的物理基礎

　　在光的測量上，亦即在測光學（ photometry ）方面，相關的概念
和名詞甚多，在此僅針對其重要者，討論如下：

表7-2　常見光源之光通量

光源名稱	光通量
太陽	4×10^{28}Lm
蠟燭	12Lm
60W 白熱燈	750Lm
100W 白熱燈	1,400Lm
20W 日光燈	1,100Lm
40W 日光燈	2,800Lm

一、光通量或稱光束

　　光通量（luminous flux，F）為某一光源所發出的總光量。光通量的單位為流明（lumen），簡稱 Lm。常見的光源之光通量列舉如表7-2。

二、光度或稱光強度

　　一光源在某一方向的發光強度稱為光度（luminous intensity，I），以燭光（candela）為單位，簡稱 cd。由於光源對各方向的發光強度大多不均勻，因此某一方向的發光強度和該光源所發出的總光量並無一定的關係。今假定有一光源，對各方向的發光強度都等於1cd，放在半徑為1m 的球心，則通過球表面每1m² 的光通量即為1Lm。因球的表面積為4πm²，故該光源所發出的總光量為4πLm。有時候，光度也可用「從光源每一單位立體角（solid angle）所放射出來的流明數」來定義。1cd 的光源可發出12.57Lm 的光通量。

三、照度

　　受光面上單位面積所接受的光通量稱為照度（illumination 或 illuminance，E），以勒克司（Lux）為單位，簡稱 Lx。1Lx＝1Lm/m²。

有關照度的觀念我們可以想像如下：有一光源置放在一個球體的中心，則射向球體內表面任何一點的光線數量就是其照度。假設此球體半徑是1m，光源的光度是1cd，則這1cd（即12.57Lm）的光源會完整的照射在12.57m²（4π）的表面積上，所以任一點的照度均為1Lm/m²。茲以圖形表示如圖7-1。

　　一個點光源照射在一個被照面上的照度可依「平方反比定律」計算；即

$$某點之照度 = \frac{點光源之光度}{（某點與點光源之距離）^2}$$

或

$$E（Lx）= \frac{I}{D^2}（\frac{cd}{m^2}） \tag{7.1}$$

　　例如，距1cd的點光源2m 時照度是1/4Lx，當距離變為3m 時，照度則變為1/9Lx。

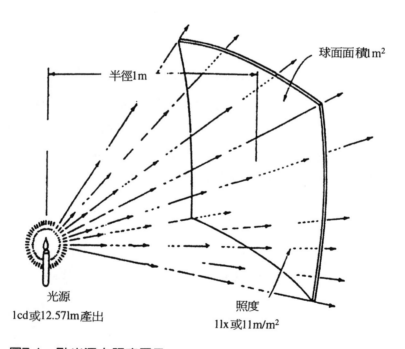

半徑1m
球面面積1m²
光源
1cd或12.57lm產出
照度
1lx或1lm/m²

圖7-1　點光源之照度圖示

若 N 表室內燈光數，F 表每一燈具所發出之光通量（Lm），A 表室內面積（m²），M 表維護係數，U 為照明率，則室內平均照度可用下式來計算：

$$E = \frac{N \cdot F \cdot M \cdot U}{A} \qquad (7.2)$$

其中照明率（U）為到達工作面的流明數與燈具所發出的流明數之比值，隨燈具型式、透光率、配光及室指數而異。室指數（Room Index, RI）的定義如下：

$$RI = \frac{X \cdot Y}{H(X+Y)} \qquad (7.3)$$

其中　X＝房間寬，m

　　　　Y＝房間長，m

　　　　H＝光源至作業檯面高

室指數依值之不同可分為 A 至 J 等十個等級，如表7-3。室指數（RI）愈大，照明率（U）愈大。

表7-3　室指數分類

記號	室指數 RI	
	中心值	範圍
J	0.6	0.7以下
I	0.8	0.7～0.9
H	1.0	0.9～1.12
G	1.25	1.12～1.38
F	1.5	1.38～1.75
E	2.0	1.75～2.25
D	2.5	2.25～2.75
C	3.0	2.75～3.50
B	4.0	3.50～4.50
A	5.0	4.50以上

表7-4　維護係數表

使用場所	維護係數（M）
不易污染的場所	0.65～0.75
一般場所	0.65～0.55
易於污染的場所	0.55～0.45
非常易於污染的場所	0.45以下

　　維護係數（M）為時間衰減及積塵減光之比率。因光源在使用中逐漸降低光束，即所謂光體老化，且日久積塵而降低透光率，增加吸收率，故在設計之初即需考慮光束之減弱，此係數稱減光補償率。減光補償率是依光源之種類及大小而異，螢光燈形體大，易積塵，減光補償率較燈泡為大。減光補償率之倒數（即1/D）為維護係數，其值介於0.55～0.75之間。表7-4為維護係數表。

　　在一空間中工作、生活，如果光線深淺極為不均，不但會造成精神不安、注意力不集中，同時眼睛也容易疲勞，舉止變得遲鈍，因此一定要注意室內的明暗對比不可太極端。

　　房間全般的照度分佈，應以地板上80公分左右桌面高度之水平面為準，如圖7-2。此平面的照度分布不均，其他條件如輝度分布、光束的反射亦會不佳，因此照度分佈為房間全體照明環境之指標。

　　照度均勻度（uniformity ratio）等於最低照度與最高照度之比，良好照度均勻度 UR＞1/3。

四、光束發散度

　　與照度相反，自單位面積的表面上所發散的光束，稱光束發散度（luminous existance，M′）。單位為 Lm/m^2 或 rlx（radlux）。

　　無論是發光面、反射面、透過面皆可定義為：某面上某點之光束發散度。

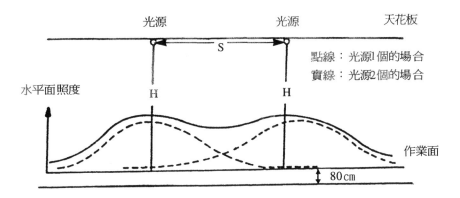

圖7-2 照度分布

反射率為 ρ 之反射面，受光之照度為 E 時，則該光束發散度 M′ = ρE。透過率為 τ 之面亦具相同之關係。

五、亮度

亮度（luminance）是由被照面單位面積上所反射出來的光通量，也可視為被照面照度與其反射率的乘積。欲區分一物體的形狀，須在此物體與其周圍背景間有相當的亮度對比或顏色對比，對比越大，越易辨識。亮度的單位為平方米燭光，符號為 cd/m^2。

六、輝度

光源在某一方向的光度，除以該方向的光源投影面積所得之值稱為輝度（brightness, B）。單位為 cd/m^2，或 nit。若二光源的光度相同，則其發光面積大者輝度小，又若兩發光體面積相同時，則光度大者輝度較大。因此，輝度與發光面積成反比，與光源之光度成正比。

七、眩光

眩光（glare）係視野內任何具有引起不適、討厭、疲倦或干擾視覺的輝度。可分直接眩光（direct glare）和反射眩光（reflected glare）。直接眩光是由視野內的光源直接引起，反射眩光則為視野內物體表面所反射的光所引起。

    1.減少直接眩光的方法有：

      (1)減低引起眩光的高亮（輝）度的面積，例如，用燈罩將燈泡罩起來。

      (2)減少光源的亮度，例如，用多個低強度的燈具取代少數非常明亮的燈具。

      (3)儘可能將燈具裝在離視線角度較大的地方，因為光源越接近水平視線，越增加眩光，明視效率也就越低。

      (4)增加眩光源周圍的亮度以降低明視比。

    2.減少反射眩光的方法有：

      (1)儘可能保持燈具最低的亮度水準。

      (2)提供良好的全般照明水準，例如，使用許多小光源或使用間接光，以減少反射影像與其周圍之間的輝度比。

      (3)改變刺目的表面的性質，如在玻璃上墊一層塑膠墊子、在金屬表面塗一層油漆或使用表面經磨砂處理的事務機器。

      (4)把光源位置或工作區域設置在反射光不會直接射向眼睛的地方。

    眩光也可以依據它對觀測者的影響分成以下兩類：

(一)不適眩光

    不適眩光（discomfort glare）會給人們心理帶來不舒服感，但不一定會干擾視力或績效。在全般照明的室內作業場所，當配列在天花板上的多數照明器具進入視線裡，這些光帶來很大的影響時，就會產生不快感，在這種情況下長時間作業，不但會增加疲勞，而且會降低作業效率。因此，室內照明若想實現舒適的視覺環境，最重要的是將不快的眩光除去。

    造成視覺不快的眩光其要素包括光源的輝度、外表的大小和數目等，這些要素越大，眩光就越大。辦公室為有效限制眩光，可採用嵌入型稜晶面蓋、乳白面蓋或金屬片格子，惟至少應使用嵌入型下方開放式反射罩或格子蓋之遮光角，辦公室應用 S＝30°（工廠應用 S＝

15°）。

㈡失能眩光

所謂失能眩光（disability glare）是指視線附近有高輝度光源，使得眼睛暈眩看不到東西。在視覺作業的場合，常會有這樣的經驗，如看光澤紙張的印刷物時，高輝度光源會映照在紙面上，以致無法看到文字，這就是反射眩光。

一般書寫與讀書時，視線多在桌面垂直線20°～40°範圍內，如光源位置與視線剛好成正反射之關係，則會產生反射眩光。此時光源之影像雖為低輝度，但仍會使看視作業之對比降低，使看視發生困難。因此光源應避免置於眼睛直視的範圍，或桌面避免置光亮物體（如玻璃或光滑紙）。

八、配光曲線

一個光源的光度，因方向而異，各方向光度之分佈稱為配光；若就某一平面上之配光，以曲線表示時，稱為配光曲線。通常所指配光曲線，係指平均垂直配光曲線。

九、燈效與壽命

各種電光源的效率稱為「燈效」（lamp efficiency），可以用每一單位的能量消耗（W）所能產生的光通量來衡量，單位為 Lm/W。例如，某一100W 燈泡之光通量為1,400Lm 時，其燈效為14Lm/W。光源之壽命一般係指一直到不能發光或燈絲斷線為止之使用時間，稱為斷線壽命或絕對壽命。此外尚有稱為有效壽命者，係指光通量減少到最初時之80％之時間。

十、反射比

由被照面所反射的亮度與照射在被照面上的照度之比稱為反射比（reflectance）。即：

$$反射比 = \frac{\pi \times 亮度（cd/m^2）}{照度（Lx）} \qquad\qquad （7.4）$$

　　反射比沒有單位，如果照度為1Lx，對一完全漫射反射面（即反射比＝1.0），其亮度為$\frac{1}{\pi}$（cd/m²），但若反射面並非完全漫射時，亮度便要乘上反射比（或亮度係數）才行。

　　以上各名詞相互間的關係可以圖7-3來說明。

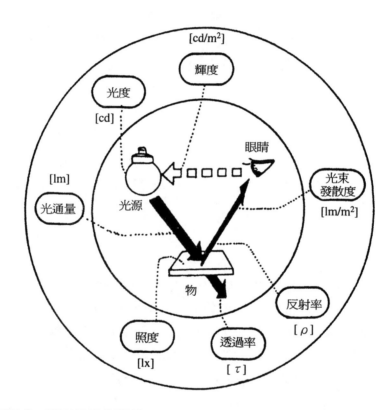

圖7-3　測光量單位關係

7.3　人工光源種類與照明方式

7.3.1　人工光源的種類

　　一般作業環境常用的人工照明光源有白熾（熱）燈、日光燈、水銀燈及納氣燈等數種，由於其對生產有直接關聯，故必須與作業種類、內容、建築物之構造及規模等配合，以符合室內氣氛以及天花板、壁面的加工和構造，甚至於室內裝潢的需要。

一、白熾燈

　　將電流通過金屬絲，使此金屬絲發熱到1,500K以上而發光，爲白熾燈（incandescent lamp）發光的原理。金屬絲常使用鎢絲。鎢絲在玻璃燈泡內，若周圍有空氣存在，則鎢絲會氧化而燒斷。但在眞空中的鎢絲亦會因高溫而慢慢蒸發，漸漸變細而斷裂，因此常將玻璃燈泡抽成眞空之後再加入氮氣。另爲防止燈泡內充有氮氣而發生空氣對流，將燈絲的熱量傳到玻璃燈泡、燈座，發生熱損失（heat loss），可加些氬氣。爲維持玻璃燈泡面的透明，延長壽命，可加入少量的碘氣。

　　白熾燈的主要優點爲能立即點亮，功率因數高，發光情形與頻率無關，但亦有壽命短、發光效率差等缺點。**表7-5**所示爲一般白熾燈瓦特數與光束（流明）間的對照表。

二、日光燈

　　亦稱螢光燈（fluorescent lamp）。係由低壓水銀燈演進而來，將電流經由電弧通入，電熱使管內的水銀蒸氣發出波長爲2,537Å的紫外線。紫外線照射到管內面塗抹的螢光體（如矽酸鈹、矽酸鈣、磷酸、鎢酸鈣等），使螢光體發出強烈的螢光。通常螢光的波長比其他

表7-5 鎢絲燈之全光束（流明）

容量(瓦)	流明	容量(瓦)	流明	容量(瓦)	流明
10	72	100	1,390	1,000	19,500
20	166	200	3,240	1,500	30,750
25	210	300	5,200	20,000	41,000
40	410	500	9,300	—	—

註：本表之數據係以中國電器公司之東亞牌製品為準。

表7-6 日光燈規格（東亞牌）

項目 種類	光色	消耗電力(W)	燈管長度(m)	燈管直徑(m)	規定電壓(V)	燈管電流(A)	最初光束(Lm)	燈管效率(Lm/w)
FL－10D	晝光色	10	330	25	100	0.23	450	45
FL－10W	白 色	10	330	25	100	0.23	470	47
FL－15SD	晝光色	15	436	25	100	0.30	710	47
FL－15S	白 色	15	436	25	100	0.30	810	54
FL－20SD	晝光色	20	580	32	100	0.34	1,050	52.5
FL－20SW	白 色	20	580	32	200	0.34	1,150	57.5
FL－30D－B	晝光色	30	895	32	200	0.375	1,800	60
FL－40SD	晝光色	40	1,1198	32	200	0.415	2,700	67.5
FL－40SW	白 色	40	1,1198	32	200	0.415	2,900	72.5

水銀燈的波長為長，較接近日光，故已逐漸取代白熱燈以往的地位。日光燈的主要優點是壽命長，發光效率高，具有冷光性不發熱等優點，但亦有功率因數低，具閃爍現象等缺點。日光燈的種類很多，**表7-6**列出了一些代表性的規格。由光色分為晝光（多藍青色）、白色（摻紅色系）及天然色（近太陽光）。

三、水銀燈

一般所稱的水銀燈（mercury vapor lamp），係利用水銀蒸汽中的放電現象的電氣，與白熱燈的發熱生光方式不同。在負極的水銀由於通電後產生電弧，水銀蒸發成蒸氣，繼續產生電弧而發光。

表7-7　水銀燈全光束（流明）

種類 容量(W)	清光水銀燈 (H)	螢光水銀燈 (HF)	免用安定器水 銀燈(BH)	安定器損失 (W)
40	1,300	1,400	—	10～13
100	4,000	4,200	—	16～20
200	9,000	9,900	—	20～30
300	15,000	16,500	—	25～38
400	21,000	23,000	＊13,500	30～45
700	39,000	43,500	22,400	45
1,000	58,000	60,000	—	50

＊係500W者

註：本表係以新亞之製品為準。

　　正常發光狀態下，管內水銀蒸氣壓約1～2.5atm，點燈到全亮的時間約5～10分鐘，熄燈後再點燈亦需5～8分鐘，其優缺點與日光燈相似。表7-7為一般水銀燈的資料。

　　水銀燈依其水銀蒸氣壓的不同，可分低壓、高壓和超高壓三種。低壓水銀燈因效率低而漸被淘汰，高壓水銀燈內的水銀蒸氣壓達一大氣壓，效率高（40～50Lm/W），壽命亦長，常用於道路、廣場等公共場所或天花板甚高的工廠。但其光色為青白，不適於一般照明。若在同一燈具之內裝設白熱燈與水銀燈（白熱燈與高壓水銀燈的瓦特比為2：1）時，可得近似日光的照明。管內水銀蒸氣壓為10～200大氣壓時，即為超高壓水銀燈，效率甚高（40～70Lm/W）。

四、鈉氣燈

　　鈉氣燈（sodium vapor lamp）為在玻璃管內充入鈉的蒸氣與氬，其兩極為鎢絲。通電於兩鎢絲電極，待其發熱後，於兩極間加電壓使其放電。氬氣先放電成紫紅色的光。然後鈉氣放電成黃色光。數分鐘之後，氬的紫紅色光因光通量少而不被感覺得到，只見黃色光。由於只見其黃色，故一般照明不甚適用，常用於工廠的精密作業或光學實驗光源，另因其具有透過濃霧的能力，而用於街道、高速公路。其效率甚高，可達40～70Lm/W。

所謂燈具（luminaires）是一個完整的照明單位，包括光源的燈與燈罩，燈罩除了有美化房間的功能之外，尚有配光的作用。燈具可依所發出的光束向上和向下分佈的情形，分為直接式、半直接式、全散射式、半間接式及間接式等五種，**表7-8**是其說明，在選用某一特別型式的燈具時，必須考慮其光線分佈的型態、眩光、作業照度需求、陰影及能源效率等因素。**表7-9**所列是各種燈具之特徵及用途。

7.3.2 照明方式

室內照明按燈具之裝設位置及整個面積之配光情形，可分為全般照明（general lighting）、局部全般照明（localized general lighting）及補充照明（supplementary lighting）三類。

一、全般照明

全般照明係指將燈具予以對稱配置，使整個室內照度較為均勻的

表7-8　燈具型式

燈具型式	配光情形（％）		說　　明
	向上光束	向下光束	
直　接　照　明	0～10	100～90	直射光比反射光多，選用裸燈泡及不透明的反射燈罩
半　直　接　照　明	10～40	90～60	大部分為直射光線，選用半透明的燈罩
全般擴散照明	40～60	60～40	光線向四周散射，選用裸燈泡及半透明密閉燈罩
半　間　接　照　明	60～90	40～10	反射光比直射光多，選用半透明的反射燈罩
間　接　照　明	90～100	10～0	全部為反射光線，選用不透明的反射燈罩

表7-9　各種燈具之特長及用途

種類		功率（W）	特徵	用途
燈泡	一般照明燈泡	10－200	價廉裝卸簡單	局部照明
	反射形燈泡	40－500	裝卸簡單、高光度、光度降低少	局部照明、塵埃多之場所
	斷熱型光柱燈泡	75－150	熱線少、高照度時亦然	局部照明
	鹵素燈泡	100－1500	小型、高效率、光束維持特性佳	全般照明、局部照明
日光燈	日光燈	4－40	高效率、低輝度、長壽命、耐振、演色性（Ra63）	低高度照明用
	高演色性日光燈	20－40	高效率、近似自然晝光、高演色性（Ra92）	色彩之鑑別作業
	三波長域發光型日光燈	20－40	高效率、演色性（Ra84）	重視演色性及氣氛作業
	高功率日光燈	110	高效率、光束大、長壽命、耐振	中高度全般照明用
高壓放電燈	水銀燈	40－2000	高效率、光束大、長壽命、演色性（Ra44）	中、高高度全般照明用
	複金屬型燈	100－2000	高效率、光束大、演色性（Ra68）	中、高高度全般照明用
	高演色性複金屬型燈	125－400	高效率、近似自然晝光、不閃爍、高演色性（Ra92）	重視演色性作業，高速旋轉之機械廠
	高壓鈉燈	70－1000	高效率、長壽命、光束大	不拘演色性之作業
	改善演色性高壓納燈	220－660	高效率、長壽命、演色性（Ra60）	中、高高度全般照明

一種整體照明方法。燈具的數量及裝設位置係依空間大小、照度需求及燈具之配光特性等諸因素而定。為求照度之均勻，在燈具下方之最大照度與兩燈具間之最低照度的比不應超過2：1，以1：1最為理想。

二、局部全般照明

將燈具配置在機器或作業點之正上方，使該處獲得較高之照度，而同一燈具對其鄰近周遭仍可提供足夠照明的一種照明方式。對於某些工廠只需在裝置機器處或作業點施以較高照度而對全廠之均勻照明較無特別要求者，可採用此種照明方式。

三、補充照明

指當某一特別作業點需要較高之照度，而原先設置之全般照明或局部全般照明不敷需求時，另外增加其他直接照明之燈具者，此種照明與全般照明之照度應有合理之分配，否則作業點與鄰近周遭之照度比會過大而造成不舒適。

7.3.3 照明裝置（燈具）的位置

照明裝置應裝設在易於明視工件的位置，且依作業的不同，選用不同的照明燈具。其位置以圖7-4說明如下：

1. 光源在作業面之反射光在視角外之裝置位置：通常光源放置於作業場所之前上方，則對強正反射之作業對象物，採用高輝度光源時，為消除眩目，宜選擇此位置。
2. 光源在作業面之反射光在視角內之裝置位置：光源放置於作業場所之前上方，作業對象物有漫散反射面與正反射面時，如大部分為漫散反射面而光源採用高輝度時，易於辨別小部分之正反射面；如相反時，可採用低輝度之光源。
3. 對作業面之光為小入射角之裝置。為明視作業對象之凹凸所採用之方法。
4. 採用大面積，低輝度器具之裝置位置。因平滑作業對象物時可

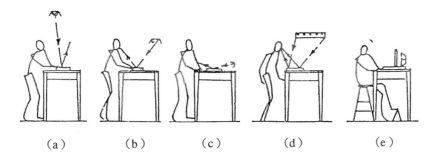

圖7-4　照明依作業的不同而裝置

看到光源之像，故採用附摺型光源時，易於看出作業對象物之
彎曲。

5.經同前項器具之透過光之玻璃、織布等作業之裝置位置。

7.4　法令之相關規定

在我國法令中，有關採光、照明的規定，除了在中國國家標準
（CNS）針對各公共設施有種種的推薦值（非最適宜的值）之外，在
勞工安全衛生設施規則、精密作業勞工視機能保護設施標準中也有相
關的規定：

壹、中國國家標準中對於各公共設施的照度規定含蓋了學校（包括室
　　內、室外）、辦公室、醫院、商店、住宅與集合住宅之共同部分
　　等，茲將與勞工作業關係較密切的辦公室與醫院等二類場所之照
　　度標準列舉於**表7-10**及**表7-11**。

貳、勞工安全衛生設施規則中對於勞工工作場所採光、照明的標準，
　　是在該法第313、314兩條中加以規定，茲將該規定條列於下，以
　　供參考，並期能將之應用於勞工作業環境照明的設計之中。

　　第三百十三條　雇主對於勞工工作場所之採光照明，應依下列規定
　　　　　　　　　辦理：

表 7-10　辦公室

照度 Lux	場所[1]			作業
2000	—			—
1500				○設計
1000	辦公室(a)[2]，營業所，設計室，製圖室，正門大廳(日間)[3]			○製圖 ○打字 ○計算 ○打卡
750	—	辦公室(b)，主管室，會議室，印刷室，總機室，電子計算機室，控制室，診療室，○電氣機械室等之配電盤及計器盤，○服務台		
500	禮堂，會客室，大廳，餐廳，廚房，娛樂室，休息室，警衛室，電梯走道			
300		書庫，會客室，電氣室，教室，教械室，電梯，雜務室	—	
200	—		盥洗室，茶水間，浴室，走廊，樓梯，廁所	—
150	飲茶室，休息室，值夜室，更衣室，倉庫，入口(靠車處)			
100				
75				
50	安全梯			
30				

註[1]：關於室內停車場請另參照停車場之照度標準。

　[2]：辦公室如做精細工作，且日間因光線之影響而室外明亮，室內黑暗之感覺希望能選擇(a)之標準。

　[3]：為避免日間已適應屋外數萬 Lux 的自然光，自進入屋內正門大廳時呈現昏暗之情形、正門大廳照度應予提高，正門大廳日夜間照度可分階段點滅調光。

備考：有「○」記號之作業場所，可用局部照明取得該照度。

一、各工作場所須有充分之光線。但處理感光材料、坑內及其他特殊作業之工作場所不在此限。

二、光線應分佈均勻，明暗比並應適當。

三、應避免光線之刺目、眩耀現象。

四、各工作場所之窗面面積比率不得小於室內地面面積十分之一。

五、採光以自然採光為原則。但必要時得使用窗簾或遮光物。

表 7-11　醫院

照度 Lux	場　　所	作　業
10000		
7500	視機能檢查室(眼科明室)⁽⁴⁾	—
5000		○解剖檢查　○助產
3000		○急救　○視診 ○注射
2000		○製藥　○調藥
1500		○檢查　○技術加工 ○櫃檯事務
1000	開刀房⁽⁵⁾	○繃帶更換(病房) ○裝卸石膏模
750	診察室,治療室,急救室,產房,院長室,辦公室,研究室,會議室,護士室,藥局,製藥室,配藥室,解剖室,病理細菌檢查室,事務室,圖書室,正門	
500		餐廳,調理室,一般檢查室(血液、尿、便),生理檢查室(腦波、心電圖、視力),技術加工室,中央供應室,同位素室
300	嬰房,記錄室,候診室, 會客室,門診部走廊	
200		病房,X 光室(攝影、操作、判讀),物理治療室,溫水浴室,冷水浴室,運動機械室,聽力檢查室,滅菌室,藥品倉庫	○病床上看書
150	麻醉室,回復室,太平間,更衣室,浴室,化妝室,洗衣間,污物處理室,洗衣場,病歷室,值夜室,樓梯	
100		
75		內視鏡室⁽⁶⁾,X 光透視室⁽⁶⁾,眼科暗室,乘車處,病房走廊
50	動物室,暗室(照片),安全梯	
30		
20		
10		
5		
2		
1	深夜之病房及走廊⁽⁷⁾	

註：⁽⁴⁾最好能調光至 50Lux。
　　⁽⁵⁾開刀房之照度應以無影燈將手術檯上直徑 30cm 範圍內維持 20000Lux 以上。
　　⁽⁶⁾能調至 0Lux。
　　⁽⁷⁾使用照腳燈等。
備考：1.有「○」記號之場所,可用局部照明取得該照度。
　　　2.診所照度與醫院同。

六、作業場所面積過大、夜間或氣候因素自然採光不足時，可用人工照明，依下表規定予以補足：

人工照明

照　　　度　　　表		照　明　種　類
場別所或作業別	照明米燭光數	場所別採全面照明、作業別採局部照明
室外走道及室外一般照明	二十米燭光以上	全面照明
一、走道、樓梯、倉庫、儲藏室堆置粗大物件處所 二、搬運粗大物件，如煤炭、泥土等	五十米燭光以上	一、全面照明 二、局部照明
一、機械及鍋爐房、升降機、裝箱、粗細物件儲藏室、更衣室、盥洗室、廁所等 二、須粗辨物體，如半完成之鋼鐵產品、配件組合、磨粉、粗紡棉布及其他初步整理之工業製造	一百米燭光以上	一、全面照明 二、局部照明
須細辨物體如零件組合、粗車床工作、普通檢查及產品試驗、淺色紡織及皮革品、製罐、肉類包裝、木材處理等	二百米燭光以上	局部照明
一、須精辨物體如細車床、較詳細檢查及精密試驗、分別等級、織布、淺色毛織等 二、一般辦公場所	三百米燭光以上	一、局部照明 二、全面照明
須極細辨物體，而有較佳之對襯，如精細組合、精細車床、精細檢查、玻璃磨光、精細木工、深色毛織等	五百至一千米燭光以上	局部照明
須極精辨物體而對襯不良，如極精細儀器組合、檢查、試驗、鐘表珠寶之鑲製、菸葉分級、印刷品校對、深色織品、縫製等	一千燭光米以上	局部照明

七、燈盞裝置應採用玻璃燈罩及日光燈為原則，燈泡須完全包蔽於玻璃罩中。

八、窗面及照明器具之透光部分，均須保持清潔。

第三百十四條　雇主對於下列場所之照明設備，應保持其適當照明，遇有損壞，應即修復：

一、階梯、升降機及出入口。

二、電氣機械器具操作部分。

三、高壓電氣、配電盤處。

四、高度2公尺以上之勞工作業場所。

五、堆積或拆卸作業場所。

六、修護鋼軌或行於軌道上之車輛更換，連接作業場所。

七、其他易因光線不足引起勞工災害之場所。

參、精密作業勞工視機能保護設施標準，其較重要者有：

第四條　雇主僱用勞工從事精密作業時，其作業檯面局部照度不得低於一千米燭光。

第七條　雇主僱用勞工從事精密作業時，其工作檯面照度與其半徑1公尺以內接鄰地區照度之比率不得低於一比五分之一，與鄰近地區照度之比率不得低於一比二十分之一。

7.5　照明測定

　　良好的光環境必須要考慮到照度、眩光、陰影及光色等四項要件，但是環境照明的設計或安排是否適當，則有賴照明的測定加以確認。一般而言，照明測定的項目包括照度、輝度與色溫，而以照度的測定較普及，也是勞工安全衛生法令中有明文規定的項目。

　　照度必須測定的理由如下：

1. 工作場所之照明必須依照作業型態之不同而採取不同的照度設計。

2. 照明燈具上會聚積污物，如粉塵、油污等使其亮度減弱。

3. 室內表面如牆壁、天花板或地板的污垢，使反射率降低，從而降低照度。

4. 燈具會隨著本身的使用年代久遠而降低其光通量，亦即產生的光線會逐日減少。

當照明裝置符合規定的照度水準時，並不一定意味著工作場所的光亮適當，首先是如果光源的位置設置不當，產生反射眩光將嚴重影響到勞工作業時的情況；再者，一個未遮蔽的光源如果在視野範圍內將會產生直接眩光。眩光和輝度有非常密切的關係，因此必須測定輝度。

柔和的陰影有助於顯示物體的輪廓與位置關係。一般較常使用的日光燈較不會發生陰影的問題因此較不被重視，但是若在高天花板的廠區內，因使用大容量的放電燈（如水銀燈、鹵素燈等）且使用的盞數少，這時陰影的問題就會較嚴重，因此需要作照度的測定，其方式是求出暗的部分之照度與明的部分之照度的比值來判定。

光的顏色對於普通的作業尚無影響，一般而言，使用白色或晝光色的日光燈即可，但如果作業上需要辨認不同顏色的物體，而某些光源會影響顏色時，這種特殊的作業就須對光源的顏色作嚴格的要求，此時便需要測定色溫。

照度的測定可用照度計來達成，照度計的等級依中國國家標準CNS5119的規定，其性能分為 AA、A、B 等三級，其精確度分別為指示值的 ±4%、±7%、±15% 等。但依 CNS5065 之規定，在重要之照度測定時，應使用 AA 級。作業環境中照度的測定項目又可分為全般照明照度及局部照明照度。

一、全般照明照度之量測

在如工廠等較為寬敞之場所，因為光源均勻分佈，故在任何位置其照度皆大致相同，此時只要量測數個特定位置之照度再加以平均之即為該場所之全般照明照度。測定點位置之選取方式是將作業面等間隔劃分格子點，若某些位置照度之變化較為急劇則再將該位置劃成更細的格子點，這些格子點之位置即為測定點，測定點的間隔一般只要取介於2～3m 之間即可。在測定高度方面，如有作業檯或工作桌則於其上測定，如無作業檯或工作桌時，室內以離地面75～85cm 高度為測定平面。室外則可於地板上或離地板15cm 內測定。如圖7-5是將測定範圍劃分成m×n個單位區域，再將全測定範圍內之各單位區域

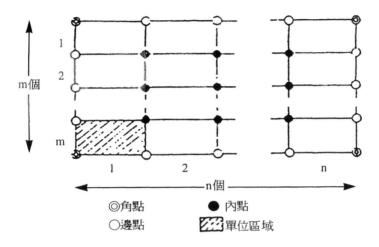

◎角點　　　●內點
○邊點　　　▨單位區域

（a）四點法全面照明之測定點的配置

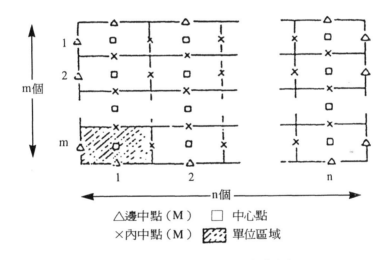

△邊中點（M）　□ 中心點
×內中點（M）　▨單位區域

（b）五點法全面照明之測定點的配置

圖7-5　測定點的配置

的平均照度予以平均,即得此室內的全般照度。單位區域內測定點的
位置之取法有二:

(1)四點法:

$$E = \frac{1}{4mn} (\sum E_\circledcirc + 2\sum E_\circ + 4\sum E_\bullet) \qquad (7.5)$$

(2)五點法:

$$E = \frac{1}{6mn} (\sum E_\triangle + 2\sum E_\times + 2 \sum E_\square) \qquad (7.6)$$

〔例題〕

某作業場所之照度測定結果如下圖所示,試以四點法求其平均照
度值為多少米燭光(lux)?

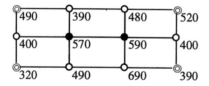

解答:

$$E = \frac{1}{4mn} (\sum E_\circledcirc + 2\sum E_\circ + 4\sum E_\bullet)$$

$$= \frac{1}{4\times2\times3} [(490 + 320 + 390 + 520) + 2 (400 + 390 + 490$$

$$+ 480 + 690 + 400) + 4 (570 + 590)]$$

$$= \frac{1}{24} (1,720 + 2\times2,850 + 4\times1,160)$$

$$= 12,060/24$$

$$= 502 (lux)$$

〔例題〕

某作業場所之照度測定結果如下圖所示,試以五點法求其平均照
度值?

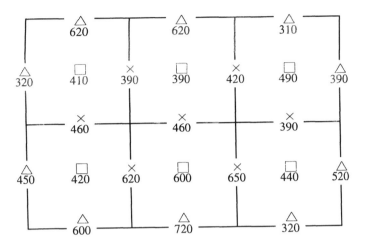

解答：

$$E = \frac{1}{6mn} \left(\sum E_\triangle + 2\sum E_\times + 2\sum E_\square \right)$$

$$= \frac{1}{6 \times 2 \times 3} \left[(320 + 450 + 600 + 720 + 320 + 520 + 390 + 310 \right.$$

$$+ 620 + 620) + 2 (390 + 420 + 460 + 460 + 390 + 620 + 65$$

$$0) + 2 (410 + 390 + 490 + 420 + 600 + 440) \left. \right]$$

$$= \frac{1}{36} \left[(4,870 + 2 \times 3,390 + 2 \times 2,750) \right]$$

$$= 17,150/36$$

$$= 476 \ (\text{lux})$$

二、局部照明之照度測定

在某些特殊作業場所，當其所需的照度比周圍為高時，則除全面照明外，可另外加裝照明設備以增加照度，例如，機械加工廠的車床之操作或成衣廠之成品檢查作業等。局部照明的測定，於狹窄之場所以測定其中一點為代表；於寬廣之場所則可依全般照明照度之測定方式實施測定，再求其平均照度、必要之最大照度及最小照度等。測定時可將照度計感光部分置於作業檯面上測定，再將測定結果與人工採光照度表必須達到之照度比較。

〔例題〕

一勞工從事瓶裝藥品中浮游物之檢查，局部照度經測得為800米燭光，該作業場所之照明是否符合規定？

解答：

依據精密作業勞工視機能保護設施標準之規定，從事精密作業時，其照度應達1,000米燭光以上，因此局部照明應再加強。

輝度是以輝度計來測定，輝度計有許多種，最簡單的是在照度計的光電池前面附加適當大小的圓筒。向著被測定面時，從光電池的中心到圓筒之前端的孔徑預設立體角 ω，當光電池面的照度為 E 時，在被測面的 ω 範圍之平均輝度則為 E/ω。

7.6 照明設計

7.6.1 作業環境照明的設計要點

一、適當的照度

照度不足當然稱不上是良好的視覺環境，但照度的提升也並非毫無限制，因為照度的提升對一事業單位而言，就是產品成本的提高，因此有必要針對照度的最佳化設計作一適當的考慮。一般而言，平均照度與最小照度之比值以不大於3為最佳。為了計算方便起見，普通照度係以水平面照度為準，但依作業內容之不同，垂直面之照度有時亦有規定之必要，此時兩者之比以3：2或不超過3：1之情形為佳。

二、減少眩光

高輝度之光源、光滑面之正反射等皆為產生眩光之原因，作業者視線內如有眩光會引起作業者心理感覺的不愉快，且易引起疲勞，而導致視覺之障礙，因此有必要加以防止。有關直接眩光與反射眩光的防制措施，已在7.1節中加以說明，在此不再贅述。

三、均勻的輝度分佈

在作業場所內之輝度希望能夠均勻，使用局部補助照明時，必須與全般照明之相關事項多加考慮，其照度比值約在10：1以下。**表7-12**及**表7-13**係美國照明協會所推薦之室內各部分輝度比之限度，及相關各面之反射率推薦值。

表7-12 室內各部分輝度比之限度（美國 IES）

項　　目	環境		
	A	B	C
(1)作業對象與其周圍陰暗的部分	3：1	3：1	5：1
(2)作業對象與其周圍明亮的部分	1：3	1：3	1：5
(3)作業對象與其稍遠周圍陰暗部分	10：1	20：1	＊
(4)作業對象與其稍遠周圍明亮部分	1：10	1：20	＊
(5)光源（如燈具、窗口）與附近表面的部分	20：1	＊	＊
(6)視界內所有表面互相	40：1	＊	＊

註：環境A：最良好的明視條件，即全視界內反射率能夠控制的屋內。

　　　B：作業附近之反射率能夠控制，較遠之部分無法控制之場所。

　　　C：實際上無法控制反射率之場所。

　＊：實際上無法控制輝度比。

表7-13 各面之反射率推薦值

面	反射率％
天花板	80－90
壁	40－60
作業檯・機械	25－45
地板	20以上

四、適度的陰影

被照體有適當陰影才能有立體感，使環境令人感覺較爲舒適，惟在一般作業場所很難顧及。影子明的部分及暗的部分之比，在實用上是2：1至6：1之間，尤其是3：1是比較好的比例。光源之位置切忌安裝在會使作業者的影子投射在作業面上的位置。

五、適當的光色

作業內容不同，對光色之要求也有所不同，光色差對視速度、視力等極易產生偏差，尤其在印刷、紡織、製紙等對演色性有極高之要求的作業。一般作業場所，最理想的是使用自然照明，照度不足時，再以人工採光補助。在選擇人工光源色彩時仍以畫光色和白色螢光較爲理想。

7.6.2 燈具之選用

工廠照明特別要求經濟性與合理性，爲使光源之特點能充分發揮，燈具之選定是非常重要的。一般燈具爲了使光源所發出之光線達到所要求之配光，通常會利用各種反射罩來達其目的。反射罩可分爲特狹照型、狹照型、中照型、廣照型、特廣照型等數種型體。表7-14所示係使用400W以上水銀燈，水平面照度在200Lx的燈具最大間隔限度及適用燈罩類型之圖表。

燈具之選用隨著工廠的天花板的高低程度有極大的變化，在作業場所（包括作業對象），爲了達到全面均勻之照明時則採用全般照明。依其天花板之高、低、寬、廣可分爲下列三種類型：

一、高天花板的工廠

製鐵、製鋼、大型工廠之天花板高8m以上者，以700W～1KW之日光水銀燈，400W高壓鈉氣燈最適宜，其燈具則依工廠寬度之寬窄程度，爲有效利用光線起見，可參考表7-14之狹照型反射罩。

表7-14　不同型式反射罩之特性

反射罩名稱		特狹照型			狹照型			中照型			廣照型			特廣照型		
配光形狀																
燈具最大間隔		0.5^H 以下			0.5^H – 0.7^H			0.7^H – 1^H			1^H – 1.5^H			1.5^H 以上		
室型狀		廣	中	狹	廣	中	狹	廣	中	狹	廣	中	狹	廣	中	狹
光源安裝高度（m）	5															
	7				不	適	合									
	9															
	11															
	13															
	15										適	合				
	20															

　　天花板高度8m 以上，寬度較狹小之工廠，以採用光源為400W、700W、1,000W 之水銀燈泡較為適合，如使用反射型燈罩時，宜用狹角型者；如使用普通燈泡時，除須用狹角型之反射罩來配合外，由於天花板較高，比較容易使垂直照度不足，因此，為了安全，在壁上宜兼有日光燈之照明合併使用。

　　天花板高度8m 以上，寬度較廣大之工廠，其採用光源、燈罩之原則同寬度較狹小之工廠，惟其差別在須使用較廣角的配光燈罩。

二、中高度天花板的工廠

　　天花板高度5～8m 中型機械組立工廠，可採用廣照型燈罩搭配400W的日光色水銀燈，若因為工廠容易被灰塵污染，燈具之拭洗保養不便時，應採用反射型日光色水銀燈，則燈光的減低可以補償。

　　天花板高度在5～8m 之間，其使用水銀燈泡時，宜用250W、300W及400W 者，燈罩則使用較廣角的配光燈罩。

三、低高度天花板的工廠

天花板5m以下，如紡織或機械組立工廠則以採用40～140W之日光燈爲宜，且要選擇作業面照度均勻的燈具。

天花板高度在5m以下之工廠，如使用水銀燈泡時，應特別注意照度之均勻性，因此宜使用功率較小，而數量較多之光源，即採用日光燈最適合。

此外，對於高濕度、有腐蝕性氣體存在場所、易爆炸性工廠等特殊場所，則依據其所需以選擇燈具。

1.高濕度性場所——密閉防濕型、耐水防濕型燈具。

2.有腐蝕性氣體場所——耐蝕性燈具。

3.易爆炸氣體存在場所——防爆型燈具。

4.易震動場所——耐震性燈具。

7.6.3 照明設計程序

作業環境中（室內）的照明乃屬全般照明設計，可用所謂的流明法（the lumen method）來加以計算，其程序如下：

1.依被照面大小（包括長、寬、高）、天花板高度及工作性質決定燈高。並計算室指數（RI）找出所屬等級。

2.按場所別或作業別，依勞工安全衛生法令或CNS照度標準決定所需照度並選用燈具。

3.依光源種類及因作業所可能造成燈具的污穢程序，決定減光補償率（或維護係數）。

4.按燈具、室指數、天花板及牆面反射率，查出照明率（見本章末之附錄一）。各種常見材料的反射率如表7-15所示。

5.由下式計算所需光源的全光通量：

$$N \cdot F = E \cdot A \cdot D/U \qquad (7.7)$$

表7-15　各種不透明材料之反射率

材料名稱		反射率(%)	材料名稱	反射率(%)
磨光金屬面或鏡面	銀	92	白灰	60～80
	鋁	60～75	白壁	60～65
	銅	75	淡奶油色	50～60
	鉻	65	深色牆壁	10～30
	鎳	55	木材「白身」	40～60
	鋼鐵	55～60	木材「漆黃」	30～50
	玻璃鏡面	82～88	紅磚	15
地表面	道路	10～20	黑瓦	10
	雪地	95	灰色浪板	30
	砂埔	20～30	灰色蔗板	40
塗漆面	白琺瑯	75	水泥	25
	鋁粉刷	55	白磁磚	60
	白漆	60～80	油氈	15
	淡色漆	35～55	家具	25～40
	深色漆	10～30	書面	50～70
	黑漆	5	石膏	87

$$\text{或}\quad N \cdot F = E \cdot A / U \cdot M \qquad\qquad (7.8)$$

其中　N＝燈具數

　　　F＝每一燈具所發出之光通量

　　　E＝所需照度

　　　A＝被照面面積

　　　D＝減光補償率

　　　M＝維護係數（＝1/D）

　　　U＝照明率

6.依所選取之燈具型式查出其光通量的大小。

7.決定燈具數，為使照度均勻，須考慮燈具之配光，通常燈具之間隔（S）取1.0H～1.5H（H＝燈高）之間。而燈具至牆面之間隔（S_0）則分兩種情況：①不需靠近牆面工作時，取 $S_0 \leq$ H/2；②當需靠近牆面工作時，取 $S_0 \leq$ H/3。

依上述之原則，決定燈具裝設之排數及每排之燈具數。

〔例題〕

　　某辦公室之大廳，長18m，寬12m，天花板高4m，試設計其照明。

解答：

　　⑴為配合房間形狀及工作環境，擬採用半直接式全般照明，通常被照面距地面85cm，而燈具離天花板35cm，即燈高

　　　$H = 4 - 0.85 - 0.35 = 2.8 \fallingdotseq 3$（m）

　　⑵因工作需要，由照度表查得所需照度

　　　$E = 200$（Lx）

　　⑶計算室指數

　　　$RI = \dfrac{L \times W}{H(L+W)} = \dfrac{18 \times 12}{3(18+12)} = 2.4$

　　　由室指數之分級表，知其為 D 級。

　　⑷設天花板及牆面之反射率各為0.75及0.5，由照明率表查得照明率 $U = 0.51$

　　⑸設燈具之維護狀態為中等，其減光補償率 $D = 1.5$

　　⑹所需光源全光通量

　　　$N \cdot F = E \cdot A \cdot D/U = 200 \times 18 \times 12 \times 1.5/0.51$

　　　　　　 $= 127,059$（Lm）

　　⑺若使用晝光色雙管螢光燈（FL－40D），因其光通量為2,700×2（查廠商目錄）

　　　故需燈具數（N）$= \dfrac{127,059}{5,400} \fallingdotseq 24$（取較接近之偶整數）。

　　⑻取燈具間之間隔（S）等於1.0H，即S＝3.0m，燈具與牆壁之間隔（S_0）等於$\dfrac{H}{2}$，即$S_0 = 1.5$m，如下圖所示，可採用6×4之配置方式（即4排，每排6盞）。

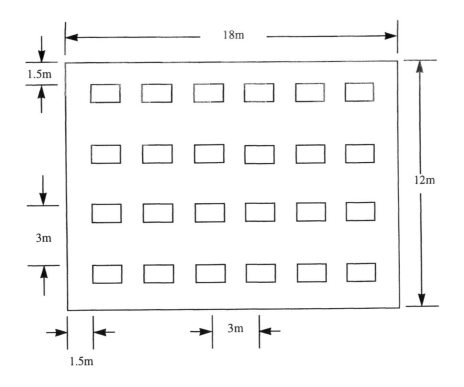

〔例題〕

工廠面積15m×20m，天花板高度8m之工廠，採用 HF-400X 水銀燈，設計照度為150Lx，但天花板反射率為30％，牆壁反射率為20％，床面反射率10％。試求所需燈具數及其排列方式。

解答：

要求之照度150Lx（E）

房間面積　15m×20m（A）
　　　　　　　　　　　　　　　}房間指數 H
燈具高度　約8m

照明率　0.47（U）

光源光通量 HF－400X 型22,000Lm（由廠商型錄查知）

維護係數　0.6

光源燈具數　$N = \dfrac{E \times A}{F \times U \times M} = \dfrac{150 \times 15 \times 20}{22,000 \times 0.47 \times 0.6} \doteqdot 8$

燈具排列為2排4組，如下圖。

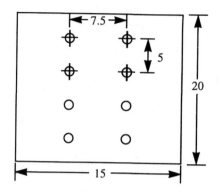

7.7　光線引起之傷害

　　良好的採光與照明對於工廠產能的提升及意外事故的防止固然有莫大的影響，然而照明所使用的光線或其伴隨的紫外線、紅外線甚至可見光等有時也能傷害眼睛，可謂「水能載舟，亦能覆舟」，因此有必要予以注意。

　　茲將光線所可能引起的病症列舉如下：

1. 可見光：會造成弱視、礦工眼球震盪症、佝僂症、骨軟化症、皮膚病、凍傷、肺病、網膜炎、日射病等等。

2. 紅外線：可引起白內障、中暑、溫熱性紅斑等。

3. 紫外線：可引起結膜炎、角膜炎、雪眼炎、電氣性眼炎、紫外線紅斑等。

附錄一　　照明效率表

燈具 LUMINAIRE	燭光分配曲線 DISTRIBUTION	維護係數	天花板	75%			50%			30%	
			牆	50%	30%	10%	50%	30%	10%	30%	10%
			指標	照明率 Coefficients of Utilization							
1 Direct — Troffer-Ribbed Glass	0↑↓50	Good.70 Med..60 Poor.50	J	.28	.27	.26	.28	.27	.26	.28	.26
			I	.34	.33	.32	.34	.32	.32	.33	.31
			H	.36	.36	.36	.36	.36	.35	.35	.35
			G	.39	.38	.33	.38	.38	.37	.37	.36
			F	.41	.40	.40	.40	.39	.38	.39	.38
			E	.43	.42	.42	.42	.42	.40	.41	.40
			D	.46	.44	.43	.44	.43	.42	.42	.42
			C	.46	.45	.44	.45	.44	.43	.43	.43
			B	.47	.45	.45	.46	.44	.44	.44	.44
			A	.47	.46	.46	.46	.45	.45	.45	.44
2 Direct — Troffer-Ribbed Glass	0↑↓47	Good.70 Med..60 Poor.50	J	.27	.25	.24	.26	.25	.24	.26	.24
			I	.32	.31	.30	.31	.30	.30	.30	.29
			H	.34	.34	.33	.34	.33	.33	.33	.32
			G	.36	.35	.35	.36	.35	.35	.35	.34
			F	.39	.38	.37	.37	.37	.36	.37	.36
			E	.40	.40	.39	.39	.39	.38	.39	.38
			D	.43	.41	.41	.41	.40	.40	.40	.39
			C	.43	.42	.41	.42	.41	.40	.40	.40
			B	.44	.43	.42	.43	.42	.41	.41	.41
			A	.45	.44	.43	.43	.42	.42	.42	.41
3 Direct — Troffer-Louvers 30° Shielding	0↑↓60	Good.70 Med..60 Poor.55	J	.33	.31	.30	.33	.31	.30	.30	.29
			I	.40	.38	.38	.39	.38	.37	.38	.36
			H	.43	.42	.41	.42	.41	.41	.41	.40
			G	.46	.45	.44	.46	.44	.43	.44	.43
			F	.49	.47	.46	.47	.46	.45	.46	.45
			E	.51	.50	.49	.50	.49	.48	.49	.47
			D	.55	.52	.51	.53	.52	.50	.51	.50
			C	.55	.54	.52	.54	.53	.52	.52	.51
			B	.56	.55	.54	.55	.53	.53	.53	.52
			A	.57	.56	.55	.56	.55	.54	.54	.53
4 Direct — Troffer-Louvers 30° Shielding	0↑↓53	Good.70 Med..60 Poor.55	J	.29	.27	.26	.29	.27	.26	.37	.26
			I	.35	.34	.33	.35	.33	.33	.33	.31
			H	.38	.37	.36	.37	.36	.36	.36	.35
			G	.40	.39	.39	.40	.39	.38	.38	.38
			F	.43	.42	.40	.41	.40	.39	.40	.39
			E	.45	.44	.43	.44	.43	.42	.43	.42
			D	.48	.46	.45	.46	.45	.44	.45	.44
			C	.48	.47	.45	.47	.46	.45	.45	.45
			B	.50	.48	.47	.48	.47	.46	.46	.46
			A	.50	.49	.48	.49	.48	.47	.48	.46

燈具 LUMINAIRE	燭光分配曲線 DISTRIBUTION	維護係數	指標	Plastic			Metal			
5 Direct — Louverall Ceiling 45° Shielding Cavity Reflectance-75%	PLASTIC METAL 0↑↓59 / 50	Good.70 Med..65 Poor.55	J	.25	.20	.19	.23	.20	.19	Coefficients for plastic louvers based on the use of bare lamps without reflectors.
			I	.29	.25	.23	.27	.24	.22	
			H	.32	.28	.26	.30	.27	.25	
			G	.35	.32	.30	.32	.29	.28	
			F	.38	.34	.32	.34	.31	.30	
			E	.41	.38	.36	.36	.33	.32	
			D	.43	.40	.39	.38	.35	.34	
			C	.45	.42	.41	.39	.37	.36	
			B	.47	.44	.43	.41	.39	.38	
			A	.48	.46	.45	.42	.40	.39	

（續）附錄一　　照明效率表

燈具 LUMINAIRE	燭光分配曲線 DISTRIBUTION	維護係數	指標	天花板 75%			50%			30%	
			牆	50%	30%	10%	50%	30%	10%	30%	10%
				照明率 Coefficients of Utilization							
6 Direct — Surface Mounted-2 or 4 Lamps 30° by 20° Shielding	0↑↓60	Good.70 Med..60 Poor.55	J	.29	.26	.23	.28	.26	.23	.25	.23
			I	.35	.32	.31	.35	.32	.30	.32	.30
			H	.38	.36	.34	.38	.36	.34	.35	.34
			G	.41	.39	.37	.41	.39	.37	.38	.37
			F	.44	.41	.39	.42	.41	.39	.40	.39
			E	.46	.45	.42	.46	.44	.42	.44	.42
			D	.50	.48	.46	.49	.47	.46	.46	.46
			C	.51	.49	.47	.50	.48	.47	.48	.46
			B	.53	.51	.50	.52	.50	.49	.49	.49
			A	.54	.52	.50	.53	.51	.50	.50	.49
7 Semi-Direct — Surface Mounted Plastic Louvers 40° Shielding	5↑↓47	Good.70 Med..65 Poor.60	J	.26	.23	.22	.25	.23	.22	.23	.21
			I	.31	.29	.28	.30	.28	.28	.28	.26
			H	.34	.32	.31	.32	.31	.30	.30	.29
			G	.36	.34	.34	.35	.33	.32	.33	.32
			F	.38	.36	.35	.36	.35	.34	.35	.33
			E	.40	.39	.37	.39	.38	.36	.37	.35
			D	.43	.41	.39	.41	.40	.38	.39	.38
			C	.45	.42	.40	.42	.41	.39	.40	.39
			B	.46	.44	.42	.44	.42	.41	.41	.40
			A	.46	.45	.43	.45	.43	.42	.42	.41
8 Direct — 150-Watt PAR-38 Flood-45° Shielding Total Lamp Lumens-1850	0↑↓62	All Conditions .75	J	.52	.49	.47	.51	.49	.47	.48	.47
			I	.55	.53	.51	.54	.52	.51	.51	.50
			H	.57	.55	.53	.56	.54	.53	.53	.53
			G	.58	.57	.55	.57	.56	.55	.55	.54
			F	.59	.58	.57	.58	.57	.56	.56	.56
			E	.61	.60	.59	.60	.59	.58	.58	.57
			D	.63	.62	.61	.61	.61	.60	.60	.59
			C	.64	.64	.63	.63	.63	.62	.62	.61
			B	.65	.65	.64	.64	.64	.63	.63	.62
			A	.66	.66	.65	.65	.65	.64	.64	.63
9 Direct — RLM-2 40-Watt Lamps	0↑↓79	Good.65 Med..55 Poom.45	J	.38	.32	.28	.37	.32	.28	.31	.28
			I	.47	.42	.39	.46	.41	.38	.40	.37
			H	.51	.47	.44	.50	.47	.43	.46	.43
			G	.55	.51	.48	.54	.51	.47	.50	.47
			F	.58	.54	.51	.57	.53	.51	.52	.50
			E	.63	.60	.57	.62	.59	.56	.58	.55
			D	.68	.64	.61	.66	.64	.61	.63	.60
			C	.70	.67	.63	.68	.65	.64	.64	.62
			B	.73	.70	.68	.71	.68	.67	.67	.66
			A	.74	.72	.70	.72	.70	.68	.69	.67
10 Direct — RLM-3 40-Watt Lamps	0↑↓72	Good.65 Med..55 Poor.45	J	.34	.29	.25	.33	.29	.25	.28	.25
			I	.42	.38	.35	.41	.37	.34	.37	.34
			H	.46	.42	.39	.44	.42	.39	.41	.39
			G	.50	.46	.43	.48	.45	.41	.44	.41
			F	.53	.49	.46	.51	.47	.44	.47	.44
			E	.57	.54	.51	.56	.52	.50	.52	.50
			D	.61	.58	.55	.59	.56	.54	.56	.54
			C	.63	.60	.57	.61	.58	.56	.58	.56
			B	.66	.64	.61	.64	.60	.59	.60	.59
			A	.67	.65	.62	.66	.62	.61	.62	.60

(續)附錄一　　照明效率表

燈具 LUMINAIRE	燭光分配曲線 DISTRIBUTION	維護係數	指標	天花板 75%			50%			30%	
			牆	50%	30%	10%	50%	30%	10%	30%	10%
				照率 Coefficients of Utilization							
11 Semi-Direct Surface Mounted	24↑↓66	Good.75 Med..65 Poor.55	J	.29	.24	.22	.29	.23	.20	.22	.20
			I	.37	.32	.28	.36	.30	.27	.29	.27
			H	.41	.35	.32	.39	.34	.32	.33	.30
			G	.46	.41	.37	.43	.38	.34	.37	.33
			F	.51	.44	.39	.47	.42	.39	.39	.37
			E	.55	.49	.44	.52	.47	.43	.44	.41
			D	.60	.53	.49	.56	.51	.47	.48	.46
			C	.62	.57	.52	.58	.53	.50	.51	.48
			B	.66	.61	.57	.62	.57	.54	.54	.52
			A	.68	.64	.60	.65	.60	.57	.56	.55
12 General Diffuse Enclosing Globe	39↑↓45	Good.75 Med..70 Poor.65	J	.24	.20	.16	.22	.18	.16	.17	.15
			I	.30	.25	.23	.27	.23	.21	.22	.19
			H	.33	.29	.26	.31	.27	.24	.25	.22
			G	.37	.33	.30	.34	.30	.27	.27	.25
			F	.41	.36	.32	.36	.33	.31	.31	.27
			E	.45	.41	.37	.41	.37	.33	.33	.30
			D	.49	.44	.40	.44	.40	.37	.36	.33
			C	.51	.47	.43	.46	.42	.39	.38	.35
			B	.55	.51	.47	.49	.45	.43	.40	.38
			A	.57	.53	.50	.51	.47	.45	.42	.40
13 Semi-Direct Ceiling Mounted-2 or 4 Lamps	30↑↓59	Good.75 Med..65 Poor.55	J	.30	.25	.21	.28	.24	.20	.22	.19
			I	.38	.33	.29	.35	.30	.27	.29	.26
			H	.42	.37	.34	.39	.35	.32	.33	.30
			G	.46	.41	.37	.42	.38	.35	.35	.33
			F	.50	.45	.41	.45	.41	.38	.38	.36
			E	.55	.50	.46	.50	.46	.43	.43	.40
			D	.60	.55	.51	.54	.50	.47	.47	.45
			C	.62	.58	.54	.56	.52	.50	.49	.47
			B	.66	.62	.59	.60	.56	.54	.52	.50
			A	.68	.65	.61	.62	.58	.56	.54	.52
14 Semi-Direct Ceiling Mounted-2 or 4 Lamps 30° Shielding	19↑↓49	Good.70 Med..65 Poor.60	J	.28	.25	.23	.23	.21	.19	.18	.16
			I	.34	.31	.29	.28	.26	.25	.22	.21
			H	.37	.34	.33	.31	.29	.28	.25	.24
			G	.41	.38	.36	.34	.32	.30	.27	.26
			F	.43	.41	.38	.35	.33	.32	.29	.27
			E	.46	.44	.42	.38	.37	.35	.31	.30
			D	.50	.47	.45	.41	.39	.37	.33	.32
			C	.52	.49	.46	.42	.40	.39	.34	.33
			B	.54	.51	.50	.44	.42	.41	.36	.35
			A	.56	.53	.51	.46	.43	.42	.37	.36

燈具 LUMINAIRE	燭光分配曲線 DISTRIBUTION	維護係數	天花板 牆 指標	80% 50% 30% 10%			70% 50% 30% 10%			50% 50% 30% 10%		
				照明率 Coefficients of Utilization								
15 Semi-Direct 2 Lamp 40-Watt & Slimline Without Shield (18↕68)		Good.70 Med..60 Poor.50	J	.30	.24	.21	.29	.24	.21	.28	.24	.21
			I	.38	.33	.29	.37	.32	.28	.36	.31	.28
			H	.45	.39	.35	.44	.38	.34	.42	.37	.34
			G	.52	.45	.41	.50	.45	.41	.48	.43	.40
			F	.57	.50	.46	.55	.50	.45	.52	.48	.44
			E	.64	.58	.53	.62	.57	.53	.58	.54	.51
			D	.68	.63	.58	.66	.61	.57	.62	.58	.55
			C	.71	.67	.63	.69	.65	.61	.65	.62	.59
			B	.76	.72	.68	.73	.70	.67	.69	.66	.63
			A	.78	.75	.72	.76	.73	.70	.71	.69	.67
16 Semi-Direct 2 Lamp 40-Watt & Slimline with Shield (18↕63)		Good.70 Med..60 Poor.50	J	.29	.24	.22	.29	.24	.22	.28	.24	.21
			I	.38	.33	.29	.37	.32	.29	.36	.31	.28
			H	.44	.39	.35	.43	.38	.35	.41	.37	.34
			G	.50	.45	.41	.49	.44	.40	.47	.42	.39
			F	.55	.49	.45	.53	.49	.45	.51	.47	.43
			E	.61	.56	.52	.60	.55	.51	.56	.52	.49
			D	.67	.60	.57	.63	.59	.56	.60	.56	.53
			C	.68	.64	.60	.66	.62	.59	.62	.59	.56
			B	.72	.69	.65	.70	.66	.64	.65	.63	.61
			A	.74	.71	.68	.72	.69	.67	.67	.65	.63
17 Semi-Direct 2-Lamp 4-Foot or 8-Foot Surface-Mounted (20↕73)		Good.75 Med..65 Poor.55	J	.27	.21	.17	.27	.21	.17	.22	.20	.17
			I	.35	.30	.24	.35	.30	.24	.35	.29	.24
			H	.43	.36	.30	.41	.35	.31	.40	.34	.30
			G	.49	.42	.37	.49	.42	.36	.46	.40	.36
			F	.55	.47	.42	.53	.47	.41	.50	.44	.40
			E	.62	.55	.50	.60	.53	.49	.57	.52	.47
			D	.67	.61	.56	.66	.60	.55	.62	.57	.52
			C	.71	.65	.60	.70	.63	.59	.65	.61	.56
			B	.76	.71	.66	.74	.69	.65	.69	.65	.62
			A	.81	.76	.71	.78	.74	.70	.73	.69	.67
18 Direct 2-Lamp Troffer With Plain Ribbed Glass (0↕53)		Good.70 Med..60 Poor.50	J	.26	.22	.20	.25	.22	.20	.25	.22	.20
			I	.32	.29	.26	.32	.29	.26	.31	.28	.26
			H	.36	.33	.30	.36	.33	.30	.35	.32	.30
			G	.40	.37	.34	.40	.37	.34	.39	.36	.34
			F	.43	.40	.37	.43	.40	.37	.42	.39	.37
			E	.46	.44	.41	.46	.43	.41	.45	.43	.41
			D	.49	.46	.44	.48	.46	.44	.47	.45	.43
			C	.50	.48	.46	.49	.48	.46	.48	.47	.45
			B	.52	.50	.48	.51	.50	.48	.50	.49	.47
			A	.53	.52	.50	.52	.51	.50	.51	.50	.49
19 Direct 2-Lamp Troffer With 45° Plastic Louvers (0↕52)		Good.70 Med..60 Poor.50	J	.24	.21	.19	.24	.21	.19	.24	.21	.18
			I	.30	.27	.24	.30	.27	.24	.29	.26	.24
			H	.34	.31	.28	.34	.31	.28	.33	.30	.28
			G	.38	.35	.32	.38	.34	.32	.37	.34	.32
			F	.41	.38	.35	.40	.37	.35	.39	.37	.34
			E	.44	.41	.39	.44	.41	.39	.43	.40	.38
			D	.46	.44	.42	.46	.44	.41	.45	.43	.41
			C	.48	.46	.44	.48	.45	.43	.46	.44	.43
			B	.50	.48	.46	.49	.48	.46	.48	.47	.45
			A	.51	.50	.48	.51	.49	.48	.50	.48	.47

燈具 LUMINAIRE	燭光分配曲線 DISTRIBUTION	維護係數	天花板	80%			70%			50%		
			牆	50%	30%	10%	50%	30%	10%	50%	30%	10%
			指標	照明率 Coefficients of Utilization								
20 Direct 4-Lamp Troffer With 30° Metal Louvers		Good.70 Med.60 Poor.50	J	.27	.23	.20	.27	.23	.20	.26	.23	.20
			I	.34	.30	.27	.33	.30	.27	.33	.29	.27
			H	.39	.35	.32	.38	.34	.31	.37	.34	.31
			G	.43	.39	.36	.43	.39	.36	.42	.38	.36
			F	.46	.42	.39	.46	.42	.39	.45	.42	.39
			E	.50	.47	.44	.50	.46	.44	.48	.46	.43
			D	.53	.50	.47	.52	.49	.47	.51	.49	.47
			C	.55	.52	.50	.54	.51	.49	.53	.50	.49
			B	.57	.54	.52	.56	.54	.52	.55	.53	.51
			A	.58	.56	.55	.57	.56	.54	.56	.55	.54
21 Direct 8-Lamp Recessed, With Plastic Cover		Good.70 Med.60 Poor.50	J	.27	.22	.20	.26	.22	.19	.25	.22	.19
			I	.33	.29	.26	.33	.29	.25	.32	.28	.25
			H	.38	.34	.30	.38	.33	.30	.37	.33	.30
			G	.43	.38	.35	.42	.38	.34	.41	.38	.34
			F	.46	.42	.38	.46	.41	.38	.44	.41	.38
			E	.50	.47	.43	.50	.46	.43	.48	.46	.43
			D	.53	.50	.47	.53	.49	.47	.51	.48	.46
			C	.55	.52	.50	.54	.52	.49	.53	.51	.49
			B	.59	.55	.53	.58	.55	.53	.56	.54	.52
			A	.60	.57	.55	.59	.57	.55	.57	.56	.54
22 Direct 4 Lamp 40-Watt & Slimline Surface Mounted		Good.70 Med..65 Poor.60	J	.28	.24	.22	.28	.24	.22	.27	.24	.22
			I	.34	.30	.27	.33	.30	.27	.32	.29	.27
			H	.38	.34	.31	.37	.34	.31	.36	.33	.30
			G	.41	.37	.35	.40	.37	.35	.39	.36	.34
			F	.44	.40	.38	.43	.40	.37	.42	.39	.37
			E	.47	.44	.42	.47	.44	.41	.45	.43	.41
			D	.50	.47	.44	.49	.46	.44	.47	.45	.43
			C	.51	.49	.46	.50	.48	.46	.48	.46	.45
			B	.53	.51	.49	.52	.50	.48	.50	.49	.48
			A	.55	.53	.51	.53	.52	.50	.51	.50	.49
23 Direct 2-Lamp 40-W & Slimline-45° Louvers Surface-Mounted -Plastic Sides		Good.70 Med.65 Poor.60	J	.27	.23	.20	.27	.23	.20	.26	.23	.20
			I	.33	.29	.26	.32	.28	.25	.32	.28	.25
			H	.37	.33	.29	.36	.32	.29	.35	.31	.29
			G	.41	.36	.33	.40	.36	.33	.39	.35	.32
			F	.44	.40	.36	.43	.39	.36	.42	.38	.35
			E	.48	.44	.41	.47	.43	.40	.45	.42	.39
			D	.51	.47	.44	.50	.46	.44	.48	.45	.42
			C	.53	.50	.47	.52	.49	.46	.50	.47	.45
			B	.56	.53	.50	.54	.52	.49	.52	.50	.48
			A	.57	.55	.52	.56	.54	.52	.54	.52	.50
24 General Diffu 2-Lamp 40-W & Slimline-35° ×45° Louvers Suspended-Plastic Sides		Good.70 Med.65 Poor.60	J	.24	.19	.16	.24	.19	.16	.22	.18	.15
			I	.32	.26	.22	.31	.25	.22	.28	.24	.20
			H	.38	.32	.28	.36	.31	.26	.33	.28	.25
			G	.44	.38	.33	.42	.36	.32	.37	.33	.29
			F	.49	.42	.38	.46	.41	.36	.41	.36	.33
			E	.56	.49	.45	.52	.47	.43	.46	.41	.38
			D	.60	.54	.51	.56	.51	.47	.49	.45	.42
			C	.64	.58	.54	.59	.55	.51	.51	.48	.45
			B	.68	.64	.59	.63	.59	.56	.54	.51	.49
			A	.71	.67	.63	.66	.63	.60	.56	.54	.52

（續）附錄一　　照明效率表

燈具 LUMINAIRE	燭光分配曲線 DISTRIBUTION	維護係數	天花板	80%			70%			50%		
			牆	50%	30%	10%	50%	30%	10%	50%	30%	10%
			指標	照明率 Coefficients of Utilization								
25 Semi-indirect 4-Lamp 40-W & Slimline-45" Louvers Suspended-Plastic Sides (51 / 31)		Good.70 Med.65 Poor.60	J	.24	.19	.16	.23	.18	.16	.21	.17	.15
			I	.30	.25	.21	.29	.24	.20	.26	.22	.19
			H	.36	.30	.26	.34	.29	.25	.30	.26	.23
			G	.41	.35	.31	.39	.33	.30	.34	.30	.27
			F	.46	.40	.35	.43	.38	.33	.37	.33	.30
			E	.52	.46	.42	.49	.43	.39	.42	.38	.34
			D	.57	.51	.47	.52	.48	.44	.44	.41	.38
			C	.60	.55	.50	.55	.51	.47	.47	.43	.41
			B	.64	.60	.56	.59	.56	.52	.49	.47	.45
			A	.67	.63	.60	.61	.58	.56	.51	.49	.47
26 Semi-indirect 4-Lamp 40-W & Slimline Suspended-Plastic Sides & Bottom (62 / 14)		Good.70 Med.60 Poor.50	J	.16	.11	.07	.15	.10	.06	.12	.08	.06
			I	.21	.15	.11	.19	.15	.12	.16	.12	.08
			H	.26	.20	.16	.23	.19	.15	.19	.15	.12
			G	.32	.25	.20	.28	.23	.19	.23	.18	.15
			F	.36	.30	.24	.33	.26	.22	.25	.21	.18
			E	.42	.36	.31	.38	.33	.27	.29	.25	.22
			D	.46	.40	.36	.41	.36	.33	.32	.29	.25
			C	.50	.44	.40	.44	.40	.36	.34	.31	.28
			B	.54	.50	.45	.48	.44	.41	.37	.34	.32
			A	.57	.53	.50	.51	.48	.44	.39	.36	.34
27 Indirect Watts Lumens 300 5360 500 9300 750 14600 Concentric Ring With Silvered Bowl Lamp (87 / 2)		300-750W Good.70 Med.60 Poor.55	J	.13	.07	.04	.12	.07	.04	.10	.06	.03
			I	.18	.11	.07	.16	.10	.06	.13	.08	.05
			H	.23	.15	.10	.20	.14	.09	.16	.11	.07
			G	.28	.20	.15	.25	.18	.13	.19	.14	.10
			F	.33	.25	.19	.29	.22	.17	.22	.16	.12
			E	.40	.32	.26	.35	.28	.23	.26	.20	.16
			D	.45	.38	.32	.39	.33	.28	.29	.24	.20
			C	.49	.42	.37	.43	.37	.32	.31	.26	.23
			B	.54	.50	.43	.47	.43	.38	.34	.31	.28
			A	.58	.53	.48	.50	.46	.43	.36	.33	.30
28 Indirect Cove Without Reflector	Cove 12 to 18 inches below ceiling. Reflectors with fluorescent lamps increase coefficients of utilization 5 to 10%.	Good.60 Med.50 Poor.40	J	.11	.09	.06	.09	.07	.06	.07	.05	.04
			I	.15	.12	.10	.13	.10	.08	.09	.07	.06.
			H	.18	.15	.12	.16	.13	.10	.10	.09	.07
			G	.22	.18	.16	.20	.16	.14	.13	.11	.10.
			F	.25	.21	.19	.21	.19	.17	.15	.13	.11
			E	.29	.26	.22	.25	.22	.20	.17	.15	.14
			D	.33	.30	.28	.28	.26	.24	.20	.19	.17
			C	.35	.32	.30	.31	.28	.26	.21	.20	.19
			B	.36	.34	.32	.32	.30	.28	.22	.21	.20
			A	.39	.38	.36	.35	.34	.32	.24	.23	.23

習題七

1. 說明照度的定義及良好採光對作業勞工的影響。

2. 某電子工廠之作業場所,長度為30m、寬度為20m、高度為4m,燈具高度為3.7m,求該場所照明之室指數為多少?

3. 某作業場所採用人工照明,其照明光源為400燭光,求距離光源2m處的作業面之照度為何?

4. 試說明眩光的種類並分別說明其預防對策。

5. 試以一般辦公室為例,說明其全面照明設計的步驟為何?請依序分項說明之。

參考文獻

1. 《勞工安全衛生教材——衛生管理師訓練》，中華民國工業安全衛生協會編印，民國八十四年二月。

2. Megaw, E. D. and Bellang, L. J. (1983), " Illumination at Work ", in The Physical Environment, Edited by D. J. Osborne and M. M. Gruneberg, John Wiley & Sons, New York, USA.

3. IES, IES Lighting Handbook, 6th Ed. New York, USA, 1981.

4. " American National Standard Practices for Office Lighting ", J. I. E. S. Vol.3, No.1, pp.3-27, 1973.

5. Blackwell, H. R. (1959), " Development and Use of a Quantitative Method for Specification of Interior Illumination Levels on the Basis of Performance Data ", Illuminating Engineering, Vol.54, pp.317-353.

6. Flynn, J. E. (1977), " A Study of Subjective Response to Low Energy and Nonuniform Lighting System ", Lighting Design and Application, 7, pp. 6-15, I. E. S. of North American.

第 8 章
通風

整體換氣
局部排氣
局部排氣系統設計
通風測定
通風設備之管理與維護

通風是控制作業環境中污染物濃度最有效的方法之一。所謂工業通風，最簡單的定義就是「利用空氣的流動來控制作業環境」。工業通風系統可分為整體換氣（或稀釋通風，general or dilution ventilation）與局部排氣（local exhaust ventilation）兩大類，但無論是整體換氣或是局部排氣其目的都在於：

一、維護勞工健康

引入新鮮空氣以稀釋有害物之濃度或將對勞工產生危害的物質予以排除，以避免勞工因吸入過量或接觸而中毒，對於有缺氧之虞的作業場所，亦可藉由通風來增加氧氣濃度，維護勞工生命安全。

二、維持作業場所之舒適

對於溫濕作業場所，可藉由通風系統排除熱量的累積、協助勞工身體散熱、控制其濕度，提供較舒適的作業環境。

三、防止火災及爆炸

對有可燃性氣體產生（或存在）之作業環境，可藉由通風換氣降低其濃度，使之低於燃燒（或爆炸）下限，以達預防火災及爆炸的目的。

8.1 整體換氣

整體換氣，係指作業場所有害污染物發生源產生之有害物質在尚未到達作業者呼吸帶之前，利用未被污染之空氣加以稀釋，使其濃度降低至容許濃度以下之換氣方式。依驅動力之不同，整體換氣可分為自然通風與機械換氣兩種：

一、自然通風

所謂自然通風是利用室內外溫差、風力、氣體擴散及慣性力等自然現象爲原動力，實施換氣的方法，其方法如下：

(一)利用室內外溫差

在廠房頂部及牆壁上方開以空氣流出口，而在牆壁下方開設空氣流入口，當室內因製程或人員活動而產生熱量時，室內溫度高於室外溫度，室內熱空氣因浮力作用而經流出口排出室外，而室外冷空氣將自流入口進入補充，而達通風之目的，如圖8-1所示。

(二)利用風力

將通風口（如窗戶）打開，讓空氣自然進出室內的方法，雖很經濟，但因易受風向、風速、開口大小及通風口方位之影響，而很難獲致穩定的換氣效果。

(三)利用氣體擴散

氣體會自濃度高的地方往濃度低的地方擴散，但因其速度慢，故較少作爲通風之用。

(四)利用慣性力

利用污染物從其發生源產生時，其本身所具有之動力，如熱浮力或離心力等，將排出口設置於該動力作用之方向，即可排除。

二、機械換氣

係利用機械動力強制實施通風之方法。有以下三種方式：

(一)排氣法

在排氣方面以機械動力實施，而進氣則利用窗口等開口部分自然流入之方法。此法較適用於污染物之排除，如圖8-2。

(二)供氣法

在供氣部分利用機械動力，排氣部分則利用開口部分之自然流出。此法對於污染物之排除效果較差，但較適合於供給勞工新鮮空氣或是引入室外低溫空氣以降低高溫作業環境之溫度。如圖8-3。

(三)供排氣並用法

供排氣均以機械動力實施，其效果較前兩者爲大，如圖8-4。

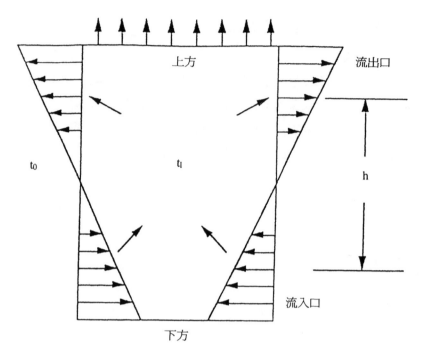

$Q = h \triangle T$ Q：通風量 h：上、下開口高度差 $\triangle T$：室內外溫度差（$t_1 - t_0$）

圖8-1 利用室內外溫差通風換氣

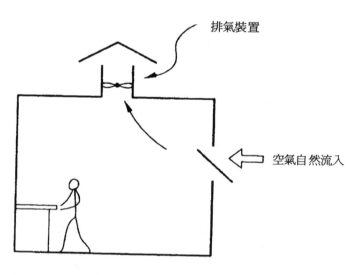

圖8-2 排氣法（摘自〔1〕）

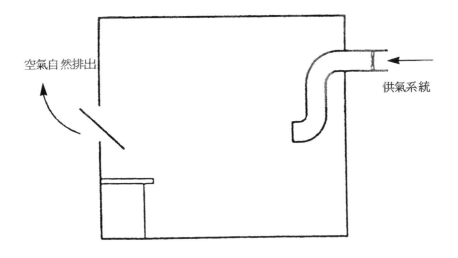

圖8-3　供氣法（摘自〔1〕）

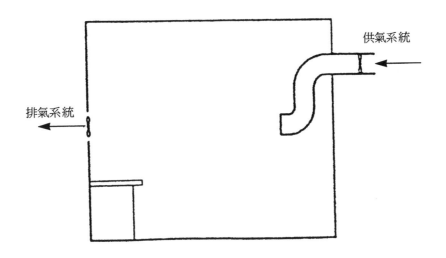

圖8-4　供排氣並用法（摘自〔1〕）

整體換氣裝置使用上有下列幾點限制：

1. 適用於有害污染物毒性低的作業場所。
2. 適用於污染物產量少之作業場作。
3. 適用於有害污染物產生源分佈均勻且廣泛之作業場作。
4. 有害污染物發生源遠離作業者呼吸帶。

整體換氣裝置通常不使用於粉塵或燻煙之作業場所，此乃因：

1. 粉塵或燻煙對人體的危害甚大，因此容許濃度極低，若要符合如此低濃度的要求，通常需要很大的換氣量，不僅技術上很難達成，也不符合經濟效益
2. 一般而言，粉塵及燻煙的產生速度及量都很大，比重也較空氣重，不易稀釋或排除，因此可能會沈積於某處，造成局部濃度較高的情形。
3. 粉塵及燻煙的產生率及量均難估計，因此很難據以求出其所需換氣量。

由以上分析可知，整體換氣裝置較適合於使用在污染物毒性小之氣體或蒸氣產生場所（尤其適用於有機溶劑作業場所），但要能成功應用，尚需對其產生率或產生量有一正確估計。以下我們將就整體換氣裝置使用於不同類型污染物之排除上，其所需最低換氣量之估算詳細加以討論：

一、稀釋有害物之換氣量

對於作業場所內有害勞工健康之氣體或蒸氣，可引進新鮮空氣予以稀釋，使其濃度降至法定容許濃度以下。其所需換氣量的大小可計算如下：

$$Q = \frac{1000 \cdot W}{60 \cdot C_1} = \frac{24.45 \cdot 1000 \cdot W}{60 \cdot C_2 \cdot M} \ (m^3/min) \qquad (8.1)$$

其中　W = 有害物蒸發或擴散到空氣中的量（g/hr）

C_1 = 有害物之容許濃度，mg/m^3

$C_2 =$ 有害物之容許濃度，ppm

$M =$ 有害物之分子量

〔例題〕

　　某工廠每天運轉8小時，每日使用4桶甲苯，每桶3公斤，若以整體換氣方式稀釋以減少其危害，則需多少 m^3/min 之空氣稀釋之，才能使甲苯濃度低於100ppm？

解答：

　　每小時甲苯消耗量（W）$= \dfrac{4 \times 3}{8} = 1.5$（kg/hr）$= 1,500$（g/hr）

　　甲苯分子量（M）$= 92$

　　C $= 100$ppm

　　代入公式（8.1）得

$$Q = \frac{24.45 \cdot 1,000 \cdot 1,500}{60 \cdot 100 \cdot 92}$$

$$= 66.4 \text{（m}^3/min）$$

二、熱調節所需換氣量

　　在高溫作業場所，亦可以引進室外較低溫之空氣來降低其溫度，此換氣量可以下式計算之：

$$Q = \frac{H}{0.3 \cdot (t_i - t_o)} \text{（m}^3/hr） \tag{8.2}$$

　　其中　H $=$ 每小時熱源產生量，kcal/hr

　　　　　$t_i =$ 欲保持之室內溫度，℃

　　　　　$t_o =$ 室外溫度，℃

〔例題〕

　　若室內熱源發熱速率為1,000kcal/hr，此時溫度為30℃，若要將之降至25℃，則需多少新鮮空氣來冷卻？（設室外新鮮空氣溫度為

20℃)

解答:

H＝1,000Kcal/hr

t_i＝25℃

t_o＝20℃

代入公式（8.2）得

換氣量（Q）$= \dfrac{H}{0.3(t_i - t_o)} = \dfrac{1,000}{0.3(25-20)}$

$\qquad\qquad = 666.7 m^3/hr$

$\qquad\qquad = 11.1 m^3/min$

三、保持室內空氣品質所需之換氣量

二氧化碳濃度為室內空氣品質良窳的指標。當作業空間內只有二氧化碳的排放源時（如作業人員的呼氣），欲將其濃度降至容許濃度以下，所需換氣量為:

$$Q = \frac{G \times 10^6}{p - q} \ (m^3/min) \qquad\qquad (8.3)$$

其中　G＝每分鐘二氧化碳的排放量，m^3/min

　　　　p＝二氧化碳的容許濃度，ppm

　　　　q＝新鮮空氣中二氧化碳的濃度，ppm

〔例題〕

室內20人，其二氧化碳排放量共0.6m³/hr，若二氧化碳的日時量平均容許濃度為5,000ppm，新鮮空氣中二氧化碳濃度300ppm，則需多少新鮮空氣才能符合法令規定？

解答:

二氧化碳排放量（G）＝0.6m³/hr＝0.01 m³/min

二氧化碳容許濃度（p）＝5,000ppm

新鮮空氣中二氧化碳濃度（q）＝300ppm

代入（8.3）式，得換氣量

$$Q = \frac{G \times 10^6}{p-q} = \frac{0.01 \times 10^6}{5,000 - 300}$$

$$= \frac{10^4}{4,700}$$

$$= 2.13 \ m^3/min$$

四、預防火災與爆炸所需之換氣量

有機溶劑或引火性液體蒸發後所產生之蒸氣會與空氣混合,形成可燃性氣體混合物,當其濃度達到某一範圍時,若遇火種便會迅速燃燒、引起爆炸。此一濃度範圍稱為該混合氣體的燃燒(或爆炸)界限,爆炸範圍的下限稱為爆炸下限(lower explosive limit, LEL),爆炸範圍的上限稱為爆炸上限(upper explosive limit, UEL)。為了預防作業場所火災或爆炸,可利用通風的方式,將可燃性氣體的濃度稀釋至其爆炸下限以下。其換氣量之計算公式如下:

$$Q = \frac{24.45 \times 10^3 \times W \times K}{60 \times M \times LEL \times 10^4} \quad (m^3/min) \qquad (8.4)$$

其中　M＝可燃性氣體之分子量

LEL＝可燃性氣體之爆炸下限,%

K＝安全係數

〔例題〕

某有機溶劑作業場所,每小時使用1.2公斤的丁酮,試問要多少換氣量,才能使丁酮蒸氣濃度低於其 LEL 以下?(假設丁酮之 LEL ＝1.81%,安全係數 K＝6)

解答:

丁酮之使用量(W)＝1.2×1,000＝1,200(g/hr)

丁酮之分子量(M)＝72

丁酮之爆炸下限(LEL)＝1.81%

安全係數(K)＝6

代入公式(8.4)得

$$Q = \frac{24.45 \times 10^3 \times 1,200 \times 6}{60 \times 72 \times 1.81 \times 10^4}$$

$$= 2.25 \, (\text{m}^3/\text{min})$$

在勞工安全衛生設施規則第一百七十七條則規定，工作場所中可燃性氣體之濃度應維持在其爆炸下限的30％以下，因此欲符合法令之規定，則其換氣量之計算如下：

$$Q = \frac{24.45 \times 1,000 \times W}{60 \times M \times LEL \times 30\% \times 10^4} \, (\text{m}^3/\text{min}) \qquad (8.5)$$

〔例題〕

某工廠每天作業8小時，使用2桶（每桶4kg）之二甲苯，設二甲苯之爆炸下限（LEL）為0.3％，如果想將作業空間之二甲苯濃度控制在 LEL 的30％以下，其換氣量應是多少？

解答：

∵ W＝2×4×1,000/8＝1,000（g/hr）

M＝107

$$\therefore Q = \frac{24.45 \times 1,000 \times 1,000}{60 \times 107 \times (0.3 \times 30\%) \times 10^4}$$

$$= 4.23 \, (\text{m}^3/\text{min})$$

當然，如果環境條件不是25℃，一大氣壓（760mmHg）的標準環境條件（STP）時則需校正，即公式（8.4）及（8.5）中的24.45應修正為該環境條件時一莫耳氣體的體積（公升）數。

〔例題〕

某一食用油提煉工廠，該作業場所為通風不良之作業場所，使用淬取之溶劑為正己烷，正己烷之分子量86，爆炸下限為1.18％，裝置一整體換氣裝置控制，以免引起火災及爆炸，正己烷逸出量12kg/hr，試求安全之換氣量是多少 m³/min（環境條件20℃，760 mmHg）？

解答：

1莫耳氣體於20℃，一大氣壓時為 $24.45 \times \dfrac{273 + 20}{273 + 25}$

$$(= 24.04) 公升$$

$$\therefore Q = \frac{24.04 \times 1,000 \times 12,000}{60 \times 86 \times (1.18 \times 30\%) \times 10^4}$$

$$= 15.78 m^3/min$$

五、其他法令規定之換氣量

除前面所列之換氣量計算式外,在一些特殊作業之法令規則中亦分別列出該特殊作業所需通風量之規定:

(一)鉛中毒預防規則

第三十條規定,雇主於勞工在自然通風不充分之場所從事軟焊之作業而設置之整體換氣裝置,其換氣能力應為平均每一從事鉛作業勞工每小時100m³以上,即其換氣量

$$Q = 100 \times 從事軟焊人數 (m^3/hr) \qquad (8.6)$$

(二)勞工安全衛生設施規則

第三百一十二條規定雇主對於勞工工作場所,應使空氣充分流通,必要時,應依下列規定以機械通風設備換氣,其換氣標準如下:

工作場所每一勞工所佔立方公尺數	每分鐘每一勞工所需之新鮮空氣之立方公尺數
未滿5.7	0.6以上
5.7以上未滿14.2	0.4以上
14.2以上未滿28.3	0.3以上
28.3以上	0.14以上

另依該規則第三百零九條之規定,勞工所佔空間,高度超過4m以上之空間不計。當以鉛中毒預防規則與勞工安全衛生設施規則二個計算出之結果不同時,應取其最大者作為換氣量之設計標準。

〔例題〕

某鉛焊作業場作，長15m、寬10m、高5m，共有100位勞工，則需有多少換氣量？

解答：

(1)根據勞工安全衛生設施規則

每一勞工所佔空間＝15×10×4/100＝6（m³/人）

介於5.7到14.2之間

∴每一勞工每分鐘所需之換氣量為0.4m³

即總換氣量＝0.4×100＝40m³/min

(2)依據鉛中毒預防規則

總換氣量＝100×100

＝10,000m³/hr

＝166.7m³/min

因166.7m³/min＞40m³/min

故所需之換氣量應為166.7m³/min

(三)有機溶劑中毒預防規則之規定

在室內作業場所從事有機溶劑或其混存物之作業時，其所需換氣量可計算如下：

1.若為第一種有機溶劑，如三氯甲烷、四氯化碳、二硫化碳、二氯乙烯等：

換氣量＝0.3×作業時間內一小時之有機溶劑或

其混存物之消耗量（m³/min）　　　（8.7）

2.若為第二種有機溶劑，如丙酮、乙醚、二甲苯、苯乙烯、四氯乙烯、甲苯、甲醇、丁酮等：

換氣量＝0.04×作業時間內一小時之有機溶劑或

其混存物之消耗量（m³/min）　　　（8.8）

3.若為第三種有機溶劑，如汽油、石油醚、松節油等：

換氣量＝0.01×作業時間內一小時之有機溶劑或

其混存物之消耗量（m³/min）　　　　（8.9）

〔例題〕

　　某有機溶劑作業場所，每小時使用2.4kg 的二甲苯，1.2kg 的丁酮，該作業場所使用整換氣裝置須多少換氣量才符合法令規定？

解答：

　　二甲苯、丙酮皆為第二種有機溶劑

　　$Q_I = 0.04 \times 2,400 = 96 m^3/min$

　　$Q_{II} = 0.04 \times 1,200 = 48 m^3/min$

　　∵二甲苯及丙酮皆為有機溶劑，其對人體的危害具相加效應，故所需換氣量

　　$Q = Q_I + Q_{II} = 96 + 48 = 144 m^3/min$

8.2　局部排氣

　　局部排氣是將有害污染物於其發生源或接近發生源附近將有害污染物捕捉並加以處理排除，減低作業者呼吸帶有害污染物濃度之方法。為控制作業環境空氣中有害污染物最有效之方法。

　　與整體換氣裝置比較，局部排氣裝置具有下列優點：

1. 如設計得當，污染物可以於到達作業者呼吸帶前被排除，使作業者免於暴露於有害物質作業環境之危險。

2. 須排除及補充之空氣量較整體換氣裝置少；且可免除作業場所因設置整體換氣裝置調溫設備之花費。

3. 排除污染物僅侷限於小體積之污染空氣，如欲對這些排除之污染空氣加以處理，花費較少。

4. 作業場所之附屬設備較不易被污染物腐蝕損壞。

5. 抽排速度較大，能排除較重之污染物質。

局部排氣裝置主要由氣罩、導管、空氣清淨裝置及空氣驅動裝置（排氣機）等部分所構成。最簡單的局部排氣裝置為單氣罩（單導管）局部排氣裝置，如圖8-5；更複雜者為多氣罩（多導管）局部排氣裝置，如圖8-6。

8.2.1 氣罩（hood）

即包圍污染物發生源之圍壁，或無法包圍時儘可能接近污染源設置之開口，並產生吸氣氣流，誘導污染空氣流入其內部之局部排氣裝置之入口部分。局部排氣裝置隨作業性質之不同而使用不同的氣罩，故氣罩的形式極為繁多，若依污染源與氣罩位置之關係分類，有：

一、氣罩的形式

㈠包圍式氣罩（enclosures）

將污染源包圍起來，只留觀察孔、作業口等較小之開口，使污染物之擴散局限在一個密閉空間內，並利用抽氣使該空間保持負壓，以防止污染物外逸，如圖8-7(a)。

㈡崗亭式氣罩（booths）

若基於生產作業上的需要，無法將污染源完全封閉，可在氣罩上開一較大之操作口，其捕集原理與密閉式氣罩同，可視為具有較大開口的密閉式氣罩，如圖8-7(b)。

㈢外裝式氣罩（outer-lateral hoods）

由於作業原因而無法包圍污染源時，單獨設置於有害污染源外側的氣罩。優點是不妨礙作業，缺點是離污染源較遠，需耗費較大的吸力才能將污染物導入氣罩內，且易受外部擾流的影響而降低排污效果，如圖8-7(c)。

㈣接收式氣罩（receptor hoods）

當污染物因具有熱浮力而產生向上之氣流或因旋轉而產生離心力

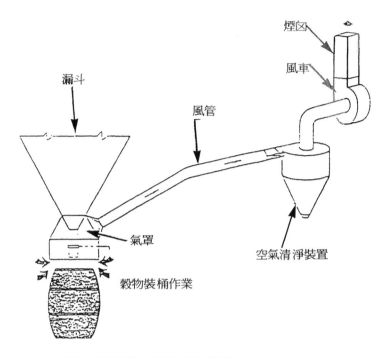

圖8-5 單氣罩單導管局部排氣裝置

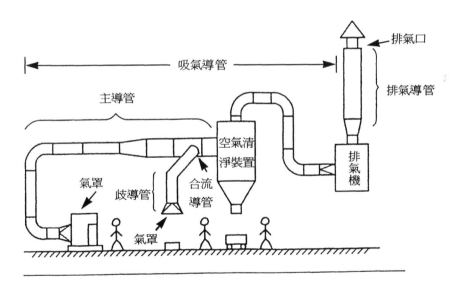

圖8-6 多氣罩多導管局部排氣裝置

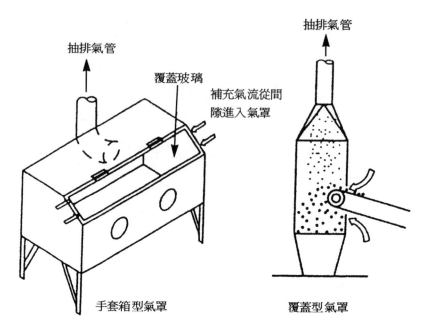

抽排氣管

覆蓋玻璃

補充氣流從間
隙進入氣罩

抽排氣管

手套箱型氣罩　　　　覆蓋型氣罩

（a）包圍式氣罩

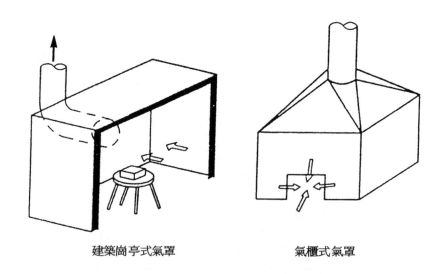

建築崗亭式氣罩　　　　氣櫃式氣罩

（b）崗亭式氣罩

圖8-7　氣罩的型式

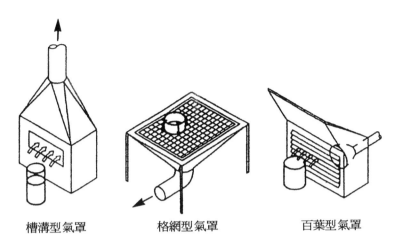

槽溝型氣罩　　　　格網型氣罩　　　　百葉型氣罩

（c）外裝式氣罩

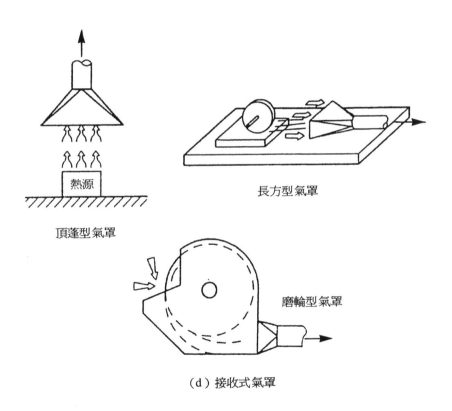

熱源

頂蓬型氣罩

長方型氣罩

磨輪型氣罩

（d）接收式氣罩

（續）圖8-7　氣罩的型式

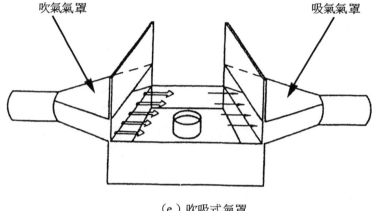

吹氣氣罩　　　　　　　　　　吸氣氣罩

（e）吹吸式氣罩

（續）圖8-7　氣罩的型式

時，此等慣性力會使有害污染物自行進入氣罩內，此種順應其氣流方向所設置之氣罩稱為接收式氣罩，如圖8-7(d)。

㈤吹吸式氣罩（ push-pull hoods ）

　　由吹氣氣罩與吸氣氣罩組合而成，當欲清洗、噴佈、塗裝之物件過大影響排氣之流線時，則可使用一面吹氣、一面吸氣的方式，以免有害氣流反彈或局部累積，影響作業人員健康，如圖8-7(e)。

　　吹吸式氣罩在特徵上與其他型式的氣罩差異較大，我國勞工安全衛生法令上稱之為「吹吸型換氣裝置」。

二、氣罩的設計要點

　　各類型氣罩在設計上，應遵守之原則如下：

㈠包圍式氣罩

　　1.儘可能將污染源密閉，以隔斷室內橫向氣流之干擾，防止污染物隨室內氣流擴散；氣罩上的觀察口及檢修孔應儘量小些。
　　2.罩內應保持一定且均勻的負壓（但不少於5～12Pa），以避免污染物從罩上縫隙外逸。

3.吸氣氣流路徑不宜設在物料集中地點或飛濺區內,以免把大量物料吸入後端之空氣清淨裝置內;處理熱污染源時,排氣口宜設在氣罩頂部,同時適當加大氣罩之開口面積。

4.不可妨礙作業,且應便於檢修,為此零件可作成能拆卸的活動結構形式。

(二)崗亭式氣罩

1.崗亭式氣罩排氣效果與氣罩開口面風速的均勻性有關,一般要求罩口任意一點的風速不小於平均風速的80%,當氣罩內有熱污染源時,為防止污染物由罩口上緣逸散,應在氣罩上方抽氣。

2.應安裝活動拉門,根據工作需要調節工作口截面大小,但不得使拉門將罩口完全關閉。

3.不宜設在人員來往頻繁的地段、窗口或門的附近,以防橫風干擾。

4.對毒性大者或具放射性微粒時,應將排氣機設置於室外;有間歇工作的氣罩或在同一系統內,應設有防止有害氣體倒灌的可關閉的閥門。

(三)外裝式氣罩

為提高氣罩的控制效果,減少無效氣流的吸入,罩口應加設凸緣;頂蓬式氣罩的吸氣氣流易受橫向氣流干擾,因此最好靠牆佈置,或在罩口四周加設活動擋板,如圖8-8。

為確保罩口吸氣速度的均勻性,氣罩的擴張角(α)不應大於60°,如圖8-9(a)所示;當污染源的平面尺寸較大時,為降低罩高,可將氣罩分割為數個並聯的小氣罩。還可在罩口加設擋板或氣流分佈板,以確保罩口氣流速度的均勻,如圖8-9(b)。

(四)接收式氣罩

根據安裝高度 H 的不同,用於熱源的接收型頂蓬式氣罩可分為兩類:在 $H \leqslant 1.5\sqrt{A_o}$($A_o$ = 熱源水平投影面積)的稱為低懸罩;

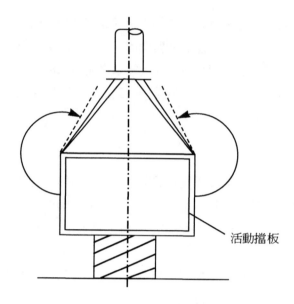

圖8-8　在頂蓬式氣罩罩口四周加設擋板

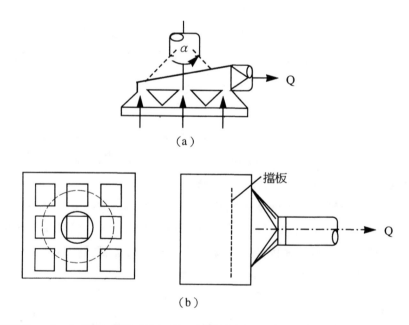

圖8-9　（a）將大型氣罩分割成並聯的小氣罩；（b）在罩口裝設
　　　　氣流分佈擋板

$H > 1.5\sqrt{A_o}$ 時稱為高懸罩。在工程設計上,考慮到橫向氣流的影響,接收罩之開口截面尺寸應大於罩口處熱射流橫斷面之尺寸,並且接收罩的排氣量也應大於罩口處的熱射流流量。

1.低懸罩罩口尺寸應按下列各式確定之:

(1)圓形

$$D = d + 0.8H \quad (m) \qquad\qquad (8.10)$$

(2)矩形

$$A = a + 0.8H \quad (m) \qquad\qquad (8.11)$$

$$B = b + 0.8H \quad (m) \qquad\qquad (8.12)$$

2.高懸罩之罩口尺寸則按下列公式確定之:

$$D = d_Z + 0.8H \qquad\qquad (8.13)$$

其中　D＝接收罩之罩口直徑,m

A、B＝接收罩之罩口尺寸,m

d＝熱源水平投影直徑,m

d_Z＝罩口處熱射流橫斷面直徑,m

a、b＝熱源水平投影尺寸,m

三、控制風速

所謂控制風速(control velocity)就是將飛散或擴散之有害物質或污染空氣自某點位置有效地導入氣罩開口面所需的最小流速或抑制其不致從氣罩開口逸失之最低風速。影響局部排氣裝置性能最重要的參數是控制風速。對包圍式氣罩或崗亭式氣罩而言,控制風速為不使污染物逸失的氣罩開口面最低風速;對外裝式氣罩或接收式氣罩而言,為足以捕集污染物的污染源處最低吸氣速度。

控制風速主要決定於：

1.氣罩型式。

2.有害物質物理特性（如粒徑、比重）。

3.有害物質之危害程度。

4.發生源及捕集點附近的氣動（包括大小與方向）條件。

5.捕集點與氣罩之相關位置。

表8-1所列為與污染物發生條件相關的控制風速值。

表8-1 一般控制風速之範圍

污染物之發生條件	例	控制風速(m/s)
於較靜之大氣中，實際上近於無速度狀態下發散時	自液面發生之氣體、蒸氣、燻煙等	0.25～0.5
於較靜之大氣中以較緩之速度發散時	崗亭式氣罩內之吹噴塗飾作業，間斷性容器儲裝作業，低速輸送帶，熔接作業、鍍金作業、酸洗作業	0.5～1.0
在氣體流動較高之作業場所，飛散較活躍時	於室內隅角處使用小型崗亭式氣罩從事吹噴塗飾作業、裝桶作業、輸送帶之落卸口、破碎機	1.0～2.5
在氣體流動極速之作業場所，以高初速度飛散時	研磨作業、鼓風作業、搗塞作業	2.5～10.0

四、氣罩排氣量的計算

(一)包圍式氣罩與崗亭式氣罩

不論是包圍式抑或崗亭式氣罩，其排氣量都可用下式加以計算之：

$$Q = 60AV_c \qquad\qquad (8.14)$$

其中　A＝氣罩開口面積

　　　V_c＝控制風速

〔例題〕

有一包圍式氣罩，為了作業之需，在氣罩壁開有一直徑20cm的圓形操作孔，假設操作孔開口面之平均風速為3m/s，試求此氣罩的排氣量為多少 m³/min？

解答：

∵操作孔半徑＝20/2＝10（cm）＝0.1（m）

∴操作孔面積＝π（0.1）²＝0.0314（m²）

又　V_c＝3（m/s）

故　排氣量（Q）＝60×3×0.0314

　　　　　　　　＝5.65（m³/min）

㈡外裝式氣罩

1.頂蓬式氣罩（上抽型外裝式氣罩）：

排氣量公式為：

$$Q = 1.4 \times 60 \times PV_cH \quad (\text{m³/min}) \qquad\qquad (8.15)$$

其中　P＝污染源周長，m

　　　V_c＝控制風速，m/s

　　　H＝氣罩開口面至污染源高度，m

此式適用於 H/L≦0.3（即氣罩開口距槽面高度／罩口最長邊≦0.3）。

〔例題〕

一酸洗槽（尺寸如圖8-10），其上方有一吊車運送物件。欲在其

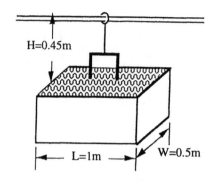

圖8-10

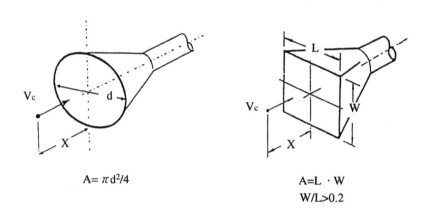

A= π d²/4

A=L · W
W/L>0.2

圖8-11　側吸外裝圓形與矩形氣罩

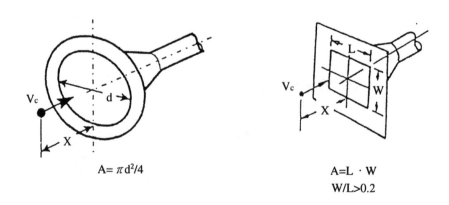

A= π d²/4

A=L · W
W/L>0.2

圖8-12　側吸外裝式附有凸緣圓形與矩形氣罩

上方設一頂蓬式氣罩（離槽體高0.5m處），問要達到槽的四周控制風速為1m/sec時，所需要的排氣量Q（單位：m³/min）。並說明此種氣罩設計之缺點。

解答：

(1)P＝1＋0.5＋1＋0.5＝3（m）

V_c＝1m/s

H＝0.5m

∴Q ＝1.4×60×PV_cH

　　＝1.4×60×3×1×0.5

　　＝126（m³/min）

(2)此種氣罩設計的缺點如下：

①吸氣氣流有通過操作人員呼吸帶之虞。

②吸氣氣流易受室內橫向氣流（擾流）干擾。

③屬開放式，易吸入未受污染之空氣，增加排氣量，增加運轉費用。

④排氣量較包圍式大，需選用較大馬力數的排氣機及大型導管，增加設備費用。

⑤吸入氣流流線會受吊運物、吊車及吊車軌道破壞，增加壓損。

2.側吸式氣罩：

矩形開口之側吸式氣罩開口寬（W）與長（L）之比值（W/L）大於0.2，有別於狹縫式氣罩。

(1)側吸外裝式圓形或矩形氣罩（如圖8-11）

$Q＝60V_c（10X^2＋A）$　　m³/min　　　　　（8.16）

(2)側吸外裝式附有凸緣圓形或矩形氣罩（如圖8-12）

$Q＝60 \cdot 0.75 \cdot V_c（10X^2＋A）$　　　　　（8.17）

(3)側吸外裝式無凸緣桌上長方形氣罩（如圖8-13）

$$Q = 60V_c (5X^2 + A) \quad m^3/min \qquad (8.18)$$

(4)側吸外裝式附有凸緣桌上長方形氣罩（如圖8-14）

$$Q = 60 \cdot 0.5V_c (10X^2 + A) \quad m^3/min \qquad (8.19)$$

上列排氣量公式僅適用於控制距離 $X \leq 1.5d$（d＝氣罩開口之等效直徑）之情況。當 $X > 1.5d$ 時，則所需排氣量應比公式計算所得之值大得多。因此，一般把 $X \leq 1.5d$ 視爲側吸式氣罩的設計基準。

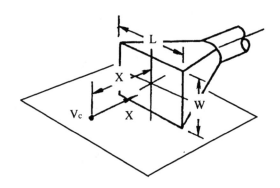

A=L · W
W/L>0.2

圖8-13　側吸外裝式無凸緣桌上長方形氣罩

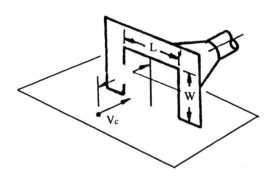

A=L · W
W/L>0.2

圖8-14　側吸外裝式附有凸緣桌上長方形氣罩

〔例題〕

今有一0.6m×0.6m之方形開口側吸式氣罩，試問欲有效的捕集罩口前方45cm處之蒸氣，需多大的排氣量才夠？假設控制風速為0.5 m/s。

解答：

$$\because V_c = 0.5 \ (\text{m/s})$$

$$X = 45\text{cm} = 0.45 \ (\text{m})$$

$$A = 0.6^2 = 0.36 \ (\text{m}^2)$$

$$\therefore 排氣量（Q）= 60 \times 0.5 \times (10 \times 0.45^2 + 0.36)$$

$$= 71.6 \ (\text{m}^3/\text{min})$$

3.狹縫式氣罩：

狹縫式氣罩通常用於表面開放槽體，如金屬表面處理或電鍍業使用之槽體，以收集自槽體表面逸散之化學物質。此類型氣罩的共同特色便是具有長而窄的罩口，且展弦比（W/L）≦0.2。

一般而言，狹縫式氣罩又可細分為：漕溝型（全圓柱）、下緣具遮板之漕溝型（3/4圓柱）、置於操作台上或具凸緣之漕溝型（1/2圓柱）及上緣具遮板之桌上漕溝型（1/4圓柱）等四種，其排氣量的計算方式也不相同，表8.2是上述四類狹縫式氣罩的圖示及排氣量公式的整理。值得注意的是不論那種型式其排氣量跟氣罩的寬度（W）無關。

〔例題〕

有一長度為45cm的狹縫式氣罩，如欲有效的捕集距罩口60cm處的有害蒸氣，試問所需的最小排氣量為多少？（假設控制風速為0.5 m/s）

解答：

$$排氣量（Q）= 60 \times 5.0 \times L \times X \times V_c$$

$$= 60 \times 5 \times 0.45 \times 0.6 \times 0.5$$

$$= 40.5 \ (\text{m}^3/\text{min})$$

表8-2 各類型狹縫式氣罩的排氣量公式

氣罩型式	圖例	排氣量 Q（m³/min）
漕溝型 （全圓柱）	 W／L≦0.2	$Q = 60 \cdot 5.0 \cdot L \cdot X \cdot V_c$
下緣具遮板之 漕溝型 （3/4圓柱）	 W／L≦0.2	$Q = 60 \cdot 4.1 \cdot L \cdot X \cdot V_c$
置於操作台上 或具凸緣之漕 溝型 （1/2圓柱）	 W／L≦0.2 W／L≦0.2	$Q = 60 \cdot 2.8 \cdot L \cdot X \cdot V_c$
上緣具遮板之 桌上漕溝型 （1/4圓柱）	 W／L≦0.2	$Q = 60 \cdot 1.6 \cdot L \cdot X \cdot V_c$

㈢接收式氣罩

　　接收式氣罩的特點是可直接接受作業過程所產生或誘導出之污染氣流，其排氣量取決於所接受的污染氣流量。在此所指作業過程產生或誘導出的污染氣流主要是指熱源上方的熱射流和粒狀物料在高速旋轉運動時所誘導的氣流，而以後者（如研磨輪氣罩）的影響因素較爲複雜，一般是按經驗數據來定其排氣量。熱源上方的熱射流亦主要有兩種形式：其一爲生產設備本身散發的熱氣流，如煉鋼廠電弧爐之爐頂的熱煙氣；另一則爲高溫設備表面對流散熱時，所形成的熱射流。

　　如圖8-15，熱射流在上升過程中，由於不斷混入周圍空氣，其流量與橫斷面會不斷增大。若熱源之水平投影面積用 A_o 表示，當熱射流上升高度（H）小於 $1.5\sqrt{A_o}$（或 H＜1m）時，因上升高度較小，混入之空氣量較少，熱射流的流量及橫斷面可視爲不變，其熱射流起始流量（Q_o）可按下式來計算：

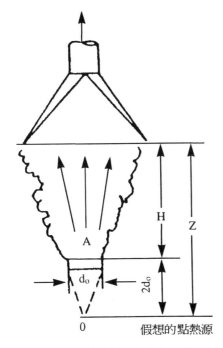

圖8-15　設置在熱源上方之頂蓬式氣罩

$$Q_o = 24.18 \, (qH A_o{}^2)^{1/3} \quad (m^3/min) \qquad (8.20)$$

其中　q＝熱源水平表面對流散熱量（kJ/s）

$$= 8.98 \cdot {}_\triangle t^{1.25} \cdot A_o / 3,600 \, (kJ/s) \qquad (8.21)$$

（$_\triangle t$＝熱源與周圍空氣溫度差，K）

H＝罩口離熱源水平面的距離，m

A_o＝熱源水平面投影面積，m^2

當熱射流之上升高度 $H > 1.5\sqrt{A_o}$ 時，其流量與橫斷面會顯著增大。此時，熱射流在不同的上升高度上之流量、斷面直徑及流速可按下面的公式來計算：

$$Q_z = 4.84 Z^{1.5} q^{1/3} \quad (m^3/min) \qquad (8.22)$$

$$d_z = 0.45 Z^{0.88} \quad (m) \qquad (8.23)$$

$$V_z = 0.51 Z^{-0.29} q^{1/3} \quad (m/s) \qquad (8.24)$$

其中　Q_z＝計算斷面處熱射流之流量，m^3/min

dZ＝計算斷面處熱射流橫斷面直徑 m

V_z＝計算斷面處熱射流之平均流速 m/s

$Z = H + 2d_o$

（d_o＝熱源之當量直徑，H＝熱源至計算斷面的高度）

〔例題〕

　　某熱源直徑爲0.7m，熱源與周圍空氣溫度差爲130K，擬在熱源上方0.5m 處裝設一接收罩，試求熱源上方0.5m 處之熱射流流量。

解答：

　　當 H＜1m 時，可視熱射流的流量不隨高度而變化，因此熱源上方0.5m 處（即罩口水平面）之流量可依下列步驟求得：

$$q = 8.98 \cdot (130)^{1.25} \cdot \frac{\pi}{4} (0.7)^2/36,000 = 0.42 \ (\text{kJ/s})$$

$$Q_o = 24.18 \left[0.42 \times 0.5 \times \left(\frac{\pi}{4} \times 0.7^2 \right)^2 \right] = 7.8 \ (\text{m}^3/\text{min})$$

〔例題〕

熱源條件同上例，只是欲將罩高 H 提升至1.4m 處，試求罩口處熱射流之流量、橫斷面直徑及平均流速。

解答：

$\because H = 1.4m > 1.5\sqrt{A_o} = 0.93m$

$\therefore$ 熱射流流量、橫斷面直徑及平均流速均會隨著上升的高度增加

　　而改變。

$Z = H + 2d_o = 1.4 + 2 \times 0.7 = 2.8 \ (\text{m})$

$q = 0.42\text{kJ/s} \ (由上例)$

$Q_Z = 4.84Z^{1.5}q^{1/3} = 4.84 \times (2.8)^{1.5} \times (0.42)^{1/3}$

　　$= 16.8 \ (\text{m}^3/\text{min})$

$d_Z = 0.45Z^{0.88} = 0.45 (2.8)^{0.88} = 1.11 \ (\text{m})$

$V_z = 0.51Z^{-0.29}q^{1/3} = 0.51 (2.8)^{-0.29} (0.42)^{1/3}$

　　$= 0.28 \ (\text{m/s})$

(四)吹吸式氣罩

吹吸式氣罩是靠噴嘴噴射定量氣體將污染物帶至對面的氣罩處再予以排除者。噴射氣體量可由下式決定之：

$$Q_j = 40.9A_D^{0.5} \qquad\qquad (8.25)$$

其中　Q_j ＝單位長度噴射氣體量，$\text{m}^3/\text{min} \cdot \text{m}$

　　　　A_D ＝單位長度噴嘴開口面積，m^2/m

噴嘴開口可為3～6mm 之狹縫或直徑6mm 的圓形孔口，其間隙為2～5cm，如圖8-16(a)。為求噴氣風量的均勻分佈，噴嘴開口面積不得超過噴氣風管斷面積的33％。如圖8-16(b)，系統抽氣端（pull

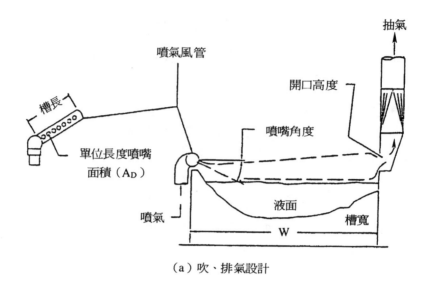

（a）吹、排氣設計

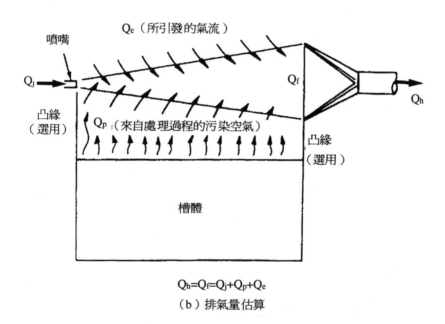

$$Q_h=Q_f=Q_j+Q_p+Q_e$$

（b）排氣量估算

圖8-16　吹吸式氣罩

end）的排氣量（Q_h）來自三部分，即噴嘴的噴氣量（Q_j）、所引發的氣流量（Q_e）以及處理過程污染空氣的排放量（Q_p）的總和。也就是說：

$$Q_h = Q_j + Q_e + Q_p \qquad （8.26）$$

相對所需的排氣量約23m^3/min 每平方公尺槽面。

〔例題〕

有一1.5m×1.5m 的鍍鉻槽，使用吹吸式氣罩排氣，其噴嘴為3mm 寬的狹縫，則所需噴氣量及排氣量為多少？

解答：

$$A_D = 3 \times 10^{-3} \quad （m^2/m）$$
$$Q_j = 40.9（3 \times 10^{-3}）^{0.5} = 2.24 \quad （m^3/min \cdot m）$$
$$\therefore Q_{j,total} = 2.24 \times 1.5 = 3.36（m^3/min）$$

則其排氣量

$$Q_E = 23 \times 2.25$$
$$= 51.75 \quad （m^3/min）$$

五、氣罩的壓力損失

在空氣流入氣罩後，氣流的斷面會縮小然後再擴張，終至充滿整個導管，此種存在氣罩處氣流的轉彎現象會導致能量的損失。為量度空氣進入氣罩後，氣罩靜壓（$P_{s,h}$）可轉換成動壓（P_v）的效率，吾人定義一進口係數（coefficient of entry, C_e）：

$$C_e = \frac{Q_{實際}}{Q_{理想}} = \sqrt{\frac{P_v}{|P_{s,h}|}} = \sqrt{\frac{動壓}{氣罩靜壓}} \qquad （8.27）$$

理想的氣罩（即沒有阻抗），$C_e = 1.0$，但實際上任何氣罩都有進入損失（entry loss of hood, h_e），亦即：

$$|P_{s,h}| = P_v + h_e \qquad （8.28）$$

一般而言，進入損失之值都以其所佔動壓（P_v）的分率來表示，也就是說，$h_e = F_h P_v$，在此，F_h 係氣罩的進入損失係數（loss coefficient of hood）C_e 與 F_h 間的關係可推導如下：

$$C_e = \sqrt{\frac{P_v}{|P_{s,h}|}} \text{ 或 } C_e^2 = \frac{P_v}{|P_{s,h}|}$$

且　$|P_{s,h}| = P_v + h_e$

因此　$C_e^2 = \dfrac{P_v}{|P_{s,h}|} = \dfrac{P_v}{P_v + h_e}$

$$= \frac{P_v}{P_v + F_h P_v} = \frac{P_v}{P_v(1 + F_h)}$$

$$= \frac{1}{1 + F_h}$$

亦即　$F_h = \dfrac{1 - C_e^2}{C_e^2}$　　　　　　　　　　（8.29）

表8-3所示為一般常見氣罩之進入損失係數。

8.2.2　導管

導管（duct）為空氣從氣罩至排氣口之路徑，其結構須為不受外壓影響、腐蝕破壞者。導管分為吸氣導管及排氣導管（如圖8-16）；自氣罩至空氣清淨裝置，以及自空氣清淨裝置至排氣機之管路稱為吸氣導管；由排氣機至排氣口之管路稱為排氣導管。其主要功能在於將氣罩所收集到的污染空氣送至空氣清淨裝置再予以處理、排除，其形狀可為圓形、方形或長方形，但以圓形斷面較佳。

導管的斷面積及長度會影響氣流的速度，斷面積較大時壓力損失較低，但流速也隨之降低，以致粉塵等易沈積於管內。長度則與摩擦損失成正比；再者，若管路有轉彎亦會增加壓損，因此應儘量減少管路的彎曲設計。

導管內的氣流速度太大會造成導管磨損及噪音問題，風速太小則無法有效搬運污染物，因此風速足夠搬運污染物即可，表8-4是導管輸送風速（transport velocity）設計之參考值。所謂輸送風速是指不

表8-3　常見氣罩之進入損失係數（F_h）

氣罩型式	圖示	氣罩進入損失係數（F_h）
1.導管開口 （plain opening）		○$F_h=0.9$ □$F_h=1.25$
2.具凸緣之導管開口（flanged opening）	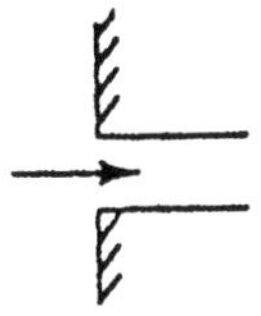	○$F_h=0.50$ □$=F_h=0.70$
3.推拔狀或錐狀氣罩（tapered or cone hood）	$L/D=1$	<table><tr><td>α</td><td>15°</td><td>30°</td><td>45°</td><td>60°</td><td>90°</td></tr><tr><td>□</td><td>.2</td><td>.3</td><td>.3</td><td>.4</td><td>.7</td></tr><tr><td>○</td><td>.2</td><td>.2</td><td>.15</td><td>.25</td><td>.6</td></tr></table>
4. 鐘形嘴狀入口（bell mouth inlet）	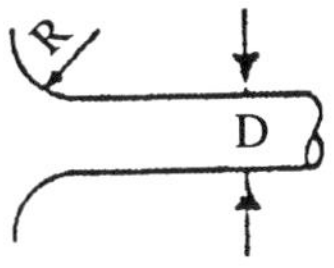	<table><tr><td>R/D</td><td>.1</td><td>.5</td><td>.75</td><td>1.0</td></tr><tr><td>F_h</td><td>0.2</td><td>0.1</td><td>0.5</td><td>0.4</td></tr></table>
5.銳緣狀口（sharp edged orifice）	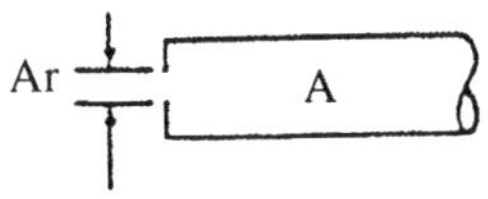	<table><tr><td>Ar/a</td><td>0.0</td><td>0.2</td><td>0.4</td><td>0.6</td><td>0.8</td><td>1.0</td></tr><tr><td>F_h</td><td>2.5</td><td>1.9</td><td>1.4</td><td>1.2</td><td>1.0</td><td>0.9</td></tr></table>
6.蓋狀氣罩（canopy）	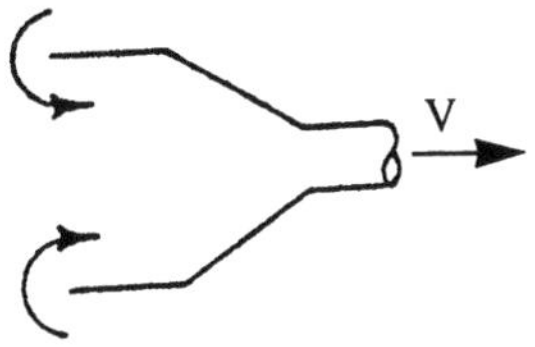	0.5

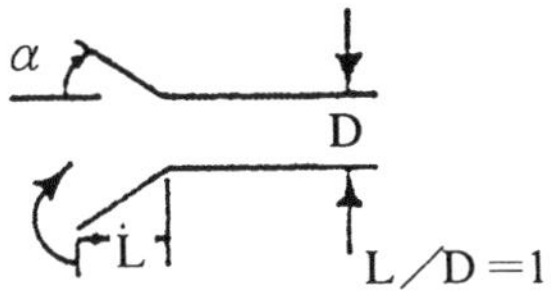

（續）表8-3　常見氣罩之進入損失係數（F_h）

氣罩型式	圖示	氣罩進入損失係數（F_h）
7. 直接連接導管之崗亭式氣罩	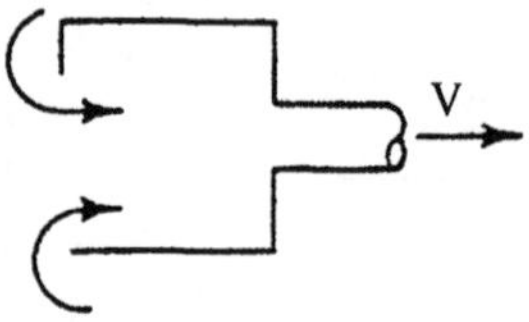 V	0.50
8. 連接推拔導管之崗亭式氣罩	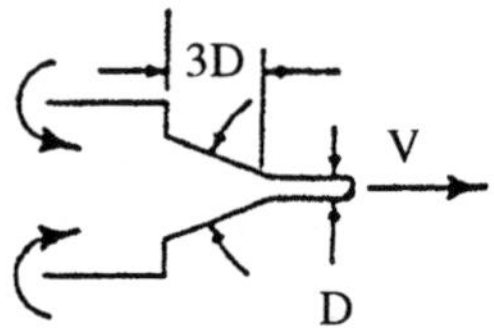 3D V D	<table><tr><td>α°</td><td>15</td><td>30</td><td>45</td><td>60</td><td>90</td><td>120</td><td>150</td></tr><tr><td>○</td><td>.15</td><td>.08</td><td>.06</td><td>.08</td><td>.15</td><td>.26</td><td>.40</td></tr><tr><td>□</td><td>.25</td><td>.16</td><td>.15</td><td>.17</td><td>.25</td><td>.35</td><td>.48</td></tr></table>
9. 連接圓形流入口之崗亭式氣罩	R-D/2 D	0.10
10. 雙重罩蓋式氣罩（內側為圓錐）		1.0
11. 狹縫式入口連接一彎管（slot & bend）	V	1.6
12. 標準磨床氣罩（typical grinding hood）	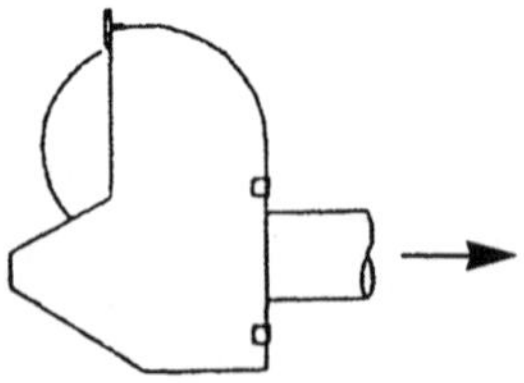	（連接平直導管）0.65（連接推拔導管）0.40

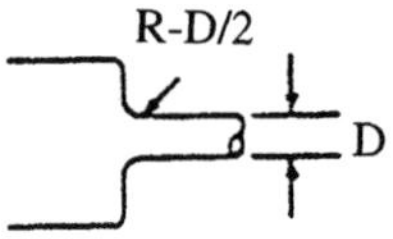

表8-4　一般物質之輸送風速

污染物質	輸送風速（m/s）	實例
氣體、蒸氣、燻煙及極輕之粉塵	10	各種氣體、蒸氣、氧化鋁燻煙、木粉及棉
較輕、乾燥之粉塵	15	原棉、麻屑、殼粉、橡膠粉
一般工業粉塵	20	木屑、研磨產生之粉塵
重粉塵	25	鉛粉、鑄造用砂之落塵
重且濕潤之較重粉塵	25以上	濕潤之鐵粉

致使粉塵滯留於導管而可搬走粉粒所必要之最小速度。

　　導管應使用鍍鋅鐵板或鋼板製造。其厚度之設計如**表8-5**所示。在具腐蝕性粉塵或煙霧的場合，應使用與表8-5具有同等強度的耐蝕材料或在鋼管內壁披覆（塗飾或襯墊）耐蝕材料。

　　導管內之風量，可以下式計算之：

$$Q = 60 \cdot A \cdot V \quad (m^3/min) \qquad (8.30)$$

其中　A＝導管之斷面積，m^2

　　　V＝導管內之平均風速，m/s

如果導管斷面積有改變時，根據物質不滅定律：

$$Q = 60A_1V_1 = 60A_2V_2 \qquad (8.31)$$

亦即　$A_1V_1 = A_2V_2$ 　　　　　　　　　（8.32）

其中　A_1＝導管上游的斷面積，m^2

　　　A_2＝導管下游的斷面積，m^2

　　　V_1＝導管上游的平均風速，m/s

　　　V_2＝導管下游的平均風速，m/s

（8.32）式即為一般所熟知的連續方程式。

表8-5 導管之最小厚度

導管之種類	導管直徑 (cm)	最小管厚	
		鋼板厚度(mm)	鍍鋅鐵板呼號
圓形斷面導管 　直線導管 　擴張導管 　漸縮導管 　合流導管	 未滿20 20～45 45～75 75以上	 0.794 0.953 1.27 1.59	 22 20 18 16
長方形斷面導管 　直線導管 　擴張導管 　漸縮導管 　合流導管	應取相當於導管斷面之長邊為直徑之圓形斷面導管最小管厚之值		
肘管	較上表所示值高二級厚度，例如導管直徑未滿20cm者，應為1.27mm 以上鋼板		

對於導管之任一斷面而言，氣流都有靜壓（static pressure, P_s）和動壓（或速度壓）（velocity pressure, P_v），二者之和即為全壓（total pressure, P_T）：

$$P_T = P_s + P_v \qquad\qquad (8.33)$$

其單位皆為 mmH_2O，如圖8-17所示。導管內任意斷面之動壓，可以下式計算之：

$$P_v = \left(\frac{V}{4.03}\right)^2 \qquad\qquad (8.34)$$

$$或 \quad V = 4.03\sqrt{P_v} \qquad\qquad (8.35)$$

其中　$V =$ 平均風速，m/s

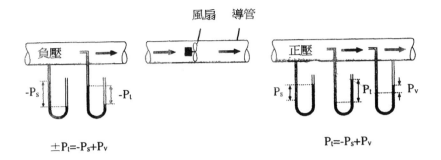

$\pm P_t = -P_s + P_v$ $P_t = -P_s + P_v$

圖8-17 導管的靜壓、動壓及全壓

〔例題〕

    下表為下圖中導管內風扇上游1,2及下游3,4四個測點所測得空氣壓力（air pressure）值，試求表中 a,b,c,d 四處之相關壓力值？

測點	空氣壓力（mm w.g.）		
	全壓	靜壓	速度壓
1	(a)	−8.10	+2.00
2	−7.40	−9.40	(b)
3	+6.90	(c)	+2.00
4	+7.20	+5.20	(d)

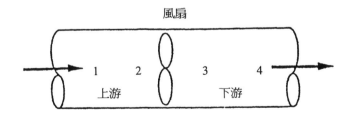

解答：

    (a)$P_T = (-8.10) + 2.00 = -6.10 (mmH_2O)$

    (b)$P_v = P_T - P_s = (-7.40) - (-9.40) = 2.00 (mmH_2O)$

    (c)$P_s = P_T - P_v = (6.90) - 2.00 = 4.90 (mmH_2O)$

    (d)$P_v = P_T - P_s = 7.20 - 5.20 = 2.00 (mmH_2O)$

值得注意的是，因為此導管管徑沒有改變，所以風扇上、下游之空氣流速均相同，其速度壓也都相同（$+2.00mmH_2O$）。

導管內的能量損失（壓損）包括摩擦損失（friction loss）及動力損失（dynamic loss），前者是空氣與導管內壁摩擦所產生，其值隨風管長度的增加而增加，隨直徑增加而減少，並隨管內流速的平方增加而增加；後者是由於風管方向改變、截面積改變或流速（包括大小及方向）變化所引發之擾流現象所產生。

在導管中，壓力的損失計有下列幾種情況：

一、直線圓形斷面導管

長度為 ℓ 之直線圓形斷面導管，若其壓損為 P_R，則

$$P_R = P_{RU} \cdot \ell \quad (mmH_2O) \tag{8.36}$$

其中　$P_{RU} =$ 單位長度的壓力損失，$mmH_2O \cdot m^{-1}$

在式（8.36）中，P_{RU} 可藉由查圖的方式求得，如圖8-18。當通風量（Q）、輸送風速（V_T）及導管直徑（d）等三參數中之兩項為已知時，便可從圖8-18中查得其所對應的 P_{RU} 值。

二、直線矩形斷面導管

長度為 ℓ 之直線矩形斷面導管，可以藉由下式（8.37）求得等效直徑（equivalent diameter，d_e）後，再以 d_e 與通風量或輸送風速在圖8-18中查出單位長度之壓力損失（P_{RU}）值，而後再將 P_{RU} 乘以導管長度（ℓ），所得之值即為 P_R。

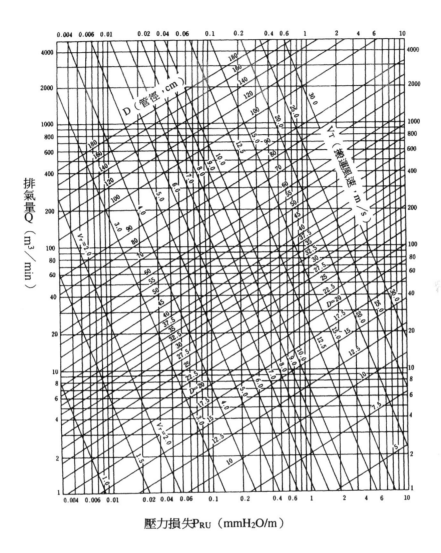

圖8-18 直線圓形導管之壓力損失

$$d_e = 1.30 \sqrt[8]{(\ell_1 \ell_2)^5 / (\ell_1 + \ell_2)^2} \qquad (8.37)$$

其中　ℓ_1，ℓ_2＝分別爲矩形斷面之長短兩邊，cm

　　　d_e＝等效直徑，cm

三、圓形斷面肘管

　　圓形斷面肘管依其構造區分，有成形肘管及蝦節肘管兩種，如圖8-19所示。當導管直徑（d）大於15公分時，蝦節肘管之蝦節數應有5個以上；d≤15cm 時，蝦節數3個以上即可。圓形斷面90°肘管之壓力損失係數（K）可參考圖8-19之附表。

　　肘管彎曲角度若非90°（譬如45°或60°肘管，如圖8-20）則其壓力損失係數應以90°肘管之值再乘以 θ/90。圓形斷面肘管之壓力損失

$$P_R = KP_v \qquad (8.38)$$

四、矩形斷面肘管

　　矩形斷面肘管之壓力損失係數參見圖8-21。其壓力損失亦等於壓力損失係數（K）乘以動壓（P_v）。

五、圓形斷面漸擴導管

　　圓形斷面漸擴導管之壓力損失係數如圖8-22所示。其壓力損失量爲壓力損失係數乘以動壓差（$P_{v,1} - P_{v,2}$）之值。

六、圓形斷面漸縮導管

　　圓形斷面漸縮導管之壓力損失等於壓力損失係數（如圖8-23所示）乘以動壓差（$P_{v,2} - P_{v,1}$）。

七、合流導管

　　如圖8-24，合流導管在主導管側及歧導管側因合流之故，皆有壓

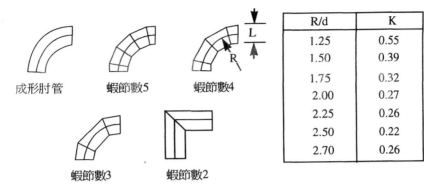

R/d	K
1.25	0.55
1.50	0.39
1.75	0.32
2.00	0.27
2.25	0.26
2.50	0.22
2.70	0.26

圖8-19 圓形斷面肘管之壓力損失係數

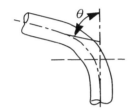

圖8-20 彎曲角度 θ 之肘管

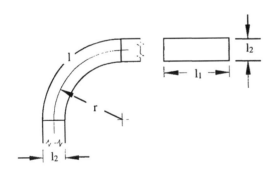

r/l₂ ＼ l₂/l₁	K					
	4	2	1	1/2	1/3	1/4
0.0	1.50	1.32	1.15	1.04	0.92	0.86
0.5	1.36	1.21	1.05	0.95	0.84	0.79
1.0	0.45	0.28	0.21	0.21	0.20	0.19
1.5	0.28	0.18	0.13	0.13	0.12	0.12
2.0	0.24	0.15	0.11	0.11	0.10	0.10
3.0	0.24	0.15	0.11	0.11	0.10	0.10

圖8-21 矩形斷面肘管之壓力損失係數

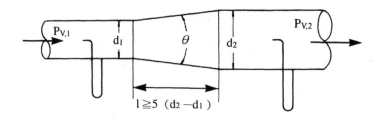

$(d_2 - d_1) / l$	θ	K
0.0873	5	0.17
0.1223	7	0.22
0.1750	10	0.28
0.3527	20	0.44
0.5359	30	0.58
0.7279	40	0.72
0.9326	50	0.87
1.1547	60	1.00

圖8-22　圓形斷面漸擴導管之壓力損失係數

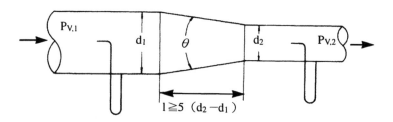

$(d_2 - d_1) / l$	θ	K
0.1750	10	0.05
0.3527	20	0.06
0.5359	30	0.08
0.7279	40	0.10
0.9326	50	0.11
0.1547	60	0.13
2.0000	90	0.20
3.4641	120	0.30

圖8-23　圓形斷面漸縮導管之壓力損失係數

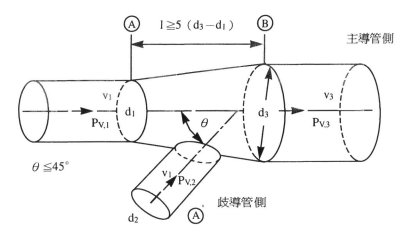

θ	歧導管側	主導管側
	K_2	K_1
10	0.06	0.2
15	0.09	0.2
20	0.12	0.2
25	0.15	0.2
30	0.18	0.2
35	0.21	0.2
40	0.25	0.2
45	0.28	0.2
50	0.32	0.2
60	0.44	0.2
90	1.00	0.7

圖8-24　合流導管之壓力損失係數

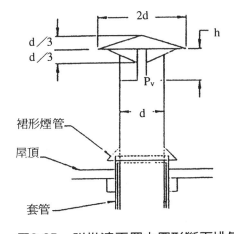

h／d	K
1.0	1.10
0.75	1.18
0.70	1.22
0.65	1.30
0.60	1.41
0.55	1.56
0.50	1.73
0.45	2.0

圖8-25　附裝遮雨罩之圓形斷面排氣口之壓力損失係數

損。因此，圓形斷面合流導管之壓力損失是主導管側壓損及歧導管側壓損之和。但矩形斷面合流導管因主導管側之壓力損失可以忽略，故只需考慮歧導管側之壓損，此時可依矩形斷面肘管之方式求之。

八、附裝遮雨罩之圓形斷面排氣口

附裝遮雨罩（weather cap）之圓形斷面排氣口壓力損失值等於圖8-25附表之壓力損失係數乘以動壓值。

8.2.3　空氣清淨裝置

空氣清淨裝置（air cleaner），如依所處理之污染物加以分類，可分為：除塵裝置與廢氣處理裝置。

一、除塵裝置

依捕集粉塵之原理分類，除塵裝置有：重力沈降室、慣性除塵裝置、離心分離機、文氏濕式集塵器、濾袋式除塵裝置及電氣除塵裝置等幾大類，如圖8-26。其所使用的原理、可捕捉的粉塵粒徑、除塵效率及壓力損失可整理如表8-6。

表8-6　各除塵裝置性能比較

型式	原理	可行分離粉塵之粒徑（μm）	除塵效率（%）	壓力損失（mmH$_2$O）
重力沈降室	重力沈降	＞50	＜50	5～20
慣性除塵裝置	慣性衝突	＞20	＜50	35～50
離心分離機	離心力	＞5	40～95	100～200
文氏濕式集塵器	加濕	＞1	90～99	500～1000
濾袋式集塵器	過濾	＞1	90～99	100～200
電氣除塵裝置	靜電	0.1	90～99	5～25

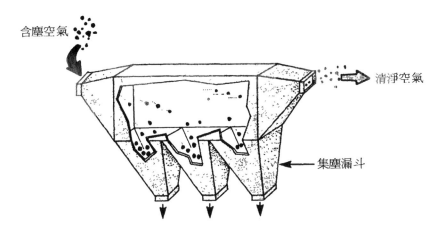

含塵空氣

清淨空氣

集塵漏斗

（a）重力沈降室

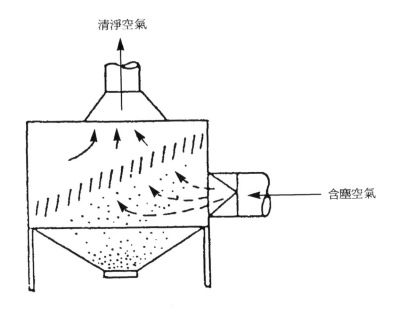

清淨空氣

含塵空氣

（b）慣性除塵裝置

圖8-26　除塵裝置的種類

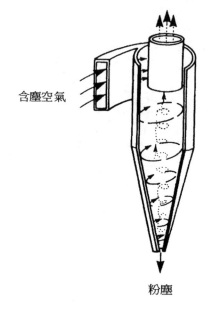

清淨空氣

含塵空氣

粉塵

（c）離心分離機

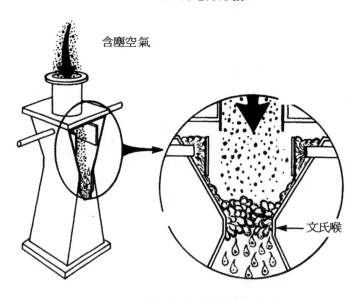

含塵空氣

文氏喉

（d）文氏濕式集塵器

（續）圖8-26　除塵裝置的種類

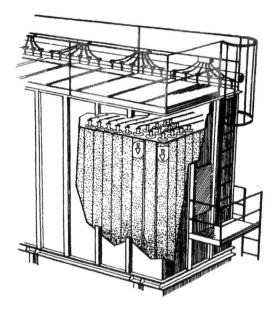

（e）濾袋式除塵器

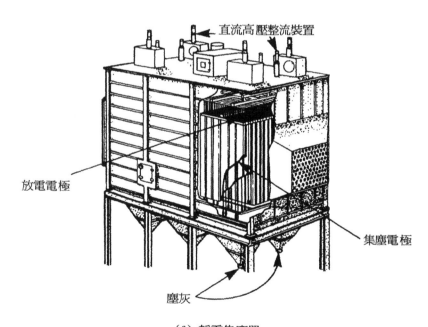

（f）靜電集塵器

（續）圖8-26　除塵裝置的種類

各種除塵裝置之優缺點比較及其適用時機如下：

（一）重力沈降室

1.優點：

(1)壓力損失小。

(2)構造簡單、保養容易。

2.缺點：

(1)佔用面積大。

(2)效率低。

3.適用時機：

用於前處理，以去除粒徑較大粉塵，減輕後段設備負荷。

（二）慣性除塵裝置

1.優點：

(1)構造簡單、裝設費用低廉。

(2)操作容易。

2.缺點：

(1)除塵效率低。

(2)衝擊板會腐蝕、磨損。

3.適用時機：

用於前處理，以去除粒徑較大粉塵，減輕後段設備負荷。

（三）離心分離機（旋風集塵器）

1.優點：

(1)設計簡單，保養容易。

(2)所佔空間小。

(3)屬乾式粉塵處理方法，無廢水產生。

(4)低到中度的壓力損失。

(5)對大顆粒及大流量氣體處理效果好。

2.缺點：

(1)對小顆粒粉塵去除效率低。

(2)對不同大小的粉塵負荷及流率變化很敏感。

　3.適用時機：

　　(1)粉塵顆粒粗大。

　　(2)粉塵濃度很高。

　　(3)欲加分類。

　　(5)不需很高效率。

(四)文氏濕式集塵器

　1.優點：

　　(1)可將酸、鹼性氣體一併去除。

　　(2)能冷卻及處理高溫、高濕度廢氣。

　　(3)集塵效率可變化。

　　(4)可處理可燃性氣體。

　2.缺點：

　　(1)有腐蝕的問題。

　　(2)須處理廢水。

　　(3)煙流浮升力減弱。

　　(4)白煙可能生成。

　3.適用時機：

　　(1)需要高效率去除微粒粉塵。

　　(2)需要冷卻處理，且濕氣的存在無關緊要。

　　(3)氣體具可燃性。

　　(4)氣體及微粒均需去除時。

(五)濾袋式除塵器

　1.優點：

　　(1)乾式粉塵處理方法。

　　(2)操作簡單。

　　(3)對小粒徑粉塵仍具高效率。

　2.缺點：

(1)對氣體速度敏感。

(2)高溫廢氣須先冷卻。

(3)氣體的相對溫度有影響。

3.適用時機：

(1)需很高之收集效率。

(2)需乾燥收集可回收物質。

(3)氣體溫度恆高於露點溫度。

(4)氣體溫度低。

(5)廢氣體積流量不大。

㈥**靜電集塵器**

1.優點：

(1)收集效率可達99％以上。

(2)對小微粒效率仍佳。

(3)可以乾式或濕式收集。

(4)與其他高效率的集塵器比較，壓力損失小，能量需求小。

(5)易維修。

(6)可在高溫下操作。

2.缺點：

(1)起始成本高。

(2)對不同大小的煙塵負荷及流率變化很敏感。

(3)可能因粉塵電阻係數之影響導致部分微粒逃脫。

(4)效率會逐漸降低。

(5)高壓危險

(6)需要大空間。

3.適用時機：

(1)需要很高之效率去除細小粉塵。

(2)廢氣體積流率很大。

(3)需回收有價值物質。

在選擇除塵裝置方面需注意：

(一)除塵濃度

粉塵濃度較高時，首應考慮設置粗濾大粒徑之初濾裝置後，再實施微粒徑除塵。

(二)粉塵粒徑

粉塵大部分屬粗粒徑者，僅採用離心分離機就足以應付。但如屬微粒徑者，則宜選擇具有高性能之除塵裝置。

(三)粉塵之性質

對非親水性粉塵，則不宜使用濕式除塵裝置。對於具有毒性或有害性粉塵，則應使用具有高性能之除塵裝置。此外，對於爆炸性粉塵，則應使用不燃性氣體搬運。

(四)氣體之溫度

含塵氣體之溫度過高時，除塵裝置使用之材料應採用具有耐熱性者，使用濾袋式除塵裝置以處理鼓風爐或熔解爐之廢氣時，應充分留意氣體之冷卻及過濾材料之選擇。

(五)氣體之性質、成分

對於氣體是否具有腐蝕性以及水蒸氣含量等應充分考慮，以選擇除塵裝置之構造並作適當之耐蝕處理。

(六)除塵精度

精密作業室之供氣或粉塵作業之排氣，其各別所要求之標準迥然不同，故應考慮其必要之精度，選擇除塵裝置。

(七)固體微粒子之排放基準

在有固體微粒子排放標準之區域，應充分考慮選擇具有抑制排氣濃度在排放標準以下之性能者。

(八)除塵效率之目標

一般除塵效率均依除塵目的、排放濃度標準、廢氣中粉塵濃度及粒徑分佈等決定不同之除塵效率，一般精密作業之供氣，其效率宜在95％至99％之間，對於具有毒性之物質之排放則應在99％以上，一般粉塵之去除效率則在75％～90％之間。

㈨捕集粉塵之處理

對於除塵裝置捕集之粉塵是否回收再度使用或予廢棄,均足以影響除塵裝置之構造,因此均應予事前充分考慮以免掛一漏萬。

㈩設置地點

設置除塵裝置時亦應考慮是配置於室內還是室外,並要有充足之設置場所。此外並應顧及該裝置產生之噪音是否影響四周環境,設置場所附近有否易遭粉塵侵襲之機械設備等,因而應儘可能選擇低噪音之小型裝置為佳。

㈠設備數目

粉塵種類較多或具有相異性質者,應依工廠之配置及粉塵種類設置必要之排氣系統,分別設置適當之除塵裝置。又如處理粉塵所必要之通風量極大時,則應選擇在經濟上被認為適當之除塵裝置,亦即增加設置數目。

㈡經費

通常處理能量較大、性能較高者,其設備費當亦較為昂貴。但其運轉費用並不因此而增加,反而有較低廉之可能,因此,選擇裝置時應就折舊與利息等充分檢討,在總預算經費之許可範圍內選擇最適合而經濟之裝置。

二、廢氣處理裝置

從處理原理上分類,廢氣處理裝置可分為:

㈠吸收法

此法係以吸收液(主要者為水液等)吸收廢氣之方法。較其他方法為經濟,通常且可將共存之粉塵等一併除去。有填充塔、棚段塔、洗滌塔等。

㈡吸附法

吸附法係以固體吸附劑吸附廢氣之方法,多利用於有機溶劑蒸氣之去除、回收。

㈢**燃燒法**

　　對於可燃性氣體或無回收之必要者，得使其熱分解形成另一不具
有危害性之物質，則可在高溫爐中燃燒。有高溫直接燃燒法與低溫觸
媒氧化法等。

　　在工程技術上，其優劣比較如**表8-7**。

表8-7　廢氣處理方法優缺點比較

處　理　方　法	優　　　　　　　點	缺　　　　　　　點
吸收法	1.比較簡單，設備費、運轉費都很便宜 2.作為其他方法的前處理有效果	1.比其他方法效果差 2.需要排水處理
吸附法	1.溶劑可回收 2.適用於常溫 3.可處理相當低濃度的氣態或揮發性污染物 4.運轉費用低	1.只限於低溫的排氣 2.只限於低濃度 3.再生或後處理是問題
高溫直接燃燒法	1.不受塵埃存在的影響 2.適用於多種行業 3.操作單純 4.維護容易。	1.因需高溫處理，故燃燒費大 2.NO_x排氣增大 3.因熱回收，故需要昂貴的熱交換器
低溫觸媒氧化法	1.比直接燃燒法燃料費少 2.比直接燃燒法發生 NO_x 小 3.裝置比直接燃燒法小型	1.塵埃以及霧氣多時，必須要做前處理 2.觸媒費用昂貴 3.觸媒有毒且表面附著異物時會喪失效力

8.2.4 排氣機

排氣機（exhauster）又稱送風機，是風扇（fan）與鼓風機（blower）的合稱。依照日本機械學會（JSME）的分類，壓力在0.1kgf/cm²（100mmAq）以下者稱為風扇；0.1kgf/cm²以上、1kgf/cm²（10mAq）以下者稱為鼓風機。排氣機是局部排氣系統中驅動空氣流動的原動力。

一、排氣機的種類

排氣機可分為兩大類，即離心式（centrifugal-flow fans）與軸流式（axial-flow fans）。顧名思義，軸流式排氣機的氣流方向是平行於葉片轉軸的方向，亦即空氣通過風扇後，方向不會改變；離心式排氣機的氣流在離開葉片時則是沿著徑向流出，亦即垂直於葉片的轉軸。

㈠離心式排氣機

離心式排氣機的動作原理乃是利用一動葉輪旋轉產生離心力而對空氣加壓，以增加空氣的壓力者。離心式排氣機依其葉片之切線與迴轉方向間之夾角可分為：

1. 前曲式葉片型（forward-bladed fan）：如圖8-27(a)所示。此型風扇之葉片是朝迴轉方向前傾，故得名。其葉片形狀短而寬，約有36～64枚，由於數量較多，故又稱多翼風扇（multiblade fan）。由於空氣由葉片流出時之方向和葉輪之旋轉方向相近，故風速大、風量大；反之在同一風量下，其葉輪直徑與迴轉數可較小。但因其強度之設計較簡單，故無法高速迴轉，相對地噪音也較低，適合於建築物通風用。其靜壓範圍10～100 mmH$_2$O，全壓效率45％～60％。

2. 後曲式葉片型（backward-bladed fan）：如圖8-27(b)所示。其葉片之傾斜方向相反於迴轉方向，故得名。又稱輪葉風扇

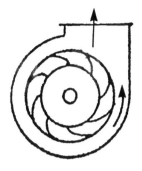

（a）前曲式葉片型

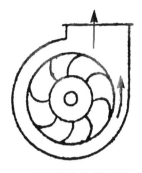

（b）後曲式葉片型

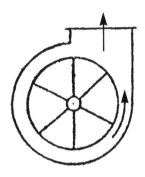

（c）輻射葉片型

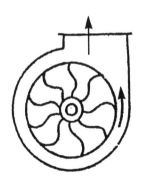

（d）前曲後曲併用型

（e）翼形剖面型

圖8-27　離心式排氣機的種類

（turbo fan）。葉片數在8～24片之間，空氣在葉片內流動狀況良好，效率亦高，廣為一般產業所使用，如鍋爐之強制通風，或礦坑之通風等。靜壓範圍50～500mmH$_2$O、全壓效率70%～80%。

3. 輻射葉片型（radial-bladed fan）：如圖8-27(c)所示。其特徵是具有輻射狀（或踏板狀）的葉片。與多翼風扇相較，其葉片之弦長（半徑方向之長度）較長，葉片寬度較窄，葉片數也較少，約在12～16片之間。由於葉片之形狀較簡單，故在強度上較其他形式之風扇佳，且異物不易附著、容易清除或更換葉片，所以常用於含塵量多之廢氣或具有腐蝕性空氣之排除。靜壓範圍50～500mmH$_2$O、全壓效率50%～65%。

除了上述三種之外，還有兩種葉片形狀較特殊之風扇，其一為定載風扇（又稱前曲後曲併用型），其葉片如 S 型，此外在外殼之進氣口處有固定之導葉片，其特點是風量雖增至設計點以上，然而軸動力卻不會增加，故名為定載風扇。另一種是翼形剖面風扇，其葉片之橫截面為一端寬一端窄之翼形。此型風扇與定載風扇同，風量超過設計點時，軸動力亦不會增加，但效率更佳，噪音小，不過價格較高。如圖8-27(d)和圖8-27(e)所示。

(二)軸流式排氣機

軸流式排氣機適合於高速迴轉、風量大、揚程小、佔地空間小之場合，但運轉時噪音大，且風量一旦超過其設計點，效率即迅速降低為其缺點。

軸流式排氣機的種類如下：

1. 螺槳型（propeller fans）：螺槳型是軸流式排氣機中最簡單的一種，常用於一般住家、辦公室及高溫環境的通風（作排氣扇或吊扇）如圖8-28(a)，其最大優點是風量大，缺點是在有阻抗的狀況下，驅動空氣的能力較差。若將螺槳以翼形葉片取代，並適當加以設計，其靜壓值最大可到50mmH$_2$O。

2. 管軸型（tubeaxial fans）：如圖8-28(b)，可置於導管內。由於

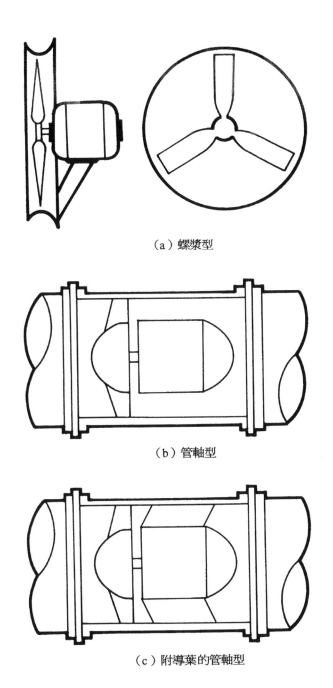

（a）螺漿型

（b）管軸型

（c）附導葉的管軸型

圖8-28　軸流式排氣機的種類

葉片尖端（blade tip）與外殼（housing）間的空間較小故效率
較佳，所能產生的靜壓值也較螺槳型爲高（～75mm H_2O）。
驅動其葉片轉動的馬達可置於管內——直驅式，亦可置於管外
——皮帶驅動式。可用於如噴漆室之類，系統阻抗低、空間不
充裕的單氣罩局部排氣系統。

3. 附導葉的管軸型（vaneaxial fans）：如圖8-28(c)，其特徵是在
管軸型的動葉輪之後設有一組導葉（air-directing vanes），這
些導葉有助於降低空氣在通過風扇葉片後的旋轉現象，不只對
風扇的效率之提升有幫助，亦可大大提升靜壓範圍，其靜壓值
可達250mm H_2O。這類型排氣機適用於局部排氣中，不過對粉
塵含量高的場合較不適宜，而且較相同排氣量的離心式排氣機
昂貴，因此只有在空間較不充裕的場所才能顯出它的價值。

二、排氣機的特性曲線

當空氣在排氣機之管路內或裝置內流動時，會因爲摩擦而造成阻
力，此阻力正比於風速（或風量）的平方，如果繪在流量（Q）－壓
力（P）之特性曲線圖中，則爲一通過原點的二次曲線，此曲線即爲
排氣機的系統阻力曲線（如圖8-29中的R曲線）。管路、裝置一定

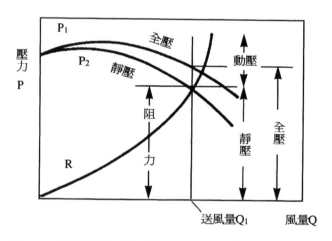

圖8-29　排氣機阻力與排氣機壓力之關係

時，阻力曲線就只有一條，空氣流量為零（無空氣流動）時，阻力為零，隨空氣流量的增加，阻力隨其平方增加。如果要輸送空氣，就必須要有克服這些阻力的壓力，所以排氣機在運轉或設計時，就必須要能提供此一靜壓；此外在排氣機的出口處如欲送出空氣，則必須要有動壓，因此排氣機必須有提供此靜壓加動壓之壓力（即全壓）。而排氣機的操作點（operating point）必在壓力曲線（P_s）和阻力曲線（R）的交點上，如圖8-29所示，此時送出之風量即為 Q_1。由圖8-29亦可看出，若壓力曲線或阻力曲線有所變化，則操作點之位置亦會隨之改變，當然風量也會產生變化。

　　排氣機的性能可用風量、產生此風量時的壓力、轉速、所需馬力及效率來予以特徵化。通常是以風量為橫座標，將壓力、馬力、轉速和效率置於縱座標，而畫出其特性曲線。圖8-30所示即分別為離心式與軸流式排氣機的特性曲線。

(一)離心式排氣機的特性曲線（如圖8-30(a)）

　　在風壓曲線部分，後曲式排氣機（輻射式亦同）在中間處有一極大值，而前曲式由於風量小時葉輪內的部分流動，曲線有極大值及極小值出現。在馬力曲線部分，後曲式排氣機在風量稍大於最高效率點處有一極大值，而前曲式的馬力則隨風量的增加而增加。輻射式亦同，但是前曲式排氣機此現象更顯著。

(二)軸流式排氣機的特性曲線

　　在圖8-30(b)中，壓力與所需馬力在閥門全閉時最大，隨著風量的增加逐漸減小。所需馬力在操作點附近呈平緩變化，在閥門全開的狀態下降至最低值，此時最易起動。效率隨風量由零開始漸增，至操作點到達最高值，然後再隨風量增加而減少。

三、排氣機動力理論

(一)排氣機動力

　　設排氣機排氣量為 Qm^3/min、排氣機全壓為 P_{Tf}（mmH_2O）時，其所需的制動馬力（即旋轉的風扇對空氣所作的功）為：

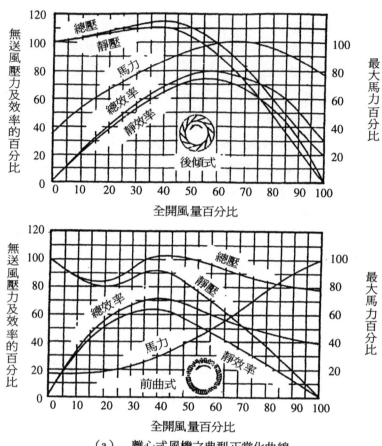

（a）　離心式風機之典型正常化曲線

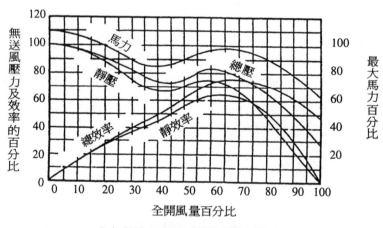

（b）軸流式風機之典型正常化曲線

圖8-30　離心式與軸流式排氣機的特性曲線

$$BHP = \frac{Q \cdot P_{Tf}}{6120 \cdot \eta_1} \ (\text{kW})$$

$$= \frac{Q \cdot P_{Tf}}{8207 \cdot \eta_1} \ (\text{HP}) \hspace{3cm} (8.39)$$

其中　BHP＝制動馬力（brake horsepower）

　　　η_1＝排氣機之全壓效率，0.6～0.75

排氣機全壓（P_{Tf}）之計算方式如下：

$$P_{Tf} = P_R$$

$$= P_{To} - P_{Ti}$$

$$= (P_{so} + P_{vo}) - (P_{si} + P_{vi}) \hspace{2cm} (8.40)$$

其中　P_R＝局部排氣系統之全壓損，mmH_2O

　　　P_{Ti}、P_{To}＝分別為排氣機吸入口、排氣口之全壓，mmH_2O

　　　P_{si}、P_{so}＝分別為排氣機吸入口、排氣口之靜壓，mmH_2O

　　　P_{vi}、P_{vo}＝分別為排氣機吸入口、排氣口之動壓，mmH_2O

此時，所需之電動機（馬達）動力為

$$PWR = \frac{Q \cdot P_{Tf}}{6120 \cdot \eta_1 \cdot \eta_2} \ (\text{kW}) \hspace{2cm} 1\text{hp}=0.746\text{kw}$$

$$= \frac{Q \cdot P_{Tf}}{4565 \cdot \eta_1 \cdot \eta_2} \ (\text{HP}) \hspace{3cm} (8.41)$$

其中　η_2＝排氣機與馬達間之傳動效率，直結式為1，皮帶傳動
　　　　式為0.95

　　　但在實務上，選用電動機時宜考慮一安全係數，當功率為2～5
kW 時取1.2；大於5kW 時取1.3。

(二)風扇定律

　　　同一排氣機之風量、全壓（或靜壓）、動力與回轉數之間，有下
列關係，此稱為風扇定律（fan's law）。

　　　1.回轉速（N）與排氣機風量（Q）之關係：

$$\frac{Q_1}{Q_2} = \frac{N_1}{N_2} \qquad (8.42)$$

2.回轉速（N）與全壓（P_T）或靜壓（P_s）之關係：

$$\frac{P_{T,1}}{P_{T,2}} = \frac{P_{s,1}}{P_{s,2}} = \left(\frac{N_1}{N_2}\right)^2 \qquad (8.43)$$

3.回轉速（N）與動力（L）之關係：

$$\frac{L_1}{L_2} = \left(\frac{N_1}{N_2}\right)^3 \qquad (8.44)$$

〔例題〕

設計某局部排氣設施，其必要排氣量 $Q = 200\text{m}^3/\text{min}$，全系統壓力損失 $P_{TR} = 100\text{mmH}_2\text{O}$；所選擇的排氣機在300RPM，全壓效率 $\eta_1 = 0.6$；排氣機與馬達間傳動效率 $\eta_2 = 0.9$；(1)求該系統所需之動力（kW）。(2)依設計安裝後發現風量僅有180m³/min，應如何調整至200m³/min。(3)調整後所需之動力爲若干 kW。

解答：

(1)排氣機動力 $= \dfrac{Q \times P_{TR}}{6,120 \times \eta_1 \times \eta_2} = \dfrac{200 \times 100}{6,120 \times 0.6 \times 0.9}$

$\qquad\qquad\quad = 6.05\text{kW}$

(2)由風扇定律知，風量隨著排氣機轉數增加而增加，即

$$\frac{Q_1}{Q_2} = \frac{N_1}{N_2}$$

$\therefore N_2 = N_1 \times \dfrac{Q_2}{Q_1} = 300 \times \dfrac{200}{180} = 334\text{RPM}$

即應將排氣機之轉數調整至334RPM

(3)排氣機動力與轉數之關係爲

$$\frac{L_1}{L_2} = \left(\frac{N_1}{N_2}\right)^3$$

$\therefore L_2 = L_1 \left(\dfrac{N_2}{N_1}\right)^3 = 6.05 \times \left(\dfrac{334}{300}\right)^3 = 8.35\text{kW}$

〔例題〕

　　試由下圖所提供的資料，計算該局部排氣裝置排氣機所需之理論動力（kW）。

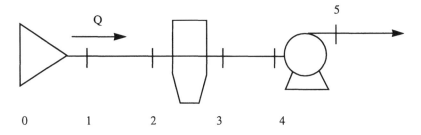

(1)0－1點為氣罩，其流入係數 $C_e=0.98$

(2)1－2點為直線導管，其速度壓 $P_v=50mmH_2O$

　　單位長度壓力損失 P_{RU} 為 $2.2\dfrac{mmH_2O}{m}$，總長度5m

(3)2－3點為空氣清淨裝置，其壓力損失 $P_{R2-3}=40mmH_2O$

(4)3－4點為直線導管，其速度壓 $P_v=25mmH_2O$

　　單位長度壓力損失 $P_{RU}=2.0\dfrac{mmH_2O}{m}$，總長度為4m

(5)第5點全壓 $P_{To}=15mmH_2O$，流量（Q）為 $6m^3/min$

解答：

　　(1)氣罩之壓力損失（P_{R0-1}）$=F_h\times P_v$

$$=(\frac{1-C_e{}^2}{C_e{}^2})\times P_v$$

$$=(\frac{1-0.98^2}{0.98^2})\times 50$$

$$=0.04\times 50$$

$$=2（mmH_2O）$$

　　(2)直線導管1－2點之壓力損失（P_{R1-2}）

$$=P_{RU}\times \ell$$

$$=2.2（mmH_2O/m）\times 5（m）$$

$$=11（mmH_2O）$$

　　(3)空氣清淨裝置之壓力損失（P_{R2-3}）$=40（mmH_2O）$

⑷直線導管3－4點之壓力損失（P_{R3-4}）

　＝2.0（mmH$_2$O/m）×4（m）＝8（mmH$_2$O）

茲將各點之靜壓（P_s）、動壓（P_v）及全壓（P_T）列表如下：

位置 壓力值	第0點	第1點	第2點	第3點	第4點	第5點
P_T	0	－2	－13	－53	－61	15
P_v	0	50	50	25	25	－
P_s	0	－52	－63	－78	－86	－

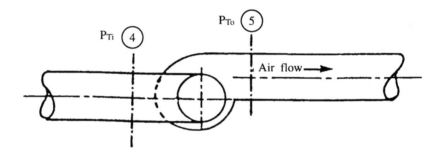

如上圖，排氣機全壓＝$P_{T5} - P_{T4}$

$$= P_{To} - P_{Ti}$$

$$= 15 - (-61)$$

$$= 76（mmH_2O）$$

∵排氣機動力＝$\dfrac{Q \times P_{Tf}}{6,120 \times \eta_T}$（kW）

　設排氣機全壓效率（η_T）＝0.6

　且 Q＝6m^3/min，R_{Tf}＝76mmH$_2$O

∴所需排氣機動力＝$\dfrac{Q \times P_{Tf}}{6,120 \times \eta_T}$

$$= \dfrac{6 \times 76}{6,120 \times 0.6}$$

$$= 0.124（kW）$$

四、排氣機之風量調節

(一)離心式排氣機

離心式排氣機常用的風量調節方法有調整排氣閥、進氣閥、導葉片角度及轉速四種：

1. 利用排氣閥調節：於排氣機出口裝設排氣閥門，由排氣閥的開關，改變管路阻力的大小而調整風量。此種方式設備便宜保養容易，但控制效率及安定性差且風量與閥門角度不成比例，全閉附近風量變化較敏感。

2. 利用進氣閥調節：於排氣機入口處裝設進氣閥，當進氣閥關小時，入口形成負壓，氣體比重量減小，影響壓力曲線而改變風量。此種調節方式同樣設備便宜、保養容易，控制效率及安定性較排氣閥略佳。但風量變化同樣不均勻。

3. 利用入口導葉片：調整葉輪入口放射狀等葉片之角度，改變進入葉輪氣流的角度，而改變其壓力及風量。此種設備較前兩者貴，保養亦較麻煩，但控制效率高，安定性亦好，惟風量變化仍不均勻，且因直接接觸氣體，構造又較複雜，除清潔之常溫氣體外，一般並不適用。

4. 利用轉速變化：根據風扇定律風量與轉速的關係，裝設變速電動機調整轉速，理論上為效率最高，安定性最佳且風量最均勻的調節方式，其缺點為設備昂貴、保養麻煩。

(二)軸流式排氣機

軸流式排氣機的風量調節，一般使用改變轉速及調整葉片角度兩種方法：

1. 改變轉速：和離心式一樣，藉由改變轉速來調節風量，一般若由電動機帶動者，只用兩段的情況較多；若用渦輪機帶動者，則可作連續性的轉速改變，其調節的效率較好。

2. 調整葉片角度：改變動翼或靜翼的角度，翼列的功與效率都會隨之改變，此為軸流式獨有的調節方法，效率亦最高。

8.3 局部排氣系統設計

局部排氣系統的設計步驟如下：

1. 依污染物之特性，選定氣罩之種類與型式。
2. 依作業之特性，決定排氣之方向。
3. 決定氣罩設置之位置，儘量靠近污染源。
4. 考慮污染物發散方向、飛散距離及氣罩型式，決定污染物之控制風速。
5. 決定個別氣罩之排氣量。
6. 在設計圖上擬定導管系統，決定空氣清淨裝置與排氣機之位置。
7. 計算導管內各段之搬運速度。
8. 計算吸氣導管與排氣導管之內徑。
9. 決定氣罩之尺寸。
10. 分段（氣罩、吸氣側、排氣側、遮雨罩）計算壓力損失。
11. 繪圖列出全體壓力損失。
12. 依排氣機全壓、排氣量、效率並保留適當的安全係數，計算所需排氣機與馬達動力。

在局部排氣系統的設計上，之所以需要計算壓力損失，其目的有三：

1. 使每一氣罩獲取其所需之排氣量。
2. 提供導管必要搬運速度所需之動力。
3. 選擇局部排氣系統排氣機或馬達動力之依據。

在多氣罩系統（multiple hood systems）的設計方面，若是各連接導管在合流點處的靜壓不平衡，則氣罩便無法獲得其所需之排氣量。壓損之計算方法有二，其一為流速調節平衡法（balancing by static pressure）；其二為抵抗調節平衡法（balancing by dampers）。

在一般設計上，若歧管數較少，且以粉塵爲主要輸送對象時，原則上宜採用流速調節平衡法。

一、流速調節平衡法（或稱靜壓平衡法）

自同一合流點分歧之各歧導管（歧管）之氣罩，爲吸取其必要之排氣量，應使各歧管至合流點之壓損相等（即平衡其壓力損失），再逐次予以修正，以計算其全體之壓力損失之方法，謂流速調節平衡法。

以此方法計算時，一般均從壓損最大（即距排氣機最遠）之歧管開始計算。此時，應於二歧管之污染氣流所合流之各點，使該二歧管具有相等之壓損，依序往主導管計算，經由除塵裝置而至排氣機之吸氣導管側之全體壓損及自排氣機至排氣口間之排氣導管側之全體壓損，此兩側之壓損和即爲全體局部排氣裝置之壓損。

若無法滿足此一條件時，則在合流點無法取得靜壓的平衡，各歧管或各氣罩也就無法獲取必要之排氣量，繼而無法獲得必要之效果，以致使所設置之局部排氣裝置失去其設置之價值。

依 ACGIH 的建議，主導管與歧導管在合流點之壓力，若相差在5%以內，則可視爲達成平衡。若兩者相差在20%以內，則管徑不變，但增加靜壓較低之導管的風量。由於靜壓或壓力損失與速度（或流量）的平方成正比，因此流量之調整方法如下：

$$Q_{corrected} = Q_{design} \left(\frac{壓力損失較大之導管的靜壓}{壓力損失較小之導管的靜壓} \right)^{0.5}$$

（8.45）

其中　$Q_{corrected}$＝壓力損失較小之導管調整後的風量，m^3/min

Q_{design}＝壓力損失較小之導管原設計之風量，m^3/min

如兩者靜壓差超過20%，則最好的方法就是降低較小阻力導管的管徑、狹縫開口或肘管之曲率半徑以增加其阻力。當然也可以增加較大壓損導管的管徑，以降低其間的壓力差。

依上述步驟逐步計算直到兩導管壓差在5%以內爲止。

二、抵抗調節平衡法（或稱擋板平衡法）

於各歧管設置風量調節用擋板，由此調節各歧管之壓損，以分配各氣罩在設計上所必要之排氣量的方法，謂抵抗調節平衡法。其計算方式，仍以排氣機為重心，自具有最大壓損值之歧管（距排氣機最遠之歧管）開始計算，經由主導管而至排氣機。

此種計算方式無須實施修正，導管直徑則決定於必要排氣量與搬運速度之對應。因此，若對於具有最大壓損之歧管之選擇錯誤時，雖將其擋板全部開放，亦無法獲得必要之排氣量而失去設置之目的。

一般以氣體、蒸氣為對象或不易採用流速調節平衡法者，大致均採用此法計算。例如，歧管數目較多，或在設置裝置後必須再增加歧管等，除不可避免之事實存在外，應盡量避免採用此法計算。

茲就此兩法之優缺點比較如**表8-8**。

表8-8　抵抗調節平衡法與流速調節平衡法之比較

抵抗調節平衡法		流速調節平衡法	
優點	缺點	優點	缺點
1.操作有彈性，容許他日系統之改變 2.安裝後如發現選取之排氣系統不適當仍可修正 3.設計之計算較簡單 4.風量最小時也可以達到平衡 5.安裝時容許小規模之偏離原來設計之管線配置	1.擋板調整不當使此系統操作不良 2.部分關閉擋板會腐蝕，破壞平衡 3.設計時，如果選擇「最大阻力之歧導管」錯誤，不易察覺 4.安裝後要平衡一複雜之氣罩系統，不太容易	1.腐蝕問題比抵抗調節平衡法小 2.錯誤選取「最大阻力歧導管」很容易在設計時即發現	1.沒有經驗之技術人員無法作風量調整 2.如起初估計之風量不正確，則導管需要再計算 3.設計方法較複雜，費時較多 4.有時總風量會比所需者為多 5.導管之安裝必須依照最初之配置

〔例題〕

　　圖8-31為熔接作業場所中，作業範圍與作業者位置的配置圖，其作業條件如下：

(1)被熔接物為小機械零件，且採用下向熔接。

(2)設所選用的空氣清淨裝置壓損為50mmH₂O。

(3)周遭無干擾氣流。

(4)從作業型態而言，氣罩可予以固定。

試以普通鍍鋅鐵板為材料，設計一局部排氣裝置。

解答：

　　(1)步驟一：依污染物之特性，選定氣罩之種類與型式。

　　　　從作業狀況而言，宜採用外裝式桌上附有凸緣的長方形氣罩，氣罩開口面應能含蓋污染源之投影面積，因此開口面寬取40cm、高取15cm 應已足夠，待步驟九中再加以確認。至於凸緣的寬度之選取原則是如氣罩開口為長方形，則與其短邊同（最多不超過15cm），故分別取15cm、10cm 即可（如圖8-32）。

　　(2)步驟二：依作業之特性，決定排氣方向。

　　　　因為作業者位置固定，故排氣方向應在作業者的反向位置（如圖8-33）。

　　(3)步驟三：決定氣罩設置之位置，應儘量靠近污染源，如圖8-34所示。

　　(4)步驟四：決定控制風速。

　　　　一般而言（查表得知）熔接作業控制風速0.5m/s 至1.0m/s，故取接近下限值0.6m/s。

　　(5)步驟五：決定氣罩的排氣量。

　　　　外裝式桌上具凸緣之長方形氣罩，其排氣量：

　　　　$Q = 60 \times 0.5 \times V_c\,(10X^2 + A)$

　　　　$\because V_c = 0.6m/s$，$X = 0.2m$，$A = 0.4 \times 0.15 = 0.06m^2$

　　　　$\therefore Q = 60 \times 0.5 \times 0.6 \times (10 \times 0.2^2 + 0.06)$

　　　　　　$= 8.28m^3/min \doteqdot 10m^3/min$（取整數值）

　　(6)步驟六：在設計圖上擬定導管系統的配置，決定空氣清淨裝置

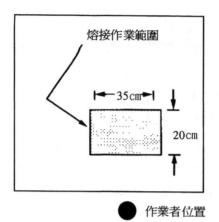

圖8-31

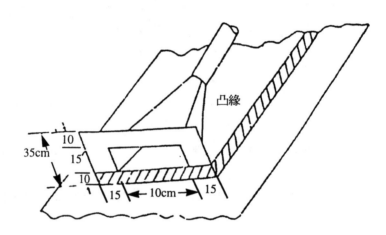

圖8-32

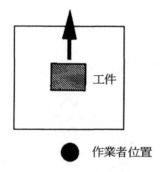

圖8-33

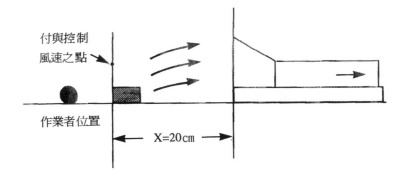

付與控制
風速之點

作業者位置

X=20cm

圖8-34

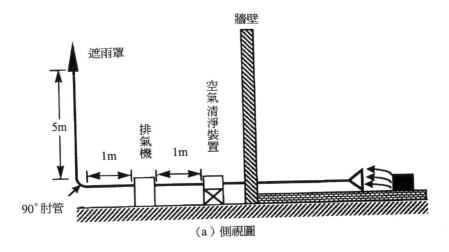

牆壁

遮雨罩

5m

1m

排氣機

1m

空氣清淨裝置

90°肘管

（a）側視圖

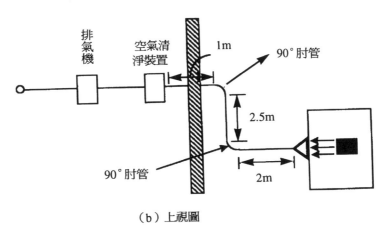

排氣機

空氣清淨裝置

1m

90°肘管

2.5m

90°肘管

2m

（b）上視圖

圖8-35

及排氣機之位置（如圖8-35）。

(7)步驟七：計算導管內各段之搬運速度。

因熔接作業所產生之污染物，是屬較輕且乾燥的粉塵，所以一般而言（查表得知）其搬運速度應在15m/s以上。在此選定為 $V_T = 15m/s$

(8)步驟八：計算吸氣導管與排氣導管之內徑。

利用公式 $Q = A \cdot V_T$

①吸氣導管

$\because Q = 10m^3/min$，$V_T = 15m/s = 900m/min$

$\therefore A = \dfrac{10}{900} = 0.01111（m^2） = 111.1（cm^2）$

如使用圓形斷面導管則其直徑

$d = \sqrt{\dfrac{4A}{\pi}} = \sqrt{\dfrac{4 \times 111.1}{\pi}} = 11.9cm \doteqdot 12cm$（取整數）

當吸氣導管直徑為12cm 時，輸送風速亦應從15m/s 修正為 14.7m/s。

②排氣導管

排氣側，輸送風速取10m/s 即可

$\because Q = 10m^3/min$，$V_T = 10m/s = 600m/min$

$\therefore A' = \dfrac{10}{600} = 0.01666（m^2） = 166.6（cm^2）$

此時導管直徑為

$d' = \sqrt{\dfrac{4A}{\pi}} = \sqrt{\dfrac{4 \times 166.6}{\pi}} = 14.6cm \doteqdot 15cm$（取整數）

當排氣導管直徑為15cm 時，輸送風速亦應從10m/s 修正為 9.4m/s。

(9)步驟九：決定氣罩之尺寸。

氣罩之尺寸的決定，應滿足兩個條件：

①$A \leq 16a$；②$L \geq 3d$，在步驟一中我們已大略選定氣罩開口之尺寸，在此我們只需加以確認其是否滿足第①個原則，然後再決定 L 的尺寸。

$\because A = 40 \times 15 = 600cm^2$，且 $d = 12cm$

（即 a＝113cm²）

$$\therefore \frac{A}{a} = \frac{600}{113} = 5.3 \leqq 16$$（滿足第①個條件）

另外，因為

L≧3d＝3×12＝36（cm）

選定 L＝36cm

所以，氣罩尺寸選定如圖8-36。

(10)步驟十：分段計算壓力損失。

依步驟六中的系統配置圖，可畫出系統線性圖如圖8-37。

①吸氣導管側

由氣罩開口算至排氣機入處

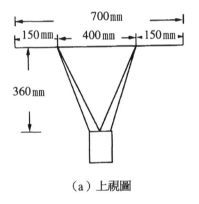 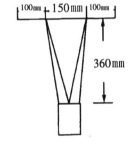

（a）上視圖   （b）側視圖

圖8-36

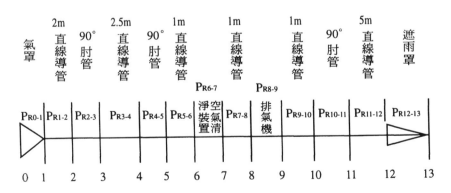

圖8-37

$P_{to} = P_{vo} = P_{so} = 0$（大氣壓力）

(i)設氣罩之壓力損失為 P_{R0-1}

$\therefore P_{v1} = (\dfrac{14.7}{4.03})^2 = 13.2$（$mmH_2O$）

$F_h = 0.49 \doteqdot 0.5$（查表）

$P_{s1} = -(1 + F_h) \cdot P_{v1} = -19.8$（$mmH_2O$）

$P_{R0-1} = F \cdot P_{v1} = 0.5 \times 13.2 = 6.6$（$mmH_2O$）

$P_{t1} = P_{v1} + p_{s1} = 13.2 - 19.8 = -6.6$（$mmH_2O$）

(ii)設第①點至第②點間之直線導管壓力損失為 P_{R1-2}

$\therefore Q = 10m^3/min$，$d = 12cm$ 查圖8-18知 $P_{RU} = 2.2mmH_2O/m$　且 $\ell = 2m$

$\therefore P_{R1-2} = P_{RU} \times \ell = 2.2 \times 2 = 4.4$（$mmH_2O$）

$P_{v2} = P_{v1} = 13.2$（mmH_2O）

$P_{s2} = P_{s1} - P_{R1-2} = -19.8 - 4.4 = -24.2$（$mmH_2O$）

$P_{t2} = P_{v2} + P_{s2} = 13.2 - 24.2 = -11$（$mmH_2O$）

（或由 $P_{t1} = P_{t2} + P_{R1-2}$亦可求出，以下同）

(iii)設90°肘管的壓損為 P_{R2-3}，若此90°肘管之 $R/d = 1.25$，查圖8-19知 $K = 0.55$

且 $P_{v3} = P_{v1} = 13.2mmH_2O$

$\therefore P_{R2-3} = K \times P_v = 0.55 \times 13.2 = 7.3$（$mmH_2O$）

$P_{s3} = P_{s2} - P_{R2-3} = -24.2 - 7.3 = -31.5$（$mmH_2O$）

$P_{t3} = P_{v3} + P_{s3} = 13.2 - 31.5 = -18.3$（$mmH_2O$）

(iv)設2.5m 之直線導管之壓損為 P_{R3-4}

$\therefore P_{RU} = 2.2mmH_2O/m$，$\ell = 2.5m$

$\therefore P_{R3-4} = 2.2 \times 2.5 = 5.5$（$mmH_2O$）

$P_{v4} = P_{v1} = 13.2$（mmH_2O）

$P_{s4} = P_{s3} - P_{R3-4} = -37$（$mmH_2O$）

$P_{t4} = P_{v4} + P_{s4} = 13.2 - 37 = -23.8$（$mmH_2O$）

(v)第④點至第⑤點間之90°肘管其條件與(3)中者同，故其壓損 $P_{R4-5} = P_{R2-3} = 7.3$（$mmH_2O$）

$$P_{v5} = 13.2 \ (\text{mmH}_2\text{O})$$

$$P_{s5} = P_{s4} - P_{R4-5} = -37 - 7.3 = -44.3 \ (\text{mmH}_2\text{O})$$

$$P_{t5} = P_{v5} + P_{s5} = 13.2 - 44.3 = -31.1 \ (\text{mmH}_2\text{O})$$

(vi)設1m 之直線導管之壓損為 P_{R5-6}

$$P_{R5-6} = 2.2 \times 1 = 2.2 \ (\text{mmH}_2\text{O})$$

$$P_{v6} = P_{v1} = 13.2 \ (\text{mmH}_2\text{O})$$

$$P_{s6} = P_{s5} - P_{R5-6} = -44.3 - 2.2 = -46.5 \ (\text{mmH}_2\text{O})$$

$$P_{t6} = P_{v6} + P_{s6} = 13.2 - 46.5 = -33.3 \ (\text{mmH}_2\text{O})$$

(vii)已知空氣清淨裝置壓損為50（mmH_2O）

即$P_{R6-7} = 50 \ (\text{mmH}_2\text{O})$

$$P_{v7} = P_{v1} = 13.2 \ (\text{mmH}_2\text{O})$$

$$P_{s7} = P_{s6} - P_{R6-7} = -46.5 - 50 = -96.5 \ (\text{mmH}_2\text{O})$$

$$P_{t7} = P_{v7} + P_{s7} = 13.2 - 96.5 = -83.3 \ (\text{mmH}_2\text{O})$$

(viii)設第⑦點至第⑧點間之1m 直線導管的壓損為 P_{R7-8}

則$P_{R7-8} = 2.2 \ (\text{mmH}_2\text{O})$

$$P_{v8} = P_{v1} = 13.2 \ (\text{mmH}_2\text{O})$$

$$P_{s8} = P_{s7} - P_{R7-8} = -96.5 - 2.2 = -98.7 \ (\text{mmH}_2\text{O})$$

$$P_{t8} = P_{v8} + P_{s8} = 13.2 - 98.7 = -85.5 \ (\text{mmH}_2\text{O})$$

②排氣導管側

由排氣出口（遮雨罩）處往回計算至排氣機出口，此時 P_{v13} = $P_{s13} = P_{t13} = 0$（＝大氣壓力）

(i)設遮雨罩的壓損為 P_{R12-13}

若遮雨罩 $h/d = 1.0$，由圖8-25可查得 $K = 1.1$

$$P_{v12} = \left(\frac{9.4}{4.03}\right)^2 = 5.4 \ (\text{mmH}_2\text{O})$$

$$P_{R12-13} = K \times P_v = 1.1 \times 5.4 = 5.9 \ (\text{mmH}_2\text{O})$$

$$P_{t12} = P_{t13} + P_{R12-13} = 0 + 5.9 = 5.9 \ (\text{mmH}_2\text{O})$$

$$P_{s12} = P_{t12} - P_{v12} = 5.9 - 5.4 = 0.5 \ (\text{mmH}_2\text{O})$$

（或由 $P_{s12} = (K-1) P_v$ 來求亦可）

(ii)設第點⑪至第⑫點間的5m 直線導管之壓損為 P_{R11-12}

$\therefore Q = 10m^3/min，d = 15cm \qquad$ 可查圖得知

$\quad P_{RU} = 0.7mmH_2O/m，$且 $\ell = 5m$

$\quad \therefore P_{R11-12} = P_{RU} \times \ell = 0.7 \times 5 = 3.5（mmH_2O）$

$\quad P_{v11} = P_{v12} = 5.4（mmH_2O）$

$\quad P_{s11} = P_{s12} + P_{R11-12} = 0.5 + 3.5$

$\qquad = 4.0（mmH_2O）$

$\quad P_{t11} = P_{s11} + P_{v11} = 5.4 + 4.0 = 9.4（mmH_2O）$

$\quad$（或由 $P_{t11} = P_{t12} + P_{R11-12}$，以下同）

(iii)設第⑩點至⑪點間的90°肘管之壓損為 P_{R10-11}

$\quad$ 若 $R/d = 2.0 \quad$ 查圖8-19得知 $K = 0.27$

$\quad$ 又 $P_{v10} = P_{v12} = 5.4（mmH_2O）$

$\quad \therefore P_{R10-11} = K \times P_{v10} = 0.27 \times 5.4 = 1.5（mmH_2O）$

$\quad P_{s10} = P_{s11} + P_{R10-11} = 4.0 + 1.5 = 5.5（mmH_2O）$

$\quad P_{t10} = P_{v10} + P_{s10} = 5.5 + 5.4 = 10.9（mmH_2O）$

(iv)設第⑨點至第⑩點間的1m 直線導管之壓損為 P_{R9-10}

$\quad P_{R9-10} = 0.7 \times 1 = 0.7（mmH_2O）$

$\quad P_{v9} = P_{v12} = 5.4（mmH_2O）$

$\quad P_{s9} = P_{s10} + P_{R9-10} = 5.5 + 0.7 = 6.2（mmH_2O）$

$\quad P_{t9} = P_{v9} + P_{s9} = 5.4 + 6.2 = 11.6（mmH_2O）$

依據上述計算結果，可畫出整個系統的靜壓（P_s）、動壓（P_v）和全壓（P_t）之分佈圖（如圖8-38）。

(11)步驟十一：依排氣機全壓、排氣量、效率並保留適當的安全係數，計算所需排氣機動力及馬達動力。

理論上排氣機全壓（P_{Tf}）

＝排氣機出口全壓－排氣機入口全壓

＝$P_{t9} - P_{t8}$

＝$11.6 - （-85.5）$

＝$97.1（mmH_2O）$

在實務上，宜使排氣機全壓

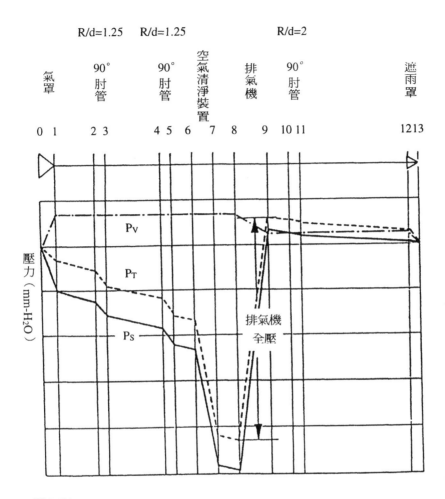

R/d=1.25   R/d=1.25   R/d=2

氣罩   90°肘管   90°肘管   空氣清淨裝置   排氣機   90°肘管   遮雨罩

0 1   2 3   4 5 6 7   8   9 10 11   12 13

壓力（mm-H₂O）

P_V

P_T

P_S

排氣機全壓

圖8-38

$= P_{Tf} + P_{v9} = 97.1 + 5.4 = 102.5 \ (\text{mmH}_2\text{O})$

排氣量（Q）＝$10\text{m}^3/\text{min}$

排氣機效率（η）＝0.6

∴(1)排氣機動力或軸馬力（BHP）

$= \dfrac{10 \times 102.5}{6,120 \times 0.6} = 0.280 \ (\text{kW})$

(2)馬達動力

為安全起見，馬達動力宜較排氣機動力增加20%（直結式）或45%（皮帶傳動式）

$$\therefore 馬達動力（直結式）＝0.280\times1.2＝0.336（kW）$$

$$或馬達動力（皮帶傳動式）＝0.280\times1.45＝0.406$$

$$（kW）$$

8.4　通風測定

　　通風設施是控制作業環境中有害污染物最有效的方法。所謂工業通風就是利用空氣的流動來排除污染物。每一通風設施在安裝完成後，正式運轉前，皆需經過驗收的程序，此一程序便是通風測定。所謂通風測定就是利用儀器設備或技術作通風系統性能之評估。因此，除了可確認通風系統設計是否適當、操作是否正確之外，通風測定尚可提供下列功能：

　　1.決定通風系統保養或換修的時機。

　　2.確認保養維修後的效果是否維持原裝置之設計效果。

　　3.決定再增添設備（如氣罩）於此通風系統的可行性。

　　4.為將來增設相同通風設備時，氣罩、導管、空氣清淨裝置或排氣機於設計時是否須加以變更之參考。

　　5.確認是否符合法令規定之控制風速及風量等。

　　通風測定的方法有：

一、視流法

　　視流法（flow visualization）即流場的觀察。可用發煙管、煙燭（smoke candle）及四氯化鈦作為煙霧的來源。利用視覺觀察空氣流動情形之方法是評估通風系統很重要的方式，其基本應用可作為粗略估計局部排氣裝置之性能，並可提供管理人員和工程人員提升設計品質及減少不良設計有效之技術實證，觀察技術也可訓練操作人員適當地使用通風設備。其中最常用者為發煙管法，使用方法為將發煙管置於氣罩入口面向外移動，觀察煙霧擴散情形，即可知道局部排氣裝置之吸氣效果；亦可置於氣罩內部，使產生大量煙霧，觀察排出時間和是否有逆流、渦流及從氣罩逸失情形，以瞭解實際操作時污染氣流流動方向、吸引能力和進入氣罩的污染物倒流之情形。

二、儀器測定法

(一)測定項目

通風系統的測定主要包括壓力、風速與風量三類。其項目包括：

1. 靜壓之測定：
   (1)氣罩靜壓。
   (2)空氣清淨裝置出入口靜壓。
   (3)排氣機出入口靜壓。

2. 風量之測定：
   (1)氣罩進氣量。
   (2)主導管與歧導管風量。
   (3)排氣機出入口風量。

3. 風速之測定：
   (1)污染源控制風速。
   (2)氣罩開口面控制風速與平均風速。
   (3)主導管與歧導管輸送風速。

4. 排氣機性能：
   (1)排氣機回轉速。
   (2)排氣機風量、全壓。

(二)通風測定常用儀器

通風系統中常用的測定儀器有：

1. 輪葉風速計（vane anemometer）：分轉動式（rotating vane anemometer）以及擺動翼式（swing vane anemometer or velocimeter）兩種。其工作原理在第5章中已有介紹，在此不再贅述。一般使用之轉動式輪葉風速計，其葉輪尺寸有三英吋、四英吋及六英吋者，此種儀器較適合於測定大開口面之風量及估計流經大開口面之風速，如礦場之進風量、大型進氣口排氣口的風量測定。測定時風速計應於開口面橫向等速移動，讀取某一段時間之讀數。因其體積較大，不適用於風管內風速的測定。其風速的量測範圍1m/sec～15m/sec。

擺動翼風速計攜帶方便，可測定排氣口之風速，如備有其他附件，亦可以測定靜壓。風速測定範圍為0.125m/sec～120m/sec。

2. 加熱元件風速計（thermal anemometer）：包括熱偶式風速計（heated thermocouple anemometers）、熱線式風速計（hot-wire anemometer）、加熱溫度計式（heated thermometer anemometer）及卡達溫度計。這類風速計的共同特色便是具有加熱元件（如熱電偶、電阻絲、溫度計……），利用空氣流動帶走熱量的原理發展而成。其中加熱溫度計式風速計及卡達溫度計因反應時間較長，故較不適宜用於通風的測定。熱偶式風速計與熱線式風速計皆附有測定桿，可測定氣罩、狹縫或格柵等之風速，測定時探棒應垂直空氣流動的方向。測定點愈多，則所得空氣流量與流速愈準確。

3. 皮托管（pitot tube）：皮托管是測定導管內部風速最簡便的儀器，它係由兩個不銹鋼同心圓管所組成，可以在538℃（1,000℉）以下使用。內管開口置於導管中心軸，正對著氣流的來向，可測得全壓，外管周圍有開口可測得靜壓，全壓與靜壓之差便是動壓，由動壓可計算出風速。當導管內部風速低時，動壓值很少，皮托管將無法精確的測出微小的壓力，此時可使用精製的10：1傾斜式壓力計（inclined manometer），即可大大提高10m/sec 以下風速測定時的準確度。圖8-39為皮托管連接傾斜式壓力計的示意圖。

4. 壓力計（manometer）：常用的壓力計有 U 型管壓力計（U-tube manometer）及傾斜式壓力計，管內液體以易流動、不易揮發為原則，測定之壓力低時可用酒精或水，測定之壓力高時可用水銀。測定時讀取液面之高度差值，再乘以該液體之比重

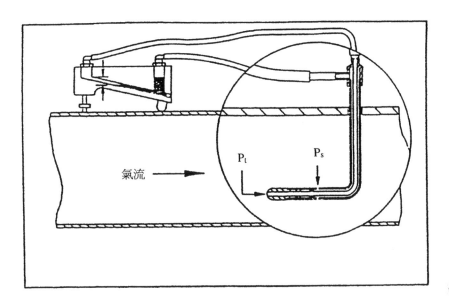

圖8-39 皮托管連接傾斜式壓力計之示意圖

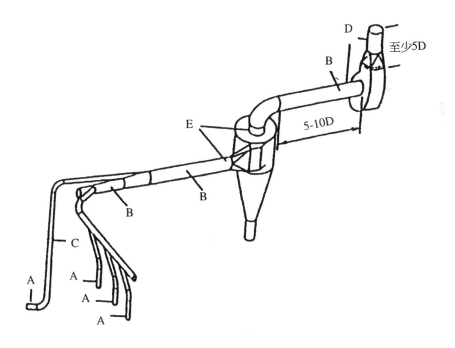

圖8-40 局部排氣系統測定點位置示意圖

所得即為水柱高壓力。

㈢測定孔位置的選定

　　測定孔位置應開設於層流位置之管段，如圖8-40，否則其測定結果之平均值即不代表任何意義，測定孔平時應以橡皮塞塞住、螺絲栓住或以膠帶封住，使其不漏氣。表8-9為局部排氣系統測定點的位置及其所代表的測定目的。

8.5　通風設備之管理與維護

　　通風設備運轉後，應確知其運轉狀況及性能是否維持在設計值以上及是否符合法令規定標準，如有異常狀況，應即採取適當措施，以維護作業勞工安全與健康。我國勞工安全衛生法規中對設置的通風設備規定應實施自動檢查、重點檢查、檢點之相關法規有勞工安全衛生組織管理及自動檢查辦法、有機溶劑中毒預防規則、鉛中毒預防規則、四烷基鉛中毒預防規則、特定化學物質危害預防標準及粉塵危害預防標準等。檢查及檢點結果均應紀錄並予保存。

一、自動檢查

　　對設置之局部排氣裝置、空氣清淨裝置及吹吸型換氣裝置應每年依規定項目定期實施檢查一次以上，其項目包括氣罩、導管及排氣機之磨損、腐蝕、凹凸及其他損害之狀況及程度；導管或排氣機之塵埃聚積狀況；排氣機之注油潤滑狀況；導管接觸部分之狀況；連接電動機與排氣機之皮帶之鬆弛狀況；吸氣及排氣能力暨其他保持性能之必要事項。對空氣清淨裝置之自動檢查項目為構造部分之磨損、腐蝕及其他損壞之狀況及程度；除塵裝置內部塵埃堆積之狀況；濾布式除塵裝置者，有濾布之破損及安裝部分鬆弛之狀況暨其他保持性能之必要措施等。

表8-9　局部排氣系統測定評析表

測定點	測定項目	測定位置	測定目的
A	氣罩靜壓	漸縮型氣罩在離氣罩與風管接點1倍直徑長度處，其他氣罩則在離接點3倍直徑長度處	1.估計風量 $C_e = \sqrt{\dfrac{P_v}{-P_s}}$ $Q = 60 \times 4.03 C_e \times A \sqrt{|P_s|}$ 2.檢查氣罩及系統之操作情形
B C	動壓及靜壓風管中心之動壓	從肘管、支管等具擾動位置之下游約7.5倍直徑處及上游約1.5倍直徑處	1.搬運風速 2.排氣量：$Q = AV$ 3.圓型風管測靜壓
D	靜壓、動壓、全壓	在排氣機入口或出口，每一位置約取三個讀數	1.排氣機靜壓及全壓 $P_{sf} = P_{so} - P_{si} - P_{vi}$ $P_{Tf} = P_{so} - P_{si} + P_{vo} - P_{vi}$ 2.馬達能力之大小或風速： $BHP = \dfrac{Q \times P_1}{6120 \times M.E \text{ of fan}}(KW)$ 3.P_s 為系統之檢查點
E	靜壓	空氣清淨裝置之入口與出口	1.與正常操作時壓力降比較 2.先做維護之測定點 　讀數高於或低於正常值表示阻塞、損壞及需要清理

P_v：動壓(mmH$_2$O)　　　　　P_{Tf}：排氣機全壓(mmH$_2$O)
P_s：靜壓(mmH$_2$O)　　　　　P_{so}：排氣機出口靜壓(mmH$_2$O)
C_e：氣罩進口(流入)係數　　　P_{st}：排氣機入口靜壓(mmH$_2$O)
Q：排氣量(m³/min)　　　　　P_{vi}：排氣機入口動壓(mmH$_2$O)
A：截面積(m²)　　　　　　　P_{vo}：排氣機出口動壓(mmH$_2$O)
V：風速(m/sec)　　　　　　　BHP：馬達之制動馬力
P_{sf}：排氣機靜壓(mmH$_2$O)　M.E of fan：排氣機機械效率

二、重點檢查

　　對設置之局部排氣裝置於開始使用、拆卸、改裝或修理時應實施規定項目之重點檢查，其項目包括導管或排氣機粉塵之聚積狀況；導管接合部分之狀況；吸氣及排氣能力暨其他保持性能之必要事項等。

三、檢點

　　從事有機溶劑作業、鉛作業、四烷基鉛作業、特定化學物質作業及粉塵作業應就作業有關事項實施檢點，其中有關通風事項為通風設備運轉狀況及空氣流通情形。檢點週期除特定化學物質作業應每個月檢點一次以上外，其他作業均為應每週檢點一次以上。作業檢點亦可從可見污染物和煙塵未被吸入氣罩；作業場所污染物之氣味；排氣機未保持有效運轉或發生異常噪音；導管有破損情形；由於冷、熱或濕度引起作業人員不舒服；作業人員有頭痛情形；作業人員有刺激皮膚、眼睛、鼻子或喉頭之情形等，來瞭解通風設備運轉情形及作業人員作業情形。

習題八

1. 試說明局部排氣裝置之設計程序為何？請依序說明之。

2. 設定廠房內欲控制二氧化碳濃度在1,000ppm，而室外大氣二氧化碳濃度為300ppm，輕作業二氧化碳呼出量每人為$0.028m^3/hr$，又鉛中毒預防規則規定，軟焊作業每勞工應有之必要換氣量$100m^3/hr$。

   某冷氣廠房內作業員60名，其中30名使用軟焊，試求該廠房之必要換氣量（m^3/min）。

3. 試說明整體換氣及局部排氣的意義，並說明設計上應注意的事項。

4. 局部排氣裝置之氣罩是否有效，應如何判定？請分項說明之。

5. 在設計實驗室排煙櫃（laboratory fume hood）時，除了要注意排氣量（入口速度）是否妥適外，尚需注意那些要素？請分別就此要素名稱、內容及相關分項說明之。

6. 以污染源位置而言，氣罩可分為那幾類？並說明其優劣點。

7. 良好的氣罩設計，在安全方面應有那些考慮？

8. 除塵裝置通常可分為幾大類？又其所使用的原理、可捕捉的粉塵粒徑、除塵效率及壓力損失上有何不同！請列表逐項說明之。

9. 局部排氣裝置、空氣清淨裝置之定期自動檢查應如何實施？

10. 局部排氣裝置氣罩之吸入氣流的狀態及其功能是否妥適，應如何檢查？如經檢查判定它不切合適用，則其原因可能有那些？請分項說明之。

11. 在局部排氣系統架構中，導管是一項重要組成元素。試說明在有效的風管設計與安排佈置上，應注意的要點。

參考文獻

1. American Conference of Governmental Industrial Hygienists（ACGIH）, Committee on Industrial Ventilation（1988）, "Industrial Ventilation Manual", 20th ed., ACGIH, Lansing, MI.

2. 行政院勞委會,《勞工作業環境測定訓練教材》,勞工行政雜誌社,民國八十年十月。

3. Burgess, W. A., Ellenbecker, M. J. and Treitman, R. D.（1989）, "Ventilation for the Control of the Work Environment." John Wiley, Chichester.

4. Fletcher, B.（1978）. "Effect of Flanges on the Velocity in Front of Exhaust Ventilation Hoods." Annals of Occupational Hggiene, 21, 265-269.

5. Dalla Valle, J.M.（1946）. "Exhaust Hoods." Industrial Press, New York.

6. Hemeon, W. C. L（1963）. "Plant and Process Ventilation." Industrial Press New York.

7. Alden, J.L.（1939）. "Design of Industrial Exhaust System." Industrial Press, New York.

8. Hughes, R. T.（1986）. "Design Criteria for Planting Tank Push-Pull Ventilation." Ventilation '86, Elsiever press, Amsterdam.

9. Baturin, V.V.（1972）. "Fundamentals Industrial Ventilation." Pergamon Press, New York.

10. American Society of Heating Refrigerating and Air Conditioning Engineers, "Heating, Ventilating, Air Conditioning Guide", 37th ed., 1959 ASHRAE, Atlanta, GA.

11. Air Movement and Control Association, Inc., AMCA Standard 210-74, 30W. University Dr., Arlington Heights, IL60004.

12. Caplan, K.J., and Knutson, G.W. "Laboratory Fume Hoods : A Performance Test," ASHRAE Transactions, Vol. 84, Part 1, 1978.

第 9 章
振動及其控制

振動原理
振動對人體的影響
振動的評估與測定
振動控制

振動是一個系統的振盪性運動，此種系統的振盪可能是週期性的也可能是完全隨意的。當一台機器如衝剪機械裝置在樓地板上運轉，而未作任何減振措施時，就會引起結構體的振動，且由於固體對振動能的衰減作用很小，振動可傳至遠處。對頻率高於20Hz的結構物振動，甚至還會輻射出可聽閾的噪音，此時即使將機房的門窗緊閉也無濟於事。

　　因為由振動所輻射的噪音與振動體的振動強度大小有關，對於一定的振動系統，經採減振措施後，噪音音壓位準的改善值正比於振動位準的變化量，因此，減振不僅可降低振動對人體的影響，而且是降低噪音的重要環節。

9.1　振動原理（principles of vibration）

　　圖9-1為單一自由度（single degree of freedom）的振動系統模型，它由質量為 M 的質量塊及勁度（stiffness）為 K 的彈簧所構成。當質量塊受到垂直於地面的外力 F 作用時，彈簧將受到壓縮，外力除去後，質量塊在彈簧的彈力與質量的慣性力作用下，將在平衡位置附近作上下往復運動。如果彈簧與空氣間的阻力可以忽略不計，則此一系統將持續振動不止。

　　由虎克定律知，位移 y 與彈力 F 間的關係如下：

$$F = -Ky \qquad\qquad\qquad (9.1)$$

　　又由牛頓第二運動定律　$F = Ma = M\dfrac{d^2y}{dt^2}$（a 為振動加速度）。且令 $\omega_0^2 = K/M$，則（9.1）可寫成

$$\frac{d^2y}{dt^2} + \omega_0^2 y = 0 \qquad\qquad\qquad (9.2)$$

　　其解為　$y = y_0\cos(\omega_0 t + \varphi)$

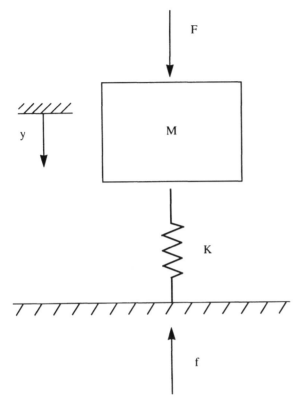

圖9-1　單一自由度振動系統

其中　$y_0 =$ 振幅（即位移的最大值），m

$\omega_0 =$ 圓頻率，rad/sec

$\varphi =$ 起始相位，rad

振動的固有頻率（或自然頻率）為 $f_0 = \dfrac{\omega_0}{2\pi} = \dfrac{1}{2\pi}\sqrt{K/M}$（Hz）。

系統的彈簧在質量塊 M 受重力作用下，靜態時彈簧將被壓縮，稱為靜態變形量（static deflection）δ，按虎克定律

$$Mg = K\delta \tag{9.3}$$

即　$K = \dfrac{Mg}{\delta}$ 　　　　　　　　　　　　　　　（9.4）

因此　$f_0 = \dfrac{1}{2\pi}\sqrt{\dfrac{g}{\delta}} \approx \dfrac{5}{\sqrt{\delta}}$ 　（Hz）　　　　　　（9.5）

但上式只適用於當彈簧為理想的彈性材料時，若為非理想彈性材料（如橡膠類製品），則應引進一修正係數 d（材料的動態勁度與靜態勁度之比）：

$$f_0 = 5\sqrt{\dfrac{d}{\delta}} \quad （Hz） \qquad\qquad （9.6）$$

例如常見的丁氰橡膠，$d \approx 2.2 \sim 2.8$，所以非理想彈性材料之 f_0 要比理想彈性材料值高。

在實際情況中，彈簧本身皆具有阻尼力，或者吾人欲減振而加入阻尼材料，都會使彈簧本身的阻尼作用加大。其次作用於質量塊的外力也並非作用後即加以移除，大部分的情況是，隨著機器的運轉所產生的週期性不平衡力將持續不斷地補充能量而使系統強迫振動。因而，在此一振動系統中，由於外力不斷的對系統作功，使系統獲得振動能量，同時又因阻尼作用而損耗能量。當外力對系統所作的功恰好補償阻尼所消耗的能量時，系統的振動狀態保持穩定。

設作用在物體上的外部驅動力為 $F_0 \sin\omega t$（如圖9-2），則由牛頓第二運動定律，得

$$M\dfrac{d^2y}{dt^2} + C\dfrac{dy}{dt} + Ky = F_0 \sin\omega t \qquad\qquad （9.7）$$

其中　C＝阻尼係數，N・s/m

式中 $C\dfrac{dy}{dt}$ 稱為阻尼力（damper force）。式（9.7）的解可寫成兩部分，其一為暫態（transient）解，表示由於外力作用而產生之依系統自然頻率而振動的部分，這一部分由於阻尼的作用，很快就會按指數型式衰減掉，只有在外力作用的初期才存在；第二部分為穩態

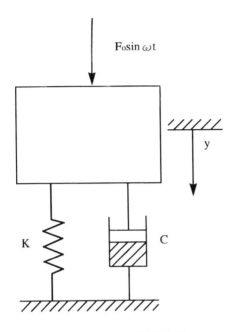

$F_0\sin\omega t$

K

C

y

圖9-2　彈簧──質量──阻尼系統

（steady-state）解，它是由於外力的週期性作用，使物體隨著外力的頻率進行的振動，振動的圓頻率就是外加驅動力的圓頻率 ω，且由於外力所供給的能量與阻尼所消耗的能量達成平衡，所以此部分的振動爲等振幅的簡諧振動（simple harmonic oscillation）。其穩態解爲

$$y = \frac{F_0}{\omega Z_m}\cos(\omega t - \varphi) \tag{9.8}$$

其中　Z_m ＝機械阻抗（mechanical damping）

$$= \sqrt{C^2 + [\omega M - (K/\omega)]^2}$$

亦即，穩態解的振幅爲

$$y_0 = \frac{F_0}{\omega Z_m} = \frac{F_0}{[(K - M\omega^2)^2 + (C\omega)^2]^{1/2}}$$

$$= \frac{F_0/K}{[(\frac{1 - M\omega^2}{K})^2 + (2\frac{C\omega}{K})^2]^{1/2}}$$

$$= \frac{F_0/K}{\left[\left(1-\left(\frac{\omega}{\omega_0}\right)^2\right)^2+\left(2\frac{C}{C_c}\cdot\frac{\omega}{\omega_0}\right)^2\right]^{1/2}}$$

$$= \frac{F_0/K}{\sqrt{\left[1-\left(\frac{\omega}{\omega_0}\right)^2\right]^2+\left(2\zeta\frac{\omega}{\omega_0}\right)^2}} \qquad (9.9)$$

其中　ζ＝阻尼比（C/C_c）

C_c ＝臨界阻尼係數（critical damping factor）

$= 2M\omega_0 = 2\sqrt{MK}$

由式（9.9）知，此系統的振幅不僅與外力有關，且與外力的頻率及系統的機械阻抗有關。當 $C<C_c$ 時，質量塊 M 的振動為低阻尼振動，C 愈大，質量塊 M 的振動愈快停止；$C>C_c$ 時，質量 M 靜止不動，因此稱為過阻尼振動。

9.2　振動對人體的影響

振動頻率低於20Hz 所引發的噪音雖然聽不到，然而卻會引起人體各器官的反應。對人體器官影響最嚴重的振動頻率是與人體某些器官固有頻率相吻合的頻率，因為當此器官以其固有頻率振動時，此器官會以一個比原有振動幅度更大的最大振幅振動（即共振，resonance）。人體及身體各部位或器官都有其各自的固有頻率，如人體在6Hz 左右，內臟在8Hz 左右，頭部在25Hz 左右，神經中樞則在25Hz 左右。人對振動反應的敏感度按頻率與振幅大小，可分六個等級，如圖9-3所示，垂直方向與水平方向振動所產生的影響大致相同。

振動對人體的影響可分為全身振動（whole body vibration）及局部振動（local vibration）。全身振動是指人體直接位於振動物體上所受的振動，例如，乘坐交通工具如汽車、輪船等機械引起的暈車、暈船等均屬全身振動之影響；局部振動是指人手持振動體引起的人體局

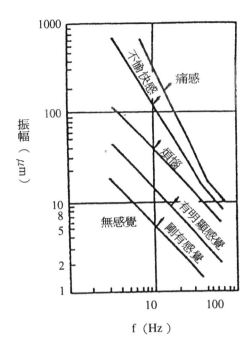

圖9-3　人對垂直振動敏感度與頻率、振幅之間的關係

部振動，例如，手持振動工具如鑿岩機、空氣錘等均會引起身體的局部振動，而影響該部位的組織。在職業衛生領域，全身振動的危害較少，局部振動所造成的危害則較多。這主要是由於生產技術的進步，大量以手持動力工具代替手工之故。局部振動對人體的影響最明顯的就是所謂的白指症，其症狀是感到寒冷時手指、前腕或腳趾變蒼白，並發生麻痺或疼痛等伴隨症狀（雷諾現象）。**表9-1**所列爲一些過度暴露於振動的產業。

　　全身振動的國際容許標準〔1〕如圖9-4所示，圖中加速度與頻率隨暴露時間的變化曲線僅限於垂直方向振動，即沿頭—腳的方向。圖上每一曲線代表開始感到疲勞效應之前所能忍受的振動時間上限估計值。

　　由圖9-4可知，人體對垂直振動最敏感的頻率爲4～8Hz，低於1 Hz的振動不能僅按振動強度、頻率與持續時間來確定人的反應，還應考慮人的生理與心理因素。高於8Hz的振動，人的感覺主要取決於

表9-1　過度暴露於振動的產業（摘自〔7〕）

產　　　　　業	振　動　的　種　類	振　動　的　來　源
農業	全身	牽引機操作
鍋爐製造業	局部	氣動工具
建築業	全身	重機械車輛
	局部	氣動鑽孔器(機)
		水泥破壞機
鑽石切割	局部	振動手工具
森林業	全身	牽引機操作
	局部	鏈鋸
鑄造業	局部	氣動研磨機
家具製造業	局部	氣動鑿
鋼鐵業	局部	振動手工具
木材業	局部	鏈鋸
機械工具	局部	振動手工具
礦業	全身	車輛操作員
	局部	鑿岩機
鉸釘	局部	手工具
橡膠業	局部	氣動工具
造船業	局部	氣動手工具
石頭切割	局部	氣動手工具
紡織業	局部	縫紉機、織布機
運輸業 （駕駛員及乘客）	全身	車輛操作

作用點的局部條件，例如，振動傳遞的實際方向、作用區域位置以及振動作用點的阻尼狀況等。

在我國勞工安全衛生設施規則第三百零一條，則針對垂直方向與水平方向的全身振動分別加以制定暴露的容許時間，如**表9-2**、**表9-3**所示。

在局部振動方面，勞工安全衛生設施規則規定，雇主僱用勞工從事局部振動作業，應使勞工使用防振把手等之防振設備外，並應使勞工每日振動暴露時間不超過**表9-4**之規定時間。

有關全身振動及局部振動的暴露評估我們將在9.3節作進一步的討論。

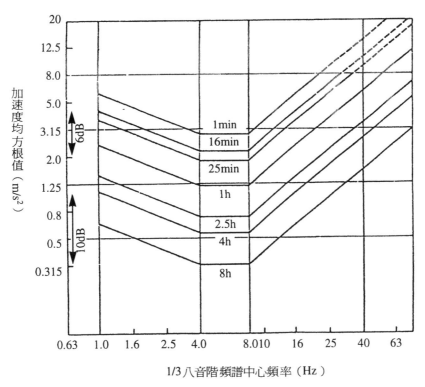

圖9-4　ISO所訂不同頻率與暴露時間的垂直振動加速度值容許標
　　　準（摘自〔1〕）

9.3　振動的評估與測定

　　人類暴露於振動的反應主要決定於四個物理量——強度、頻率、
方向及暴露時間。

　　振動的強度，國際標準組織規定以加速度來表示〔4〕，單位爲
m/s^2，且其振幅以實效值（effective value）來表示，所謂實效值就
是將測定時間內瞬間加速度平方和的平均值再開平方所得之值。振動
位準與音壓位準同，均以分貝來表示，依 ISO 2631 之規定，振動位
準的參考值爲 $10^{-6} m/s^2$，據此可以計算不同加速度值時之振動位準

表9-2　垂直方向全身振動暴露最大加速度值

加速度 m/s² 容許時間 1/3八音度頻帶中心頻率 Hz	8小時	4小時	2.5小時	1小時	25分	16分	1分
1.0	1.26	2.12	2.80	4.72	7.10	8.50	11.20
1.25	1.12	1.90	2.52	4.24	6.30	7.50	10.00
1.6	1.00	1.70	2.24	3.80	5.60	6.70	9.00
2.0	0.90	1.50	2.00	3.40	5.00	6.00	8.00
2.50	0.80	1.34	1.80	3.00	4.48	5.28	7.10
3.15	0.710	1.20	1.60	2.64	4.00	4.70	6.30
4.0	0.630	1.06	1.42	2.36	3.60	4.24	5.60
5.0	0.630	1.06	1.42	2.36	3.60	4.24	5.60
6.3	0.630	1.06	1.42	2.36	3.60	4.24	5.60
8.0	0.630	1.06	1.42	2.36	3.60	4.24	5.60
10.0	0.80	1.34	1.80	3.00	4.48	5.30	7.10
12.5	1.00	1.70	2.24	3.80	5.60	6.70	9.00
16.0	1.26	2.12	2.80	4.72	7.10	8.50	11.20
20.0	1.60	2.64	3.60	6.00	9.00	10.60	14.20
25.0	2.00	3.40	4.48	7.50	11.20	13.40	18.00
31.5	2.50	4.24	5.60	9.50	14.20	17.00	22.4
40.0	3.20	5.30	7.10	12.00	18.00	21.2	28.0
50.0	4.00	6.70	9.00	15.00	22.4	26.4	36.0
63.0	5.00	8.50	11.20	19.00	28.0	34.0	44.8
80.0	6.30	10.60	14.20	22.16	36.0	42.4	54.0

表9-3　水平方向全身振動暴露最大加速度值

加速度 m/s² 容許時間 / 1/3八音度頻帶中心頻率 Hz	8小時	4小時	2.5小時	1小時	25分	16分	1分
1.0	0.448	0.710	1.00	1.70	2.50	3.00	4.0
1.25	0.448	0.710	1.00	1.70	2.50	3.00	4.0
1.6	0.448	0.710	1.00	1.70	2.50	3.00	4.0
2.0	0.448	0.710	1.00	1.70	2.50	3.00	4.0
2.5	0.560	0.900	1.26	2.12	3.2	3.8	2.0
3.15	0.710	1.120	1.6	2.64	4.0	4.72	6.30
4.0	0.900	1.420	2.0	3.40	5.0	6.0	8.0
5.0	1.120	1.800	2.50	4.24	6.30	7.50	10.0
6.3	1.420	2.24	3.2	5.2	8.0	9.50	12.6
8.0	1.800	2.80	4.0	6.70	10.0	12.0	16.6
10.0	2.24	3.60	5.0	8.50	12.6	15.0	20
12.5	2.80	4.48	6.30	10.60	16.0	19.0	25.0
16.0	3.60	5.60	8.0	13.40	20	23.6	32
20.0	4.48	7.10	10.0	17.0	25.0	30	40
25.0	5.60	9.00	12.6	21.2	32	38	50
31.5	7.10	11.20	16.0	26.4	40	47.2	63.0
40.4	9.00	14.20	20.0	34.0	50	60	80
50.0	11.20	18.0	25.0	42.4	63.0	75	100
63.0	14.20	22.4	32.0	53.0	80	91.4	126
80.0	18.00	28.0	40	67.0	100	120	160

表9-4　局部振動每日容許暴露時間表

每日容許暴露時間	水平及垂直各方向局部振動最大加速度值
	公尺/平方秒（m/s^2）
4小時以上，未滿8小時	4
2小時以上，未滿4小時	6
1小時以上，未滿2小時	8
未滿1小時	12

（L_v）如下：

$$L_v = 20 \log \frac{a}{a_0} \quad （dB） \qquad\qquad （9.10）$$

其中　a ＝振動加速度，m/s^2

　　　$a_0 = 10^{-6}$ m/s^2

在振動方向（direction of vibration）的評估方面，可分全身振動的方向及局部振動的方向兩個系統。在全身振動方面，依據 ISO 2631〔1〕的規定，直線進行的振動傳遞到人體時應以心臟為原點的直角座標系統表示其方向。由腳部至頭部的軸為 Z 軸、由背部至胸部的軸為 X 軸、由右到左的軸為 Y 軸，其加速度分別以 $\pm a_z$、$\pm a_x$、$\pm a_y$ 來表示，如圖9-5所示。

在局部振動方向的表示上，ISO 5349的規定是以第三掌骨的頭為原點所構成的直角座標系統，來描述振動傳遞到手的方向，其加速度分別可表示成 a_zh、a_xh 及 a_yh（h 是表示 hand），如圖9-6所示。

人體對振動的感覺與振動的方向及頻率有關，在評估振動的危害時必須加以考慮這些因素。因此當測量振動頻譜時，對那些人體較敏感的頻率應予較大的加權，這樣才能完完全全的表達振動量與振動對人體所造成衝擊大小間之關係，譬如人體在 X、Y 方向全身振動時對

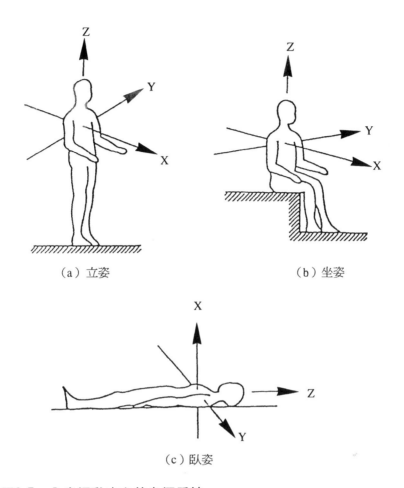

（a）立姿　　　　　　　　　　（b）坐姿

（c）臥姿

圖9-5　全身振動方向的坐標系統

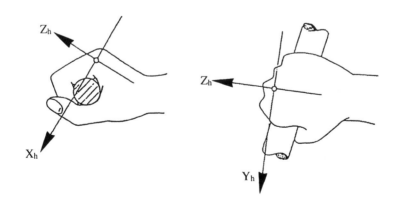

圖9-6　局部振動的方向，手的坐標系統

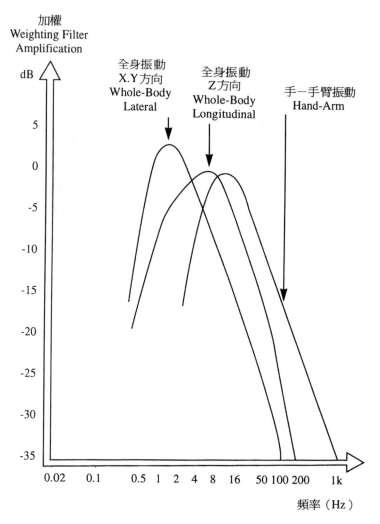

圖9-7 振動的頻率加權曲線（摘自〔6〕）

1～2Hz 最敏感，對 Z 方向的全身振動在4～8Hz 最敏感，手—手臂最敏感的頻率則在8～16Hz 之間，根據這些，國際標準組織提出了三條加權曲線來處理這樣的問題，如圖9-7所示。

全身振動暴露的極限（limits for exposure）乃視各種不同的效標（criterion）而定，在實際上較常使用的評估效標（或基準）有三個，即：

一、疲勞——降低效率境界

　　疲勞——降低效率境界（fatigue-decreased proficiency boundary）是維持工作效率的基準。圖9-4所示即為垂直方向（Z 方向）振動的疲勞——降低效率（FDP）境界曲線，亦即因疲勞所可能產生的任何影響發生前所能忍受的時間上限值。圖9-8是橫方向（X、Y 方向）疲勞——降低效率境界曲線。由圖中可以看出，人體在橫方向最敏感的振動頻率是在低於2Hz 的區域。

二、暴露限值

　　暴露限值（exposurelimit）是維持健康的基準。暴露限值曲線

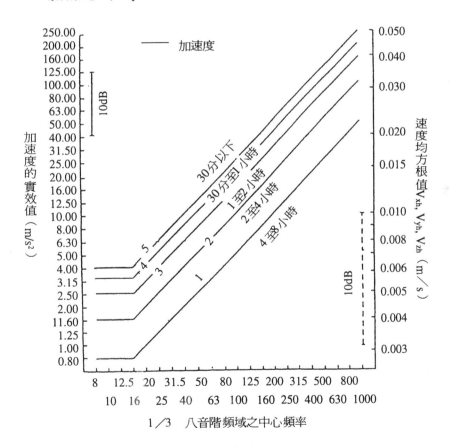

圖9-8　局部振動暴露準則（摘自〔7〕）

與疲勞－降低效率境界曲線很相似（如圖9-8）。因其值乃是將疲勞－降低效率界限的加速度值乘以2（或加6dB）而得。如果沒有事先採取避振的防護措施，超過暴露限值是不被容許的。

三、減低舒適境界

減低舒適境界（reduced comfort boundary）是維持舒適的基準。亦即過此界限舒適度開始降低，其值乃是將疲勞－降低效率境界曲線之值（加速度值）除以3.15（或減10dB）而得。

當人體所暴露的振動環境，其加速度值在垂直座標系統三軸上的分量值等量齊觀時，則其評估步驟是先將各方向的振動分量值求出（分別為 a_x、a_y、a_z），再依據下式：

$$WAS = \sqrt{1.4a_x^2 + 1.4a_y^2 + a_z^2} \quad (m/s^2) \qquad (9.11)$$

求出其加權加速度實效值（WAS），再依評估表，即可查得疲勞－降低效率境界、暴露限值及減低舒適境界之各容許暴露時間。

〔例題〕

假設某個案，其全身振動暴露的數據如下：

X 軸（a_x）加速度 0.09m/s²

Y 軸（a_y）加速度 0.1m/s²

Z 軸（a_z）加速度 0.42m/s²

試求其 WAS 值是多少？

解答：

將題目所給數據代入式（9.11）

得　$WAS = \sqrt{1.4(0.09)^2 + 1.4(0.1)^2 + (0.42)^2}$

$\qquad = 0.45 \quad (m/s^2)$

據此查表可得其容許暴露限值

在局部振動的暴露方面，國際標準組織在1979年建議(ISO 5349)每天連續4～8小時的工作中，最大可被接受的局部振動暴露限值如

圖9-8所示的曲線1，若連續暴露的時間在2～4小時，則採用曲線2；
1～2小時連續暴露則採用曲線3；30分鐘～1小時用曲線4；30分鐘以
下則採用曲線5。但如果工作時有規則性的休息，則隨休息時間的長
短及工作時間的長短而配合圖9-8使用不同的曲線，如表9-5。例如，
每日工作4～8小時，每工作1小時有20～30分鐘的休息，則用曲線2的
標準；若每小時休息30～40分鐘則用曲線3的標準。

　　而 ISO 5349〔6〕在1986年所提出的局部振動暴露評估基準主要
是依據每天的暴露量，在每天8小時的工作期間，也許真正暴露於振
動的時間不會超過4小時，因此4小時被用來作為評估的依據。為了方
便不同暴露時段間的比較，每天的暴露是以4小時的頻率加權等值能

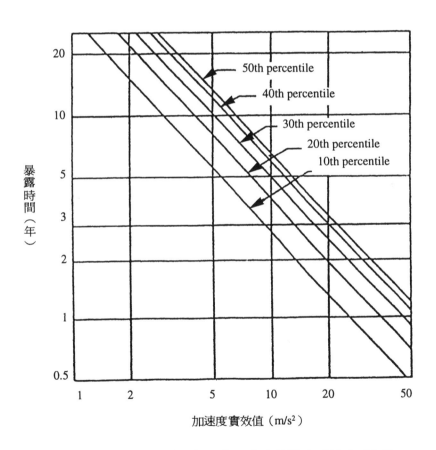

圖9-9　局部振動暴露劑量與罹患白指病的機率（摘自〔8〕）

表9-5　每工作日（8小時）連續性（或無規則性休息）及有規則性休息振動暴露的暫定的修正係數（摘自〔7〕）

每工作日（8小時）的暴露時間	局部振動暴露修正係數					
	連續性或沒有規則性休息	有規則性休息				
		每工作時沒有振動暴露的時間（分鐘）				
		10以下	10～20	20～30	30～40	40以下
30分以下	5	5	—	—	—	—
30分～1小時	4	4	—	—	—	—
1～2小時	3	3	3	4	5	5
2～4小時	2	2	2	3	4	5
4～8小時	1	1	1	2	3	4

量加速度（energy equivalent frequency-weighted acceleration）a_{eq}（4）來表示。亦即以每天4小時暴露於手—手臂局部振動加權劑量（weighted acceleration does，WAS）及暴露時間（年）來預測罹患白指病的機率，如圖9-9。圖中的曲線表示每天暴露於局部振動，在若干年內會罹患白指病的機率，例如，一群工人每天暴露於 a_{eq} 為 $5m/s^2$ 的振動4小時，則10％的工人在6年內可能罹患白指病。上述之振動加權劑量（WAS）是以加速度實效值表示，其計算方式如下：

$$a_{eq}（T）= \sqrt{a_x^2 + a_y^2 + a_z^2} \quad （m/s^2） \qquad （9.12）$$

為了評估長期暴露於加權加速度值為 a_{eq} 的手—手臂局部振動，但每天暴露時間為 T 小時（T≠4小時）的影響，則需先換算成4小時暴露週期產生等值能量的加速度實效值 a_{eq}（4）：

$$a_{eq}（4）= a_{eq}（T）\times \sqrt{\frac{T}{4}} \quad （m/s^2） \qquad （9.13）$$

若整個工作日暴露於不同加速度的振動時，亦可由各別的工作時間及其對應的振動量綜合來評估，此時：

$$a_{eq}（T）= \sqrt{\frac{a_1^2 T_1 + a_2^2 T_2 + \cdots}{T_1 + T_2 + \cdots}} \quad （m/s^2） \qquad （9.14）$$

其中　$T =$ 總暴露時間（$= T_1 + T_2 + \cdots$）

　　　$a_i =$ 在 T_i 的時段下，局部振動的加速度值

〔例題〕

某勞工作業型態包括下表之三種狀態，求其 a_{eq}（4）是多少？

工作狀態	加速度(m/s^2)	工作時數(h)
A	10	0.5
B	6	1
C	3	1

解答：

$\because T = 0.5 + 1 + 1 = 2.5h$

$\therefore a_{eq}（2.5） = \sqrt{\dfrac{10^2 \times 0.5 + 6^2 \times 1 + 3^2 \times 1}{0.5 + 1 + 1}}$

$\qquad\qquad = 6.2（m/s^2）$

$a_{eq}（4） = 6.2 \times \sqrt{\dfrac{2.5}{4}} = 4.9 \quad（m/s^2）$

　　我國採用的評估標準（見表9-4）則是根據美國工業衛生技師評議會（ACGIH）所建議的恕限值（TLV），其所秉持的理念是在這樣的重複暴露條件下，大部分的工人之狀況不會惡化到超過白指病的第三期。

　　振動的量測系統包括振動檢波器（vibration pickup）、前置放大器（preamplifier）、振動分析器（analyzer）及振動記錄器（vibration recorder）：

(一)振動檢波器

　　振動檢波器可用來測定振動的位移、速度及加速度。

(二)前置放大器

其主要功能有：

1.將檢波器傳來的微弱信號放大。
2.將檢波器的高輸出阻抗降低。

(三)振動分析器

決定那些性質的信號可被測定及將數據以數字或曲線表現出來，主要有固定頻寬分析器及固定百分比頻寬分析器兩種。

(四)振動記錄器

振動記錄器可用來記錄振動分析器輸出的信號。

測定全身振動時，檢波器可固定在交通工具的座位上或地板上，再將檢波器依序連接到放大器、頻譜分析儀及記錄器。在局部振動的測定上，一般用轉接器（如金屬環）將振動檢波器固定在振動工具適當的位置以便記錄。另有一種手套可將檢波器固定在工人的手上以測定傳到手部的振動量。檢波器固定後通常可直接由振動分析器上讀出加速度或分貝數。

圖9-10是振動量測系統儀器的連接方式。

9.4　振動控制

誠如前面所言，振動對人體的危害主要可分成局部振動的危害與全身振動的危害，因此針對振動加以控制不僅可減少其對人體的危害，尚可有效達成噪音控制的效果。

在介紹振動控制方法前，僅提供預防全身振動及局部振動的對策供讀者參考：

一、全身性振動的預防對策

1.減少勞工暴露於振動環境的時間。
2.減少機械所引起的振動（即消除振動源）。

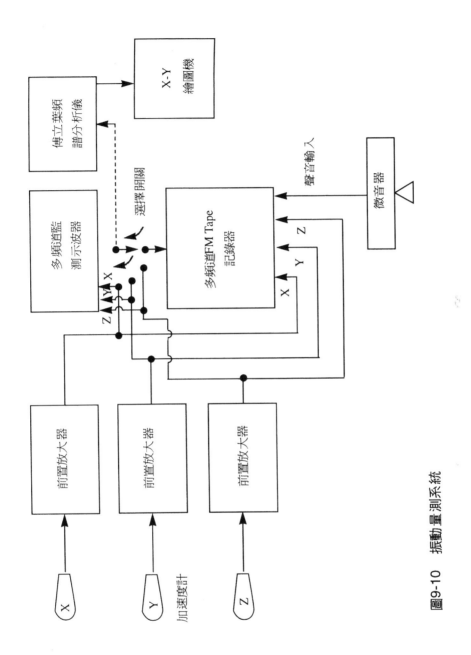

圖9-10 振動量測系統

3.將振動源予以隔離。

二、局部性振動的預防對策

1.使用較輕的振動工具。

2.振動工具的適當整備（或革新）。

3.操作振動工具時作業姿勢應適當。

4.減少（或調整）使用振動工具的時間。

5.定期實施健康檢查以預防振動引起之病變。

6.適當的人體保溫。

7.使用個人防護具。

在工業上，振動的來源有三：

1.基於工作上的需要，需以振動力達到工作效果者，如打樁機、鑿岩機。

2.由於機械運轉中產生的不平衡力或慣性力的作用而引起的振動，如鑽床、車床的旋轉加工，鉋床、衝床的衝擊力量等皆能引起振動。

3.裝置不良所引起的振動，如機器經長期使用後，在自然消耗的情況下，所導致的零件鬆脫而引起之振動；又如因裝置場地不平，使機器發生重心不穩而搖晃。

不論振動的來源是那一種，減少振動的來源是首先要考慮的，其次才是採取隔振（vibration isolation）的措施。

在減少振動源的措施方面，可以採取的方式有：

1.改變作業的方式，例如，將大的衝擊改為許多小衝擊，如圖9-11。

2.施予機械適當的保養維修，添加潤滑油、更換零件或鎖緊鬆脫的零件，以減少振動源的產生。

3.增加會成為振動源部分的質量（即所謂的慣性塊）以增加其剛性。

4.在振動體表面貼以橡膠或塑膠等阻尼物質。

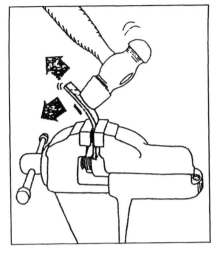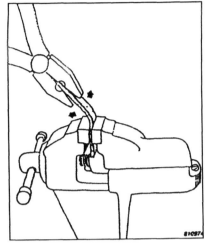

（a）用鎚頭可彎曲一塊金屬片，但很　　（b）如用一個鉗子，則比較安靜
　　吵

圖9-11　以不同的工作方式來改善振動源的例子

　　5.上述兩種方法的組合運用。

　　在減少振動的傳遞方面，則可採取隔振措施，亦即在振動源與被保護者之間採用振動絕緣材料（isolators）以阻絕其傳播。

　　上述方法不只對防止振動由機器傳至其支撐基礎（foundation）有效，對防止來自支撐基礎或結構的振動之傳遞至安裝其上的機器亦適用。

9.4.1　振動源代替

　　在振動的控制技術上，有一點很重要而且首先要做的就是檢視振動來源是否可被替代而加以防治。振動源代替（source alternation）之方法例如從結構上提高其剛性、更換某些已鬆脫的零件、將作用力加以平衡、改進各方向的容忍度。也可以調整系統的質量、勁度以避免系統的自然頻率落在外力的作用頻域內。這些方法雖然是在系統的設計或建造階段就必須加以考慮，但是也可以作為修正方法的參考。

圖9-11是以不同的工作方式來改善振動源（或噪音源）的例子。

9.4.2 隔振原理與隔振器

在圖9-2的彈簧—質量—阻尼系統中，作用於質量 M 上的力，通過彈性支撐（即彈簧）將有一部分力傳遞到支持振動系統的基礎（foundation）上，傳遞至基礎上的力越小，表示該系統的隔振效果越佳。衡量此一傳遞效果的指標是力傳遞率（force transmissibility，TR），其定義是傳遞到基礎上的力之最大值與作用於 M 上的力之最大值之比。在一般情況下，由於基礎的機械阻抗較大，振幅很小，其影響可忽略，因而通過彈簧與阻尼傳遞的力應為

$$F_t = C \frac{dy}{dt} + Ky \tag{9.15}$$

其振幅為

$$\begin{aligned} F_{t0} &= \sqrt{(\omega C)^2 + K^2 y_0} \\ &= Ky_0 [1 + (\zeta\omega/K)^2]^{1/2} \end{aligned} \tag{9.16}$$

依定義，可得

$$\begin{aligned} TR = \frac{F_{t0}}{F_0} &= \frac{[1 + (2\zeta\frac{\omega}{\omega_0})^2]^{1/2}}{\{[1 - (\frac{\omega}{\omega_0})^2]^2 + (2\zeta\frac{\omega}{\omega_0})^2\}^{1/2}} \\ &= \sqrt{\frac{1 + 4\zeta^2(\frac{\omega}{\omega_0})^2}{[1 - (\frac{\omega}{\omega_0})^2]^2 + 4\zeta^2(\frac{\omega}{\omega_0})^2}} \end{aligned} \tag{9.17}$$

振動傳遞率（TR）與頻率比（$\frac{\omega}{\omega_0}$）及阻尼比（ζ）的關係曲線如圖9-12所示。當系統為單一自由度無阻尼振動系統時（即 $\zeta=0$），上式可簡化為

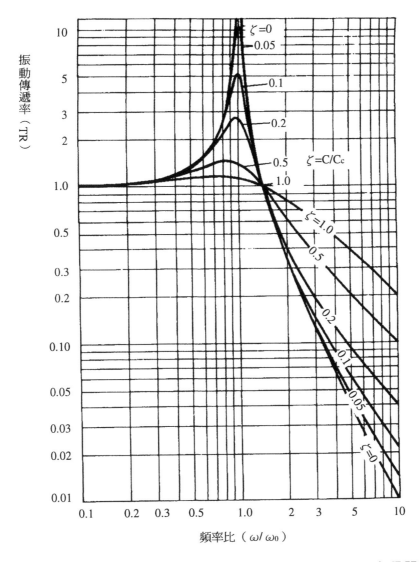

圖9-12　單自由度系統振動傳遞率（TR）與頻率比（ω/ω₀）及阻
尼比（ζ）的關係曲線

$$TR = \left| \frac{1}{1 - (\frac{\omega}{\omega_0})^2} \right| \qquad\qquad (9.18)$$

或　$TR = \left| \frac{1}{1 - (\frac{f}{f_0})^2} \right|$

由式（9.18）與圖9-12可知：

1. 當 $f \ll f_0$ 時，即外力頻率遠低於系統自然頻率時，$TR \approx 1$，即系統無隔振效果。

2. 當 $f = f_0$ 時，外力作用頻率與系統自然頻率接近，系統將發生共振，非但無隔振作用，反而使振動加劇，且加劇程度取決於阻尼比 ζ，理論上 $\zeta \to 0$，$TR \to \infty$，然後隨著 ζ 的逐漸增大，共振峰趨於平緩。

3. 當 $f = \sqrt{2} f_0$ 時，$TR = 1$，即系統仍無隔振效果。

4. 當 $f > \sqrt{2} f_0$ 時，系統漸具隔振作用，且隨著 f/f_0 值越大，效果越明顯，但頻率比過大，TR 減少得很緩慢，工程上常取2～5倍較適宜。另外由圖中尚可看出，大阻尼比的 TR 值降低量不如小阻尼比的 TR 值降低量大，工程上 ζ 值一般選用0.02～0.1。

〔例題〕

有一重70N 的馬達，以1,200rpm 的轉速運轉，若將其支撐以彈簧，得其振動傳達率（TR）為0.15，試問此彈簧的勁度（K）及此系統的自然頻率為多少？

解答：

(1) $\because f = \frac{1,200}{60} = 20\text{Hz}$

又　$TR = \left| \frac{1}{1 - (\frac{f}{f_0})^2} \right|$

$\quad = \left| 1 - (\frac{20}{f_0})^2 \right|^{-1} = \frac{1}{0.15}$

$$\therefore f_0 = 7.2 \text{Hz}$$

$$(2)\because f_0 = 5\sqrt{\frac{1}{\delta}}$$

$$\therefore \delta = (\frac{5}{f_0})^2 = 0.48 \text{cm} = 48 \times 10^{-4} \text{m}$$

$$K = \frac{W}{\delta} = \frac{70}{48 \times 10^{-4}} = 14,583 \text{ (N/m)}$$

凡能支撐運轉設備動力負載,又能產生彈性變形,並在負載除去後能立即恢復原狀的材料均可作為隔振元件(如圖9-13)。隔振元件一般可分為三大類,即:金屬彈簧(metal springs)、彈性支撐體(elastomeric mounts)以及減振墊(resilent pads)。

一、金屬彈簧

金屬彈簧在工業上的應用至為廣泛,從輕而精密的測量儀器之隔振到數十公噸的工業用機台之減振都很常見,有螺旋形、錐形及板片形等不同形狀。其優點是可在各種惡劣的環境中使用,如高溫、油污、潮濕及易腐蝕的場合;且由於其靜態變形量(δ)可以任意選擇,系統自然頻率可控制在極低的範圍內,因此對低頻振動的隔絕相當有效。其缺點是阻尼特性差,機器剛啟動運轉時在轉速通過系統自然頻率時會產生共振,且容易傳遞高頻振動。除此之外,並應注意防範擺動(rocking motion)情況的發生。工程設計上有些措施可解決這些缺點的影響,例如,利用阻尼材料與金屬彈簧並聯以增強其阻尼特性;選擇變形量相同的彈簧以避免系統的擺動;採用比被支撐物體重一至二倍的慣性塊(inertia block)亦可減少擺動並可降低系統重心,使荷重的分佈較均勻;低阻尼比所招致的高頻率振動之高傳達現象可用橡膠墊(rubber pads)與彈簧串聯加以克服。典型的鋼彈簧之阻尼比為0.005。圖9-14所示為金屬彈簧在隔振應用上的一些實例。

以彈簧作為隔振元件時,其選定程序如下:

1.決定欲被隔振機器重量、最低作用頻率、隔振程度及支撐點數目。

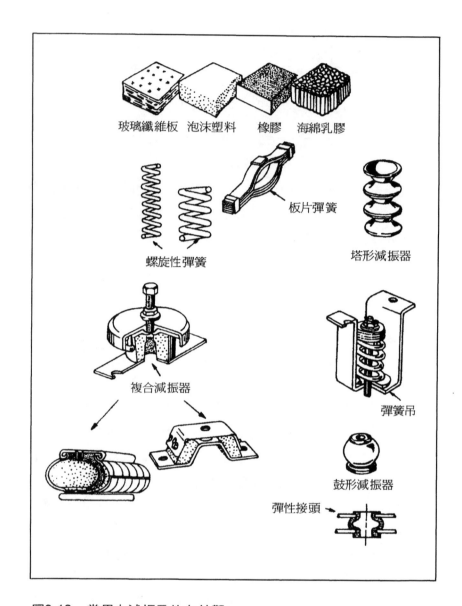

玻璃纖維板　泡沫塑料　橡膠　海綿乳膠

板片彈簧

螺旋性彈簧

塔形減振器

複合減振器

彈簧吊

鼓形減振器

彈性接頭

圖9-13　常用之減振元件之外觀

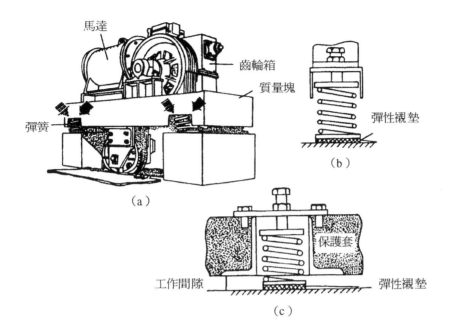

馬達

齒輪箱

質量塊

彈性襯墊

(b)

彈簧

(a)

保護套

工作間隙

彈性襯墊

(c)

圖9-14　使用鋼彈簧隔振器的實例

2.由式（9.18）及（9.6）知，當阻尼比（ζ）爲零時，則其靜態
變形量

$$\delta = \frac{25\,(\,TR+1\,)}{(\,TR\,)\,(\,f^2\,)} \qquad\qquad (9.19)$$

3.將機器總重量（以牛頓爲單位）除以支撐點之數目可得每一支
撐點所承受的重量，設爲 W_{mp}。則彈簧的勁度可由下式求得

$$K = \frac{W_{mp}}{\delta}\,(\,N/cm\,) \qquad\qquad (9.20)$$

有了此值即可由廠商所提供的產品目錄找到所需規格之彈簧。

〔例題〕

機器的運轉速度爲2,400rpm，當此機器被架設在慣性塊上時，系統的總重量為907N。假設其重量分佈很均勻，今若欲以四組鋼彈簧加以支撐，應如何選擇才能使振動之隔離達到90％？

解答：

90％的振動隔離即表示 $TR = 0.1$

$$f = \frac{2,400}{60} = 40 \text{（Hz）}$$

$$\therefore \delta = \frac{(1.1)(25)}{(0.1)(40)^2} = 0.172 \text{（cm）}$$

又　$W_{mp} = \frac{907}{4} = 226.75 \text{（N）}$

故　$K = 226.75 / 0.172 = 1,330 \text{（N/cm）}$

由式（9.6）知，δ 增加，f_0 減少。又由圖9-12知 f/f_0 增加時（即 f_0 減少），振動隔離量的百分率亦隨之增加，因此我們應選用勁度約 1,300N/cm，靜態變形量（δ）≧0.17cm 的彈簧。

二、彈性支撐體

　　彈性支撐體主要是由天然橡膠或是合成橡膠（如氯平橡膠（neoprene））構成，常用於小型電機或機械元件的高頻振動之隔離。在環境條件控制良好的情況下，天然橡膠可說是最有效也是最經濟的隔振器，此乃因為天然橡膠有很好的阻尼特性之故，當機器運轉於共振頻率附近，或起動與關機時的作用頻率之通過共振頻率時，其隔振效果更是特別明顯。而合成橡膠則較適用於有危害物質存在的環境。

　　橡膠可使用於拉伸（tension）、壓縮（compression）或剪切（shear）受力的情況，不過仍以壓縮或剪切的場合較常見，拉伸受力的應用較少見。橡膠是以 durometer 數（durometer number）來分級，一般而言，用橡膠做的彈性支撐體其 durometer 數由30～80，數字愈少愈軟。天然橡膠與氯平橡膠的典型阻尼比值約為0.05。在橡膠的應用上有一點很重要，條狀與塊狀的橡膠或靜態與動態中使用的橡膠其特性都有明顯的不同。

　　板狀、條狀或塊狀實心橡膠受壓變形量很小，必須經過加工成圖9-15所示的肋狀、鑽孔或凸塊等形狀，方可增加受力時的變形量。目

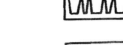

（a）肋狀　　　　　（b）鑽孔　　　　　（c）隔振墊

圖9-15　彈性支撐體的幾種形狀

前所開發出來的彈性支撐體，負荷可從十多公斤至一公噸以上，最大
壓縮量可達4.8公分，最低自然頻率可控制在5Hz 附近。
　　其選用的程序與前面所介紹金屬彈簧的選用程序相同。

〔例題〕

　　一機器重120N，在3,600rpm 的情況下運轉，若欲設置四個彈性
支撐以避免振動傳至周遭的設備。則應如何選擇減振器（由圖9-15）
才能使振動達到90％的隔絕率？

解答：

　　(1)機器（欲被隔振的對象）重＝120N

　　　轉速＝3,600rpm

　　　隔振率＝90％

　　　彈性支撐體數目＝4

　　(2)由上面的已知條件知

　　　TR＝0.10

　　　f＝3,600/60＝60Hz

　　　假設阻尼比（ζ）≈0，則由式（9.19）得

　　　$\delta_{st} = \dfrac{(1.1)(24.8)}{(0.1)(60)^2} = 0.076$

　　(3)$W_{mp} = \dfrac{120}{4} = 30N$

由圖9-16可知，當每一支撐點所承受物重爲30N，每一支撐體的靜態變形量爲0.076cm時，減振器乃是最好的選擇。

三、減振墊

這類型的隔振元件包括：①軟木；②毛氈（felt）；③玻璃纖維（fiberglass）。其特色是好使用也好安裝，因爲通常買來時都是片狀，可依個人特殊需求來剪裁或依所欲達成的隔振率來堆砌。

(一)軟木

軟木是一種傳統的隔振材料，其壓縮性取決於軟木的彈性與孔隙率。其自然頻率隨密度增大而提高，反之則下降。對於負載不大，頻率又低的振動源，由於其壓縮性很小，故不宜使用。

(二)毛氈

對於負載小，隔振要求不高的場合，用毛氈來減振既方便又經濟。用1.3～2.5cm厚的軟毛氈製成塊狀或條狀的墊層，對隔離高頻振動有不錯的效果，常用於精密儀表設備方面。毛氈的可壓縮量不超過厚度的$\frac{1}{4}$，當壓縮量大時會使彈性失效，隔振效果變差。毛氈的阻尼特性大，可減小共振時的振幅。在使用毛氈時應注意防腐、防蝕及防潮。

(三)玻璃纖維

玻璃纖維有防火、防腐、施工方便、價格低廉、材料來源廣泛等特點，可應用於負載不大的設備之減振。但當其受潮後，隔振效果會稍受影響，不過其吸水能力很小，在相對濕度65%時，吸水率僅0.2%，在一般環境下可不計其影響，在含水量50%以下時，其力學特性變化不大。

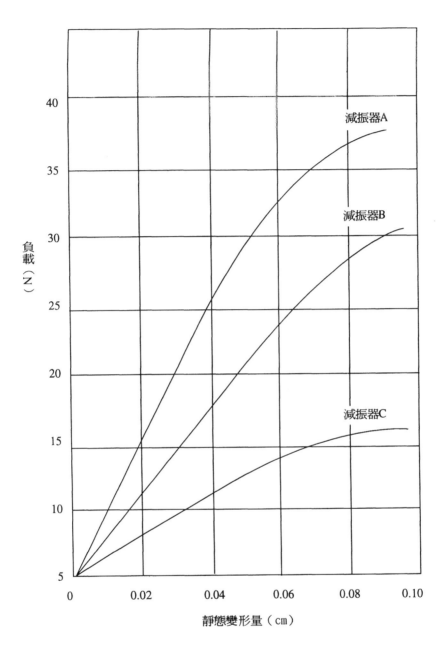

圖9-16　負載與靜態變形量之關係

9.4.3 慣性塊

混凝土慣性塊（inertia blocks）在控制振動的傳遞上扮演相當吃重的角色。在設備（如往復式壓縮機）運轉時所產生的低頻率慣性力常會經由支撐結構而傳至其他機器，引發妨礙機器正常運轉的搖動現象。欲抑制這種搖動現象，最好的方法便是將這些設備架設在所謂的慣性基座（inertia base）上。

低自然頻率的振動之隔絕需要大靜態變形量的減振器，如軟彈簧。然而利用軟彈簧來減振卻有引起搖晃動作（rocking motion）的副作用，這時只要將慣性塊架設在適當的減振器上便可克服這種現象，並可有效的減振。

慣性塊之重要性由以下幾點可以看出：

1. 降低系統的重心，增加其穩定度。
2. 增加系統質量，減小振動幅度及搖晃現象。
3. 因基座具高勁度，可減少排列上的誤差（alignment errors）。
4. 可作為架設其上的儀器與地板間的音屏。不過有一點要注意的是慣性塊一定要架設在減振器上才有效。

圖9-17是其應用例，圖中慣性塊是加在二個絕緣系統之間，做二

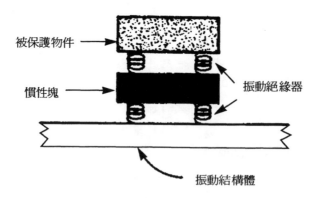

被保護物件

慣性塊

振動絕緣器

振動結構體

圖9-17　慣性塊的應用例

階段振動絕緣，此系統在減少高頻率的振動上極為有效，但卻會增加低頻的振動，為了避免這種現象，慣性塊的選擇需滿足下式：

$$m > \frac{K}{20f^2} \quad （kg） \tag{9.21}$$

其中　　K＝絕緣系統的勁度，N/m

　　　　f＝所欲控制的最低頻率，Hz

9.4.4　振動的阻尼

　　現代車輛、船舶或飛機等交通工具的外殼，機器的護蓋，風車的護罩以及使用金屬板製造的風管等，為了減輕結構的重量均日趨輕薄，薄板受外力作用時，將產生振動而輻射噪音。為有效地抑制這類振動噪音，可在薄板表面貼或塗一層內摩擦大的材料，如瀝青、軟橡膠或其他高分子材料，此一方法稱為阻尼（damping）減振，而這些材料就稱為阻尼材料。

　　阻尼材料之所以能夠減振、降低噪音的輻射，主要的原因是它減弱了金屬板中傳播的彎曲波。亦即當機器或薄板產生彎曲振動時，振動能量迅速傳遞給緊貼在薄板上內摩擦大的阻尼材料，於是引起薄板和阻尼層間的相互摩擦，阻尼材料忽而被拉伸，忽而被壓縮，於是將振動能量轉化為熱能而損耗掉。因此，在薄板上塗貼阻尼材料，不僅可以減弱共振時產生的強烈振動，還可降低機器振動或撞擊而產生的噪音。

　　阻尼層和金屬板的結合方式一般有兩種，一種是將阻尼材料黏貼或噴塗在金屬板的表面，稱為自由阻尼層，自由阻尼層又可分為單面與雙面自由阻尼層，如圖9-18(a)所示。另一種是將阻尼材料黏合在兩片金屬板的中間，稱為約束阻尼層，如圖9-18(b)所示。約束阻尼層結構上雖較自由阻尼層複雜，但效果較佳。

　　阻尼材料或塗料厚度，一般不宜低於基板（金屬板）的兩倍，或重量應控制在基板的20％左右。塗刷時宜分多次進行，每次塗刷不宜過厚，待乾透後再塗敷第二層，以確保足夠的黏合性及減振性能。

（a）自由阻尼層　　　　　　　（b）約束阻尼層

圖9-18　幾種阻尼層的構造方式

習題九

1. 請說明全身振動及局部振動危害的評估及其防止對策？

2. 試說明振動對勞工的危害程度受那四個物理量的影響？

3. 請說明工作場所噪音及局部振動管制標準。

4. 國際標準組織（I.S.O.）發展出一套有關人體全身振動的日暴露量標準，請說明其內容及應用方法。

參考文獻

1. ISO 2631. "Guide to the Evaluation of Human Exposure to Whole-Body Vibration", Geneva：International Standards Organization 1978.

2. J. D. Irwin, and E. R. Graf, "Industrial Noise and Vibrational Control," Pentice-Hall Inc., 1979.

3. H. W. Lord et al., "Noise Control For Engineers," McGraw-Hill Book Co., 1980.

4. W. Taylor, and P. L. Pelmear, "Vibration White Finger in Industry," Acadmic Press, London, 1975.

5. R. D. Soule, "Industrial Environment-Its Evaluation and Control", NIOSH Syllabus, U. S. Gov't printing office, Washington, D.C. 1973.

6. ISO 5349, "Mechanical Vibration-Guidelines for the Measurement and the Assessment of Human Exposure to Hand-Transmitted Vibration," 1986.

7. 行政院勞委會，《勞工作業環境測定訓練教材》勞工行政雜誌社，民國八十年十月。

8. A. J. Brammer, "Threshold Limit for Hand-Arm Vibration Exposure Throughout the Work day, in Vibration Effects on the Hand and Arm in Industry," A. J. Brammer and W. Taylor, (Eds.) Wiley and Sons Publishers, New York, 1982.

第10章
輻射安全

輻射在工業上的應用
非游離輻射的主要暴露作業及其危害
游離輻射的主要暴露作業及其危害
輻射的計量與測定
非游離輻射的控制
游離輻射的控制

輻射（radiation）包括游離輻射（ionizing radiaton）與非游離輻射（non-ionizing radiation），當輻射的能量高到足以使物質發生游離作用（ionization）時，稱之為游離輻射，反之則稱之為非游離輻射。所謂游離是指一個原來帶中性電的原子，受到輻射的作用後，其最外層的電子獲得能量會離開原子核的吸引範圍，而形成一帶正電，一帶負電的離子對（ion pair，或稱之為自由基），這些自由基的活動力都很強，能在極短的時間內，引發一系列的化學反應，如果這些反應是發生於人體內，便會造成對人體的傷害，這也是游離輻射為何對人體有害的主要原因。目前已經證實游離輻射可能對人體造成的危害包括了白血病、皮膚癌、乳癌、甲狀腺癌、骨癌、生育力降低及遺傳突變等。

　　不論是游離輻射抑或非游離輻射，通常只有兩種型態，那便是粒子型（particles）及電磁波型（electromagnetic wave）。粒子型的輻射包括了游離輻射中的 α 粒子、β 粒子、中子、質子等；電磁波型的輻射則包括了 X 射線、γ 射線，以及非游離輻射中的紫外線、紅外線、可見光、微波、無線電波和雷射（laser）等。粒子型輻射的能量滿足古典力學的動能理論，亦即其能量正比於粒子的質量與粒子的運動速率的平方。電磁波型輻射的能量則和其頻率有關，頻率愈高則其能量愈高。圖10-1所示為電磁波的頻譜。

10.1　輻射在工業上的應用

一、非游離輻射的應用

　　1.紫外線（ultraviolet）：殺蟲燈、消毒殺菌設備、化學合成及分析機具、黑光源（black light source）等。

　　2.可見光（visible light）：各種照明設備、霓虹燈等。

　　3.紅外線（infrared）：警報器、乾燥器、烤箱、加熱器、遙控裝置等。

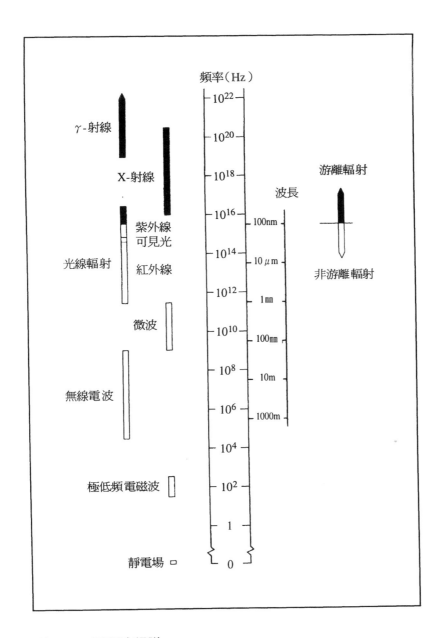

圖10-1　電磁波頻譜

4.微波（microwave）：警報器、乾燥器、烤箱、加熱器、遙控
  裝置、雷達及通信裝置等。

5.無線電波（radio frequencies）：通信裝備及遙控裝置等。

6.雷射（laser）：試驗及教育裝備、燒灼熔接設備、切割鑽孔設
  備、通信裝置、量測裝置及醫療設備等。

二、游離輻射的應用

1.α 粒子（alpha particles）：煙霧偵測、夜光塗料及永久電源
  等。

2.β 粒子（beta particles）：厚度、重量、密度自動控制設備、
  夜光塗料及引發游離等。

3.中子（neutron）：油礦偵測、含水量測定。

4.X 及 γ 射線（X and gamma rays）：放射照相、自動控制、追
  蹤示跡、分析鑑定、引發游離及改進品質等。

10.2　非游離輻射的主要暴露作業及其危害

一、紫外線

紫外線的波長介於40～400nm 之間，恰位於 X 射線的最長波長
（40nm）與可見光的最短波長（380nm）之間。其光譜又可大致分
成三個區域，波長在320～400nm 之間的紫外線稱爲近紫外線（near
UV）；波長介於200～315nm 之間的紫外線稱爲遠紫外線（far
UV）；波長200～40nm 的紫外線，因只能在眞空下研究，故稱之爲
眞空紫外線（extreme or vacuum UV），一般人有可能接觸到且會
造成危害的紫外線爲近紫外線及遠紫外線。

就紫外線的危害分，又可將紫外線之光譜分成三個區域：UV－
A、UV－B 及 UV－C。UV－B（320～400nm）相當於近紫外線，
UV－B（280～315nm）與 UV－C（100～280nm）共同組成遠紫外

線。其可能造成的生理危害如下：

　　1.UV－A：角膜炎、白內障、晶狀體螢光所生之眩光效應。

　　2.UV－B：角膜炎、結膜炎、白內障、紅斑、皮膚癌、皮膚老
　　　　化。

　　3.UV－C：角膜炎、結膜炎、紅斑、皮膚癌、皮膚老化。

　　紫外線主要暴露作業包括水銀蒸氣燈製造作業、紫外線殺菌作業、戶外露天作業（如農夫、伐木工人）、熔接作業、電弧焊接作業等。

　　低壓水銀燈所釋放出來的紫外線分佈在幾個特定的波長，且以25 3.7nm 為主；而高壓水銀燈所釋放出來的紫外線則屬連續光譜。

　　戶外露天作業主要的紫外線輻射源為日光，但幾乎所有波長在29 5nm 以下的紫外線皆已為大氣所吸收，而無法到達地面。

　　熔接作業也會產生大量的非游離輻射，例如，遮蔽金屬電弧焊接（Shield Metal Arc Welding，SMAW）所產生的非游離輻射波長涵蓋了100nm 至1,000nm 的範圍，其中介於280～315nm（UV－B）的紫外線會使勞工在暴露5～6小時後，造成「電弧眼」（arc eye）的不適症狀。氣體鎢電弧焊接（GTAW 或 TIG）所產生的紫外線在強度上幾乎有 SMAW 的十倍之多。氣體鎢電弧焊接所生的紫外線波長（100～315nm）對生理的影響非常大，同時也會與空氣中之氧氣反應生成臭氧（ozone）。氣體金屬電弧焊接（GMAW 或 MIG）所產生100～315nm 波長之紫外線也比 SMAW 所產生同波長範圍紫外線要強上十倍。值得注意的是氟氯烷化合物（chlorinated hydrocarbons）在 MIG 或 TIG 作業中所生的紫外線之照射下，將會分解成氯氣、氯化氫及光氣。然而在所有鈍氣電弧焊接作業中，還是以電漿電弧熔接作業（Plasma Arc Welding，PAW），所產生的紫外線頻譜最強。

二、紅外線

　　所謂紅外線是指波長介於750～3×10^6nm（0.3cm）的光譜，又

分近紅外線（750～2,500nm）、中紅外線（2,500～5,000nm）、遠
紅外線（5,000～3×10⁵nm）及極紅外線（3×10⁵～3×10⁶nm）。當
物體的表面溫度要比承受體的溫度高時，承受體即受到紅外線之照
射。紅外線輻射量又與輻射體表面及承受體表面絕對溫度的四次方之
差成正比。

　　紅外線是一種熱輻射線，皮膚與之接觸會有熱的感覺，波長介於
5,000～3×10⁶nm 的紅外線會完全被皮膚的表層吸收，而介於750～
1,500nm 的紅外線會造成皮膚的燒傷及角膜、虹彩及網膜等的傷
害。

　　紅外線的暴露作業包括：

1. 顏料（paints）、油漆（varnishes）、瓷釉（enamels）、黏著
   劑、油墨及防護表層的乾燥與烘乾作業。
2. 金屬零件加熱以利於收縮密合（shrink-fit）的裝配作業。
3. 鍛造（forging）作業。
4. 熱處理（heat treating）作業。
5. 硬焊（brazing）作業。
6. 方便黏著劑塗佈之表面預處理（conditioning surfaces）作業。
7. 紡織品（textiles）、紙張、皮革、肉品、蔬菜、陶器（pot-
   tery）與砂模（sand molds）等之脫水處理作業。

三、雷射

　　雷射是一種單色光源，亦即能發出相同波長的光束，其所發出之
光束可依裝置之不同而為可見光、紅外線或紫外線。雷射光束具有高
凝聚性（coherent），也就是說，相同頻率的電磁波且相位皆相同；
因此，其光束的擴散性極微，光束截面上單位面積上的能量非常集
中。一般光源所遵行的強度反平方法則（inverse square law）對雷射
光而言，並不正確，在短距離內，其功率密度幾乎不變，也就是因為
這種低擴散的特性，使雷射具有危害性。一般用於雷射之介質有氦
氖、二氧化碳、氬、紅寶石等。

　　隨著波長之不同及眼球各組織對不同波長的吸收程度之不同，雷

射可對角膜或網膜造成傷害。如果雷射波長是在可見光的範圍，則主要傷害網膜，若爲紫外線或紅外線，則主要對角膜產生傷害。另外，若皮膚接觸高強度的雷射，則可能馬上造成嚴重的灼傷。

雷射的暴露作業有對準校正（alignment）、熔接整緣（trimming）、熱處理、分光測量（spectrophotometry）、光纖通訊（fiber optics communications）、核融合實驗（nuclear fusion experimentation）以及外科手術（surgical procedures）等。

不僅僅在作業中應對直接來自雷射儀器的雷射光束小心，對於經其他物體表面反射的雷射光束亦須小心。美國國家標準局規定，雷射儀器製造商應對每台雷射加以分級，貼以標籤並提供有需要的使用者相關的資訊。其分級方式如下：

㈠第1級

功率較低或產品本身融入安全防護設計而使其強度不具備傷害能力，因此無需作特別的控制措施。

㈡第2級

波長在可見光範圍之低功率雷射，若直視雷射光束可能對眼睛稍有傷害，但不至對皮膚造成傷害，屬低度的危害性。

㈢第3A 級

與第2級最主要的差異在於其所發出的功率較大但光束較粗，故若直視，進入眼內的光束之功率反不及第2級。但若以光學鏡片（如雙眼望眼鏡）直視之，則危害性將增加，因此需採取嚴密的預防措施。

㈣第3B 級

其輸出屬不可見光範圍，因此往往還來不及反應便可能已對眼睛造成傷害。另由於其功率較高，故可能對皮膚造成灼傷，屬中等危害性。

㈤第4級

屬危害性最高的等級。這類的雷射儀器由於功率極高，因此無論是來自雷射儀器之雷射光束或是來自擴散反射之雷射光束，皆有可能對眼睛或皮膚造成傷害，甚至也可能引發火災。

四、射頻電磁輻射

射頻電磁輻射（radiofrequencies, RF）是指頻率在100KHz 到300GHz 間的電磁波，包括了無線電波（radiowaves）與微波（microwaves）。無線電波是指頻率介於100KHz 到1,000MHz 之間的波段；微波的頻率範圍則涵蓋了1,000MHz 到300GHz。射頻電磁輻射頻率寬廣，應用範圍也大，例如，無線電（廣播、電視、微波電訊）設備、微波加熱（焊接、淬火、熔煉）設備和物料乾燥（塑膠熱黏合、木材紙張乾燥）設備等等，因此影響區域也大，對近場區（near field）的工作人員能產生危害，是目前電磁污染的主要因素。

美國聯邦通訊委員會（FCC）指定了七個波段（13.56±0.00678 MHz、27.12±0.016MHz、40.68±0.020MHz、915±25MHz、2,450±50MHz、5,800±75MHz 以及22,125±125MHz）供工業、科學及醫學（ISM）使用，例如，微波爐所用的頻率多為2,450MHz。微波輻射的形式有兩類，即連續波（continuous wave）與脈衝模式（pulse mode）。

微波輻射的危害有兩種形式，即熱效應和非熱效應，而以熱的效應對人的生理危害最大。3,000MHz 以上的微波輻射多被皮膚吸收，3,000MHz 以下的微波輻射可被皮下組織吸收，而眼球及睪丸則是人體對微波最敏感的兩種器官，一般咸認，微波會對眼睛造成白內障。除此之外，短時間的微波輻射可導致疲勞、頭痛、嗜睡、食欲不振、動作遲鈍、記憶力減退及頭髮脫落等非熱效應症狀。這些症狀一般都不嚴重，經過一段時間休息就可復原。另外必須注意的是，微波輻射有累積的問題，因此勞工在兩次微波輻射暴露之間應有足夠的休息時間，以恢復身體機能。

微波輻射的暴露作業包括通訊、雷達、工業或商業用之加熱器（如微波爐）、冷凍食品之微波解凍、木器的膠合黏著等。

微波輻射對人體影響的程度與輻射強度、頻率、作業時間、作用距離和作業現場的溫、濕度有關，輻射強度大、頻率高、作業時間長、作用距離短、現場溫度高濕度大，微波輻射的危害也大，反之則小。此外，女性和兒童對微波輻射比男性敏感。

10.3 游離輻射的主要暴露作業及其危害

游離輻射的來源，分天然游離輻射源與人工放射源。高空飛行員；鈾、鈷、鎳礦的開採、提煉、運輸、監管等從業人員都有暴露於天然游離輻射的可能。X 光機操作技術人員；核醫、非破壞性檢測（β、γ、X 射線）人員；**放射線示蹤**、測量人員；生物學家；牙科醫生；電子顯微鏡操作者；**屍體處理者**；食品保存者；高壓電工作者；夜光盤面塗裝者、核電廠工作者；雷達操作者、瓷磚上釉者、生理學家等從業人員都是可能暴露於人工輻射源者。

游離輻射職業暴露危害的主要臨床症狀包括：

1. 白血症——X 光治療者發現產生骨髓白血病。
2. 肺癌——鈾礦工人發現肺癌。
3. 皮膚癌或皮膚潰湯、脫毛——放射學家、皮膚科醫師。
4. 乳癌——X 光透視病人，最大過敏年齡為十**歲到二**十歲女性。
5. 甲狀腺癌——頭頸部淋巴組織接受放射線治**療的病**人。
6. 骨癌——夜光錶針、錶面塗裝者。
7. 其他癌症——除以上主要疾病外，游離輻射暴露調查尚發現胰癌、結腸癌等癌症。
8. 壽命縮短—放射性專業人員壽命，據美國放射線醫師調查指出，比其他未暴露輻射線的醫生壽命短五年。
9. 生育力降低——女性一次300~400rads 急性暴露可能引起永久不孕。對男性則造成暫時性生育力減退。
10. 遺傳突變——新生代死亡率、白血症、重症疾病率提高。
11. 白內障——X、γ 射線等電磁波暴露者，因熱效應使水晶體蛋白固化。

10.4 輻射的計量與測定

10.4.1 輻射的計量單位

非游離輻射的量度，通常是以輻射對被照物體所作的功或施予被照體單位面積的能或在被照體單位面積上所產生的功率來表示。若以單位面積上功或能量的多少來表示則稱爲功密度或能量密度（energy density），單位是 J/cm^2；若以單位面積上的功率表示則稱爲功率密度（power density），單位是 W/cm^2。而常用以計算游離輻射量的單位有四種：

一、暴露值或輻射量

暴露值（exposure）就是使單位空氣量產生多少電量的能力，或是輻射線游離空氣中原子或分子的能力。若某輻射線可使一千克的空氣產生2.58×10^{-4}庫侖的電荷（不論正或負），則稱其輻射值爲一侖琴（röntgen, R）。亦即

$$1R = 2.58\times10^{-4} \quad Coulombs/kg \qquad (10.1)$$
$$= 87.7ergs/g$$

嚴格來說，這種計量單位只使用於 X－射線及超過$3.0Mev$ 的 γ－射線，對其他輻射線絕少使用。

二、吸收劑量

每公斤生物體組織從輻射所吸收的能量，稱爲吸收劑量（absorbed dose）。吸收劑量的舊制單位是雷得（rad），1雷得等於每公斤生物體組織從輻射吸收0.01焦耳的能量。吸收劑量的 SI 單位是格

雷（Gray, Gy），1格雷等於每公斤生物體組織從輻射吸收1焦耳的
能量。因此

$$1Gy = 100rad \qquad (10.2)$$

三、等效劑量

由於各種輻射線對人體產生的生物效應皆不相同，因此必須轉換
成等效劑量（equivalent dose）才能互相比較。等效劑量等於吸收劑
量與品質因素（quality factor，Q）的乘積，亦即

$$等效劑量 = 吸收劑量 \times 品質因素 \qquad (10.3)$$

品質因素爲量測不同輻射粒子能量轉移相對危害性之指標，對 α
－射線而言，Q＝20；但對 β－射線與 γ－射線而言，Q＝1。等效劑
量的舊制單位爲侖目（rem），SI 單位爲西弗（Sivert，Sv），其間
關係爲

$$1Sv = 100\ rem \qquad (10.4)$$

照一次 X－光，胸部所受的劑量大概是0.03侖目。

四、放射活性

放射活性（radioactivity）是指一定量的放射性物質，其原子核
在單位時間內所發生的蛻變次數（disintegrations per second，
dps）。舊制單位定義：一放射核種每秒發生3.7×10^{10}次蛻變，則該
放射核種的活性爲1居里（Curie，Ci）；放射活性的 SI 單位爲巴克
（Becquerel，Bq），1巴克等於一放射核種每秒發生一次蛻變的活
性，所以

$$1Bq = 2.7 \times 10^{-11}Ci \qquad (10.5)$$

10.4.2　輻射的測定

一、非游離輻射

　　物體受到非游離輻射的照射，會吸收輻射及能量而使物體本身的熱量（或溫度）增加，或發出螢光，或產生化學反應（如使底片上的鹵化銀分解），或產生電子等等，吾人可利用這些現象，察知輻射之存在與否。

　　而在鑑定非游離輻射的種類方面，對紫外線和可見光而言，可利用光譜分析法測定其波長範圍；但對能量在紅外線以下的電磁波，則可利用共振法，測定其頻率，不過由於各種不同的電磁波之間，頻率範圍會互相重疊，所以頻率測定後，尚需藉助產生方法、用途或其他特性，才能鑑別輻射的種類。

　　要個別測定非游離輻射的數量，首先應選定能對所要測量的輻射產生反應（response）的儀器，而後再根據反應的大小而決定輻射的量。對能量在紅外線以下的輻射，吾人可先量測其所產生的熱量，再與能產生同樣熱量的電能相比較，以計算紅外線的能量或功率密度；對可見光或紫外線，除可直接量度光強度外，尚可利用其可能產生之熱和可能產生的光電效應來測定，當發生光電效應時，可以量度所產生的電量來計算所作的功或功率，必要時亦可根據光的強度或電量轉換為能量密度或功率密度。

二、游離輻射

　　因為游離輻射可使物質發生游離作用，因此我們可觀察經過照射的物質（通常是氣體）中，是否有帶電離子以判定有否游離輻射存在。此外也可利用游離輻射能使螢光物質發光、能使被照物體熱量（或溫度）增加以及能促進或產生某些化學反應等特性以察知其存在。

　　至於游離輻射種類的鑑定，除可利用各種射線所具有之不同穿透能力外，尚可利用不同射線能使不同螢光物質發光的特性得知，例如，α粒子可使硫化鋅發光；β粒子可使有機物質蒽（$C_{14}H_{10}$）發光；γ射線可使碘化鈉晶體發光；中子之偵測則可利用中子與硼（${}^{10}_{5}B$）作用產生α粒子，而α粒子又容易使物質游離的特性以偵知其存在。

沒有一種儀器可偵測或量度所有種類的輻射線，而且這些儀器中有的在偵測時還需解讀其指示值才能獲得相關資料，有的則可直接讀出其劑量率（dose rate）或累積劑量（accumulated dose），但不管是那種型式的輻射偵測或量度儀器，都是利用下列四種基本構造之一，再搭配相關的電子電路所構成：

(一)游離腔

游離腔（ionization chamber）是一兩端具有不同電位電極的內裝空氣容器，入射之輻射線使空氣游離後，離子為電極所吸引而有電流，量測其電流值即可得知吸收劑量的大小，因此是一種利用輻射的游離能力來測量輻射數量的儀器。

(二)比例計數器

比例計數器（proportional counter）其功能類似游離腔，然其電極間的電位差較大、操作更靈敏。也因電壓較大之故，離子有較大的加速度且游離的情況更強烈而有所謂的「氣體倍增現象」（gas multiplication phenomenon）。

(三)蓋氏計數器（或蓋氏管）

蓋氏計數器（Geiger-Müller tube）兩電極間的電位差較之游離腔或比例計數器更大，因此所產生的離子被加速至更高的速度值且會產生許多所謂的二次離子（secondary ions）。另外，因為所產生的大量離子在抵達電極後會引起脈衝現象，所以其電流值與吸收劑量並不成比例關係。

(四)閃爍計數器

閃爍計數器（scintillation counter）是利用某些物質對於從入射之輻射線所吸收之能量像光一樣具有再發射的能力之特性。發射出來的光線在進入電子電路處理前先經光電倍增器（photomultiplier）予以放大，而後再以視覺訊號呈現。

除此之外，當我們對累積一段時間（如一年或一個月）的輻射劑量有興趣時，可利用所謂的被動式輻射偵測器（passive radiation detectors）來加以測定，例如，膠片佩章（film badge）、熱光劑量計（thermoluminescent dosimeter）或劑量筆（pocket ionization chamber）等等。膠片佩章在佩章外殼有一開窗（window），輻射的暴露會使膠片的感光乳劑變暗，變暗的程度以密度計量測，其結果與膠片吸收劑量成正比，因為原子核乳劑為溴化銀，其顆粒較細胞組織之碳、氫、氧為大，對不同能量的反應不同於細胞組織，因此劑量對膠片變暗不能代表對人體之劑量，故於膠片上置有選擇的過濾器（如銅、鉛或塑膠），使輻射變暗可以轉換為細胞組織劑量；熱光劑量計則是利用輻射能量使測定物質的分子激發為半穩定狀態，經高溫加熱使物質回至正常狀態並放出光線，發光量正比於吸收劑量之原理。

10.5　非游離輻射的控制

非游離輻射依其種類之不同，而有不同的控制方法：

一、低頻率電磁波或長波輻射

所謂低頻率電波或長波輻射（low frequencies）是指頻率在100 KHz 以下之電磁波，又分低頻率電場和低頻率磁場，而低頻率電場和低頻率磁場的控制方法並不相同。低頻率電場只要藉著金屬網或金屬板的屏蔽，即可使其到達人員處之強度得到很大的衰減。屏蔽分兩類，一是將污染源屏蔽起來，叫做主動場屏蔽（active screening system）；另一種叫做被動場屏蔽，就是將指定的空間範圍、設備或人員屏蔽起來，使其不受周圍電磁輻射的干擾。即使低頻率電場污染再嚴重如高壓活線接近作業，亦可藉由導電衣或金屬衣（conducting suits）之穿著而避免其危害。

相對地，低頻率磁場的控制便要困難許多，以設置屏蔽的方法為例，所使用的鋼板或鋁板厚度要很厚才看得出其效果，因此採用屏蔽法來控制低頻率磁場，有時就顯得不切實際。至目前為止，控制低頻率磁場最有效的方法就是讓「去」（go）和「回」（return）電流儘量接近以收其磁場互相抵消之效。而人員在情況許可下也應儘量遠離大功率發電機、變壓器及輸電線等低頻率電磁輻射嚴重的區域。除此之外，電機機械或變壓器予以適當的設計，以避免磁漏才是最基本的防治之道。

二、射頻電磁輻射

射頻電磁輻射（radio frequencies）包括了無線電波（短波）和微波輻射，微波輻射對人的危害又比短波輻射嚴重。防止射頻電磁輻射過度暴露的方法很多，然而最根本也是最有效的方法就是發射源的良好設計及位置之適當選定，若情況許可，則亦可利用屏蔽的技術將其影響限制在一定的空間範圍內。作為屏蔽的材料最好是導磁率、導電率高的金屬。入射的電磁輻射在抵達屏蔽體時，除了部分被屏蔽體吸收衰減外，一部分入射電磁波會被反射回去，稱為反射衰減。實際的屏蔽是由金屬網製作的，金屬網的吸收衰減很少，主要是靠反射衰減起作用。另外，單層的金屬網效果還不夠，需採用雙層金屬網結構，而且要儘可能使兩層金屬網間距接近要屏蔽的電磁波波長四分之一的奇數倍（而且不論單層或兩層，網目都要小於欲屏蔽電波波長才有效果）。表10-1和表10-2分別是單層和雙層金屬網的屏蔽效果，可見要獲得50～100dB（電磁波能量減少到十萬至一百億分之一）的屏蔽效果並不難達成。

屏蔽體可設計成罩狀或室，屏蔽罩用於小型儀器設備的主動場屏蔽，屏蔽室用於大型儀器設備的主動場屏蔽或人員的被動場屏蔽。微波爐的門上充斥著許多小孔可看作是屏蔽室與前述金屬網的共同運用。

表10-1 單層金屬網的屏蔽效果

<table>
<tr><td rowspan="3">金屬網板</td><td colspan="2">金屬網材料</td><td colspan="3">紅　銅</td><td colspan="2">紫　銅</td><td colspan="3">黃　銅</td></tr>
<tr><td colspan="2">絲徑 mm</td><td colspan="3">0.375</td><td colspan="2">0.25</td><td colspan="3">0.17</td></tr>
<tr><td colspan="2">網孔，目/6.5cm²</td><td>22</td><td>16</td><td>11</td><td>16</td><td>11</td><td>22</td><td>16</td><td>11</td></tr>
<tr><td rowspan="4">屏蔽效果（dB）</td><td rowspan="2">f＝150kHz</td><td>測式值</td><td>51</td><td>48.2</td><td>36</td><td>40</td><td>36</td><td>28.4</td><td>26</td><td>21.9</td></tr>
<tr><td>計算值</td><td>54.5</td><td>50</td><td>45</td><td>44</td><td>40.7</td><td>31.5</td><td>28.7</td><td>25.2</td></tr>
<tr><td rowspan="2">f＝1.5MHz</td><td>測式值</td><td>62</td><td>54.4</td><td>44.6</td><td>48.4</td><td>43.4</td><td>47.7</td><td>44</td><td>38.7</td></tr>
<tr><td>計算值</td><td>60.9</td><td>53.9</td><td>57.3</td><td>49.7</td><td>44.5</td><td>48.7</td><td>44.9</td><td>40.5</td></tr>
</table>

表 10-2 一種雙層金屬網的屏蔽效果

<table>
<tr><td colspan="2">頻率，（MHz）</td><td>0.15</td><td>0.2</td><td>0.5</td><td>1.0</td><td>1.5</td><td>2.0</td></tr>
<tr><td rowspan="2">屏蔽效果（dB）</td><td>測試值</td><td>83</td><td>84.2</td><td>88.2</td><td>90</td><td>94.4</td><td>98.6</td></tr>
<tr><td>計算值</td><td>97</td><td>100.1</td><td>105.3</td><td>108.2</td><td>109.8</td><td>110.7</td></tr>
</table>

　　屏蔽罩或屏蔽室要有良好的接地，亦即要將它們以金屬導線接至深埋地下的金屬板或金屬棒上，以便使屏蔽罩或屏蔽室表面上因感應產生的電流有地方可以洩放。接地狀態下的屏蔽效果與不接地狀態下的屏蔽效果比較，有時相差30dB（一千倍）之多，可見接地之重要。接地是技術較高的工作，要注意接地回路阻抗匹配的問題。

　　當然，微波由於波長很短或者說頻率很高，因此亦可用一些特殊的吸收材料來防止其對環境的污染。

　　微波設備操作人員在某些作業條件下有時不能有效地採取屏蔽措施，此時可著用適當個人防護具來加以防護，例如，穿金屬衣、戴頭盔和防護眼罩。而且金屬衣、頭盔和眼罩都是由銅絲網製作的。

　　有一公式可計算出遠場（Fraunhofer 區域）處微波的功率密度（power density）：

$$W = \frac{AP}{\lambda^2 r^2} \quad (\text{mW/cm}^2) \tag{10.6}$$

　　其中　A＝有效天線區域，cm²

　　　　　P＝平均輸出功率，mW

λ＝微波波長，cm^2

r＝離天線之距離，cm

〔例題〕

若某微波發射源天線所涵蓋範圍有15cm^2，而且平均輸出功率為2.5×10^8mW，微波波長25cm。試求距離微波發射源200cm 處之功率密度為多少 mW/cm^2。

解答：

代公式（10.6），$W = \dfrac{(15)(2.5 \times 10^8)}{(25)^2(200)^2}$
$= 150 (mW/cm^2)$

三、紫外線（UV）與紅外線（IR）

光線的輻射（optical radiation），尤其是紫外線之釋放，可用屏蔽室——屏障或適當的吸收性玻璃與塑膠加以控制，但有一點要注意的是，如果使用之屏障具有反射效果，則應先確定不是把問題丟到別的地方而已。由光學原理知，在距離光源較近處，光線的強度是隨著距離的增加而直線減少（即距離一次反比定律），但在距離較遠處光強度的衰減是依循距離平方反比定律，因此有時要減少光線的輻射只要儘量遠離放射源即可達成。但對戶外工作的人員而言，避免紫外線過度曝曬的最好方法還是戴太陽眼鏡、帽子、穿著長袖衣物及其他遮蔽物，然而並非所有種類的衣物都有阻擋紫外線的效果，例如，在衣物潮濕的狀態下，其阻擋效果會變得很差。

在某些工作中，例如，玻璃或金屬的熔融作業，個人防護具算是基本配備，像反射衣裙用來阻擋輻射熱，防護眼/面罩用來抵擋強烈光線（IR）的照射，但有一個常被忽略的問題就是，防護眼/面罩可能因吸收能量使溫度上升到足以釋放長波輻射的程度，而對眼睛造成傷害，在這種情況下，可在眼/面罩上鍍膜以提高其反射率。

四、雷射

在確認所使用之雷射所屬的等級並符合相關之要求外，依照等級之不同，提供下列建議以供參考：

　　1.對第2級而言：
　　⑴雷射之定位及架設應保證光束沒有直射操作人員眼睛之虞。
　　⑵在雷射光束不使用處應以光學元件吸收。
　　⑶張貼適當的警告標語。
　　2.對第3A級而言：
　　⑴避免以光學鏡片或儀器直視雷射光束。
　　⑵操作人員的訓練與檢定。
　　⑶其他應注意要點同第2級。
　　3.對第3B級、第4級而言：
　　⑴雷射使用之區域應避免閒雜人等進入（尤其是在戶外使用
　　　時）。
　　⑵移除雷射光束行經路徑上任何足以引起光線反射之表面。
　　⑶指定雷射安全作業主管。
　　⑷其他應注意事項同第2級及第3A級。

　　除此之外，必須謹記在心的是，雷射還會引起二次危害，尤其是
大功率雷射，像是燻煙問題、從加工物上飛出的碎片、來自電源供應
器的電擊問題、電容器可能引發爆炸以及某些雷射可能使用有毒化學
物質的問題。

10.6　游離輻射的控制

　　游離輻射的控制可分體外輻射（external radiation）防護與體內
輻射（internal radiation）防護兩方面來加以探討：

一、體外輻射

　　體外輻射來自放射線源的洩漏、X－射線裝備、加速器以及任何
足以使電子加速至5.0Mev的電機設備。要避免從事輻射工作或在輻

射環境中工作的人員受到輻射的傷害，最好的方法是從時間、距離、屏蔽（shielding）三方面加以考慮。

(一)時間

接觸輻射的時間越短，所受的輻射劑量也越少。所以凡是從事輻射工作或在輻射環境中工作的人員，應力求迅速以減少輻射可能造成的傷害。

(二)距離

輻射強度是和離輻射源距離的平方成反比。距離增加一倍，輻射強度就減為四分之一。

(三)屏蔽

是在放射線源與工作人員身體之間，選用適當的材料，來遮擋或吸收部分放射線，使照射到工作人員身上的放射線能量和數量都能減少。

屏蔽材料之選擇常因游離輻射之種類不同而異，常用作屏蔽材料者有鉛、鐵、混凝土等。在輻射屏蔽的設計中，能將輻射的強度阻絕或減少一半，所需材質（如鉛板、混凝土牆）的厚度稱為半值層（half-value layer），不同的材質在不同峰值電壓（KV）下，所需的厚度也不相同，但在同樣峰值電壓下，以鉛的屏蔽效果較好，所需的厚度也較薄。同樣地，能將輻射強度減弱十分之一所需材質的厚度則稱為十分之一值層（tenth-value layer）。半值層的求法如下：

$$x = \frac{\log\left(\frac{ER_o}{ER_d}\right)HVL}{\log 2}$$

$$或 \quad ER_d = ER_o\left(\frac{1}{2}\right)^{\frac{x}{HVL}} \qquad\qquad (10.7)$$

其中　x＝屏蔽厚度，cm

ER_o＝原始的放射率

ER_d＝所欲達成的放射率

HVL＝半值層

表10-3　半值層及十分之一值層之數據

放射性核種	半值層，cm		十分之一值層，cm	
	鉛	混凝土	鉛	混凝土
鈷 – 60	1.2	6.2	4.1	20.6
銫 – 137	0.65	4.8	2.2	15.8
銥 – 192	0.6	4.3	2.0	14.7
鐳 – 226	1.7	6.9	5.5	23.4

　　對不同的放射性核種，使用不同的屏蔽材料時，其半值層（HVL）資料如表10-3，表中亦包括了十分之一值層的資料。

〔例題〕

　　欲設置一鉛板作為屏蔽，以降低放射率為5Rad/hr 的鈷 – 60放射源至1Rad/hr，求所需鉛板之厚度為多少 cm？

解答：

　　由表10-3查知鈷 – 60之鉛半值層為1.2cm，代入式（10.7），得

$$x = \frac{\log\left(\frac{5}{1}\right) \cdot 1.2}{\log 2}$$

$$= \frac{\log(5) \cdot 1.2}{0.3010}$$

$$= \frac{0.69897 \times 1.2}{0.3010}$$

$$= 2.79 \ (cm)$$

另解：

$$\frac{ER_d}{ER_o} = \left(\frac{1}{2}\right)^{\frac{x}{HVL}}$$

因　$ER_d = 1 \ Rad/hr$，$ER_o = 5 \ Rad/hr$

即　$\frac{1}{5} = \left(\frac{1}{2}\right)^{\frac{x}{HVL}}$

∴　$\frac{x}{HVL} = 2.322$

故　$x = 2.322 \times 1.2 = 2.79 \ (cm)$

〔例題〕

假設半值層爲 a 公分時，則其十分之一值層應爲幾公分？

解答：

設十分之一值層爲 x 公分，則

$$x = \frac{\log(\frac{1}{1/10})}{\log 2} \text{ HVL}$$

$$= \frac{\log(10) \cdot a}{\log 2}$$

$$= 3.3a \text{ (cm)}$$

二、體內輻射

體內輻射來自於放射性物質沈積於人體所致，而放射性物質進入人體的管道有吸入（inhalation）、食入（ingestion）、傷口接觸（injection）或經皮膚接觸而吸收（absorption）。體內輻射的防制策略有：

(一)對游離輻射區域實施管制與標示

在出入口設連鎖裝置，禁止無關人員進入，並依「游離輻射防護安全標準」之規定圖形予以明顯標示。

(二)對人員暴露量實施監測

游離輻射作業人員應配戴膠片佩章或以偵測儀器實施偵測，使人員暴露量不超過年暴露劑量標準。

(三)除去作業環境之游離輻射污染

對有游離輻射污染之環境，應實施環境偵測，並去除放射性污染源。

(四)實施健康管理

對從事游離輻射之作業人員，應依規定實施特定項目之健康檢查；如發現有異常暴露時，應予醫療及採取適當措施。

(五)減少（或阻斷）吸收、促進排洩及防止滯留體內

嚴禁在輻射管制區內吸菸或飲食，工作後及飲食前均應洗手，如

有外傷就不可在污染區內工作。放射性物質侵入體內後並非永久積存於人體，它會藉由新陳代謝而經由糞便、尿液、汗水、呼出的空氣或皮脂腺分泌等途徑排出體外，其排出原有量的一半所需的時間稱爲生物半衰期（biological half-time），故可利用促進排洩的方式縮短生物半衰期，以減低對健康的危害。適當的藥物控制，如胃部灌洗或服用瀉藥，亦是防止放射性物質滯留體內的方法。不過，最根本的方法就是進入輻射管制區內的人員均應穿著防護面具及防護衣，以阻斷游離輻射物質之進入人體。

習題十

1. 說明電焊及熔融爐、烤箱等產生之輻射線對人體健康有何危害？其防護措施爲何？
2. 何謂游離輻射及非游離輻射？
3. 說明游離輻射的基本預防原則？
4. 說明紫外線、紅外線、微波、雷達及雷射的主要暴露作業？
5. 在保健物理之領域裡，有所謂的半値層（half-value layer）及十分之一値層（tenth-value layer），試申其意？又當半値層爲 a 公分時，則其十分之一値層應爲幾公分？

參考文獻

1.Koller, L.R., "Ultraviolet Radiation," Wiley, New York, 1965.

2.G. Miller "Nonionizing Radiation. In：Fundamentals of Industrial Hygiene," 4th ed., edited by B. A. plog et al., National Safety Council, Chicago, pp.273-317, 1995.

3.B. J. Maddock, "Non-ionizing Radiation. In：Occupational Hygiene," 2nd ed., edited by J.M. Arlington and K. Gardiner, Blackwell Science Ltd., pp.27-247, 1995.

4.C. L. Cheever, "Ionizing Radiation. In：Fundamentals of Industrial Hygiene", 4th ed., edited by B. A. plog et al., National Safety Council, Chicago, pp.247-271, 1995.

5.A. Martin and S. A. Harbison, "An Introduction to Radiation Protection", 3rd ed., Chapman & Hall, New York, 1986.

6.K. Z. Morgan and J. E. Turner, "Principles of Radiation Protection", Kriezer, 1973.

7.L. J. Cralley and L. V. Cralley, "Evaluation of Exposure to Ionizing Radiation", In Patty's Industrial Hygiene and Toxicology, John Wiley & Sons, New York, 1991.

第11章
侷限空間安全

自政府全面實施勞工安全衛生法令、加強勞動檢查、推廣安全衛生教育宣導、落實自動檢查等措施以來，全產業職業災害千人率已有大幅度的降低（民國七十六年職災千人率為5.91，至民國八十二年則為3.27），但幾年來臺灣地區事業單位之工作場所發生侷限空間（confined space）災害者，不但未減少反而有增加之趨勢，究其原因為政府勞動檢查及事業單位的勞工安全衛生管理重點均放在勞工經常活動的場所，對於不經常進入、接近或非為人員持續停留而設計之場所的作業安全則予以忽略所致。

　　從行政院勞委會所編印之職業災害實例專輯中統計分析可知，自民國七十八年至民國八十二年之五年間，臺灣地區共發生六十六件侷限空間重大職業災害，造成141人死亡、110人輕重傷，每件災害平均傷亡人數為3.75人。且又以缺氧、中毒、爆炸等空氣性危害為主（佔66.7%），並以缺氧為最多，中毒次之。在最近幾年中，侷限空間的災害，國人印象較深刻的便是在民國八十五年四月二十八日發生於臺北市東西向快速道路延吉段地下停車場集水井的沼氣中毒事故，造成一人死亡九人輕重傷的慘劇；以及民國八十五年八月二十七日發生於宜蘭縣羅東鎮垃圾衛生掩埋場廢水處理井的缺氧意外，造成工人二死三昏迷。

　　所謂侷限空間依美國職業安全衛生研究所（NIOSH）的定義為：進出空間有限制性，其不足之自然通風可能含有或可能產生危險之空氣污染物，且非預定為勞工連續停留之空間；而美國職業安全衛生署所（OSHA）則定義為：足夠大且有讓勞工進入之結構，進出方法受到限制且非為勞工連續停留而設計者。歸納以上概念，可知侷限空間除了缺乏自然通風外，尚包括下列特徵：

1. 空間體積狹小，以致整個空間內因有害氣體或蒸氣（有毒或有爆炸性）的均勻擴散而使其濃度達到足以危害勞工的程度。
2. 該空間鄰近沒有其他勞工可以看到意外事故之發生，因此無法立即施以搶救。
3. 該空間之開口不是離工作地點遠便是很小，以致被擊倒勞工之立即救出困難。

4.該空間為特定場所，並非設計來作為人員經常性、連續性之停留。

5.該空間內之危害環境，因其密閉特性而使得勞工不易避免此等危害。

美國職業安全衛生研究所將侷限空間的危害程度分為 A、B 和 C 三級〔1,6〕，其分類方式如下：

1.A 類：立即危及生命或健康，必須採取下列措施：

(1)由權責單位核准進入。

(2)實施空氣測定與監測。

(3)預防措施之實施與檢查，如管路迫淨（purging）、盲斷（blinding）、通風、上鎖等。

(4)作業人員的健康管理。

(5)作業人員的安全衛生教育訓練。

(6)危害場所的危害訊息警告與標示。

(7)進入程序的排定（如進入規劃、待命人員、聯絡、搶救、急救等）。

(8)個人的安全防護具。

(9)相關之測定、檢查表報記錄。

2.B 類：危險性與須採取之措施，如同 A 類，但第二項空氣監測，必須由符合規定資格之人員決定是否實施。

3.C 類：具有潛在危害，無需特別改變任何工作程序的圍限空間，必須採取下列措施：

(1)進入工作許可制。

(2)空氣中有害物濃度測定。

(3)作業人員之安全衛生教育訓練。

(4)危害警告訊息的標示。

(5)規劃進入程序與作業方法。

(6)相關表報記錄。

(7)提供相關救難設備。

(8)其他符合規定資格之人員認為必要之工作項目。

侷限空間作業包括：進入地下電纜管線或人孔之作業；開挖地下涵洞作業；水井、水槽作業；廢液處理槽之清理作業；化學反應槽、儲存槽之相關作業；船艙內作業；通風不良地下室作業；粉塵儲存槽相關作業等。

11.1 侷限空間危害的種類

侷限空間之危害一般可分為空氣性危害（atmospheric hazard）和物理性危害（physical hazard）。

一、空氣性危害

侷限空間內危害性空氣包括：易燃（flammable）/可燃（combustible）性氣體、毒性氣體、致過敏性（irritant）或腐蝕性氣體、粉塵、缺氧（oxygen-deficient）或富氧（oxygen-enriched）性空氣、窒息性（asphyxiating）空氣等。

㈠易燃性空氣

衆所皆知，燃燒三要素為點火源（燃點）、燃料與氧氣。以適當比例混合的燃料/氧氣混合物，被加熱至其燃點以上便會自燃。根據OSHA的定義（29CFR 1910.146），所謂易燃性空氣是指空氣中所含某可燃性氣體的濃度超過其爆炸（或燃燒）下限（LFL 或 LEL）的10％者。但較空氣重的氣體往往沉積於容器底部，較空氣輕的氣體則飄浮於容器頂部，這是在作可燃性氣體濃度測定時需特別予以注意的。除此之外，原先不含可燃性氣體的空間也可能因作業而產生可燃性氣體，例如，噴漆或塗佈作業、以有機溶劑清洗容器壁或焊接作業等。

另一個與易燃性空氣有關的是富氧問題。當空氣中所含氧氣濃度增加時，較少的燃料（易燃氣體）便會造成可燃性空氣（爆炸）問題。氧氣管線洩漏及會釋放出氧氣的產品都是造成這類問題的原因。當空氣中所含氧氣濃度超過22％時便要對其成因加以調查；美國職業安全衛生研究所認定氧氣濃度超過25％的空氣便屬危害性空氣；美國職業安全衛生署可接受的標準則是23.5％。

(二)有毒空氣

所謂有毒空氣根據 OSHA 的定義（29 CFR1910.1000），係指空氣中所含法規中有列之毒性物質其濃度超過或有可能超過其容許暴露濃度（PEL）者。法令中未列者，可參考 NIOSH 之建議值或ACGIH 之恕限值（TLV）以及物質安全資料表（MSDS）。可聚積於侷限空間之有毒物質（包括氣體、蒸氣和微細粉塵）之發生源有產品之儲存、作業過程（如焊接過程會產生金屬燻煙、使用有機溶劑於清洗或去脂工作等）。

最常見的侷限空間氣體中毒事件是肇因於硫化氫（H_2S）。硫化氫是一種具特殊腐蛋臭味之無色可燃性氣體，易溶於眼睛和呼吸器官粘膜上的水分中而被吸收，使眼睛產生癢、痛、結膜炎、眼睛覺得有砂進入的感覺，使氣管、支氣管發炎，繼而引起肺炎、肺水腫，最後可能窒息而死亡。有硫化氫產生的地方必有硫酸還原菌的存在，在沒有氧氣存在、酸性、有硫酸離子存在等三個條件下，就可藉硫酸還原菌產生硫化氫。

(三)刺激性或腐蝕性空氣

刺激物就是經接觸後會使人體組織或器官不舒適的物質，有些物質會刺激皮膚、有些是刺激上呼吸系統或眼睛、鼻子與口中的黏膜。侷限空間中常見的刺激物有氨氣、氯氣、二氧化硫、臭氧與二氧化氮。氨氣會刺激鼻子與喉嚨；二氧化氮則會深入肺部。

腐蝕性物質就是酸或鹼等PH值小（小於2）或大（大於12.5）者。

(四)可燃性粉塵

粉塵大部分在穀類、氮肥及極細化學粉粒之卸載、運送時產生。在相對濕度低時，靜電極易聚積，俟能量足夠時即放電成為燃燒或爆炸之點火源。

㈤窒息性（缺氧）空氣

依照美國職業安全衛生署之規定，窒息性空氣是指氧氣含量低於19.5%之空氣（正常大氣中氧氣佔20.9%），於此含量下並無足夠之氧氣供進入侷限空間之勞工從事體力工作。空氣中氧氣含量對人體的影響如圖11-1所示。造成作業場所缺氧，除通風不良外，尚有下列原因〔1,2〕：

1. 因化學反應所致之氧氣消耗
   ⑴礦物之氧化：礦坑岩石表面之礦物質（如硫化鐵、二價鐵），因進行氧化作用而消耗氧氣，使坑道缺氧。
   ⑵金屬之氧化：鋼製儲槽內含有水分且長時間予以封閉，槽壁會被氧化（生銹），而使槽內氧氣減少，尤其是含電解質的水，氧化速度更是快速。
   ⑶還原性物質之氧化：化學工廠還原性物質之處理、合成樹脂、硫氫化鹽類以及亞硫酸鹽液等都會吸收氧氣。

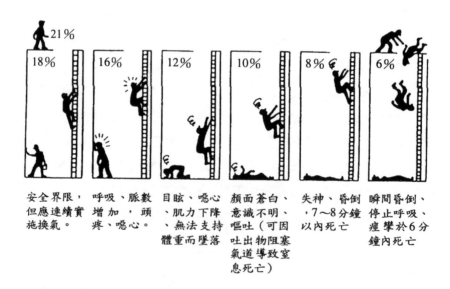

圖11-1　空氣中氧含量對人體的影響（摘自〔2〕）

(4)乾性油：塗料用之乾性油在乾燥過程中會消耗大量氧氣而釋
出一氧化碳與醛。

(5)燃燒器具之氧氣消耗：在地下室使用燃燒器具（如內燃
機），常會因換氣不良而產生大量二氧化碳，而且也會因燃
燒不完全而產生一氧化碳，導致缺氧和一氧化碳中毒。

(6)儲藏或搬運中物質引起之氧氣消耗：煤會吸收空氣中的氧而
氧化發熱；食用油之大豆油與米糠油均具有易與氧結合的特
性，故儲藏或搬運時應特別注意。

2.動物或植物的呼吸作用

(1)穀物、果菜、木材等的呼吸作用：穀物、果菜、水果及木材
等在儲藏中也會進行呼吸作用，消耗氧產生二氧化碳。

(2)好氧性微生物：廢水中常有好氧性細菌的存在而消耗大量氧
氣。

(3)厭氧性微生物：當污水呈無氧狀態時，厭氧性細菌開始繁殖
並產生甲烷、二氧化碳及硫化氫而驅走氧氣。

(4)醱酵過程：釀造工業（如釀造醬油的醱酵槽），在醱酵過程
中會消耗氧氣造成缺氧現象。

3.惰性氣體之封入或洩出

惰性氣體（inertia gases）如氬氣、二氧化碳與氮氣常被用來
置換儲槽內的空氣以避免所貯存產品氧化而損壞，惰性氣體亦
常用於管線、槽體或容器動火工作（如熔接）前易燃空氣的迫
淨（purging）。

侷限空間內惰性氣體的來源有：(1)灌裝氮氣洩漏；(2)冷媒
洩漏；(3)滅火氣體之使用；(4)乾冰的使用；(5)乙炔之洩漏。

(六)富氧性空氣

根據 OSHA 的定義，所謂富氧性空氣（oxygen-enriched atmo-
spheres）是指空氣中氧含量大於23.5％者。氧氣會改變很多物質的
燃燒特性，使其更易於點燃且燃燒更快速，除此之外，在富氧空氣中
物質的燃燒界限也會比在正常大氣中的範圍大。

侷限空間內富氧空氣主要來源是氧氣儲存或分配設備設計不良或

故障，也可能是來自熔接設備的氧－燃料（如乙炔）氣體導管本身或接頭洩漏，偶爾來自工人以氧氣代替空氣來作侷限空間之通風或動力手工具的動力來源。在富氧空氣中，如發生火災將比平常空氣中的情況更快速而猛烈，這是必須予以注意的。

二、物理性危害

侷限空間內物理性的危害與一般工作場所並無二致。但由於其空間與出口的侷限性，其後果往往較為嚴重，且發生的機率也較為頻繁。侷限空間內物理性危害包括高低溫接觸、噪音、機械傷害、滑倒、絆倒、墜落、感電及掩埋等等。不像空氣性危害看不見，物理性危害是可以從人體的感覺器官加以察覺的，例如，未加防護的機器觀察得出來、高低溫的影響可用觸覺加以感受……至於是否有電我們雖無法預知，但可推論電線、電氣元件會有感電的潛在危害。

㈠機械危害（mechanical hazards）

侷限空間內所發生之機械傷害，大部分係由於設備之動能或電源未能於作業前隔離（例如，電源啟動開關關掉後未上鎖或未繫警告標籤）所致。這些機械有固定式的，有攜帶式的，固定式機械最常見的是攪拌器，若空間中所處理或儲存的是固態物料（如媒、穀物或肥料）則螺旋輸送機（auger）或輸送帶（conveyer）也很常見。

㈡電氣危害（electrical hazards）

電擊會導致人體神經中樞暫時痲痺致使呼吸停止；使心室內的心肌纖維不規則快速收縮妨礙正常心跳；除此之外，流經人體之大量電流產生的熱還可導致組織、神經以及肌肉的出血與破壞。

電流對人體的影響，取決於下列四個因素：

1. 流經人體電流量的大小。
2. 人體的電阻值。
3. 電路中的電壓值。
4. 電流流經人體的路線。

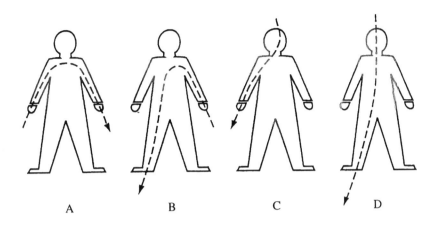

圖11-2　電流流經人體的幾種可能路徑（摘自〔1〕）

　　高壓與低壓的界限一般的認定是在600伏特到1,000伏特之間（我國之定義則為750DC/600AC），低壓電路接觸所導致的死傷主要原因為心肌纖維收縮所導致的心跳停止，高壓電路接觸則主要由於熱所致四肢血管、肌肉以及皮膚壞死；人體雙手間在皮膚乾燥的情況下電阻平均值為100,000歐姆左右，然而潮濕的皮膚電阻值卻可減少100倍以上。流經人體的電流量與①與人體接觸的電路之電壓；②與人所處位置的絕緣性能；③與人的皮膚及衣著的電阻；④與電導體接觸的面積和壓力等因素有關；電流所流經身體的路線與和電路構成迴路的身體部位有關，其路徑極容易判斷，因為電擊的創傷與子彈非常類似，電流流入處與流出處都有明顯的傷口，循此即可辨別其流路，而且通常電流並非取道最低電阻處，而是取決於至地面的最短路徑。圖11-2所示為電流通過人體的路線。

　　值得注意的是由於侷限空間作業範圍狹小，而且大部分位於地下有積水現象或較為潮濕，或本身即為良導體（如鍋爐、壓力容器、儲槽等之人孔或檢視孔），因而發生感電的機率相當大。

(三)**掩埋**

　　所謂掩埋（engulfment）係指進入侷限空間之人員被其內堆積之

乾燥極細粒狀物料包圍、陷入並掩埋。掩埋之危險性在於窒息,當被掩埋的勞工吸入太多的粉粒或是軀體受壓迫時便無法呼吸而窒息。圖11-3所示為粒狀物料(如木屑、穀物與砂糖等)如流沙般使作業人員身陷其中並遭掩埋的過程,整個過往往只有數秒的時間而已,罹難者往往搶救不及便已死亡。

11.2 侷限空間進入程序許可制度

由過去所發生的眾多侷限空間職災案例分析顯示,罹災勞工及救難人員對於潛存危害之認知不足、缺乏進入前及救難準備工作是災害發生之最普通原因。因此有必要建立一套完整而嚴密的進入許可制度,以供相關業者遵循。在這方面,美國職業安全衛生署的侷限空間進入程序許可制度(entry program requirements)規範,應可作為我國勞工安全衛生行政單位與業者防範侷限空間災害發生之參考。

在探討侷限空間進入許可制度之前,讓我們先來檢視一下那些空間需要許可(permit-spaces)或適用於進入許可制度。圖11-4所示為辨識侷限空間是否須申請許可之流程。此一決策流程主要包含下列五個步驟:

1. 步驟一:研判設備或作業場所中有否侷限空間。如果有則繼續下面步驟;如果沒有,也要持續注意未來是否可能因為設備或製程之改變而造成此類空間之形成。

2. 步驟二:如果設備或作業場所內有侷限空間,則辨別其為需進入許可之侷限空間或不需進入許可之侷限空間,如為不需進入許可之侷限空間,則停止下面步驟,但一如步驟一一樣,仍需持續注意。

3. 步驟三:如果設備或作業場所內有需進入許可之侷限空間,這時應通知全部勞工其所在位置及其潛存的危害,並嚴格規定未經允許之人員進入,其中最可行且有效的方法是張貼如下之警告標語:

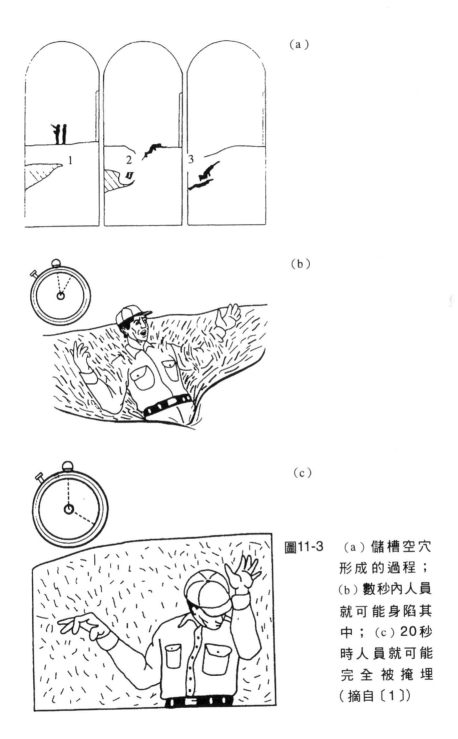

圖11-3 （a）儲槽空穴
形成的過程；
（b）數秒內人員
就可能身陷其
中；（c）20秒
時人員就可能
完全被掩埋
（摘自〔1〕）

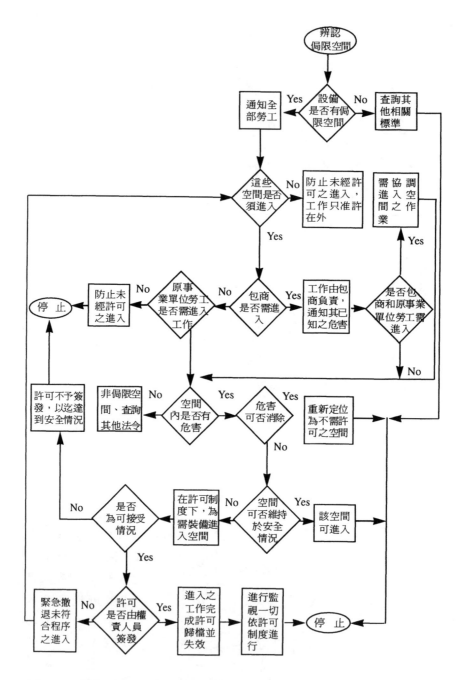

圖11-4　辨識侷限空間是否須進入許可之流程（摘自〔4〕）

```
┌─────────────────────────────┐
│                             │
│        危  險                │
│                             │
│  需「進入許可」之侷限空間      │
│                             │
│      禁  止  進  入          │
│                             │
└─────────────────────────────┘
```

4. 步驟四：決定勞工是否需進入該空間，如果是，就要研擬一份
簡單明瞭之進入程序之書面資料。

5. 步驟五：調查有否包商需進入該空間工作，如果有，則要訂定
一份原事業單位與包商都能共同遵守的進入許可制度。

圖11-5所示為需進入許可侷限空間之進入程序流程圖。

美國職業安全衛生署對於進入許可書，規範其應檢核項目有十四
項，就實務觀點來看，我們可將其濃縮成下列十項：

一、危害種類的辨識（hazard identify）

在侷限空間進入程序中最重要也是最優先應做的就是列出進入人
員在進入過程中有可能遭遇的危害種類之清單，即使疑似之危害亦不
可輕忽。因為危害種類清單直接反應了進入勞工與環境間的相互關
係，在構思時可從幾個因素著手，例如：

1. 進入該空間的理由。

2. 物理特徵（physical characteristics）。

3. 侷限空間的大小及形狀（size and configuration）。

4. 空間的異動率（space mobility）。

5. 其附屬設備（attached equipment）。

6. 自然採光（natural lighting）。

7. 之前的內容物（previous contents）。

8. 作業內容（operations to be performed）。

9. 空間外的危害來源（如來來往往的車輛）。

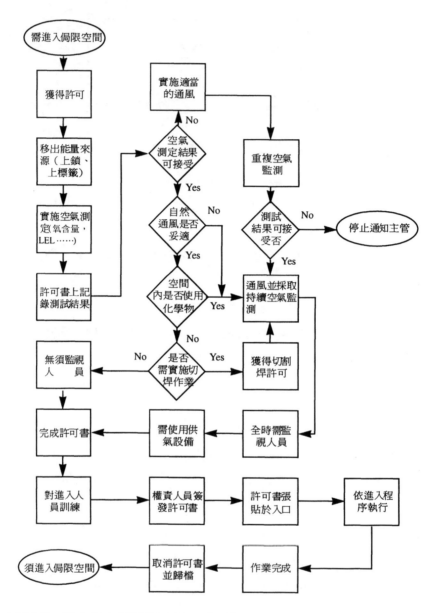

圖11-5　進入程序流程圖（摘自〔4〕）

需進入許可的侷限空間內可預見的危害在派員進入作業前便應好好加以評量。

二、危害的控制（hazard control）

危害種類清單列出後，接著要做的便是其去除或控制的工作。危害如果能去除，則將其去除，例如，爆炸性空氣或缺氧性空氣可利用通風的方式來消除，滯留的毒性空氣可用洩洗（flushing）的方式將其清除；在某些情況下，危害並無法消除，這時只能儘可能地將其控制。以下是危害控制的一些策略：

1. 嚴格執行禁止人員未經許可而進入的方案。
2. 規範可進入的情況。
3. 能源的隔離——包括上鎖（lock-out）及上籤（tag-out）。
4. 迫淨（purging）、通惰氣（inerting）、洩洗或通風。
5. 使用圍籬，以防範行人或車輛靠近人孔。
6. 即使是合法的進入，在作業期間亦要全程監控空間內的狀況，以維持可接受的環境條件。

三、進入作業許可書之申請

進入作業許可書（permit system）之申請、簽認與取消關係整個侷限空間作業之每一步驟安全。因此其設計需具備下列功能：

1. 它限制只有核准人員才可進入。
2. 它確保權責核准人員（entry supervisors）、監督人員（attendants）及進入勞工（authorized entrants）之間的聯繫與溝通。
3. 它確保危害之被控制。
4. 它減少安全警戒之人數。
5. 它可作為空間內作業環境條件、安全設施等之管理記錄。

此外，若須在侷限空間內從事動火作業（hot work），則須另行申請動火許可。進入許可書和動火許可書均應於勞工進入前經權責人員簽認，勞工始可進入作業，於作業完成後，全部勞工離開侷限空間時，該進入許可書應取消並歸檔。如作業期間環境條件改變或有不利情況發生，則必須停止工作。一旦採取新的安全措施，則新的進入許可書應重新申請換發。

四、特殊裝備

任何進入作業所需的特殊裝備（specialized equipment）皆應不計代價的提供勞工使用，平時亦要定期保養使其維持堪用之狀態，並教導勞工正確的使用方法，這些裝備包括：

1. 空氣監測儀器。
2. 通風設備。
3. 個人防護設備。
4. 可攜式防爆照明裝置。
5. 通訊設備。
6. 樓梯及攀爬工具。
7. 緊急救難裝備。

在有缺氧危險之虞的作業場所實施換氣有困難時，應使勞工戴用空氣呼吸器、氧氣呼吸器或輸氣管面罩，惟使用防護具僅為預防缺氧事故之輔助方法。如佩戴輸氣管面罩每一次連續工作時間不得超過一小時。

五、人員的派任（employee designation）

在侷限空間作業中扮演吃重角色的人員，如權責核准人員、合格監督人員與進入勞工等都要審慎派任，並在進入程序中特別註明各人所負職責。所謂合格監督人員就是勞工進入侷限空間作業期間，留置於空間外全時監視整個作業的勞工。合格監督人員必須接受訓練並被指定從事下列工作：

1. 勞工進入、離開侷限空間之清點。
2. 瞭解進入時，可能面臨之危害，包括其形成、徵兆以及在暴露於危害的情況下可能產生的影響。

3. 全時留在侷限空間外，除非另有合格人員接班。並且除監視及保護進入勞工等基本職責外，不執行其他職務。

4. 辨認空間內潛存危害的情形，並監視空間內外之活動。

5. 作業期間隨時與進入勞工保持有效、連續的聯絡。

6. 當發現不允許情況之發生，或偵測到勞工在危害暴露下已有異常行為，或注意到外面情況危及進入勞工，或偵測到空間內有無法控制之危害時，應立即命令進入勞工撤離。

7. 當決定勞工須撤離時，急速召喚救難人員。

8. 當未被核准進入空間之人員靠近時，應採取必要之阻止行動。

9. 依救難程序採取不需進入侷限空間的救援行動。

六、測定與監控（testing and monitoring）

辨視侷限空間內是否存在有害空氣，只有透過測定的方式才能達成。測定時，測定人員必須瞭解空間內空氣條件會改變且其變化是無預警的。只靠進入前的測定就據以認定是安全並不可靠，週期性或持續性的測試是必須的。

實施測定時，必須注意測定點的選定，由於儀器只能量測採樣口的混合氣體濃度，因此測定人員需確保樣品係採自最高濃度處。空間之上下角落處及凹陷處都必須測試，因為侷限空間構造上的特徵愈複雜，都會使採樣變複雜化。例如，重油產品之蒸氣通常在儲槽底部有最高濃度，但氫氣、乙炔等則傾向於聚積在其發生源。測定時，原則上應由外部向內部逐步進行。

由過去的災害案例可發現到，測定時認定是安全的環境，卻可能因未再實施測定而發生災害。雖然空間已清理乾淨，但可燃性液體可能因洩漏或原本關閉的管線可能因被開啟而形成易燃的空氣環境，因此，在作業期間仍須持續測定。須持續作測定的時機包括：

1. 溫度有波動時，譬如使用沸點高的物質，雖然在常溫下其濃度很低，但如空間因受太陽照射或有從事動火作業時卻可能造成其蒸氣濃度的升高，而變得具有爆炸性。

2.作業前似乎安全，但可能因作業而變危險，譬如攪動或處理儲槽底的油泥時。

3.積存在管線或容器內的可燃性液體，可能因加熱而發生相的變化，使易燃性氣體或蒸氣經管線或容器接合處洩出。

七、承攬商的整合

當有承攬商（contractors）（包商）共同作業時，原事業單位負責人（host employer）應於事前告知該承攬人有關該作業之工作環境、危害因素與法令中相關之規定，並要求其共同遵守所訂定之進入程序。

八、緊急應變措施（emergency response procedures）

不論一個侷限空間進入程序是如何有效、多麼徹底的被執行，災害都是在所難免。因此，有必要在不幸事故未發生前訂定緊急應變計畫，而其中最重要的要屬救難的能力（rescue capability）。

救難人員除應接受如何正確使用適當防護具或救難設備之訓練外，亦應接受侷限空間作業勞工所需之教育訓練課程。救難技術每年至少要複習一次，項目包括救難模擬作業、基本急救和心肺復甦術（CPR）。

在救難人員須離開所駐單位外出搶救之情況，救難人員須瞭解救難過程可能遭遇之危害，並有能夠立即趕往出事地點之方法，因此要針對每一可能實施救難之場所予以演練。

九、勞工之訓練

對進入侷限空間之勞工、事前準備工作人員、救難人員、監督人員及權責核准人員施予符合其職責之教育訓練是確保侷限空間作業安全不可少的工作。訓練課程應包括危害辨認、危害控制及個人職責等。

1. 勞工應瞭解作業期間所有可能之危害、暴露於此等危害時可能之徵兆及結果。
2. 勞工應與監督人員保持聯絡，當自行離開該空間時應通知監督人員。
3. 勞工應瞭解個人防護具（如呼吸器、防護衣及其他安全裝置）之使用。
4. 當監督人員命令撤離、自動警報器響起或自己感知危險時，勞工應自救。

此外，侷限空間作業人員教育訓練之時機亦應注意，包括：

1. 指派進入侷限空間作業前。
2. 職務改變前。
3. 進入侷限空間之程序改變前。
4. 勞工發生偏離正常進入程序之行為時。

十、進入程序的複審（program review）

在進入侷限空間內作業期間所遇到的任何問題均應在進入許可書上予以註明。至少每年都要將已取消的所有許可書再予以重新檢討、審議，以作為是否須更新進入程序的依據。此外，如認為現行進入程序非修正不足以保護勞工免於災害時，亦應在下次作業許可核准前就予以改進。

11.3　相關法令之規定

在現行勞工安全衛生相關法令中，與侷限空間作業關係最密切的當屬「缺氧症預防規則」，在此規則中對於有缺氧危險的作業場所，其應設之設施、管理及防護措施均有規範。

11.3.1　缺氧危險場所

依「缺氧症預防規則」規定，缺氧危險場所是指下列之場所：

1. 貫通或鄰接下列之一地層之坑井、豎坑、隧道、開口、沉箱、氣壓沉箱或類似場所等之內部。

   (1)上層覆有不透水層之砂礫層中，無含水、無湧水或含水或湧水較少之部分。

   (2)含有亞鐵鹽類之地層。

   (3)含有甲烷、乙烷或丁烷之地層。

   (4)湧出或有湧出碳酸之虞之地層。

   (5)腐泥層。

2. 長期間未使用之坑井、豎坑、隧道、開口、沉箱、氣壓沉箱或類似場所等之內部。

3. 供裝設電纜、瓦斯管或其他地下敷設物使用之暗渠。

4. 密閉相當期間之鋼製鍋爐、儲槽、反應槽、船艙或其內壁易於氧化之設施之內部。但內壁為不銹鋼製品或實施防銹措施者，不在此限。

5. 儲存煤炭、硫化礦石、鋼材、鐵屑、原木、木屑、乾性油、魚油或其他易吸收空氣中氧氣之物質等之儲槽、船艙、倉庫、地窖、漏斗或其他儲存設施之內部。

6. 以含有乾性油之油漆塗敷天花板、地板、牆壁或儲具等，在油漆未乾前即予密閉之地下室、倉庫、儲槽、船艙或其他通風不充分之設施之內部。

7. 穀物或飼料之儲存、果蔬之燜熟、種子之發芽或蕈類之栽培等使用之倉庫、地窖、船艙或坑井之內部。

8. 儲存或曾儲存醬油、酒類、胚子、酵母或其他醱酵物質之儲槽、地窖或其他釀造設施之內部。

9. 儲存糞便、腐泥、污水或其他易腐化或分解之物質之儲槽、船艙、暗渠、淨水槽之內部。

10.使用乾冰行事冷凍、冷藏或水泥乳之脫鹼等之冷藏庫。冷凍庫、冷凍貨車、船艙或冷凍貨櫃之內部。

11.儲存或曾儲存氦、氬、氮、氖、二氧化碳或惰性氣體之鍋爐、儲槽、反應槽、船艙或其他設施之內部。

12.其他經由中央主管機關指定之場所。

11.3.2 相關法令之規定

依「缺氧症預防規則」規定，勞工於缺氧場所作業時，應設下列設施：

1.雇主僱用勞工從事缺氧危險作業時，應置備測定空氣中氧氣含量之必要測定儀器或隨時可資使用此項儀器之措施。

2.雇主僱用勞工從事缺氧危險作業時，應予適當換氣，以保持該作業場所空氣中氧氣含量在百分之十八以上，但為防止爆炸、氧化或作業上有顯著困難致不能實施換氣者，不在此限。

3.雇主僱用勞工從事隧道或坑井之開鑿作業時，為防止甲烷或二氧化碳之釋出導致勞工罹患缺氧症，應於事前就該作業場所及其四週試鑽探孔或採取適當方法調查甲烷或二氧化碳之狀況，依調查結果決定甲烷、二氧化碳之處理方法及開鑿時期或程序後實施作業。

4.雇主於地下室、機械房、船艙或其他通風不充分之場所，備置使用二氧化碳為滅火劑之滅火器或滅火設備時，應依下列規定採取必要措施：

　(1)預防勞工之誤觸致翻倒滅火器之設施。

　(2)禁止勞工任意操作，並將禁止規定公告於勞工易見之場所。

5.雇主僱用勞工於冷藏室、冷凍室、地窖及其他密閉使用之設施內部作業時，於該作業期間，應採取該設施出口之門或蓋等不致閉鎖之措施。但該門或蓋為易自內部開啓之構造或內部設置有通報裝置、警報裝置等與外部有效聯絡者，不在此限。

6. 雇主僱用勞工於儲槽、鍋爐或反應槽之內部或其他通風不充分之場所，使用氧、二氧化碳或氦等從事熔接作業時，應予適當換氣以保持作業場所空氣中氧氣含量在百分之十八以上。但為防止爆炸、氧化或作業上有顯著困難致不能實施換氣者，不在此限。雇主實施前項規定換氣時，不能使用純氧。

7. 雇主僱用勞工於設置有輸送氦、氬、氮、二氧化碳及其他惰性氣體等配管之鍋爐、反應槽或船艙等內部作業時，應關閉輸送配管之閥、旋塞或設置盲板。雇主依前項規定關閉閥、旋塞或設置盲板時，除應予以上鎖外，並將其意旨公告於勞工易見之場所。

8. 雇主僱用勞工於銜接有吸引內部空氣之配管之儲槽、反應槽或其他密閉使用之設施內部作業時，於該作業期間，應採取該設施等進出口之門或蓋等不致閉鎖之措施。

11.3.3 缺氧場所之作業管理

1. 雇主僱用勞工從事缺氧危險作業時，應於作業開始前測定各該作業場所空氣中氧氣含量，並依下列規定記錄，並保存三年。
   (1)測定年月日時。
   (2)測定處所。
   (3)測定方法。
   (4)測定條件。
   (5)測定結果。
   (6)測定人員姓名。
   (7)依測定結果採取防範措施概要。

2. 雇主僱用勞工從事缺氧危險作業時，應定期或每次作業開始前檢點防護設備，認為有異常時，應立即予以修整或更換。

3. 雇主僱用勞工從事缺氧危險作業時，對從事該作業之勞工之進出，應予點名登記。

4. 雇主僱用勞工從事缺氧危險作業時，應將預防危險之必要事項公告於勞工易見之場所。雇主應禁止非從事缺氧危險作業之勞工，擅自進入該作業場所，並應將禁止規定公告於勞工易見之場所。

5. 雇主僱用勞工從事缺氧危險作業時，應在易於監視作業之位置指派一人以上之監視人員，監視作業狀況，發覺有異常時，應即與雇主及有關人員聯繫，並採取緊急措施。

6. 雇主僱用勞工從事缺氧危險作業時，如受鄰接作業場所之影響致發生缺氧危險之虞時，應與各該作業場所密切保持聯繫。

7. 雇主僱用勞工從事缺氧危險作業，如發現從事該作業之勞工有缺氧之虞時，應即停止作業，並使從事該作業之勞工即刻退避至安全處所。在未確認前項作業場所已解除危害時，雇主不得使指定人員以外之勞工進入該場所並將該意旨公告於勞工易見之地點。

8. 雇主僱用勞工從事缺氧危險作業時，應實施必要之專門教育。

11.3.4　缺氧防護措施

1. 雇主僱用勞工從事缺氧危險作業，未能依規定實施換氣時，應供給從事作業之勞工使用空氣呼吸器、氧氣呼吸器或輸氣管面罩。

2. 雇主僱用勞工從事缺氧危險作業，認為勞工有因缺氧致墜落之虞時，應供給勞工使用防護索。

3. 雇主僱用勞工從事缺氧危險作業時，應置備空氣呼吸器、氧氣呼吸器、輸氣管面罩、梯子、纖維繩索等緊急事故用器具設備。

4. 雇主應於缺氧危險場所設置救護罹患缺氧症勞工之急救人員，於其擔任急救作業期間，應供其使用空氣呼吸器等防護具。

5. 雇主不得使使用輸氣管面罩從事作業之勞工，一次連續作業時間超過一小時。

6. 雇主對從事缺氧作業之勞工，發生下列各款症狀時，應即請醫師診治：

(1)顏面蒼白或紅暈、脈博及呼吸加快、呼吸困難、目眩或頭痛
　　等缺氧症之初期症狀。

(2)意識不明、痙攣、呼吸停止或心臟停止跳動等缺氧症之末期
　　症狀。

11.4　侷限空間之測定〔7〕

　　儲槽進入作業是一種危險性極高的作業，在進入作業前除應確實
將其內之物質排空、清洗並充分換氣外，所有設備連接之配管並應設
置盲板，標示「不得開啟」或上鎖，同時應派遣具充分危害認知之合
格人員擔認指揮監督的工作。進入作業前，原則上測定者不得進入，
即使要進入測定，亦要先確認有害物質之濃度合於標準、氧氣含量在
百分之十八以上且可燃性氣體濃度在爆炸下限的百分之十以下才可。

　　測定要在下列之一定處所實施：

1.在作業場所中有發生、侵入或停滯有害氣體之虞之場所。

2.在上述場所垂直方向或水平方向各選三個以上之定點（盡可能
　多測幾點）。

3.勞工進入作業之固定處所。

　　開口向上的建築基礎坑及發酵槽等，原則上可以不入內而改以吊
下測定計的電纜或管線等之方式來測定。豎型儲槽、臥型儲槽、化學
反應容器、船艙、污水槽等處，首先在進孔處垂直方向選擇三點以上
測定，其次如有需要再配戴呼吸防護具等進入內部在五個以上的測定
點上進行測定。此外在比較寬廣的場所，應在其水平及垂直面上以間
隔約5公尺的距離來增加其測定點。測定點的選定如圖11-6所示。

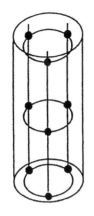 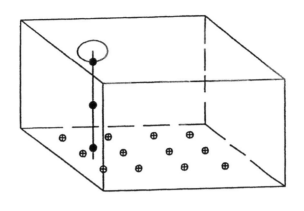

（a）基礎坑、人孔、涵洞或低窪坑，　（b）消化槽、儲水槽、船艙及污水池
　　原則上是在三個不同深度各選三　　　等，首先在進入之人孔上、中、下
　　個點實施測定。　　　　　　　　　　三點測定然後戴空氣呼吸器測定⊕
　　　　　　　　　　　　　　　　　　　點濃度。

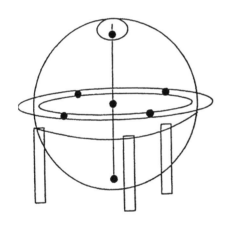 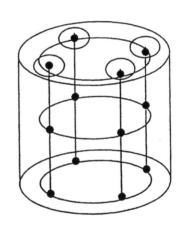

（c）球形儲槽需先在球頂上人孔下測　（d）大圓筒形儲槽在各個人孔位置的
　　三點，並在赤道面上之抽樣孔實　　　上、中、下三點作測定，必要時進
　　施測定數點。　　　　　　　　　　　入底部也測定數點。

圖11-6　侷限空間測定點之選擇示意圖

11.5 侷限空間危害控制

進入侷限空間作業，應採取下列措施：

一、作業前

1. 將密閉空間內之物質排空。
2. 將進口之閥關閉並掛鎖，必要時加設盲板。
3. 將出口之閥打開。
4. 實施作業環境測定。
5. 對密閉空間實施通風換氣。
6. 準備急救藥品、繩索、滅火器等救生用品。
7. 對進入密閉空間作業之勞工實施教育與訓練。
8. 檢查作業所需之用具（例如，空氣呼吸器、個人防護具），若有破損，應即更換。

二、作業時

1. 管制人員進出密閉空間。
2. 設監視人員，監視密閉空間之作業。
3. 作業中不得停止通風換氣。
4. 密閉空間要有足夠之照明。
5. 密閉空間內嚴格實施動火管制。
6. 密閉空間內避免使用內燃機之類之機械。
7. 作業勞工確實戴用個人防護具，並使用空氣呼吸器。
8. 定時繼續實施作業環境測定。
9. 發現有害物濃度超過容許濃度，或有缺氧情況時，應立即採取緊急措施。

習題十一

1. 工作場所發生缺氧除因通風不良外，尚有那些原因造成的？

2. 試述缺氧作業安全管理措施。

3. 進入密閉作業場所會引起何種危害？其防護對策為何？

4. 當進入地下涵洞作業時，一般應偵測何種氣體？

5. 試說明進入密閉空間作業應認知何種危害及實施有效之安全衛生管理。

6. 請說明密閉空間作業可能產生之危害及其預防對策。

7. (1)何謂「侷限空間」（confined space）？(2)它有那四種危害？(3)依危害程度分為 A、B 和 C 級，分別代表什麼？

8. 常見報章雜誌報導工人在通風不良的作業環境中受傷或死亡。(1)試述這些作業環境。(2)申論其原因。(3)如何預防這類災害之發生？

9. 進入密閉空間作業必須採取什麼安全措施？

10. 進入化學物質儲槽從事修理作業，有何危害？應如何採取防範措施？

11. 雇主僱用勞工於儲槽內部從事有機溶劑作業時，應採那些必要之措施？

12. 說明進入限制儲槽空間從事電焊作業，可能產生的危害及採取防範措施。

13. 試列舉五種進入密閉空間或通風不良場所可能發生之主要危害？

14. 事業單位派員進入油槽內清除油泥前，所應採取之安全措施為何？

15. 何謂缺氧？並簡述有關氧氣濃度變化對人體之影響。

參考文獻

1. J. F. Rekus, "Complete Confined Spaces Handbook," Lewis Publishers, 1994.

2. 中華民國工業安全衛生協會,「缺氧危害預防」,勞工衛生管理師訓練教材,民國八十四年二月。

3. 缺氧症預防標準,內政部民國六十三年九月六日發布。

4. J. Roughton, "Confined Space Entry：An Overview," Professional Safety, Sep. 1993, pp.27-34.

5. Petti, T.A., M. Sanderson and H.I. Linn. "Workers/Rescuers Continue to Die in Confined Spaces," Professional Safety, Feb. 1987, pp.15-20.

6. "Permit Entry Confined Space," 29 CFR 1910.146. U.S. Dept. of Labor, Occupational Safety and Health Administration, Federal Register, 58(9),pp. 4549-4563.

7. 行政院勞委會,「勞工作業環境測定訓練教材」,勞工行政雜誌社,民國八十年十月。

第12章
化學性危害

危害的認知
危害的評估
危害的控制原理
有害物質之洩漏
粉塵危害
鉛危害

12.1　危害的認知

　　一般而言，作業場所的危害（hazard）有：化學性危害、物理性危害、生物性危害及人因工程危害四種：

一、化學性危害

　　危害物質經由呼吸（包括缺氧及有害物質）、皮膚、食入、眼睛接觸等方式引起人體健康之危害者稱之。例如，石綿之引起石綿肺症、鉻之引起皮膚潰瘍、錳之引起中樞神經傷害。

二、物理性危害

　　由作業場所之物理環境引起的健康危害，稱為物理性危害。例如，高溫引起中暑、噪音引起聽力損失、照明不足傷害視機能、異常氣壓引起減壓症。

三、生物性危害

　　由動物、植物直接或間接危害人體之健康，稱為生物性危害。生物性危害之種類可概分為六種：細菌、濾過性病毒、立克次體病毒、衣形病毒、黴菌及寄生蟲。例如，黴菌引起癬與香港腳，立克次體病毒引起鸚鵡熱與砂眼。

四、人因工程危害

　　作業場所設備之設置不良、勞工工作姿勢不良等引起之健康障害，稱為人因工程危害。例如，不正確搬運引起下背痛、重複性工作引起肩頸腕症候群、常搬運重物致得疝氣。

12.2 危害的評估

　　傳統上欲瞭解勞工在作業環境中暴露於有害化學物質的吸收劑量常藉著測定其在作業人員呼吸帶的濃度，即環境測定（environmental monitoring）的方式來達成。所謂環境測定就是調查作業環境中所存在之危害物種類、來源以及危害性，並測定其濃度，以評定其是否超過容許暴露濃度（maximum allowable concentration）之規定。

　　但是毒物進入人體的方式除了經由呼吸吸入之外，還有皮膚接觸吸收、食入以及注射等途徑，因此毒物若非完全經由呼吸進入體內時，則以作業人員呼吸帶範圍採樣、測定、評估暴露吸收總劑量時就可能發生低估某物質對健康之危害性的情形，例如，低揮發性、高脂溶性有機溶劑。基於以上原因，欲正確評估暴露於毒物的健康危害除了環境測定外，尚需依賴生物偵測（biological monitoring）技術甚至健康監測（health surveillance 或 medical screening）才行。所謂生物偵測，依據 CEC/OSHA/NIOSH 聯合會議的定義，係指測定或判斷作業環境因子或其代謝產物在組織、分泌物、排泄物、呼氣或以上的組合物質中的量，並與適當的參考標準比較，以評估其暴露量及健康風險。也就是說，生物偵測就是採集生物檢體（如血液、尿液、毛髮、指甲、呼氣、脂肪、組織細胞、唾液及乳汁等）分析某一特定化學物質或其代謝產物的方法。而健康監測則是利用生物檢體中可量測得到之細胞的、生化的、分子的或生理的功能之改變以評估生物個體健康危害情形，並鑑別臨床上產生的徵候等的方法，因此健康監測又稱為效應的生物偵測（biological monitoring of effect）。環境測定與生物偵測與健康監測之關係可用圖12-1來表示。

　　環境測定用於評估危害之優點，即生物偵測之缺點如下：

　　1.能確實評估作業場所有害物質之狀況。
　　2.結果較客觀，不受勞工個人因素之影響。

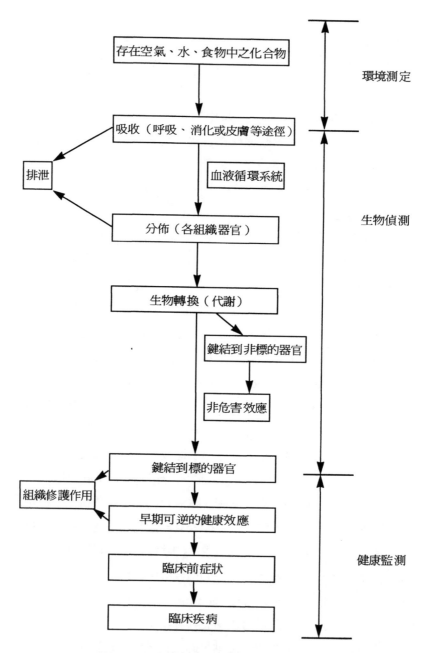

存在空氣、水、食物中之化合物

環境測定

吸收（呼吸、消化或皮膚等途徑）

排泄

血液循環系統

生物偵測

分佈（各組織器官）

生物轉換（代謝）

鍵結到非標的器官

非危害效應

鍵結到標的器官

組織修護作用

早期可逆的健康效應

健康監測

臨床前症狀

臨床疾病

圖12-1 生物偵測、環境測定與健康監測之關係

3. 環境測定之結果，可作爲作業環境改善的根據，以及改善成效之檢核。

生物偵測用於評估危害之優點，即環境測定之缺點如下：

1. 可瞭解有害物質對人體危害之狀況。
2. 可察知有害物質在人體內累積的程度。
3. 生物偵測之結果可作爲勞工健康管理之主要根據。

生物偵測結果雖可提供暴露有害物吸收劑量的數據，提高健康風險評估的準確性，但也有其限制，譬如：

1. 對於具有急性毒性作用之短時間高濃度有害物暴露評估並無多大用處。
2. 目前已開發出的有害物暴露生物偵測技術相當有限。
3. 生物檢體由於成份相當複雜，容易產生所謂的基質效應（matrix effect）而使偵測結果誤差較高。
4. 作業環境中所暴露的有害物種類繁多，要瞭解外在暴露量與體內吸收劑量之相關性很困難。
5. 不同個體間的差異（如年齡、性別、生活習慣）會影響結果。
6. 測試結果容易受人爲作假（如尿液樣本中被加水稀釋）或操作分析程序錯誤影響。

此外，在進行生物偵測時，各種生物檢體在收集、運送、保存、處理與分析過程中，都必須注意避免人爲污染並做好品管品保工作，以確保分析結果之正確性。對於生物檢體的收集，其採樣時間必須考慮欲分析物質的生物半衰期（half-lives）再加以決定，否則分析結果毫無意義。對某些物質而言，特別是那些生物半衰期較長者，生物檢體的收集時機並沒有特別的限制，例如，血中鉛與尿中鎘。但有某些化學物質，檢體的採樣就必須在工作當週（the working week）完成，如尿中苯乙醇酸（苯乙烯暴露）；有些甚至要在工作期間或結束時立即採樣，如呼氣中正己烷。表12-1所示爲一些物質的生物半衰期與其採樣時間之選擇。

表12-1 物質的生物半衰期與其採樣時間之選擇

生物半衰期($t_{1/2}$)	採樣時間	分析暴露情形	例　子
小於2小時	必須非常小心，常在工作期間、後半段四小時或結束時立即採樣	近期或短期暴露量	呼氣中正己烷，呼氣中甲苯，呼氣中環己烷，尿中丙酮，血中一氧化碳血紅素（一氧化碳暴露），紅血球膽鹼酯酶[a]
介於2～5小時	必須小心，一般在工作日工作後立即採樣	當天（工作日）暴露量	HA[b]（甲苯暴露），血中甲苯 TTCA[c]（二硫化碳暴露），HD[d]（正己烷暴露），尿中總酚（苯）
介於5～48小時	通常在次日工作前或當週工作結束後採樣	當週（工作週）累積暴露量	尿中鉻，尿中砷，尿中甲酸（甲醇暴露），血中過氯乙稀，尿中氟化鹽類
大於48小時	一般都沒有特別限制採樣時間	當月或終生累積暴露量	尿中鎘，尿中鉛，尿中汞，血中總 PCBs，血中六氯苯

註：1.呼氣中濃度一般是指在吐氣過程之後半段之混合空氣。

　　2.a 是應用在膽鹼酯酶抑制劑之生物偵測，例如有機磷、巴拉松等農藥。

　　　b 是指尿中 hippuric acid（馬尿酸）。

　　　c 是指尿中 2-thiothiazolidine-4-carboxylic acid。

　　　d 是指尿中 2，5-hexanedione。

危害因子評估的程序如下：

　　1.調查作業場所，估計危害因子的危害量： 調查作業場所的危害因子，並估計其劑量（或濃度）。

　　2.對作業場所實施環境偵測：

　　　⑴採樣：個人採樣、區域採樣、檢知管、直讀式儀器。

　　　⑵樣品之包裝與運送。

　　　⑶分析。

　　3.對勞工實施生物偵測及做健康檢驗：

　　　⑴採取勞工之血、尿、毛髮、呼氣、唾液、糞便等做化驗。

　　　⑵實施聽力檢查、心電圖、腦電圖、X 光照射等檢驗。

　　4.做劑量—反應關係之探討：探討劑量（濃度）與人體反應之關

係。

5.對評估所得數據做統計分析：將所得數據以統計方法表示，使數據量化，做成評估結果。

6.將評估結果與主管機關公布的法令標準做比較：將評估結果與PEL、TLV 等做比較，即可得知作業場所內之環境實態。

7.決定應否採取控制措施：針對比較結果，決定應否採取控制措施，以保障勞工之安全與健康。

12.3 危害的控制原理

工業製程上大部分的危害因子之控制或改善，如通風不良、噪音、振動、缺氧、游離輻射及非游離輻射，在本書的前幾章中已有詳細而完整的介紹，因此本章僅就其他危害因子，尤其是化學性的危害因子之控制原理加以探討。

一般而言，化學物質（或有害物質）的危害之控制可分工程控制（engineering control）、行政管理（administrative control）和健康管理（medical control）。

一、工程控制

(一)取代

以無毒或低毒性物質來代替高毒性或劇毒物質之使用。例如：

1.乾洗作業以乾洗油或三氯乙烷代替三氯乙烯之使用。

2.鑄造物毛邊之去除改用鋼珠噴擊（shot blast）而不用噴砂（sand blast）處理，則可減少粉塵之危害。

3.油性塗料改以水性塗料取代。

4.改以非石綿物質作為保溫耐火材料。

(二)密閉

乃係藉機械或自動化而使勞工免於與毒物或致癌物接觸。例如：

1.微波爐之門

2.冷氣機銅管之以三氯乙烷脫脂清洗。

3.粉狀物質之輸送帶及螺旋送料機之密閉。

(三)抑制

如濕式作業之採用，可抑制由鑽（drilling）或磨（grinding）等作業產生的粉塵之飛揚。

(四)隔離

作業之隔離，可使暴露僅限於少數特定的工作人員。

(五)變更

變更生產程序或作業方式。例如：

1.汽車底漆之噴塗改以沈浸方式。

2.冰箱、機車之噴漆改以靜電塗裝或粉底塗裝。

(六)整體換氣

藉著不斷引進的大量新鮮空氣將熱或各種有害污染物質排除或加以稀釋，使作業環境中有害污染物之濃度降至容許濃度以下。

(七)局部排氣

將有害污染物於其發生源或接近發生源附近將有害污染物捕捉並加以處理排除，減低作業者呼吸帶有害污染物之濃度。

二、行政管理

1.輪班工作之實施。

2.永久調換其他工作。

3.減少勞工暴露人數、暴露時間。

4.使勞工配戴適當的個人防護具。

5.作業場所應經常實施整理、整頓、清掃與清潔。

6.對有顯著危害之作業場所，禁止無適當防護之勞工進入。

7.對危害物予以明顯標示。

三、健康管理

1. 對新進之勞工實施體格檢查，對在職勞工實施定期健康檢查。
2. 對特殊作業勞工實施特定項目的健康檢查，並做健康管理。
3. 實施衛生教育，使勞工養成良好的衛生習慣。
4. 實施衛生及急救訓練，使勞工熟悉危害之預防與正確的急救。
5. 提供勞工心理諮詢與輔導。
6. 作業場所禁止勞工抽菸與飲食。

12.4 有害物質之洩漏

所謂有害物，依勞工安全衛生設施規則第十九條之規定：「係指致癌物、毒性物質、劇毒物質、生殖系統致毒物、刺激物、腐蝕性物質、致敏感物、肝臟致毒物、神經系統致毒物、腎臟致毒物、造血系統致毒物及其他造成肺部、皮膚、眼、黏膜危害之物質，經中央主管機關指定者」。在化學工業上較普遍且危害較重大之有害物洩漏為氨、氯、氟化氫、光氣、硫化氫、二氧化硫等之洩漏，因此勞動檢查法施行細則第三十一條第三款便規定，發生以上六種化學物質之洩漏，發生一人以上罹災勞工需住院治療者為重大職業災害。

一般而言，有害物質洩漏發生之原因如下：

1. 作業場所之裝置及設備不良：如具腐蝕性；配管之破裂；迫緊（packing）、閥（valve）之漏洩或鬆開。
2. 作業方法未標準化且未熟練：尤其是試俥運轉忘記關閉栓塞引起管破裂或工作完後忘記關掉氣瓶之開關，而引起氯氣之異常反應等。
3. 廢液產生有害物：廢物消化產生硫化氫；鍍氰工廠排放含氰化物廢水；電氣工廠脫脂清潔劑排放滲透引發中毒。

有害物質之洩漏的一般對策如下：

1. 確認化學物質、製程等之危害性；標示其對人體之影響、處理上應注意事項、發生事故之緊急處理辦法；各種閥、旋塞開關方向亦應標明。
2. 確保各種裝置、配管、容器、反應器等材質之使用適當，並定期檢查、試驗及適當適時的保養、維護、管理；對可能因壓力上升、衝擊、龜裂引起洩漏者，應選用耐蝕性材料或施以耐腐蝕內襯；高溫高壓部分則應選用耐溫耐壓者。
3. 制定標準作業程序，包括閥、旋塞之操作。
4. 作業管理監督人員之設置及由其執行必要之保養、檢查暨作業監督。
5. 設置必要之安全裝置及廢氣吸收處理裝置，尤其可能產生爆炸性之有毒氣體。
6. 自動洩漏偵測裝置及警報裝置之設置。
7. 緊急避難設施之訂定、訓練及演習。
8. 廢液流出應妥善處理。
9. 作業人員之教育訓練。

當然，針對不同的有害物之洩漏，其緊急處理措施亦有所不同，茲以氨、氯、硫化氫及氟化氫等四種氣體為例，其個別間應變上之差異如下：

一、氨洩漏之緊急處理措施

1. 限制人員進入，直到外溢區完全清乾淨為止。
2. 僅由受過訓練之人員負責清理工作。
3. 穿戴合適的個人防護裝備。
4. 移開所有引火源。
5. 保持洩漏區通風良好。
6. 若有大量物質外洩至周遭環境，應知會有關之環保單位。
7. 將鋼瓶移至通風櫥或通風良好之室外安全處。

8.空桶須做記號。

9.利用水霧或噴水來減少嚴重洩漏時的氣雲量。

10.不要直接加水於外洩物或洩漏源。

11.若可能，緩緩轉開外洩容器的旋轉閥使氣體逸出，而非液體流出。

12.隔離洩漏區直至氣體完全消散。

13.在安全許可的情況下，設法阻止洩漏。

14.利用噴水降低蒸氣量。

15.利用沙或其他不燃的吸收劑吸收外洩物後，放入收集廢棄物的容器內。

16.用水沖洗洩漏區。

二、氯洩漏之緊急處理措施

1.限制人員進入，直到外溢區完全清乾淨為止。

2.僅由受過訓練之人員負責清理工作。

3.穿戴合適的個人防護裝備。

4.移開或撲滅所有引火源。

5.保持洩漏區通風良好。

6.通知政府安全衛生與環保單位。

7.勿碰觸洩漏物。

8.在安全狀況許可下，設法阻漏。

9.避免流入下水道或其他密閉空間。

10.可用苛性鈉、蘇打粉或水與石灰的水溶液來吸收或中和並置於鋼製、鑄鐵製或鉛製之容器。

三、硫化氫洩漏之緊急處理措施

1.在污染區尚未完全清理乾淨前，限制人員接近該區。

2.確定清理工作是由受過訓練的人員負責。

3.穿戴適當的個人防護裝置。

4.對該區域進行通風換氣。

5.撲滅或移開所有引火源。

6.通知政府安全衛生與環保相關單位。

7.對於液態硫化氫：不要碰觸外洩物；避免外洩物進入下水道或狹隘的空間內；在安全許可的情形下，設法阻止或減少溢漏，若不可行則讓液體揮發。

8.對於氣態硫化氫：在安全許可的情形下，設法阻止或減少溢漏；若是鋼瓶洩漏且無法加以阻止時，將洩漏的鋼瓶移至開放的空間，然後修理或讓它漏光。

四、氟化氫洩漏之緊急處理措施

1.未穿戴防護裝備及衣物者，禁止進入洩漏區，直到外洩物清理完畢。

2.對洩漏區域進行通風換氣。

3.使用商業品的水銀蒸氣鎮壓劑或特定的真空清潔器收集洩漏物，回收洩漏物。

12.5 粉塵危害

12.5.1 粉塵的種類

粉塵可區分為二類，即非礦物性粉塵及礦物性粉塵：

一、非礦物性粉塵

1.動物性粉塵：如羊毛、牛毛、皮屑等可引起過敏性氣喘。

2.植物性粉塵：如棉、麻、木屑、花粉、人造纖維、穀物灰塵等，會引起花粉熱、氣喘及皮膚過敏等過敏性疾病及肺部疾病。

二、礦物性粉塵

1.金屬性粉塵：如金、銀、銅、鐵、鉛、錫、鉻、錳、鋁等，可造成全身中毒、化學性肺炎及良性塵肺症等。

2.含游離二氧化矽之粉塵：在自然界游離矽存在於燧石和石英中，非常具危險性，易引起肺纖維化的塵肺症。

3.含矽酸鹽（silicate）之粉塵：矽酸鹽是矽和基本質料如氧化鈣和氧化鎂等結合形成之鹽類，與游離矽不同，其危害性較小，除了石綿及一些滑石（talcs）外，矽酸鹽不會像游離矽那樣，造成嚴重的肺障害。又可分為：

(1)纖維狀矽酸鹽：如石綿（asbestos）、滑石、矽線石礦物（sillimanite minerals）及玻璃纖維（glass wool）等，其中石綿對人體的危害最大，吸入石綿可能造成石綿肺症（asbestosis）及致癌（carcinogenic）。

(2)非纖維狀矽酸鹽：如雲母、白陶土、瓷土、非白陶土之黏土、漂白土及火山膠質黏土等。

4.厭惡性粉塵：如氧化鋁、碳酸鈣、波蘭特水泥、金鋼砂、石灰石、大理石、硫酸鈣及二氧化鈦等，此類粉塵在適當控制下，某種程度的暴露，經長期經驗認為對肺功能障害和其他種器官明顯病變及毒性反應極少。不過，如果作業場所內厭惡性粉塵濃度太高時，對視界有顯著之妨礙；當粉塵落入眼、耳、鼻腔道時，則會導致不舒服的感覺，並且可能因其化學性、機械性作用而對皮膚或黏膜產生傷害。

12.5.2 粉塵的健康危害

粉塵所引起對人體的健康危害主要是塵肺症，其次是惡性腫瘍和其他合併症：

一、塵肺症

所謂塵肺症（pneumoconiosis），依粉塵危害預防標準之定義：「係由於吸入礦物等粉塵，由其沈著而引起之肺部疾病」，包括煤塵引起的礦物塵肺症，游離二氧化矽引起的矽肺症及石綿引起之石綿肺症等均是。引起塵肺症之粉塵，一般認為以能夠到達肺泡或呼吸細支氣管之5μm以下粒徑之粉塵為主。而石綿肺症除肺之變化外，尚有胸膜變厚或橫隔膜發生白斑之情形。

二、惡性腫瘍

由於暴露於石綿粉塵而引起的惡性腫瘍包含有：支氣管性的癌瘤（bronchogenic carcinomc）、間皮瘤（mesothelioma）以及直腸癌（rectum）等。

三、合併症

罹患塵肺症者較正常人容易罹患各種合併症，如肺結核、結核性胸膜炎、續發性支氣管炎及續發性支氣管擴張症（因支氣管腫脹而不能回復）。

12.5.3　影響塵肺生成的因素

影響塵肺症生成之因素有：

一、粉塵的形式和種類

除了游離矽或結晶矽及石綿外，所有的粉塵皆屬於惰性和安定的，只有暴露在很高的濃度下，才會引起上呼吸道的刺激和輕微的肺部纖維化。

二、粉塵粒子的大小

粉塵粒子是否能夠穿過肺泡，進入肺主質組織與粒子的大小有莫大的關係,粒徑大於$10\mu m$者,在呼吸過程中於鼻腔被擋住,1至$3\mu m$之粉塵則可深入肺泡,成為矽肺症之病因。

三、粉塵的濃度

粉塵的濃度高則危險性大,此外我們尚須考慮這些有害粉塵的大小分佈和百分比。我國法令規定粉塵作業場所每六個月及作業條件改變時須測空氣中粉塵的濃度。依民國八十四年修訂的「勞工作業環境空氣中有害物容許濃度標準」規定,空氣中粉塵容許濃度如表12-2。

四、暴露時間的長短

暴露於有害粉塵中的時間愈長,患塵肺症的機率也就愈大。

五、個別感受性的差異

氣候、季節、種族、遺傳、年齡、性別對塵肺症的發生似乎沒有多大的影響,但由於個人體質的不同而大有關係,如勞工之健康狀況、鼻內濾塵功能、肺部功能及呼吸的型態等因素,均會影響罹患塵

表12-2 空氣中粉塵容許濃度表

種類	粉塵	容許濃度		符號
		可呼吸性粉塵	總粉塵	
第一種粉塵	含游離二氧化矽10%以上之粉塵	$\dfrac{10mg/m^3}{\%SiO_2+2}$	$\dfrac{30mg/m^3}{\%SiO_2+2}$	
第二種粉塵	未滿10%游離二氧化矽之礦物性粉塵	$1mg/m^3$	$4mg/m^3$	
第三種粉塵	石綿纖維	每立方公分一根		瘤
第四種粉塵	厭惡性粉塵	可呼吸性粉塵	總粉塵	
		$5mg/m^3$	$10mg/m^3$	

肺症之機率。

六、抽菸習慣

抽菸會加劇石綿之致癌力。

12.5.4 粉塵的控制

對於粉塵可從發生源、傳播途徑及暴露者的防護三方面加以控制:

一、預防粉塵的生成

1. 採用不產生粉塵的製程或作業方式:例如,在粉塵作業中,若對作業本質無妨礙,可予以加濕;裝袋作業之機械化。
2. 以含游離二氧化矽低之物質取代含量高者:例如,斷熱材料以玻璃纖維或發泡多元酯代替石綿;噴砂作業時,使用礦化砂或金鋼砂代替石英砂。

二、預防粉塵的散佈

1. 密閉粉塵的發生源。
2. 設置局部排氣裝置。
3. 粉塵作業場所應常清掃或灑水。
4. 適當控制作業的產量及作業速度。

三、預防粉塵的暴露

1. 選擇粉塵作業的場所或時間,儘可能使最少的勞工暴露於粉塵環境。
2. 產生粉塵作業之自動化或遙控。
3. 產生粉塵之生產過程的隔離。
4. 使用個人防護具。
5. 良好的個人衛生習慣、內務整理、整齊及整頓工作之確實實施。

12.5.5 粉塵作業的管理

一、勞工特殊健康教育

1. 職前教育。
2. 在職教育。
3. 健康輔導。
4. 舉辦健康教育活動。

二、裝置及設施之檢點

1. 局部排氣設備及集塵設備之檢點。
2. 粉塵發生源密閉設備之檢點。
3. 整體換氣裝置之檢點。
4. 灑水設備之檢點。

三、清掃

1. 清理整頓與日常清掃。
2. 堆積粉塵之清除。
3. 休息設備之管理。

四、作業環境狀態之掌握

1. 作業環境測定。
2. 作業環境檢點。

五、其他

1. 通道、出入口之管理。
2. 工作衣之管理。

12.6 鉛危害

12.6.1 鉛的種類與用途

目前工業上使用的鉛、鉛合金及鉛化合物非常廣泛，其種類也非常繁多，一般依其對人體的作用可分有機鉛及無機鉛：

一、無機鉛

有金屬鉛、鉛氧化物及鉛鹽等，主要用於鉛管、蓄電池、電纜、鉛玻璃、紅丹漆、顏料及真空管。

1. 金屬鉛：用於鉛管、蓄電池電極板、電纜披覆劑、化學反應貯槽之襯裡、放射線之遮蔽材料、加熱用爐、建築之緩衝材料、機械零件之墊圈、焊條等。
2. 一氧化鉛：可作 PVC 塑膠之安定劑、農藥、顏料鉛黃及鉬紅的製造、塗料乾燥劑、蓄電池電極板、火柴頭藥、橡膠加硫劑（耐熱增加用）、冶金、陶器、琺瑯、耐酸水泥及鉛玻璃等製造之原料。
3. 二氧化鉛：用於蓄電池之正極板、氧化劑、醫藥及火柴等。
4. 三氧化二鉛：用於陶器顏料、油漆、醫藥及冶金等。
5. 四氧化三鉛：用於鉛玻璃（光學用）、油漆（紅丹漆）、紅色顏料、蓄電池電極板、真空管、電燈泡、釉藥及醫藥等。
6. 氫氧化鉛：用於製造其他之鉛鹽。
7. 氯化鉛：用於製造鉛鹽、鉻黃、顏料及試藥等。
8. 碳酸鉛：一般用為油漆顏料。
9. 鹽基性碳酸鉛：用作白色塗料、PVC 安定劑、陶瓷器釉藥及橡膠工業。

10. 矽酸鉛：可用於陶瓷及防火織物。

11. 硫酸鉛：用於油漆、顏料、蓄電池等。

12. 鉻酸鉛：可用於油漆顏料、氧化劑及火柴成分。

13. 鈦酸鉛：可作油漆顏料。

14. 硼酸鉛：可用於凡立水及油漆乾燥劑、防水漆及鉛玻璃。

15. 砷酸鉛：可作殺蟲劑。

16. 硝酸鉛：可用於製造鉛鹽、醫藥、布印染之媒染劑、火柴、油漆顏料、照相之感光劑、染料工業之氧化劑、火藥及製革等。

二、有機鉛

有醋酸鉛、硬脂酸鉛、四烷基鉛等，燃燒後會變無機鉛，主要用於防水劑、PVC 塑膠安定劑及汽油之抗震劑。

1. 醋酸鉛：用於人造絲染料之增量劑、防水劑、顏料、鉛鹽類之製造、染色助劑分析試藥、塗料乾燥劑、醫藥收斂劑、產金精煉等。

2. 硬脂酸鉛：廣用於 PVC 塑膠安定劑，凡立水乾燥劑及鉛底塗料。

3. 四甲基鉛：與四乙基鉛同用於燃料汽油中作為抗震劑。

4. 四乙基鉛：專用於內燃機汽油之抗震劑，用以提高辛烷值。

其他尚有一甲基三乙基鉛、二甲基二乙基鉛及三甲基一乙基鉛等有機鉛。

12.6.2 鉛的危害及其對人體的影響

一、鉛的危害性

1. 鉛是一種蓄積性毒物，大部分被吸收之鉛均沈積於骨骼內。

2. 從事鉛作業之勞工長期吸入含鉛之粉塵、燻煙及蒸氣均可能引起慢性中毒，而短時間吸入大量鉛時則可能會引起急性中毒。

二、鉛對人體的影響

1. 急性中毒：主要症狀為手指、腕、腳踝的伸肌麻痺、肚臍周圍疝痛、臉部蒼白、頻脈、下痢嘔吐、血便乏尿及鉛腦症。

2. 慢性中毒：不明原因之肌肉疼痛、疲勞感、肌肉無力感、腹部絞痛、便祕。

   鉛中毒的臨床症狀為：

   (1)胃腸症狀：疝痛、便祕、腹瀉、無食慾、嘔吐、失眠虛弱、關節肌肉痛、頭痛、頭暈、面色蒼白、牙床呈現鉛緣、貧血、熱出血、腹部絞痛、貧血蛋白尿、尿便次數增加。

   (2)肌肉神經症狀：肌肉痛、頭痛、眩暈、失眠。

   (3)鉛之腦錯亂症：係吸入高濃度滲透力高之鉛所致，侵害中樞神經系統。

三、影響鉛中毒之因素

1. 空氣中鉛之濃度：勞工作業環境空氣中有害物容許濃度標準規定，鉛之容許濃度為 $0.15mg/m^3$ 為預防職業性中毒之指標。

2. 物理狀態：含鉛物之形態、粒徑大小及分佈情形、溫度的高低等。

3. 個人感受性：與個人之生理、性別、年齡或營養等有關。

4. 暴露時間之長短：工作時間內之休息、星期例假、國定假日、休假均可緩和鉛吸收之影響。

5. 其他：如個人衛生、人體之生物性容量、疾病、懷孕、飲酒等對於鉛中毒與否均具有密切關係。

12.6.3　鉛中毒之預防設施

1. 密閉設備。密閉製程或裝置等可能發生鉛塵或鉛蒸氣之發生源，使其鉛塵或鉛煙氣不致散佈之設備。

2. 局部排氣裝置，藉動力吸引排出已發散之鉛煙氣或鉛塵之設備。亦即在污染物發生源或其附近將污染物捕捉並移走，以避免鉛塵或蒸氣散佈於工作環境中。局部排氣裝置依氣罩型式之不同可分為包圍型氣罩、外裝式氣罩及接收式氣罩，其控制風速依法令規定均須達0.5m/sec 以上，且保持氣罩外側空氣中鉛濃度在0.15mg/m^{3}以下。

3. 整體換氣裝置。在含污染物（鉛塵或鉛蒸氣）之空氣未到達勞工呼吸帶前，利用動力將未被污染之空氣加以稀釋以降低其濃度。一般而言，鉛作業除於自然通風不充分之室內作業場所從事軟焊作業外，均不使用整體換氣裝置而應採用密閉設備或局部排氣裝置，但軟焊作業最好還是使用局部排氣裝置，才能盡量在接近鉛煙氣或鉛塵發生源處就將其排除。軟焊作業設置之整體換氣裝置其換氣能力應為平均每一從事鉛作業勞工每小時100m^{3}以上之換氣量。

4. 承受溢流容器。非以濕式作業方法，將粉狀之鉛、鉛混存物、燒結礦混存物等倒入漏斗、容器、軋碎機，或自其中取出時為避免鉛塵溢漏地面，造成二次污染，故應設有承受溢流容器接受之。

5. 儲存浮渣之容器。鉛、鉛混存物、燒結礦混存物等之熔融、鑄造作業場所均應設置，以儲存作業過程中之浮渣，避免燙傷及任意放置，受風吹或行走影響而飛揚，增高作業場中之鉛濃度，造成勞工暴露之危險。

6. 充填黏狀含鉛物工作台或吊運已充填之極板時應設有承受容器以承受掉落之粉狀含鉛物。

7. 室內鉛作業場所地面應為易於用真空除塵機或水清除之構造。

8. 乾燥室之地面、牆壁及棚架，應為易於使用真空除塵機或以水清除之構造。

9. 臨時儲存燒結礦混存物、煙灰、電解漿泥、鉛或鉛合金切削時，應設置儲存場所或容器。

10. 從事鉛、鉛混存物之軋碎作業場所，應與其他之室內作業場所隔離。

11.鑄造過程中，如有熔融之鉛或鉛合金從自動鑄造機中飛散之虞，應設置防止其飛散之設備。

12.以人工搬運裝有粉狀之鉛，鉛混存物之容器應於該容器上裝設把手或車輪或置備有專門運送該容器之車輛。

13.除塵裝置。應設置過濾式除塵裝置或具有同等性能以上之除塵裝置。

14.休息室之設置：

　(1)休息室之出入口應設置沖洗用水管或充分濕潤之墊蓆，以清除附著於勞工足部之鉛塵，並於入口設置清刷衣服用刷。

　(2)休息室地面應為易於使用真空除塵機或以水清洗之構造。地面應平滑，如使用水清洗者，地面宜稍傾斜並留有暗溝且容易清除。

　(3)宜於休息室入口處標示進入休息室時應先將附著於工作衣上之鉛塵清除乾淨及有關事項。

15.專門保管設備之設置，以保管供給勞工使用或配用之呼吸防護具、衛生防護衣或工作衣，其他乾淨之衣物應隔離保管，不得與工作衣、衛生防護衣、呼吸防護具等保管於同一衣櫥。

16.淋浴設備之設置。勞工從事處理粉狀之鉛、鉛混存物或燒結礦混存物時，應設置淋浴設備，供勞工除卻污染之鉛塵，以避免因附著之鉛塵污染居家環境及使家屬發生鉛中毒之虞。

17.專用洗衣設備之設置，避免鉛塵污染非鉛作業人員之衣物及將鉛塵攜帶回家，污染居家環境，使家屬發生鉛中毒。專用洗衣設備並不限以電氣洗衣機為準，如有供洗衣用之洗濯台等設備亦可，惟該洗衣設備應為鉛作業勞工專用之設備，並應使勞工使用該項設備。

18.置備0.2~0.3%硝酸水溶液或其他清洗所用溶液，指甲刷、肥皂及漱口液供給作業勞工使用。勞工於必要時（休息吃東西、抽菸、飲用開水等）或鉛作業完畢時應使用上述物質洗滌。

12.6.4 鉛作業管理

1. 每週應對鉛作業場所檢點一次以上。
2. 預防鉛中毒必要注意事項公告作業易見之場所。
3. 預防鉛中毒必要注意事項：
   (1) 鉛對人體健康之危害：頭痛、目眩、易疲勞、關節痛、嘔吐、四肢感覺異常、腹部絞痛、顏面蒼白、貧血、便祕、食欲不振。
   (2) 從事鉛作業時須注意事項：
      (a) 作業場所勿飲食或吸菸。
      (b) 飲食前應洗手、洗臉、漱口。
      (c) 作業終了時應洗澡。
      (d) 儘可能避免皮膚接觸。
      (e) 確實使用防塵面罩或防毒面罩。
   (3) 緊急應變措施：
      (a) 如有異常感覺時應就醫。
      (b) 如有頭痛、腹痛、下痢、嘔吐、貧血、手指震顫等送醫診斷。
      (c) 通知現場負責人及衛生人員作必要處理。
   (4) 局部排氣裝置每年定期實施自動檢查一次以上。

習題十二

1. 詳述危害控制的方法。

2. 舉例說明危害的種類，並以一個作業場所（process）為例，說明與此作業有關之疾病。

3. 工業衛生旨在認知、評估及控制作業場所中之有害因子，以確保勞工身心之健康；試問其評估之主要(1)程序及(2)內涵為何？請分項說明之。

4. 試由污染源、污染物在空中之傳輸及暴露者三方面，說明作業場所中有害物之控制方法有那些？請以表列方式分項說明之。

5. 試述石綿之特性三種，用途五種，並說明石綿會導致何種疾病，改用玻璃纖維會產生同樣的疾病嗎？為什麼？

6. 在何種作業常接觸有機溶劑，試舉五種使用場合；並簡述它們所可能造成之健康危害。

7. (1)有那些職業會有無機鉛之暴露？

   (2)無機鉛會引起那些器官系統之危害？

   (3)如何確定勞工無機鉛過度吸收？

8. 加油站的工作人員可能受到那些健康危害？加油站內有那些毒性物質？其進入人體之途徑為何？如何改善其工作環境以避免其發生？

9. 除塵肺問題外，採礦作業勞工還有那些重要的職業危害？請分類說明之。

10. 礦工是否罹患矽肺症？通常受那些要素所左右？請分項說明之。

11. 如果非用石綿不可，則石綿作業場所（如石綿浪板工廠）之石綿污染問題應如何防治？請由理工學角度說明之。

12. 請說明鉛作業的主要場所及應提供的主要設備有那些？

13. 苯氨、石綿纖維之作業環境空氣中容許濃度。

14. 那些氣體製造設備應設氣體漏洩警報設備？又那些氣體製造設備應置氣體漏洩防毒措施？

15.試以鍍硬鉻工業為例，說明其鍍槽所致之鉻酸霧滴（mist）污染應如何控制？

16.何謂厭惡性粉塵？試舉五例說明之。

參考文獻

1. 《勞工安全衛生管理員訓練教材》,中華民國工業安全衛生協會印行,民國八十四年三月。
2. 有機溶劑中毒預防規則,行政院勞工委員會八十年六月二十四日修正。
3. 鉛中毒預防規則,內政部六十三年六月二十日公布。
4. 四烷基鉛中毒預防規則,內政部六十三年九月六日公布。
5. 粉塵危害預防標準,內政部七十年七月二十七日公布。
6. 特定化學物質危害預防標準,行政院勞工委員會八十年六月二十四日修正。

第13章
個人防護具

頭部防護具

眼臉防護具

呼吸防護具

手部防護具

耳部防護具

身體防護具（安全衣）

安全帶

足部防護具

作業環境中充滿著許多威脅勞工健康、生命的危害因子，而對這些危害因子，首先要考慮的是採取工程技術，根本改善作業環境，使危害因子徹底排除或使其濃度降低至人體生理機能所容許的限度內。若技術上不可行、或成本過於昂貴、或緊急救難處理時則需使用防護具，以阻絕危害物質或能量接觸人體，達到防護的效果。因此，所謂防護具就是「保護人體安全與衛生、防止意外事故，並預防職業病之發生，以及防止工作中受不良環境及有關因素之影響，進而使用之保護器具」。廣義的防護具包括兩大類，即個人防護具與安全防護設備（如安全護圍、安全柵……）。一般所謂的防護具都是指個人防護具而言。

　　為了因應各種有害環境，阻絕各式各樣的危害因子，個人防護具種類繁多，依其保護的部位區分，個人防護具有：

1. 頭部防護具：如安全帽。
2. 耳部防護具：如耳塞、耳罩（或覆耳）。
3. 眼臉防護具：如（安全）面罩、護目鏡、遮光眼鏡。
4. 呼吸防護具：如防塵口罩、防毒口罩、輸氣管面罩、空氣呼吸器、氧氣呼吸器。
5. 手部防護具：如熔接用防護皮手套、職業衛生用防護手套、醫用 X 射線防護手套、防振手套、電用橡膠手套。
6. 身體防護具：防護衣、防護裙、安全帶、安全索。
7. 足部防護具：皮革製安全鞋、橡膠安全鞋、靜電靴、保護勞工衛生用長統鞋、聚脲泡綿安全鞋、腳背安全鞋。

　　依據勞工安全衛生設施規則第二百七十八條至二百九十條之規定，雇主對於勞工從事不同的作業時，應置備（或提供）其所適用之防護具供勞工使用：

1. 雇主對於搬運、置放、使用有刺角物、凸出物、腐蝕性物質、毒性物質或劇毒物質時，應置備適當之手套、圍裙、裹腿、安全鞋、安全帽、防護眼鏡、防毒口罩、安全面罩等並使勞工確實使用。

2.雇主對於勞工操作或接近運轉中之原動機、動力傳動裝置、動力滾捲裝置，或動力運轉之機械，勞工之頭髮或衣服有被捲入之虞時，應使勞工確實著用適當之衣帽。

3.雇主對於作業中有物體飛落或飛散，致危害勞工之虞時，應置備有適當之安全帽及其他防護。

4.雇主對於在高度2公尺以上之高處作業，勞工有墜落之虞者，應使勞工確實使用安全帶、安全帽及其他必要之防護具。

5.雇主對於從事地面下或隧道工程等作業，有物體飛落、有害物中毒、或缺氧危害之虞者，應使勞工確實使用安全帽，必要時應置備空氣呼吸器、氧氣呼吸器、防毒面具、防塵面具等防護器材。

6.雇主為防止勞工暴露於強烈噪音之工作場所，應置備耳塞、耳罩等防護具，並使勞工確實戴用。

7.雇主對於勞工以電焊、氣焊從事熔接、熔斷等作業時，應置備安全面罩、防護眼鏡及防護手套等，並使勞工確實戴用。

8.雇主對於熔礦爐、熔鐵爐、玻璃熔解爐、或其他高溫操作場所，為防止爆炸或高熱物飛出，除應有適當防護裝置及置備適當之防護具外，並使勞工確實使用。

9.雇主應依工作場所之危害性，設置必要之職業災害搶救器材。

10.雇主對於勞工有暴露於高溫、低溫、非游離輻射線、生物性病原體、有害氣體、蒸氣、粉塵或其他有害物之虞者，應置備安全衛生防護具，如安全面罩、防塵口罩、防毒面具、防護眼鏡、防護衣等適當之防護具，並使勞工確實使用。

11.雇主對於勞工在作業中使用之物質，有因接觸而傷害皮膚、感染、或經由皮膚滲透吸收而發生中毒等之虞時，應置備不浸透性防護衣、防護手套、防護靴、防護鞋等適當防護具，或提供必要之塗敷用防護膏，並使勞工使用。

12.雇主對於從事輸送腐蝕性物質之勞工為防止腐蝕性物質之飛濺、漏洩或溢流致危害勞工，應使勞工使用適當之防護具。

13.雇主對於從事電氣工作之勞工，應使其使用電工安全帽、絕緣防護具及其他必要之防護器具。

除此之外，雇主供給勞工使用之個人防護具或防護器具，依規定（勞工安全衛生設施規則第二百七十七條）應：

1. 保持清潔，並予必要之消毒。
2. 經常檢查，保持其性能，不用時並妥予保存。
3. 防護具或防護器具應準備足夠使用之數量，個人使用之防護具應置備與作業勞工人數相同或以上之數量，並以個人專用為原則。
4. 如對勞工有感染疾病之虞時，應置備個人專用防護器具，或作預防感染疾病之措施。由於個人防護具是作業人員身陷危害場所的「最後一道安全防線」，選佩的防護具錯誤或佩戴方法失當，均可能導致立即的傷害。因此，個人防護具的選用是一種重要的知識，須對其防護原理、構造及其防堵對象等特性有正確的瞭解，並能正確的操作，方能達到防護的效果。

13.1　頭部防護具

頭部防護具有防止物體墜落撞擊的安全帽、防止液體飛濺的安全帽及防止感電的安全帽，如圖13-1所示。依 CNS〔5〕的規定，安全帽的基本構成必須包括帽殼、頭帶及戴具等三個部分，但如採購合約另有規定，得配備頤帶、防寒襯帽及防汗帶等。其各部名稱如圖13-2所示。

一、帽殼

1. 有保護頭部受物體撞擊時，免於與頭皮及頭蓋骨接觸，造成頭部傷害的危險。
2. 免於頭部遭電殛時，電線直接接觸頭部的危險。
3. 避免毒液直接傷害頭髮與頭皮。

圖13-1　安全帽被用來保護頭部的狀況

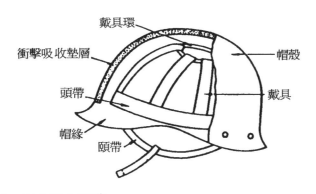

圖13-2　安全帽之構造

　　4.保護頭部免於火焰（工作中或發生火災時）直接燒傷。

二、戴具或頭帶

　　1.受撞擊時可吸收與緩衝物體撞擊的衝力。

　　2.佩戴時，戴具使頤部與帽殼之間形成一緩衝空間，促進通風、
　　　散熱，增加舒適感。

　　3.頭帶可增加戴帽時的穩固作用。

三、頤帶

固定安全帽，防止危險發生時，由頭部脫落。

工業用安全帽依中華民國國家標準的分類，有電工用安全帽和工地用安全帽兩種，且各有周圍有帽緣及僅前面有帽緣兩種型式。美國國家標準〔6〕更將每類細分成A、B、C三種等級：A級主要功用在於防止飛落物體的撞擊，並可絕緣2,200伏特以下的電壓；B級除可防撞擊外，並可承受20,000伏特的高電壓，而其漏電流不可超過9mA；C級則只能用於無感電之虞的場所。

選用安全帽時，應注意〔7〕：

1. 適用於作業性質。
2. 應經檢驗合格。
3. 適合頭部的形狀。
4. 重量要輕。

戴用時，應注意下列事項〔7〕：

1. 戴正並繫緊頤帶。
2. 安全帽受衝擊後，外觀即使無損，亦不可再使用。
3. 不可藉透氣為理由在帽體穿孔。
4. 著裝體（戴具、頭帶與頤帶的統稱）應經常清洗，保持清潔，並於適當時機更換新品。
5. 勿塗裝或使用有機溶劑擦拭。
6. 休息時不可將其掛在腰邊，使帽殼受創。
7. 塑膠系材質的帽殼容易受紫外線照射而劣化，應於適當時機予以丟棄。

有關勞工於工作場所應佩戴安全帽的相關法規及條文如下：

一、勞工安全衛生設施規則

第二百七十九條　雇主對於工作場所有物體有墜落之虞者，應設置防止物體墜落之設備並供給安全帽的防護具使勞工著用。

第三百一十八條　雇主對於搬運，處置有刺角物品、凸出物品、有腐蝕物品、有毒物品時。應置備適當手套、圍裙、裏腿、安全鞋、安全帽、安全眼鏡、口罩、面罩等並使勞工使用。

第三百二十條　雇主對於作業中可能有物體墜落或飛散，有危害勞工之虞時，應備有適當的安全帽及其他防護。

第三百二十一條　雇主對於勞工於地面2公尺以上從事作業有墜落之虞者，應使勞工戴安全帽、安全帶等防護具。前項規定於雇主經採安全網等措施者，不在此限。

二、高架作業勞工保護措施標準

第十條　雇主對於勞工從事高架作業，應供給並使勞工確實配帶安全帽、安全鞋、安全帶等適當防護具或裝設安全網設施等防護設備。

三、營造安全衛生設施標準

第六十五條　雇主僱用勞工從事露天開挖作業，應供使從事該作業之勞工戴用安全帽。

第八十三條　雇主僱用勞工從事隧道、坑道作業時，應使作業勞工戴用安全帽、安全鞋及其他必要之防護具。並置備緊急安全用具、安全燈、呼吸防護具、瓦斯警報系統及信號裝置。

四、林場安全衛生設施規則

第五十二條　雇主對於從事山居作業人員，應供給安全帽。

五、舊船解體安全衛生設施標準

第三十七條　雇主對所有進入舊船解體場工作之人員，均應使其配戴

安全帽，著安全鞋，對切割勞工並應使加戴護目鏡、口
罩或面罩，搬運人勞工應加配保護用手套。

六、油輪清艙安全衛生設施標準

第二十六條　雇主對所有進入清艙作業場所之人員，均應使其穿戴安
全帽、安全鞋及工作服。

七、碼頭裝卸安全衛生設施標準

第六十六條　進入碼頭從事裝卸作業之勞工，應配戴安全帽個人防護
設備。

13.2　眼臉防護具

一般工作場所中，常見之危害眼睛的因素有：

一、物理性危害

1.眩光危害：眩光會引起眼睛不適、疲倦以及干擾視覺。

2.照明不足：照明不足易導致弱視、眼睛疲勞。

3.紅外線：導致白內障（詳見第10章）。

4.紫外線：易導致結膜炎、角膜炎及電氣性眼炎（詳見第10
章）。

5.游離輻射：易導致目盲、白內障或結膜炎等。

6.機械性撞擊：因碰撞、異物飛入致眼睛受傷害。

二、化學性危害

1.毒物危害：因暴露於有害物、導致視力受損。

2.刺激性燻煙：眼睛接觸到刺激性燻煙，刺激眼睛黏膜，致造成
流淚或發炎。

為避免作業中眼、臉部的受傷害，眼臉防護具是個人防護具中相當重要的項目，尤其是護目用具。為因應各種場合的需要，眼臉防護具有：

(一)防塵眼鏡

係供防止磨床作業所產生的火花、微細粉塵、切削作業所產生的切屑或處置溶劑、藥液的飛沫等時對眼睛的傷害。其種類依透鏡的材質，有加強玻璃製與硬質塑膠製二種。又依形狀分有普通眼鏡形、附側板普通眼鏡形與滑雪眼鏡形等三種，如圖13-3所示。

(二)遮光防護具

係供防止氣體或電弧焊接，或金屬溶融作業產生之強烈可見光、紅外線或紫外線等有害光線所造成眼睛之傷害為目的。

(三)防護面罩

為防止飛落物、輻射熱、有害光線等對眼、臉、頸部及頭部等造成傷害的防護具。有防塵用防護面罩、熔接用防護面罩。

13.3 呼吸防護具

呼吸防護具（respiratory protective equipment）是供個人佩戴，使佩戴者不受空氣中危害因子傷害的防護器材。為達到正確選用或使用呼吸防護具的目的，安全衛生管理人員或作業人員必須對作業中可能遭受的危害、呼吸防護具的類別、各類呼吸防護具的優缺點、相關勞工安全衛生法規及呼吸防護具管理制度有相當的認識。一般而言，作業場所出現以下狀況（或條件）時，便需考慮採用呼吸防護具〔3〕：

　　1.臨時性作業、作業時間短暫或作業期間短暫。

　　2.進行作業場所清掃或通風裝置的維護、保養與修護工作。

　　3.坑道、儲槽、管道、船艙等內部，以及室外工作場所。

　　4.緊急意外事故逃生或搶救人命。

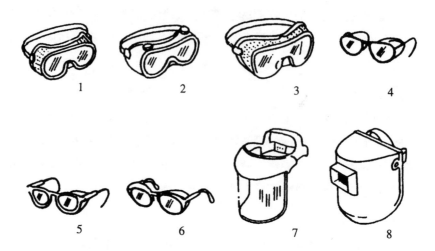

圖13-3　眼臉防護具（1-3為滑雪眼鏡形，4-6為普通眼鏡形，7為面罩，8為熔接專用面罩）

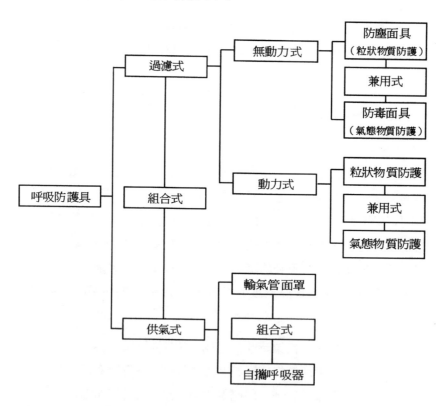

圖13-4　呼吸防護具的分類

5.採用工程措施，仍無法將空氣中污染物濃度降低至容許濃度之下。

6.製程本身無法採用工程控制措施。

一、呼吸防護具的種類〔3〕

呼吸防護具的分類有以功能區分者，有以面體形式區分者。從功能上來看，呼吸防護具可分為過濾式、供氣式以及組合式等三種，如**圖13-4**。

㈠過濾式呼吸防護具

過濾式呼吸防護具是以濾材過濾呼吸空氣中的污染物，因此使用時必須根據污染物型態的不同來選用不同的濾材。過濾式呼吸防護具又可分為動力與無動力兩種。無論有無動力，當選用之濾材不同時，又可再區分為粒狀物質防護式、氣態物質防護式及兼用防護式（兼具粒狀與氣態物質防護功能）。粒狀物質防護式呼吸防護具又稱防塵面具；氣態物質防護式呼吸防護具又稱為防毒面具。

各國對防塵面具與防毒面具濾材均有不同的認證分級制度，這是選用（購）時必須注意的〔3〕：

1.防塵面具：

   (1)日本：有「防塵面具」與「微粒物質防護用防塵面具」兩種規範，前者適用於防護顆粒較大的粉塵（如礦物粉塵），而後者是用以防護燻煙、霧滴等粒徑較小的粉塵。微粒物質防護用防塵面具濾材又依防護性能分為 S 與 SS 二級，其中 SS 級的防護功能較佳。

   (2)歐體：將粒狀物防護濾材分為固態粒子防護與液態粒子防護兩種。合格的固態粒子防護濾材根據測試所得的粒子穿透率分為 P1、P2 與 P3 三級，其中以 P3 防護性能最佳，而 P1 防護性能最低。而液態粒子防護濾材也分為 P2 與 P3 兩級，P3 的防護性能高於 P2。

   (3)美國：以粉塵用、霧滴用、燻煙用、「高效率粒狀物防護濾材」（HEPA filter，以下簡稱「高效率濾材」）四種不同的標準規範不同用途的粒狀物防護濾材。研議中的規範計畫將防塵面具濾材分為固體粒狀物與固/液體粒狀物防護兩種，每種又根據測試所得過濾性能分為A、B與C三級，其中A級防護效果最佳，而C級防護效果最低。

(4)我國：與日本工業規格（JIS）相同，唯未包含「微粒物質防護用防塵面具標準」。

2.防毒面具：

(1)我國與日本：

—直接式小型：濾材安裝於面體上的濾材腔中，可將外蓋打開，更換其中濾材；或者是面體與容納濾材的小型濾罐（或稱濾匣）直接連結，更換濾材時取下濾罐更換。

—直接式：濾材容納於濾罐中，濾罐以螺牙與面體旋接。更換濾材時，僅需取下濾罐一併更換。

—隔離式：容納濾材的濾罐與面體分離，二者以軟管相接。濾材以容器繫掛於腰部。

(2)美國：分為「化學濾匣」（chemical catridge）與「濾罐」（canister）兩種形式，濾罐式又分為「下顎型」（chin-style）與「前/後安置」（front/back mounted）兩種。其中化學濾匣相當於直接式小型，下顎型濾罐式則相當於直接式，而前/後安置隔離式則相當於隔離式。

(3)歐體：依吸收能力由低而高分為1、2、3等三級。這三級濾材通常分別使用於直接式小型、直接式與隔離式。

㈡供氣式呼吸防護具

供氣式呼吸防護具是以清潔空氣源供給配戴者所需之呼吸空氣。又可分輸氣管面罩（airline respirator）與自攜呼吸器（self-contained breathing apparatus, SCBA）兩種。輸氣管面罩是以空氣管自其他場所提供清潔空氣予配戴者呼吸使用；自攜呼吸器係由配戴者攜帶空氣源，又可分為開放式與循環（或閉鎖）式。所謂開放式是由配戴者所攜帶的壓縮空氣瓶或壓縮氧氣瓶供應呼吸用空氣或氧氣，配戴者所呼出的氣體經由呼氣閥排至大氣；所謂循環式是配戴者所呼出的氣體並不排出，而是經除去二氧化碳後再循環使用。自攜式呼吸器中最常見者有空氣呼吸器與氧氣呼吸器，茲比較輸氣管面罩、空氣呼吸器與氧氣呼吸器三者之優缺點及使用時機如**表13-1**。

(三)組合式呼吸防護具

　　組合式呼吸防護具是組合兩種或兩種以上功能之類型。常見者有：輸氣管面罩與無動力過濾式呼吸防護具的組合、輸氣管面罩與輔助自攜呼吸器的組合。

　　若由面體來分類，呼吸防護具可分為密閉式、寬鬆式、即用即棄式（或可拋式）與口體式四大類：

(四)密閉式

　　以面體本身材質（如矽膠、橡膠或PVC）所具有的彈性配合頭

表13-1　輸氣管面罩、空氣呼吸器與氧氣呼吸器之比較

形　式	優　　點	缺　　點	使 用 時 機
輸氣管面罩	1.重量輕，人員負荷輕，長時間工作不易疲倦 2.供氣持續不斷，人員可長時間工作	1.受輸氣管長度限制，工作範圍不能過遠 2.需一人協助監視送氣裝置，不能中斷	1.使用於缺氧場所 2.使用於立即危害生命或健康（IDLH）之場所 3.適於固定場所長時間使用
空氣呼吸器	1.本身有自給式空氣，工作範圍大 2.可獨立作業，無需另一人協助 3.常備有急救用口罩，供緊急使用 4.可使用於可燃性氣體洩漏之場所	1.空氣鋼瓶重量重，人員負荷重、長時間工作易疲倦 2.空氣鋼瓶容量一定，有工作時間限制	1.使用於缺氧場所 2.使用於立即危害生命或健康（IDLH）之場所 3.適於緊急救人時使用
氧氣呼吸器	1.本身有自給式氧氣，工作範圍大 2.可獨立作業，無需另一人協助 3.常備有急救用口罩，供緊急使用	1.氧氣鋼瓶重量重，人員負荷重，長時間工作易疲倦 2.氧氣鋼瓶容量一定，有工作時間限制 3.不可使用於發生可燃性氣體洩漏之場所	同空氣呼吸器

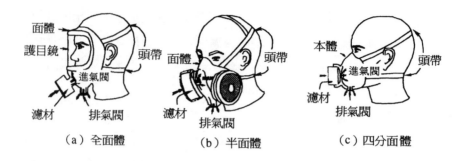

（a）全面體　　　　　　（b）半面體　　　　　　（c）四分面體

圖13-5　密閉面體型式

部繫帶等所施予的壓力將配戴者的口鼻部密閉包覆於面體之內，面體邊緣與配戴者頭臉部緊密接觸。又分全面體、半面體與四分面體等三種，如圖13-5所示。

㈤寬鬆式

將配戴者的頭臉部予以寬鬆包覆，面體不與頭臉部緊密接觸，依外形可分為頭盔、頭罩、面盾與空氣衣等型式。

㈥即用即棄式

由紡織物所編織而成；面體本身即兼具濾材功能。

㈦口體式

使用時含於口中，且使用者的鼻部須以鼻夾夾住，僅於緊急逃生時使用之。

若以操作方式（或面體內壓力）來區分，則呼吸防護具可分為：正壓（positive pressure）操作與負壓（negative pressure）操作兩種。使用負壓防護具在吸氣時面體內的壓力低於周圍的氣壓。使用正壓防護具在吸氣時面體內的壓力高於周圍的氣壓。當面體洩漏發生時，正壓防護具面體內的正壓可防止污染物進入面體。

二、各種呼吸防護具的使用限制與注意事項〔8〕

㈠防塵面具

1.不得使用於立即致危與缺氧狀況。

2.對於高毒性粒狀物質、石綿與輻射核種應使用高效率濾材。

3.無法對氣態有害物提供適當防護。

4.當作業場所中含有對眼睛具刺激、危害作用之物質時，應使用全面體。

5.根據作業場所有害物濃度選擇面體與濾材等級。

6.使用前應先實施密合度測試。

7.若使用四分面體、半面體與全面體，濾材可重複使用，但是當濾材上所累積的粒狀物使呼吸阻抗增加至不能舒適配戴的程度時，應更換濾材。

8.即用即棄型面體在工作結束後應立即拋棄，不應於下次工作時繼續使用。

9.防護具應勤於檢查、清潔與保養。

(二)防毒面具

1.不得使用於立即致危與缺氧狀況。

2.當作業場所中含有對眼睛具刺激、危害作用物質時，應使用全面體。

3.根據作業場所有害物濃度選擇面體與濾材等級。

4.防毒面具所使用的濾材僅對特定的氣體或蒸氣發揮吸收作用，因此在選用時必須針對作業場所所存在的氣態污染物選擇適當的濾材，各國認證標準對濾匣或濾罐顏色標識均不同。

5.雖然不可使用於立即致危狀況，但在緊急的立即致危狀況下，作業場所人員仍可使用防毒面具撤離現場。

6.濾材的有效使用時間常隨有害物濃度、環境溫濕度、儲存條件等因素而改變，致使濾材有效使用時間不易估算。因此，除非配有失效或飽和的指示裝置，最好使用於防護配戴者可感知存在的氣體或蒸氣，且該氣體或蒸氣的嗅覺閾應低於法定容許濃度。

7.某些防毒面具濾材（如一氧化碳用濾材）是以化學反應方式去除空氣中有害物，在高濃度一氧化碳暴露下會產生高熱，使吸入空氣溫度逐漸升高。當配戴者遇到此種情況時，應迅速撤離現場。

8.有些直接式防毒面具所使用的濾罐外型與重量可能相當大，在選用時必須考慮對配戴者作業的影響與舒適度。

(三)輸氣管面罩

1.輸氣管限制配戴者的活動範圍，且可能妨礙工作。

2.有可能因壓縮機故障或停電等因素而停止供氣，因此除了應配有空氣停止供應警報裝置外，最好能與其他型式呼吸防護具組合使用。

3.必須採用正壓操作方能使用於缺氧或立即致危狀況。

4.常流量式防護具應注意維持適當的供氣量。

5.注意供氣品質。空氣入口位置應置於不受污染之處，且空氣管上應設置適當的空氣清淨裝置。

6.使用高壓空氣瓶供氣時，空氣瓶必須明顯標示「呼吸用空氣」，以免在使用時混淆錯接。

7.高壓空氣瓶不宜使用於耗氣量較大的常流量防護具。

8.避免使用純氧供氣，避免高壓純氧與灰塵、油污接觸時發生爆炸。

9.當多人同時由一空氣源供氣時，供氣量應維持在一定範圍內。

10.使用軟管面罩時，供氣軟管長度不宜超過10公尺；若使用壓縮空氣供氣，輸氣管的長度亦不宜過90公尺。

11.配戴者不得連續使用輸氣管面罩1小時以上。

(四)自攜呼吸器

1.構造複雜，價格昂貴，維修不易，維護成本較高。

2.人員需較長時間的訓練方能正確使用。

3.重量較重，需考量配戴者的體力負荷（特別是高溫作業、重體力勞動）。

4.必須是正壓操作方可使用於缺氧、立即致危、消防與救援狀況。

5. 開放式呼吸器之有效使用時間隨空氣瓶容量、大氣壓力與配戴者之呼吸量而異。

6. 常流量開放式呼吸器空氣消耗量較大，使用期限較短，僅適用於緊急逃生。

7. 循環式呼吸器的使用期限較長，且較不受其他因素的影響。當持續配戴時間超過1小時，應考慮使用循環式呼吸器。

8. 循環式呼吸器操作溫度較高，可能造成配戴者不適。

9. 開放式自攜呼吸器不宜使用純氧。

10. 空氣瓶內所充填之空氣品質應合乎一定的標準。

11. 在使用與填充空氣瓶時應嚴格遵循廠商的技術指導。

三、呼吸防護具的選用

呼吸防護具種類繁多，但尚無一完美的防護具可防護所有物質的危害，故必須瞭解防護具的種類及限制，並作正確的選擇，方能使防護具發揮功效。選擇防護具需考慮的因素如下：

(一)污染物的特性

1. 毒性：當污染物之容許濃度在200ppm 以下時，應戴用供氣式呼吸防護具。

2. 種類：
   (1)污染物種類不明或含有多種有害物時，不可選用過濾式呼吸器。
   (2)污染物為窒息性氣體或氧氣濃度少於18％時，不適用過濾式。
   (3)確認污染物之種類，選擇適用之過濾式呼吸器，始能發揮其濾除污染物之能力。

3. 濃度：
   (1)污染物濃度不明時，不可使用過濾式呼吸器。
   (2)污染物濃度太高（大於2％）或大於防護具的最大使用濃度

（防護係數×容許濃度）時，不可用過濾式。

4.狀態：

　(1)污染物爲粉塵時，應使用防塵用呼吸防護具。

　(2)污染物爲氣體或蒸汽時，應使用適合防護對象之濾毒罐。

　(3)污染物爲液滴燻煙時，應使用液滴燻煙用濾毒罐。

5.物性與化性：污染物易因衝擊、摩擦等引起火災或爆炸時，不可使用供氣式之氧氣呼吸器，以避免危險。

㈡防護具本身之因素

1.防護具之有效使用時間。

2.防護具應適合工作之要求，不妨礙工作。

3.防護具之防護係數（ protection factor ）。

4.防護具應易於保養、更換零件。

5.防護具應易於配戴、脫除。

6.防護具之重量。

㈢個人因素

1.當敏感度較高時，宜使用供氣式。

2.依工作負荷，選擇非動力、動力式過濾器或供氣式輸氣管面罩。

四、防護具之使用

防護具之使用必須依照標準操作程序之規定，未經適當訓練之操作人員不得使用之。書面標準操作程序須包括例行作業及非例行作業之使用防護具計畫。在緊急及救援情況下如需使用防護具，標準操作程序亦須包括該特殊情況的使用計畫。防護具使用人員應被告知此項計畫，以確定防護具之使用安全。緊急及救援防護具之使用者須定期演習以確定能正常操作防護具。

當下列與防護具之使用有關之情況發生時，使用者應立即離開工作現場到新鮮空氣中：

1.防護具未能供給適當保護。

2.防護具發生故障。

3.空氣污染物漏入面體。

4.呼吸阻力增加。

5.因使用防護具導致之極度不適。

6.使用者患病，有下列症狀時：頭昏、虛弱、呼吸困難、噁心、咳嗽、打噴嚏、嘔吐、發熱或發抖。

7.要洗滌面體及臉部以減少刺激性。

8.因防護具之故，令使用者增加生理壓力時，使用者可增加休息之次數及時間。

五、訓練

使用防護具之工作場所主管、防護具使用方案管理者、防護具分發者以及使用者均須接受適當的訓練，其訓練項目因各人扮演角色之不同而不同。在防護具使用者方面，訓練項目至少應包括下列幾項，以保證正確及安全使用：

1.需要使用防護具之理由。

2.呼吸危害之性質及嚴重性。如果不使用防護具對人體健康會產生何種影響。

3.為何工程控制未能使用或不足以控制呼吸危害。何種控制方法已用於減低或排除呼吸危害。

4.為何要選用此類防護具。

5.防護具的操作、性能及使用限制。

6.如何檢查、穿戴、使用及密合測試。

7.讓每個學員有機會實地操作防護具，學習正確穿著、使用及測漏。

8.如何維護及儲存防護具。

9.如何察覺及應付緊急情況。

10.特殊情況下防護具之使用。

11.有關使用防護具之規章條文。

六、呼吸防護計畫

一份完整的呼吸防護計畫，至少應包括下列要素：

1.管理：
　(1)雇主責任。
　(2)計畫管理人之責任。
　(3)勞工之責任。
2.建立檔案：
　(1)污染物如何控制。
　(2)污染物濃度如何量測。
　(3)呼吸防護具如何選用、清洗、維修及保管。
　(4)使所有勞工均瞭解如何穿戴個人防護具。
3.呼吸危害之知識。
4.呼吸危害之評估：
　(1)評估暴露員工之風險。
　(2)新增污染值是否符合規定。
　(3)新增設備、改變程序、換材料時等評估員工暴露值。
　(4)評估方法。
5.呼吸危害之控制：
　(1)個人採樣。
　(2)環境取樣測定。
　(3)通風系統或局部排氣設備效能測定。
6.選用正確之防護具。
7.使用勞工教育訓練，全方位之教導並不斷讓勞工操作。
8.呼吸防護具的檢查保養及檢修。
9.健康檢查。
10.密合度測試。

實際上應用時依應用環境之不同而其需求項目之重要性亦有所差異。

13.4 手部防護具

從事作業難免使用到手，但作業場所危害因子眾多，因此手部遭到傷害的機會也自然是不少，所以有必要設計一些適用各種作業的防護手套。目前中國國家標準中有關安全手套的標準有五種，且各有其適用範圍：

1. 熔接用防護皮手套：適用於熔接、熔斷作業場所中，防止火花、熔融金屬、熱金屬等之直接與手接觸時使用，以牛皮為主，可分為電焊及氣焊作業用兩種。
2. 職業衛生用防護手套：適用於從事處理酸、鹼、礦植物油及化學藥品等，有傷害皮膚或經由皮膚吸收之虞之物質作業時使用。
3. 醫用 X 射線防護手套：適用於實施 X 射線診療時所用之 X 射線輻射防護。
4. 防振手套：適用於礦業、林業、土木建築業、製造業等工作場所，為減輕工具、機械等之振動傳至工作人員手中時使用。
5. 電用橡膠手套：適用超過300V 至7000V 以下電路作業或活線接近作業時使用。

安全手套在使用時應注意下列事項：

1. 對於鑽孔機、截角機等旋轉刃具作業，勞工手指有觸及之虞者，不得使用手套。
2. 使用前和使用後都應做手套之外觀檢查。
3. 無萬能的手套，使用時必須正確穿戴適合於作業內容的手套。
4. 有些手套可耐濃硫酸，但卻不耐稀硫酸，須特別注意，其他情形亦同。
5. 可耐單種溶劑，如酒精、甲苯，但卻不耐此混合之有機溶劑。
6. 化學物性表中有記載材質的性能但因實際手套中有混入可塑劑

等種種物質而性能將大不相同，需注意。

7.使用適合工作場所電壓值的橡膠手套。

13.5 耳部防護具

經常暴露於高分貝的工業噪音環境下會引起不易治癒的聽覺障礙。治本之道在於消除噪音發生源，但在不得已的情況下可使用耳部防護具（或聽力防護具）以保護耳部。

主要的耳部防護具有耳栓與覆耳兩種。

㈠耳栓

耳栓（ear plugs）或稱耳塞。有可遮斷高低音與僅僅遮斷高音者兩種，係將防護具插入耳孔，遮住外耳道者，如圖13-6所示。

㈡覆耳

覆耳（ear muffs）或稱耳罩。可遮斷高低音。係將耳殼全部包住者。覆耳由二個杯形蓋與頭帶結合而成，蓋內使用起泡塑膠等吸音物質為內襯，如圖13-7所示。

勞工安全衛生設施規則第三百條規定對於勞工八小時日時量平均音壓級超過85分貝或暴露劑量超過百分之五十時，雇主應使勞工戴用有效之耳塞、耳罩等防音防護具。

13.6 身體防護具（安全衣）

身體防護具有耐熱服、靜電服、防火衣以及勞動衛生用防護衣等。

㈠耐熱服

多使用於熔斷作業中防止火苗或熔融金屬的飛落所引起的燒傷。如為爐前作業，則著用以布為底，加以鋁加工而成的耐熱衣。

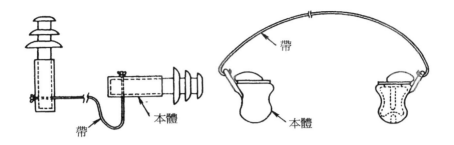

帶

本體

帶

本體

圖13-6　耳栓構造

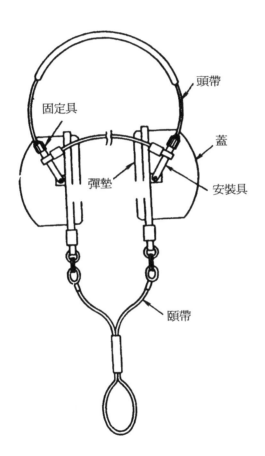

頭帶

固定具

蓋

彈墊

安裝具

頤帶

圖13-7　覆耳之構造

(二)靜電服

為防止勞工所穿的工作服與人體或相互間接觸、摩擦所引起的靜電帶電所使用,以混紡有導電性纖維縫製而成的工作服。

(三)防火衣

供火災避難時使用。其材料有以鋁箔在石綿蒸著或使用耐熱素材,或在有機纖維施以防焰加工者。

(四)勞動衛生防護衣

為防止酸、鹼、礦物油、化學藥品等液體之飛濺傷害皮膚所著用之不浸透性工作服。即一般所謂的化學防護衣。以具有特殊防護作用之膜材(foil)或織品(woven)塗以高分子聚合物(elastomer)所製成。有輸氣形防護衣(AS)、密閉形防護衣(CL)與簡易形防護衣(CV)等三種,如圖13-8所示。

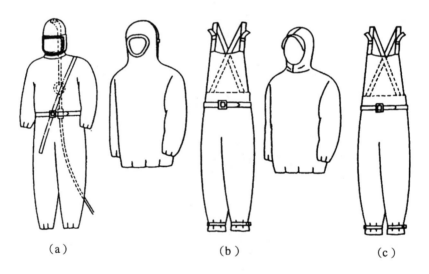

(a)　　　　　　　　(b)　　　　　　　(c)

圖13-8　(a)輸氣形防護服　(b)雙件或密閉形防護服
　　　　　(c)簡易形防護服

13.7 安全帶

安全帶可防止作業人員自高處墜落而引起的傷害。使用安全帶較多的作業有：

1. 電力、電信工作。
2. 營造、建築工程。
3. 廣告看板工作。
4. 鷹架搭築工程。
5. 密閉容器內之工作。

依中國國家標準，安全帶分第一種至第三種，表13-2所列為其分類及使用條件；然而日本勞動省勞動基準局則將安全帶分為 A～E 等五種（如表13-3），其中 C～E 種相當於中國國家標準的第一種至第三種，如圖13-9所示。

表13-2　CNS 安全帶之種類及使用條件

種　類	使用條件	備　　註
第一種	U 字掛法專用	
第二種	直掛及 U 字掛法專用	
第三種	直掛及 U 字掛法專用	附補助鉤

表13-3　JIS 安全帶之種類及使用條件

種　類	使用條件	備　　註
A 種	直掛用	
B 種	直掛用	附補助帶
C 種	U 字掛法用	
D 種	直掛用及 U 字掛法共用	
E 種	直掛用及 U 字掛法共用	附補助掛鉤

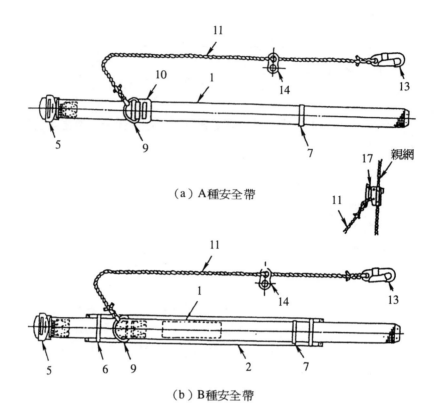

（a）A種安全帶

（b）B種安全帶

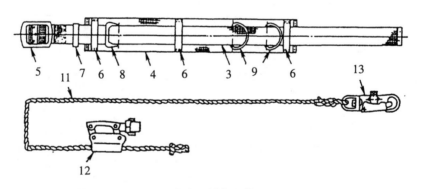

（c）C種安全帶

1胴扣帶　2輔助帶　3外扣帶　4擋帶　5扣環　6帶押環　7皮帶穿行孔
8角環　9D形環　10D形環扣　11繩　12伸縮調節器　13吊鉤　148方形環
15輔助鉤　16擋片　17夾

圖13-9　安全帶

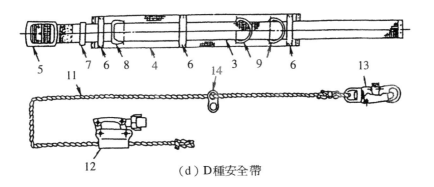

（d）D種安全帶

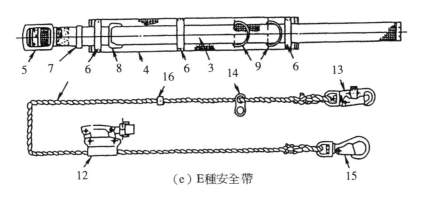

（e）E種安全帶

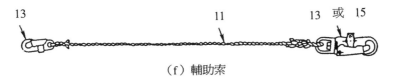

（f）輔助索

1胴扣帶　2輔助帶　3外扣帶　4擋帶　5扣環　6帶押環　7皮帶穿行孔
8角環　9D形環　10D形環扣　11繩　12伸縮調節器　13吊鉤　148方形環
15輔助鉤　16擋片　17夾

（續）**圖13-9　安全帶**

使用安全帶時，應注意〔7〕：

1. 應儘可能著裝在腰骨附近，並近於施工架側。
2. 扣環應正確使用，皮帶端應穿過皮帶穿行孔。
3. 伸縮調節器應正確地掛在角環，確認皮帶端或衣服等未被捲入。
4. 穿戴後，宜在地面加以各種使用狀態時之重量，確認無異常。
5. 穿戴後尚未使用時，A、B種之安全帶的掛繩收在掛繩收藏袋內；其他種類之安全帶，將掛繩倚在肩上，調節掛繩之長度，使不至於過長而下垂。

13.8 足部防護具

足部防護具俗稱安全鞋，在材料的加工或裝卸等物料有墜落之虞、處置有害物或高電壓作業等有引發足部傷害可能之場所都必須穿著安全鞋來保護足部。安全鞋的構造如圖13-10所示。

安全鞋的種類及型式非常多，目前中國國家標準有關安全鞋的標準計有六種〔12－17〕：

(一)皮革製安全鞋

適用於製造業、礦業、營造業、運輸業、貨運搬運業、林業等事業場所使用之皮革製安全鞋。

(二)橡膠安全鞋

適用於各行業作業人員穿著，能防水並能保護腳趾之橡膠製安全鞋。

(三)防止帶靜電用安全鞋、工作鞋

適用於操作可燃性物質（氣體、蒸氣、液體、粉體等）、薄膜、各種噴漆裝置、電子零件工作場所對人體產生靜電而有可能發生爆炸、火災、靜電等事故、災害，或者可能引起生產障礙時為防止上述

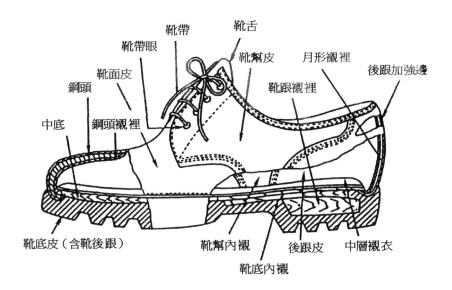

靴帶　靴舌
靴帶眼　靴幫皮　月形襯裡
靴面皮　　　　　　後跟加強邊
鋼頭　　　　靴跟襯裡
中底　鋼頭襯裡

靴底皮（含靴後跟）　靴幫內襯　後跟皮　中層襯衣
靴底內襯

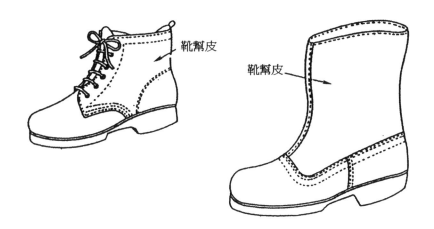

靴幫皮

靴幫皮

圖13-10　安全鞋的構造

情況而使用之防止帶靜電皮鞋及安全橡膠製之安全鞋、工作鞋。

㈣保護勞工衛生用長統鞋

　　適用於工作場所內從事於有可能受到酸、鹼、化學藥品傷害皮膚或經皮膚吸入人體之工作人員所穿用之保護勞工衛生用長統鞋。

㈤聚脲泡綿鞋底安全鞋

　　用於製造業、運輸業、林業、食品加工業、服務業工作場所穿用之以聚脲樹脂為主製成鞋底之安全鞋。

㈥腳背安全鞋

　　適用於保護鋼鐵業、造船業、礦業、營造業、運輸業、物品起重搬運業、林業、鋼鐵加工業、鍛造業、窯業、築窯業等工作場所，尤其從事搬上、卸下重量物體工作人員之腳趾、腳背為目的而穿用之皮革護腳背安全鞋。

習題十三

1. 防護具之定義為何？可分為那兩大類？又手部防護具有那些？

2. 雇主提供防護具給勞工使用，應如何管理？試依勞工安全衛生設施規則論之。

3. 請說明勞工安全衛生法規中規定各種作業須使用防護具的種類，並說明其重要內容。

4. 為防止意外事故發生，在使用手工具時，應使用那些個人保護裝備？並分別詳述之。

5. 請說明個人防護具之種類及其使用時機。

6. 呼吸防護計畫，應包括那些要素？

7. 下列狀況的操作應使用何種個人防護設備？(1)鍛造（熱鍛）(2)車床(3)焊接(4)木工作業。

8. 請說明輸氣管口（面）罩、空氣呼吸器及氧氣呼吸器三者之使用時機，並比較其優缺點。

9. 從供應清潔可呼吸性空氣的方式分類呼吸防護具，則呼吸防護具可分成那幾類型？

10. 依供氣的形式分別，呼吸防護具可分為三種形式。請用簡表列其使用的優點及缺點。

11. 正確選擇呼吸防護具需要考慮那些因素？

12. 試由污染物的角度，說明選擇呼吸防護具時，所應考慮的要項有那些？請分別逐項說明之。

13. 在有機溶劑蒸氣產生的作業場所中，除了藉由通風系統來降低在作業環境中有危害之蒸氣濃度外，另外一種控制方式就是提供個人呼吸防護具。試說明如何選擇正確的個人呼吸防護具？應考慮那些因素？

14. 試問防塵口罩之選擇基準為何？又防塵口罩在使用前、著裝（即配戴）時及使用後應注意那些事項，才能發揮應有之功效？請依序分項說明之。

15.使用化學濾罐（chemical-cartridge）淨化空氣的呼吸防護具要如何稱呼？對那種性狀的空氣污染物有效？其濾罐所裝的內容可能是什麼材料？試舉一例。這一類型的呼吸防護具不適合使用於那些狀況？

16.氣體防毒面罩（gas mask）附濾毒罐（canister），試問若依濾毒罐的大小區分，氣體防毒面罩可分成那三種？一般而言，各種防毒面罩適用的濃度為何？又濾毒罐使用時的有效期（service life）決定於那些變數？

17.利用過濾材（mechanical filters）捕集微粒（particulate matter）以淨化空氣的呼吸防護設備，它們適合於捕集那幾種類型的微粒？這些微粒可能靠那幾種作用而滯留於濾材？選擇這類呼吸防護具應該注意濾材的那些規格？

18.使用氣體防毒面罩時，使用者在那種狀況下應該立即離開工作現場到新鮮空氣中？

19.一般工作場所，常見之危害眼睛因素有那些？針對以上之危害因素，應使用那些眼睛防護具？

20.請問那些人應該接受呼吸防護具的訓練？對於使用者，呼吸防護具訓練的內容應該包括那些項目？

21.使用氣體防毒面罩，其中之濾毒罐在那些狀況下應該更換？

參考文獻

1. 卞敬錚編著，《如何正確使用呼吸防護具》，行政院勞工委員會，民國八十二年六月。

2. 八十四年勞動場所個人防護用具暨量測儀器選用研討會教材，行政院勞工委員會勞工安全衛生研究所，民國八十四年五月。

3. 行政院勞委會勞工安全衛生研究所，《防護具選用技術手冊——呼吸防護具》，民國八十四年。

4. 行政院勞委會，《甲級物理性因子勞工作業環境測定訓練教材》，勞委會編印，第十章，民國八十五年。

5. 中華民國國家標準安全衛生章 「電工用及工地用安全帽檢驗標準」——CNS 4599 Z3015，CNS 1336 Z3001.

6. Protective Headwear for Industrial Workers——Requirements, ANSI Z89.1, 1986.

7. 中華民國工業安全衛生協會，《個人防護具》，勞工安全衛生管理員訓練教材，民國八十四年三月。

8. AIHA（1991），Respiratory Protection, A Manual and Guideline, 2nd ed., Colton, C.E., Birkner, L.R., Brosseau, L.M. eds., American Industrial Hygiene Association, Fairfax, VA., USA.

9. 中央勞動災害防止協會，《所有的安全衛生保護具》，日本勞動省安全衛生部，pp.200-227，1992.

10. 安全帶構造指南，安全帶使用指南，日本產業安全研究所。

11. CNS 7534，高處作業用安全帶，經濟部中央標準局，pp.1-4。

12. CNS 6863，皮革製安全鞋，經濟部中央標準局，台北，民國八十二年一月。

13. CNS 7757，橡膠安全鞋，經濟部中央標準局，台北，民國七十九年五月。

14. CNS 8878，防止帶靜電用安全鞋、工作鞋，經濟部中央標準局，台北，民國七十九年五月。

15.CNS 12707，保護勞工衛生用長統鞋，經濟部中央標準局，台北，民國七十九年五月。

16.CNS 12708，聚脲泡綿鞋底安全鞋，經濟部中央標準局，台北，民國七十九年五月。

17.CNS 12709，腳背安全鞋，經濟部中央標準局，台北，民國七十九年五月。

作業環境控制工程

作　　者／洪銀忠
出 版 者／揚智文化事業股份有限公司
發 行 人／葉忠賢
總 編 輯／閻富萍
特約執編／鄭美珠
地　　址／22204 新北市深坑區北深路三段 260 號 8 樓
電　　話／(02)8662-6826
傳　　真／(02)2664-7633
網　　址／http://www.ycrc.com.tw
 E-mail ／service@ycrc.com.tw
印　　刷／鼎易印刷事業股份有限公司
 I S B N ／978-957-818-070-3
初版一刷／2000 年 1 月
初版六刷／2014 年 3 月
定　　價／新台幣 550 元

國家圖書館出版品預行編目資料

作業環境控制工程 = Engineering control of
workplace hazards ／洪銀忠著. -- 初版. --
台北市：揚智文化，2000 [民 89]
　　面；　公分. --（工業叢書；15）

ISBN　957-818-070-5（平裝）

1. 工業安全　2. 工業衛生

555.56　　　　　　　　　　　　88015086